Manual Imprescindible de

Flash 8

MANUAL IMPRESCINDIBLE

RESPONSABLE EDITORIAL:
Eugenio Tuya Feijoó

DISEÑO DE CUBIERTA:
Blanca López-Solórzano Fernández

REALIZACIÓN DE CUBIERTA:
Mario Durrieu-Walter Tieppelmann

Manual Imprescindible de

Flash 8

Antonio Paniagua Navarro

ANAYA MULTIMEDIA

Juan Ignacio Luca de Tena, 15. 28027 Madrid
Depósito legal: M- 5.204-2006
ISBN: 84-415-1982-X
Printed in Spain
Imprime: Artes Gráficas Guemo, S.L.
Febrero, 32. Madrid 28022

A Marina

Agradecimientos

Al equipo de Anaya Multimedia, por su fantástica labor y apoyo a la hora de realizar este trabajo.

Índice

Cómo usar este libro

A quién va dirigido este libro

El grupo de personas que puede encontrar utilidad a este texto es muy amplio, desde aquellos que quieren realizar un primer acercamiento a la creación de páginas web hasta quienes tienen ya conocimientos en este campo y buscan llegar más lejos en la creación de contenidos interactivos. El planteamiento del libro se hace para que pueda servir tanto para alguien que no haya tocado jamás Flash como para quien pueda haber comenzado a trabajar con el programa e intente mejorar el uso que hace de él.

Partiendo de un nivel inicial se van analizando todas las formas de trabajo que podemos utilizar con Flash, explicando todos los conceptos necesarios e incluso los aspectos básicos necesarios para crear contenidos para Internet, más allá del propio Flash. Los usuarios de un nivel medio encontrarán multitud de técnicas y funciones que le ayudarán a avanzar en su trabajo con Flash ya que el libro intenta ser lo más exhaustivo posible, tocando prácticamente todas las posibilidades del programa. Con esto se intenta sugerir al usuario qué puede hacer para que sea él mismo el que profundice en su proceso de aprendizaje. En este aspecto el libro puede resultar muy útil como obra de referencia para el trabajo diario.

Estructura del libro

El libro se compone de veinte capítulos y dos apéndices que tratan los siguientes temas:

- **Capítulo 1, Flash 8:** Le ayudará a ponerse en situación y conocer cómo y porqué apareció. También conocerá las ventajas principales del programa y aprenderá a ejecutarlo.
- **Capítulo 2, El espacio de trabajo de Flash:** Con este capítulo aprenderá a manejar y configurar el área de trabajo de Flash, compuesto por paneles y barras de herramientas totalmente flexibles en cuanto a su distribución en la pantalla.
- **Capítulo 3, Las películas:** Veremos cómo utilizar las películas de Flash, aprenderá a conocer su estructura básica y a crear su primer proyecto.
- **Capítulo 4, Dibujar con Flash:** La barra de herramientas de Flash contiene los elementos necesarios para permitirnos crear cualquier tipo de imagen o gráfico. Flash contiene un potente editor de imágenes, que

será explicado en profundidad a lo largo de este capítulo. Aprenderá a dibujar con varias herramientas, a seleccionar partes de un dibujo, etc.

- **Capítulo 5, Los colores:** Conocerá los distintos paneles y espacios dedicados a manipular los colores de cada objeto que insertemos en un proyecto. Podrá desde crear su propio conjunto de colores hasta componer espectaculares degradados de color.
- **Capítulo 6, Los objetos:** Crearemos objetos complejos basados en nuestros dibujos, aprendiendo a realizar transformaciones sobre ellos, a manipularlos, agruparlos, etc. Conoceremos la utilidad de algunos paneles indicados para el trabajo con objetos.
- **Capítulo 7, Trabajar con textos:** Aprenderá a insertar textos en sus proyectos, a cambiar su apariencia, sus propiedades, etc. Flash trabaja con tres modelos distintos de textos, que serán aclarados en este capítulo.
- **Capítulo 8, Los símbolos:** Conocerá las ventajas de crear películas a base de símbolos y aprenderá la utilidad de la biblioteca de símbolos y de las instancias, mediante las cuales podremos ahorrar espacio en nuestros proyectos y simplificar la creación de películas.
- **Capítulo 9, Creación de botones:** Aclararemos las diferencias entre los tres tipos de símbolos utilizados en Flash, al tiempo que nos centraremos en la creación de varios modelos básicos de botones, que se utilizan para que el usuario pueda intervenir en el transcurso de la película. En este capítulo se realiza la primera aproximación al lenguaje Actionscript.
- **Capítulo 10, La línea de tiempo:** Aprenderá a utilizar la línea de tiempo para componer una escena. En ella situaremos los elementos de la película a través de distintas capas y fotogramas. La línea de tiempo es el guión que seguirá nuestra película. Es donde se indica el papel de cada objeto. En este capítulo crearemos nuestras primeras animaciones.
- **Capítulo 11, Creación de animaciones:** Practicará la creación de animaciones por interpolación, que son aquellas en las que nosotros indicamos cómo comienza la animación y cómo termina, para que luego Flash se encargue de realizar los pasos intermedios. Aprenderemos a utilizar varias técnicas de animación, aplicar transformaciones, utilizar trazados y máscaras, etc.
- **Capítulo 12, Imágenes y vídeo:** Aprenderá a incorporar a sus películas elementos multimedia como fotografías, sonidos y vídeo. También conocerá los tratamientos que puede hacer el programa con las imáge-

nes importadas. En especial se revisa la inserción de vídeos en proyectos de Flash.

- **Capítulo 13, Los sonidos:** Aprenderá a utilizar los distintos métodos de inserción de sonido en un proyecto, como banda sonora en la línea de tiempo o asociados a algún suceso de la película, como la pulsación de un botón.
- **Capítulo 14, Películas interactivas:** Analizaremos a fondo la utilización del panel Acciones para la inserción de instrucciones Actionscript en las películas. Mediante estas instrucciones podremos controlar la película utilizando un poco de programación.
- **Capítulo 15, Crear proyectos complejos:** Conocerá varias opciones que nos ofrece Flash para tratar correctamente proyectos extensos; desde utilizar bibliotecas comunes hasta crear varias escenas y movernos entre ellas. También aprenderemos a crear precargas para entretener al usuario mientras la película se descarga de Internet.
- **Capítulo 16, El lenguaje Actionscript:** Este capítulo es una parte imprescindible para conocer la estructura básica del lenguaje incorporado en Flash. Se explicarán los principales conceptos, de modo que en un futuro pueda explotar al máximo el uso de acciones.
- **Capítulo 17, Formularios con Actionscript:** Aprenderá a utilizar los cuadros de texto especiales para conseguir interactuar con el usuario, recogiendo sus datos y mostrándolos. Crearemos formularios y aprenderemos a comprobar errores. En este capítulo se profundiza en el uso del lenguaje Actionscript.
- **Capítulo 18, Un ejemplo práctico:** Practicará todos los conceptos aprendidos a lo largo del libro mediante la creación de un pequeño juego. Este capítulo actúa como repaso y recordatorio de todo el libro, además de ampliar los conceptos sobre la utilización de la línea de tiempo y de acciones.
- **Capítulo 19, Publicación:** Aprenderá las distintas técnicas de publicación que le permitirán colocar sus películas en Internet o crear un CD-ROM multimedia. También aprenderá a extraer partes de una película, a imprimir un proyecto, etc.
- **Capítulo 20, Simplificar el trabajo con Flash:** Conocerá algunas de las novedades de las últimas versiones de Flash orientadas a hacer más sencillo nuestro trabajo y a conseguir resultados más rápidamente. Podremos utilizar plantillas de documento, componentes predefinidos y opciones de accesibilidad.

- **Apéndice A, Instalación de Flash 8:** Este apéndice le ayudará a instalar el programa.
- **Apéndice B, Configuración de Flash:** Haremos una revisión paso a paso de cada una de las opciones de Flash orientadas a personalizar su funcionamiento.

En resumen, el libro se divide en tres grandes bloques, cada uno con un objetivo muy definido.

Los primeros capítulos comienzan explicando todos los entresijos del completo entorno de Flash 8, así como las herramientas de dibujo que incluye el programa. Estos capítulos, no obstante, ofrecen un repaso de los conceptos básicos de Flash, y resultan imprescindibles para entender completamente la filosofía del programa. La segunda parte del libro está orientada a simplificar la creación de proyectos, a mejorarlos y optimizarlos usando objetos y símbolos. Encontrará también unos capítulos dedicados a la creación de animaciones, en los que utilizaremos distintas técnicas para añadir movimiento a las películas de Flash. La interactividad ocupará los capítulos siguientes. En estos capítulos veremos la forma de hacer que nuestras películas puedan reaccionar ante las acciones del usuario.

Para terminar, la tercera parte del libro, que se puede considerar la más avanzada, le ayudarán a tener una visión global del lenguaje de programación de Flash, con el que podrá obtener resultados sorprendentes.

Convenios utilizados en este libro

El libro que tiene en sus manos intenta ser fácil de entender y de usar. Al principio de cada capítulo encontrará una serie de conceptos que aprenderá a utilizar. Al final dispondrá también de un breve resumen de los puntos principales analizados en cada capítulo.

Algunas opciones y comandos se activan mediante combinaciones de teclas. Cuando nos referimos en el texto a una de estas combinaciones, aparecen las teclas separadas por un guión. Así, **Control-C** indica que debe mantener pulsada la tecla **Control** y, después, pulsar **C**; soltando ambas teclas a continuación. Los nombres de comandos, menús, opciones, cuadros de diálogos y todo lo que queremos diferenciar aparecen en un tipo de letra diferente para destacarlos y diferenciarlos del texto normal.

En ocasiones cuando haya que seleccionar un determinado comando de un menú o submenú, abreviaremos la escritura presentando los menús y comandos en el orden en que deben seleccionarse y separados por el signo mayor que (>). Por ejemplo, en lugar de indicar "en el menú Archivo el comando Guardar como" escribiremos Archivo>Guardar como. Para diferenciar términos anglosajones o referencias a otras obras o nombres de aplicaciones usaremos la letra cursiva. Encontrará una serie de recuadros con elementos destacados sobre el texto normal, con Notas, Trucos y Advertencias, con el objetivo de resaltar algún concepto que nos parece importante. Estos recuadros serán:

Nota:

Para facilitar o concretar información relacionada con el tema que estamos tratando.

Advertencia:

Para evitar posibles errores a consecuencia de una operación mal realizada.

Truco:

Para ampliar su conocimiento y facilitar el uso de Flash.

Información de soporte

Todos los ejemplos de éste libro, podrá descargarlos de la página web de Anaya Multimedia en la dirección: `http://www.anayamultimedia.es`, seleccionando sucesivamente los menús: Atención al cliente>Complementos>Manuales imprescindibles>Flash 8, donde encontrará un fichero con todos ellos. Estos ejemplos están divididos en carpetas con los nombres de cada capítulo, y para simplificar la tarea de búsqueda, cada ejemplo hace referencia a la figura que se muestra en el libro. Así, el ejemplo fig0903 se refiere al ejemplo mostrado en la figura 3 del capítulo 9. Si lo desea también puede desarrollar los ejemplos del libro desde cero, aunque mediante los ficheros contenidos en la Web podrá disponer de los mismos elementos utilizados en los ejemplos y podrá probar los *script* correctos.

Introducción

Macromedia Flash 8 es una aplicación orientada a la creación de contenidos interactivos para Internet. Con la única limitación de su propia imaginación podrá crear sitios Web de una forma rápida y sencilla.

Flash apareció hace algunos años para intentar suplir algunas de las carencias más notables de las páginas Web estáticas tradicionales. Desde entonces su ascenso ha resultado imparable. Esto se debe a que Flash ha traído hasta nuestras pantallas todo un mundo de interactividad, movimiento y color. Los sitios Web creados con Flash se distinguen de los demás por sus animaciones, por responder a cada movimiento de ratón, por resultar siempre sorprendentes y siempre atractivos.

Esta versión de Flash supone su octava revisión en el constante esfuerzo de Macromedia por facilitar la creación de contenidos interactivos multimedia para la Web. El conjunto de programas, denominado Macromedia Studio incluye, entre otros, una magnifica aplicación para la creación de páginas Web denominada Dreamweaver y un programa de edición de imágenes llamado Fireworks.

La versión actual de Flash incorpora algunas novedades muy interesantes en su funcionamiento que mejoran aún más su facilidad de uso. Cada detalle está orientado a que el usuario pueda desarrollar su creatividad sin límites.

Con este libro conocerá todas las novedades de la última versión de Flash, utilizando una metodología muy práctica, a través de ejemplos.

También encontrará a lo largo de todo el libro una buena cantidad de trucos y consejos surgidos de la experiencia para mejorar sus creaciones y ayudarle a convertirse en todo un experto en el diseño de sitios Web con Flash.

Sólo queda esperar que la lectura de este texto refleje la ilusión y el esfuerzo que han sido depositados a la hora de escribirlo. Confiamos en que aprenda todo lo posible en su introducción al mundo de Flash y que en poco tiempo pueda sorprendernos con sus creaciones.

Capítulo 1

Flash 8

En este capítulo aprenderá a:

- Conocer la evolución de Internet en los últimos años.
- Comprender qué es Flash 8 y para qué sirve.
- Conocer las principales novedades y ventajas de Flash 8.
- Comenzar a trabajar.

Las páginas Web

Internet es hoy una realidad que ha cambiado nuestra forma de entender el mundo y de relacionarnos. Las Tecnologías de la información y la Comunicación llevan ya algunos años formando parte de nuestras vidas a través de esta revolución que estamos viviendo.

En buena medida, el centro de todos estos cambios se encuentra precisamente en Internet. Esta red, a la que cada día se añaden miles de personas, está creando una especie de universo paralelo: una proyección del mundo real en un mundo virtual, en el que la distribución y utilización de información es el pilar fundamental.

La popularización y estandarización de Internet se ha producido gracias a la enorme expansión que ha tenido uno de sus servicios principales: la *World Wide Web*, la telaraña global de páginas Web enlazadas entre sí.

Las páginas Web comenzaron siendo simples documentos de texto que usuarios de distintas universidades colocaban en red para compartir sus proyectos con otras personas situadas en lugares remotos. Al poco tiempo, ese sistema resultó de gran utilidad, y poco a poco se fueron añadiendo nuevas funciones que han convertido las páginas Web en lo que conocemos hoy en día: documentos multimedia que pueden contener imágenes, vídeo, sonido, etc. capaces de realizar casi cualquier cosa y desde las que podemos acceder a otras páginas con un simple clic de nuestro ratón.

En muy pocos años hemos asistido a la aparición de sitios Web que ofrecían información casi sobre cualquier tema, hemos utilizado páginas capaces de explorar Internet en busca de algún sitio que nos resolviese cualquier duda, a la aparición de programas cada vez más sofisticados para navegar por esas páginas y a la llegada del comercio electrónico y del acceso masivo a la información contenida en bases de datos.

La aparición de Flash

En este proceso de maduración de la red del que estamos hablando, han surgido nuevos sistemas para conseguir más espectacularidad en las páginas Web e interactividad con el usuario. Así han aparecido varios lenguajes de programación y otros se han modificado para adaptarse a los nuevos tiempos. En este camino hacia una red más versátil apareció la tecnología Flash.

Mediante la tecnología Flash podemos diseñar páginas Web que contienen elementos gráficos, texto, sonido, vídeo, etc. con animaciones y capaces de interactuar con el usuario. Todos estos elementos se insertan en archivos que denominaremos películas. Es sencillo darse cuenta de cuándo estamos ante una página que utiliza Flash. Son páginas con mucha animación y movimiento, con textos que aparecen más nítidos, con efectos visuales realmente espectaculares en algunos casos.

¿Qué necesito?

Para poder visualizar Flash en un navegador necesitamos tener instalado un *plugin*. Estos módulos se añaden al navegador para ampliar sus capacidades.

El *plugin* de Flash se puede conseguir automáticamente al acceder a una página que lo contenga, puesto que nos llevará a los servidores de Macromedia para que lo instalemos. No obstante, es muy probable que ya lo tenga en su ordenador, dado que se instala directamente con la mayor parte de los sistemas operativos Windows, Macintosh o GNU/Linux y navegadores como Internet Explorer, Opera o el excelente Mozilla Firefox.

La expansión de Flash

La clave del éxito de Flash, dejando a un lado sus características técnicas, se encuentra en su enorme difusión. Si prácticamente todos los navegadores de Internet son capaces de visualizar Flash esto significa que millones de personas podrán visualizar nuestras creaciones.

El principal logro de este formato se encuentra en que se descarga muy rápido ya que las películas creadas con Flash ocupan muy poco espacio, y el resultado será sorprendente con muy poco trabajo. Es un formato moderno, con posibilidades ilimitadas y que se ha convertido en un estándar de Internet.

Ventajas de Flash

Éstas son algunas de las ventajas que obtenemos al usar Flash:

- Las películas de Flash ocupan poco espacio, ya que utilizan distintas técnicas de compresión, con lo que se consigue que se transmitan rápidamente por Internet.

- Las imágenes se pueden almacenar como vectores, por lo que no importa el tamaño en que se visualice la película, las imágenes siempre se mostrarán nítidas y sin defectos. Además, las imágenes vectoriales ocupan menos espacio que los mapas de bits habituales.
- Flash dispone de las mismas herramientas que los programas de creación de imágenes más populares, por lo que no necesitaremos ningún otro programa para crear nuestras imagenes. Del mismo modo, el tratamiento del color no ofrece límites, permitiendo componer nuestros propios colores basados en tonos planos y degradados.
- Con Flash podemos crear animaciones de cualquier elemento de una forma rápida y sencilla. Podemos mover, girar, deformar, cambiar el tamaño, etc.
- Los elementos gráficos sólo se descargan una vez. Flash puede crear modelos (llamados símbolos) con los elementos que se repiten varias veces para evitar que estos se almacenen más de una vez. Otro sistema para ahorrar espacio.
- Los proyectos creados con Flash son muy versátiles, ya que en una misma película podemos insertar todos los elementos necesarios, en vez de tener cada imagen, sonido, etc. por separado o mantener los elementos más grandes separados de la película principal. De este modo podremos actualizar cualquiera de esos elementos sin necesidad de modificar la película.
- Es un formato protegido: Las películas que colocamos en Internet no pueden ser editadas o modificadas, por lo que el trabajo permanece tal y como lo creamos.
- El tratamiento de sonidos también es muy completo. Puede insertar sonidos en varios formatos y manipularlos mediante Flash.
- Las películas de Flash muestran los textos tal y como se crearon incluso si el tipo de letra utilizado no está disponible en el ordenador del usuario, ya que se pueden almacenar las fuentes dentro de la propia película. Éste es un problema muy común en las páginas Web tradicionales y que aquí se encuentra resuelto.
- Los textos se muestran con gran calidad, ya que Flash utiliza técnicas de suavizado de fuentes para evitar que las letras aparezcan deformadas.
- Flash dispone de su propio lenguaje de programación, mediante el que podrá realizar operaciones numéricas, tratamiento de texto, modificar los elementos de la película mientras ésta se ejecuta, etc. El lenguaje Actionscript amplía de forma ilimitada las posibilidades de Flash.

- Con Flash podemos tomar imágenes y vídeos creados con otros muchos programas, ya que soporta una gran variedad de formatos gráficos. Además, podemos generar vídeos, archivos GIF animados, secuencias de imágenes, etc. Todo ello a partir de una misma película. Incluso podremos crear contenidos para componer CD-ROM interactivos.

Y estos son sólo algunos de los puntos fuertes de Flash, a lo largo de este libro analizaremos cada una de las ventajas y facilidades que nos aporta el programa para diseñar nuestras propias películas.

Flash 8

La versión de Flash con la que trabajaremos en este libro es la versión 8. Con Flash 8 se consolidan la mayor parte de las novedades de las últimas versiones y se amplían gracias a las aportaciones de los usuarios del programa.

El entorno del programa es más cómodo, el lenguaje de programación Actionscript es más potente, la gestión de vídeo ha sido mejorada y ampliada, con la incorporación de un nuevo sistema de codificación de vídeo, más eficaz y que ofrece mejores resultados.

Otro de los aspectos que se ha cuidado notablemente es la velocidad de reproducción de las películas, gracias a elementos como el caché de mapa de bits, la velocidad aumenta considerablemente.

El lenguaje de programación de Flash, Actionscript 2.0 incorpora pequeñas mejoras que lo consolidan como un lenguaje completo orientado a objetos, versátil y cómodo de utilizar.

Las herramientas de dibujo de Flash cuentan con algunos detalles que las hacen más interesantes, tanto a la hora de dibujar, como en la gestión de colores.

La inserción de textos resulta más clara gracias a la tecnología FlashType, que hace los textos más legibles utilizando cualquier tamaño de fuente.

La reutilización de elementos de nuestras películas se simplifica con la nueva gestión del panel de Bibliotecas, que nos permite llevar elementos de una película a otra de una forma más cómoda.

Flash 8 se presenta en dos versiones diferentes: básica y profesional. La versión profesional contiene algunas novedades interesantes como la creación de efectos, las pantallas y un mayor control de vídeo. A lo largo de este texto nos centraremos en la versión básica, aunque en algunos lugares del texto haremos referencia a las opciones de la versión profesional.

Ejecución de Flash

Para comenzar a trabajar con Flash 8 debemos utilizar menú Inicio de Windows.

El menú Inicio le proporciona acceso a los distintos programas que tiene instalados en su ordenador.

Para abrir Flash 8 siga esta secuencia de comandos:

1. Haga clic con el ratón sobre el menú Inicio.
2. Sitúe el puntero del ratón sobre la opción Programas.
3. Sitúe el puntero del ratón sobre el grupo Macromedia.
4. Haga clic sobre el icono Macromedia Flash 8.

La figura 1.1 muestra la ventana de trabajo de Flash 8 al iniciarse por primera vez.

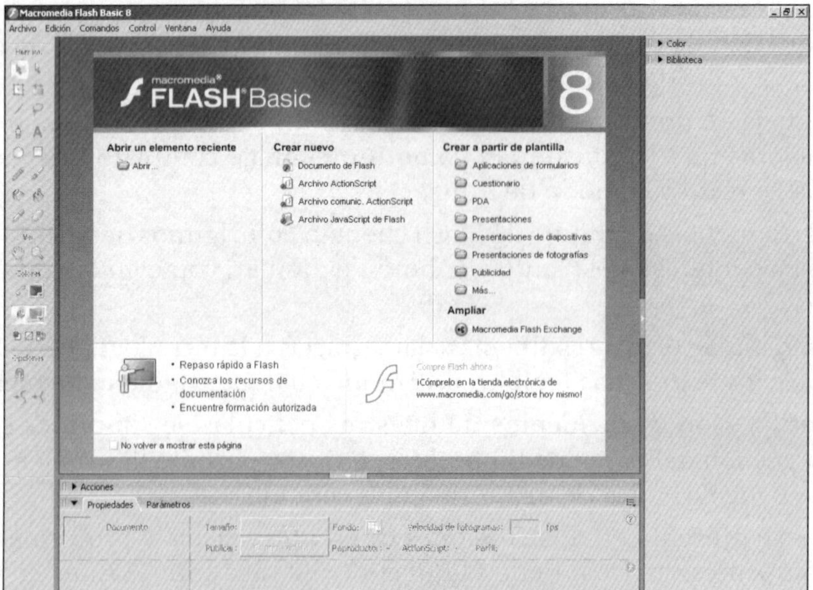

Figura 1.1. El programa Flash 8.

Nota:

También puede ejecutar una película creada con Flash abriendo la carpeta o disco en la que esté almacenada y haciendo doble clic sobre su icono.

Resumen

En este primer capítulo hemos dado un breve repaso a la evolución histórica de Internet y Flash. Hemos visto que nos encontramos ante un concepto de diseño Web totalmente revolucionario con multitud de posibilidades. Tras conocer para qué sirve el programa nos introduciremos de lleno en el funcionamiento de Flash y en cómo se maneja.

Capítulo 2

El espacio de trabajo de Flash

En este capítulo aprenderá a:

- Conocer los distintos componentes del entorno de Flash.
- Crear un primer dibujo.
- Manipular los paneles de Flash.
- Organizar el espacio de trabajo.

El entorno de Flash

Al ejecutar el programa por primera vez el espacio en el que desarrollaremos nuestro trabajo puede parecer demasiado complejo, con múltiples paneles y muchas opciones. En cuanto comencemos a trabajar comprobaremos que no es así y que todas las opciones se encuentran muy bien organizadas.

En un primer momento se presentará ante nosotros un cuadro de diálogo que nos ofrece varias opciones para comenzar a trabajar, tal y como se muestra en la figura 2.1. En nuestro caso seleccionaremos la opción **Documento de Flash**.

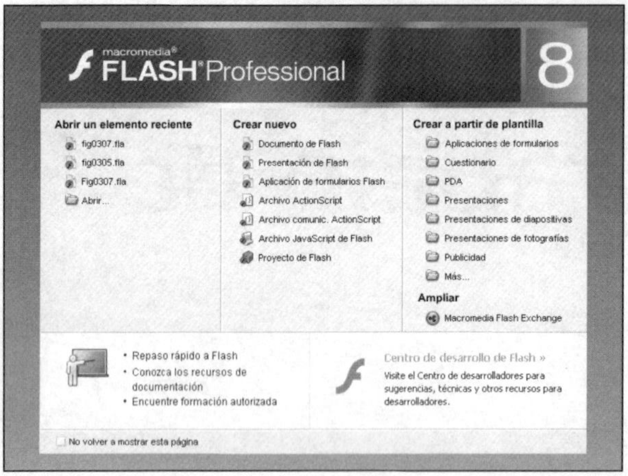

Figura 2.1. Selección de tipo de proyecto.

Tras seleccionar esta opción accedemos al espacio de trabajo de Flash. Cada grupo de elementos se encuentra separado en distintos paneles y zonas de la pantalla, lo que facilitará más adelante la distribución del espacio para acomodarlo a nuestras necesidades. Como se puede observar en la figura 2.2, el área de trabajo de Flash tiene cinco zonas bien diferenciadas:

- La **barra de herramientas**, situada en la parte izquierda de la pantalla, con los iconos necesarios para dibujar y manipular los objetos que diseñemos.
- La **escena**, en la zona central, es el espacio indicado para dibujar, escribir textos, animar elementos, etc.
- El panel **Propiedades**, en la parte inferior, está pensado para poder modificar los atributos de cualquier elemento de la escena. De he-

cho su contenido cambia en función del objeto que tengamos seleccionado.

- La **línea de tiempo** está en la parte superior de la pantalla. Este elemento le permitirá realizar animaciones y distribuir la acción de la película.
- Los **paneles**, en el lado derecho de la pantalla, se utilizan para modificar las características de algunos objetos, insertar componentes, modificar colores, etc.

A lo largo de este capítulo conoceremos el funcionamiento de estas herramientas y aprenderemos a organizar el entorno de Flash para que el trabajo resulte lo más cómodo posible.

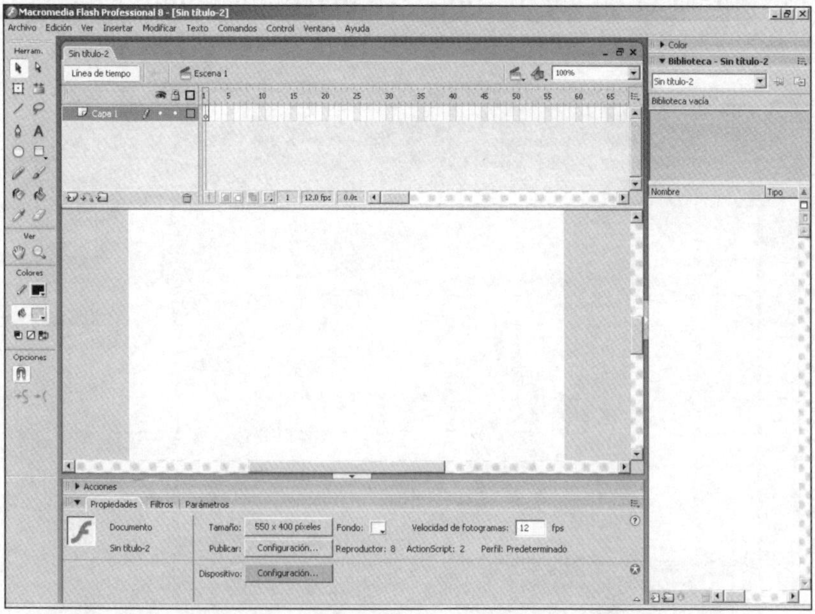

Figura 2.2. Distribución del espacio de trabajo de Flash.

Dibujar con la barra de herramientas

La barra de herramientas de Flash contiene los elementos necesarios para que pueda crear sus propias imágenes. En esta barra encontrará cuatro bloques distintos:

- **Herramientas**: El primer bloque contiene los elementos de dibujo y las herramientas que utilizará para seleccionar partes de la imagen.

- Ver: Con los dos elementos del segundo bloque podrá acercar o alejar la imagen para poder ver una zona del dibujo con más detalle, así como mover la imagen si ésta es demasiado grande.
- Colores: Esta parte le permitirá seleccionar los colores que utilizará para realizar los dibujos, tanto el color de relleno como el que se utilizará para las líneas.
- Opciones: En este lugar aparecerán opciones que modificarán el funcionamiento de algunas de las herramientas anteriores. Por ejemplo, si selecciona la lupa en el apartado Ver, observará cómo en esta zona aparecen dos lupas, una para acercar y otra para alejar.

Probemos ahora a realizar un dibujo similar al de la figura 2.3 siguiendo esta secuencia para obtener el mismo resultado.

Figura 2.3. Dibujar con Flash.

Ejemplo:

Crear un dibujo:

1. Seleccione la herramienta Pincel (sexta de la segunda columna).
2. En la zona de color de relleno seleccione un tono azul.

3. Para conseguir un trazo más fino, escoja el quinto tipo de la casilla Tamaño de pincel en la zona de Opciones.
4. Dentro de la escena, dibuje la casa. Necesitará varios trazos, pulsando el botón del ratón y arrastrándolo hasta otro punto.

Observará que las líneas de la casa se han ido suavizando a medida que iban apareciendo. Flash realiza este suavizado automáticamente para mejorar la apariencia del dibujo.

Truco:

Para aclarar la utilidad de cualquier herramienta, deje el puntero del ratón sobre ese elemento durante un segundo. Al momento aparecerá un pequeño letrero con el nombre de la herramienta.

Los paneles de Flash

Todos los espacios de Flash se encuentran situados dentro de paneles. A medida que avancemos con el programa iremos viendo aparecer más y más paneles, por lo que saber manejarlos resulta fundamental.

Básicamente un panel consiste en un espacio con una barra de título y generalmente un botón de opciones. En la figura 2.4 podemos ver el panel Propiedades.

Además, en cada panel podemos tener varios grupos de opciones, de ahí que se denominen grupos de paneles. Para pasar de un grupo de opciones a otra haremos clic en las pestañas de su parte superior.

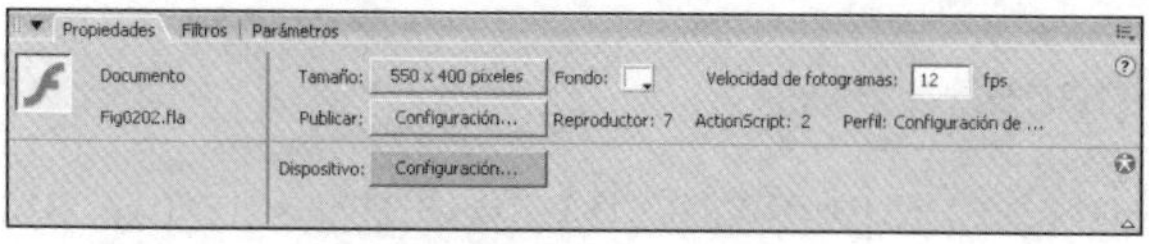

Figura 2.4. El panel Propiedades estará presente durante todo nuestro trabajo.

Observe que incluso la línea de tiempo y la escena se encuentran dentro de paneles. En el siguiente apartado aprenderemos a manipularlos.

Distribución del área de trabajo

El entorno de Flash, como veremos a continuación, es completamente configurable y adaptable.

Nota:

Una regla de oro que resulta obvia es tener en la pantalla sólo aquellos paneles que utilice con frecuencia. De esta forma encontrará todo más rápidamente y no se distraerá con elementos que no va a utilizar.

Organizar los paneles

Los paneles de Flash se muestran originalmente adosados unos a otros, como si estuviesen fijos, pero en realidad se pueden manipular mediante varias acciones.

Mover un panel

Para mover un panel a otra posición de la pantalla, arrastre con el ratón la pequeña señal de la parte izquierda de su barra de título. El panel se desplazará hasta donde se le indique.

Si es posible, el panel intentará quedar pegado o hacerse un hueco en la zona en la que se suelte. Si no, quedará flotando en la pantalla.

En la figura 2.5 podemos ver el resultado de desplazar el panel Herramientas al centro de la pantalla.

El panel ha quedado flotando mientras que los paneles centrales se han hecho más grandes, para cubrir el hueco dejado.

Minimizar un panel

Al hacer clic sobre la pequeña flecha de la parte izquierda de un panel o sobre su título éste se minimizará, quedando reducido a su barra de título. Haciendo clic nuevamente en el mismo sitio volverá a su estado anterior.

En la figura 2.6 se muestran minimizados todos los paneles de la parte derecha.

Figura 2.5. Los paneles en Flash son inteligentes, intentan unirse, cubrir huecos, etc.

Figura 2.6. Paneles minimizados.

Del mismo modo, cuando Flash no tiene espacio suficiente para mostrar varios paneles procederá a minimizar alguno automáticamente.

Cambiar el tamaño de un panel

Podemos modificar el tamaño de los paneles situándonos en alguno de sus bordes. Cuando aparezca una flecha doble pulsaremos el ratón y arrastraremos en la dirección deseada. Algunos paneles no cambian su tamaño, esto dependerá del contenido del propio panel.

Por ejemplo, si estamos trabajando con el panel Línea de tiempo y necesitamos visualizar más capas de las que estamos viendo podemos arrastrar la línea que separa la línea de tiempo de la escena. Dejaremos de ver parte de la escena, pero podremos trabajar más cómodamente en la parte superior.

También podemos maximizar un panel haciendo clic con el botón derecho sobre su barra de título y seleccionando la opción Maximizar conjunto de paneles.

Reagrupar los paneles

Podemos desplazar un panel de un grupo de paneles a otro de una forma muy simple; basta con hacer clic con el botón derecho del ratón sobre la pestaña con su nombre y en el menú que aparece seleccionar la opción Agrupar panel con.

Mostrar o cerrar un panel

Para ocultar un panel podemos hacer clic con el botón derecho sobre su barra de título y seleccionar la opción Cerrar conjunto de paneles.

Podemos volver a mostrar ese panel pulsando en el menú Ventana y haciendo clic sobre el panel correspondiente. Los paneles se encuentran agrupados según su función y desde este menú tenemos acceso a todos los paneles y barras del programa. Los que están activos están marcados con una pequeña señal. En capítulos posteriores los iremos revisando todos. La figura 2.7 muestra las distintas opciones del menú Ventana.

El espacio en el que se encuentran las herramientas de dibujo no es un panel propiamente dicho; es en realidad una barra de iconos. Para mostrar u ocultar esta barra haga clic en la opción Herramientas del menú Ventana. Del mismo modo, desde la opción Barras de herramientas de ese menú tendremos acceso además a otras barras de iconos que se encuentran ocultas al instalar el programa.

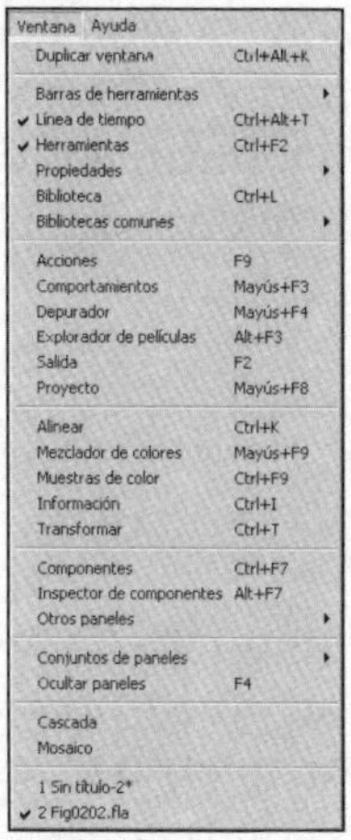

Figura 2.7. El menú Ventana.

Truco:

En ocasiones le interesará despejar completamente la pantalla para poder ver bien el área de trabajo. Puede ocultar todos los paneles momentáneamente pulsando la tecla ***F4****. Para volverlos a mostrar pulse nuevamente esta tecla. Esto es equivalente a seleccionar la opción* Ocultar paneles *del menú* Ventana.

Almacenar la configuración de los paneles

Cuando haya ordenado los paneles a su gusto podrá guardar la configuración creada pulsando en el menú Ventana y seleccionando la opción Conjuntos de paneles>Guardar disposición de paneles.

Asígnele un nombre a la configuración en el cuadro de diálogo que aparece.

Advertencia:

Si bien no hay limitación en este sentido, la práctica nos indica que para poder trabajar cómodamente es necesario situar la resolución de pantalla al menos en 1024 por 768 píxel. La gran cantidad de paneles que proporciona Flash hace que utilizar una resolución menor resulte muy engorroso.

Puede crear tantas configuraciones como necesite. Para cargar cualquiera de ellas vuelva al menú Ventana y seleccione la opción Conjunto de paneles. En la lista que aparece encontrará las distintas configuraciones creadas. Puede crear varias configuraciones diferentes para intentar cubrir cada parte del proceso de trabajo con Flash.

Resumen

Este capítulo nos ha proporcionado las técnicas necesarias para organizar correctamente el entorno de trabajo antes de comenzar a trabajar, ya que con ello conseguiremos ahorrar tiempo en el futuro. La filosofía de Flash en este aspecto es muy clara: cada usuario tiene unas necesidades y modos de trabajo diferentes, así que en vez de obligarnos a trabajar a su manera, es el programa el que se adapta a nosotros.

Además hemos hecho una primera aproximación al módulo de dibujo de Flash, que completaremos en capítulos posteriores con un exhaustivo repaso a cada una de las herramientas de dibujo del programa.

Capítulo 3

Las películas

En este capítulo aprenderá a:

- Crear una película y modificar sus características.
- Conocer la función de la línea de tiempo.
- Crear una animación.
- Reproducir y almacenar una película.

Los documentos de Flash

Las películas son los archivos con los que trabajaremos con Flash. Estos archivos integrarán nuestras imágenes, dibujos, animaciones e instrucciones.

En cierto modo actuaremos como directores de cine, colocando una serie de actores y objetos e indicando qué deben hacer en cada momento a través de una línea de tiempo. Veamos paso a paso cómo se trabaja con las películas en Flash.

Crear una nueva película

Para comenzar a trabajar sobre una película en Flash crearemos un nuevo archivo.

En el menú Archivo seleccione la opción Nuevo. Aparecerá el cuadro de diálogo de la figura 3.1 que nos permite seleccionar entre la creación de distintos tipos de documentos o la utilización de una plantilla. Por el momento nos centraremos en la primera opción, denominada Documento de Flash.

También podemos crear una nueva película desde la ventana que aparece al abrir Flash. Ambas opciones provocarán el mismo resultado.

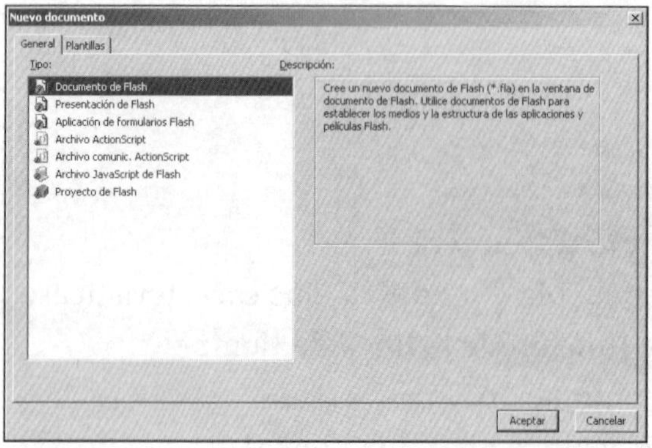

Figura 3.1. El cuadro de diálogo Nuevo documento.

La zona central de la pantalla (la escena) y la línea de tiempo aparecerán vacías.

Advertencia:

Algunas de las opciones de estos dos cuadros de diálogo sólo están disponibles en la versión Profesional de Flash, que permite crear documentos más específicos, como los proyectos, que son conjuntos de archivos relacionados entre sí.

Abrir una película existente

Para recuperar una película creada anteriormente, haga clic en el menú Archivo y seleccione la opción Abrir.

La ventana que se despliega es similar a la de la figura 3.2. Pulsando en la lista desplegable de la zona superior puede acceder a cualquiera de los discos de su ordenador. Después, en la zona central puede desplazarse por las distintas carpetas de un disco hasta encontrar el archivo que quiera abrir.

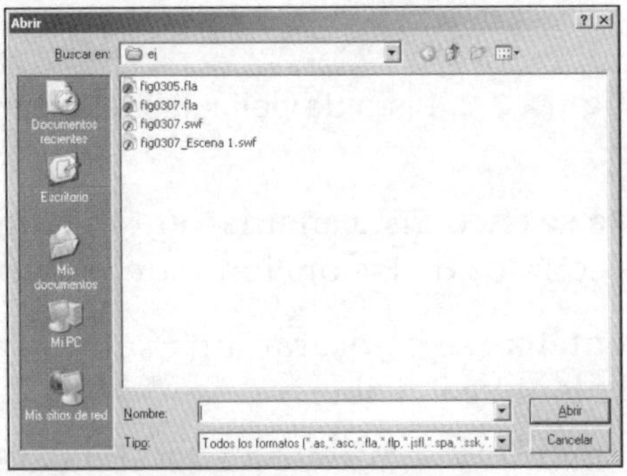

Figura 3.2. El cuadro de diálogo Abrir.

Con Flash podemos abrir varios tipos de archivo. El más habitual será el formato propio de Flash, que son archivos cuya extensión es `.fla`. La extensión de un archivo son las letras que aparecen en su nombre a continuación del punto. Además de este tipo podremos abrir archivos creados en otros formatos, archivos con acciones u otros tipos.

Tras seleccionar el archivo haga clic en el botón **Abrir** y éste se presentará en la pantalla. Por último, podemos abrir varias películas simultáneamente manteniendo presionada la tecla **Control** mientras hacemos clic sobre los nombres de los archivos que queremos abrir.

Truco:

Para agilizar la apertura de archivos, podemos acceder a las últimas películas que hemos utilizado mediante la lista de la opción Archivo>Abrir reciente. *Podemos seleccionar cualquiera de las películas que aparecen allí para abrirlas rápidamente.*

Trabajar con varios archivos

Con Flash puede tener abiertas varias películas al mismo tiempo. De este modo, podrá reutilizar elementos de otras películas, acciones, etc.

En la parte final del menú Ventana encontrará una lista con las películas abiertas, como se muestra en la figura 3.3. Pulsando sobre el nombre de alguna de ellas la película pasará a colocarse en primer plano.

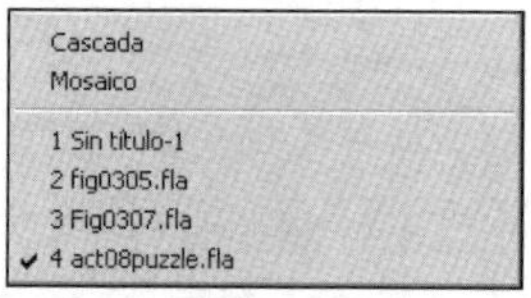

Figura 3.3. Lista de películas abiertas.

Cada película abierta se encuentra en una ventana diferente. Puede organizar esas ventanas con dos de las opciones del menú Ventana:

- Cascada: Las ventanas se colocarán una sobre otra, de forma que el título de cada ventana sea visible.
- Mosaico: Las ventanas se distribuirán sobre la zona de trabajo, mostrándose completamente.

Cerrar una película

Cuando termine de utilizar una película debe cerrarla seleccionando la opción Cerrar del menú Archivo. Así evitará tener abiertas películas que no esté utilizando.

Del mismo modo, si hemos abierto varios archivos podemos seleccionar la opción Cerrar todo del menú Archivo para que todas las películas se cierren simultáneamente.

Nota:

Al cerrar el programa todas las películas abiertas se cierran también. En el caso de que alguna de ellas tuviese cambios que no hubiesen sido guardados, se nos preguntará si deseamos guardarlos.

Modificar las características de una película

Antes de comenzar a trabajar con una película debemos revisar sus propiedades para ajustarla a las necesidades del proyecto que vamos a realizar. Éstas se encuentran en el menú Modificar, en la opción Documento. Aparecerá un cuadro de diálogo similar a la de la figura 3.4.

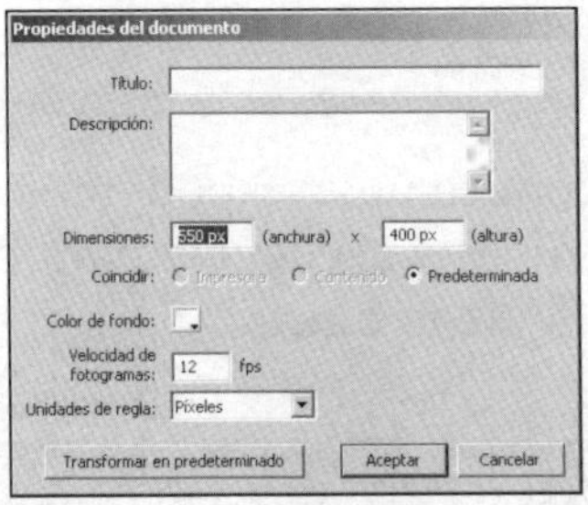

Figura 3.4. Propiedades de una película.

En ella podemos modificar los siguientes aspectos:

- Título y Descripción se utilizan para asignar un nombre a la película y añadir una breve descripción de la misma. Estos datos se almacenarán en el archivo y ayudarán a que los buscadores de Internet (como Google, por ejemplo) sean capaces de localizar nuestras películas.
- El valor Velocidad de fotogramas define el número de fotogramas que se mostrarán por segundo. Un valor entre ocho y doce es lo más adecuado para utilizar en una página Web. El valor máximo que deberíamos utilizar en casos extremos sería 24 o 25, que es el mismo que se utiliza a la hora de realizar una película, ya que es el número máximo de imágenes que el cerebro es capaz de percibir por segundo. Cualquier valor por encima de esa cifra sólo serviría para que la película ocupase demasiado y se ralentizase en ordenadores poco potentes. Casi no existe ningún caso en los que podría interesar superar ese valor.

- Los valores de **Dimensiones** se refieren al tamaño del espacio en el que se creará la película. El valor predeterminado es de 550 por 400 píxeles, un valor adecuado para visualizar la película en un navegador. Este valor variará en función del proyecto que vayamos a realizar. No obstante, no hay que obsesionarse con intentar hacer coincidir el tamaño del proyecto con el de la ventana del navegador, ya que como veremos más tarde, podemos redimensionar la película sin pérdidas significativas de calidad.
- Las opciones de **Coincidir** se utilizan para hacer que la película ajuste su tamaño al elemento más grande de la escena o al tamaño de la impresora. La opción **Predeterminada** retoma las dimensiones estándar.
- El **Color de fondo** cambia el color base de la película que se mostrará en el plano del fondo.
- Por último, podemos cambiar la **Unidad de regla**, seleccionando centímetros, pulgadas, etc. La unidad de medida predeterminada es **Píxeles**.

Con los elementos que conocemos ya podemos realizar nuestro primer proyecto. Siga los pasos de esta secuencia para cambiar las propiedades de una película similar a la de la figura 3.5.

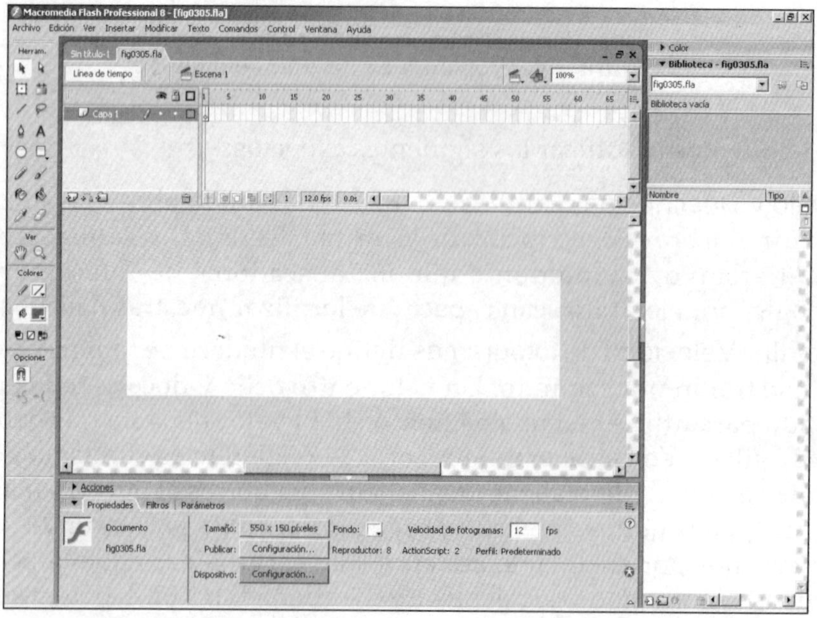

Figura 3.5. Aspecto de la película tras cambiar sus propiedades.

Ejemplo:

Crear una película

1. Seleccione Nuevo en el menú Archivo.
2. En el menú Modificar, seleccione la opción Documento.
3. Asigne un título a la película.
4. Use como dimensiones los valores 500 de ancho y 150 de alto.
5. Pulse el botón **Aceptar**.

Con Flash podemos realizar todos estos cambios sobre la película sin necesidad de acceder al menú Modificar. Haciendo clic sobre alguna parte del fondo o fuera de la escena observaremos cómo el panel Propiedades, en la parte inferior de la pantalla muestra casi las mismas opciones que acabamos de ver. La figura 3.6 muestra este panel. Recuerde que el panel Propiedades varía su contenido en función del elemento que tengamos seleccionado, por eso debemos pulsar sobre el fondo para poder ver estas opciones.

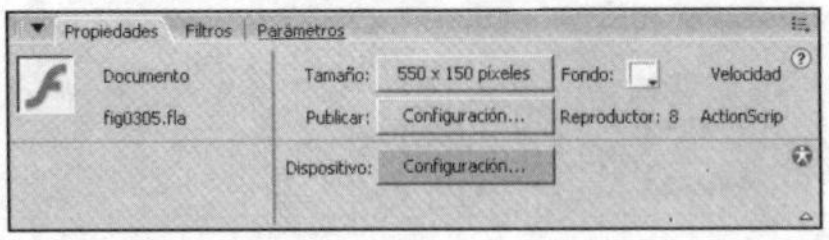

Figura 3.6. El panel Propiedades nos permite modificar las características de la película.

La línea de tiempo

La línea de tiempo es la herramienta que nos permitirá realizar animaciones en nuestras películas. Este panel, situado sobre la escena, introduce el factor tiempo en nuestros proyectos, multiplicando así las posibilidades de un sitio Web. La línea de tiempo se divide en casillas numeradas, como si fuese una tabla:

- Cada fila representa una capa. En cada capa colocaremos un elemento de la película, por ejemplo una imagen, un texto o un clip de vídeo.
- Cada columna representa un fotograma de la película, un instante fijo.

La línea de tiempo es el guión de la película que estamos creando con Flash. En un fotograma determinado los actores (situados en las filas) están colocados en una posición. Unos fotogramas más tarde, los actores cambian a otra posición, varían su aspecto, etc.

Para aclarar la función de la línea de tiempo puede realizar el ejemplo que verá en la figura 3.7.

Figura 3.7. Ejemplo de utilización de la línea de tiempo.

Éste consiste en un letrero que se desplaza por el interior de un rectángulo. Cada uno de los dos elementos (el rectángulo y el texto) se encuentra en una capa. Siga esta secuencia para realizar el letrero que animaremos posteriormente.

Ejemplo:

Crear un fotograma para una animación

1. Con la barra de herramientas, seleccione la herramienta Rectángulo y elija un tono azul para el relleno. Haga clic en el botón Dibujo de objeto, en la zona de Opciones de la barra de herramientas.

2. Utilizando el ratón, trace un rectángulo en la escena. Para ello debe mantener presionado el botón del ratón mientras lo desplaza.
3. Para animar el rectángulo con mayor facilidad lo convertiremos en un símbolo, para ello seleccione la opción Convertir en símbolo del menú Modificar, en la barra de menús. En el cuadro de diálogo que aparece pulse el botón **Aceptar**. Más adelante aclararemos el concepto de símbolos.
4. Pulse en el menú Insertar de la barra de menús y seleccione la opción Línea de tiempo>Capa. Así obtendremos una segunda capa en la línea de tiempo.
5. Seleccione la herramienta Texto en la barra de herramientas y elija el color blanco para el relleno.
6. En el menú Texto de la barra de menús seleccione la opción Tamaño y escoja 24. También puede modificar la fuente en ese mismo menú.
7. Haga clic en la escena y escriba el texto "Trabajando con Flash".
8. Cuando termine de escribir el texto, seleccione la herramienta Flecha (la flecha negra) en la barra de herramientas.

Hasta ahora hemos preparado el primer fotograma de la imagen con el texto que hemos insertado en la escena. A continuación debemos crear un nuevo fotograma clave.

Los fotogramas claves son aquellos en los que modificará la posición o el aspecto de los elementos. Después indicaremos al programa que se encargue de crear los pasos intermedios de la animación.

Ejemplo:

Crear una animación

1. En la línea de tiempo seleccione las dos casillas de la posición 20 arrastrando el ratón sobre ellas mientras mantiene pulsado el botón del ratón.
2. En el menú Insertar de la barra de menús seleccione la opción Línea de tiempo>Fotograma clave.

3. Haga clic en cualquier lugar de la escena para quitar la selección.
4. Haga clic sobre el texto para seleccionarlo y a continuación arrástrelo hacia la derecha.
5. Seleccione la escena 1 de la segunda capa (la que contiene el texto) haciendo clic sobre su nombre en la línea de tiempo.
6. En el menú Insertar de la barra de menús seleccione la opción Línea de tiempo>Crear interpolación de movimiento.
7. Para ver la animación pulse la tecla **Intro**.

Con estos pasos habrá creado su primera animación. Si todo ha salido bien, debería estar viendo un texto desplazándose de izquierda a derecha por la pantalla. En capítulos posteriores aprenderá a realizar animaciones más complejas.

Visualizar una película

Al pulsar la tecla **Intro** puede previsualizar el contenido de la película, con sus correspondientes animaciones. De esta manera nos haremos una idea aproximada de cómo se verá la película.

Para tener un resultado más exacto debemos seleccionar la opción Probar Película, del menú Control. Esta opción hará que se genere una película de prueba, de forma que podrá ver exactamente el resultado final.

En la barra de título de la ventana de prueba observará que la vista previa que se ha creado tiene extensión `.swf`. Ésta es la que Flash asigna a las películas finales. Los archivos con extensión `.swf` no se pueden modificar, así que para seguir trabajando, haga clic en el menú Archivo y seleccione la opción Cerrar o pulse en el botón Cerrar (en forma de X en la parte superior derecha) de esta ventana, que se muestra en la figura 3.8.

Figura 3.8. Prueba de la película.

Truco:

La opción Probar Película *se utiliza con mucha frecuencia, así que quizás le resulte de utilidad recordar la combinación de teclas que le permitirá realizarla. Para activar esta opción puede pulsar la combinación de teclas* ***Control-Intro****. Es similar a la opción de reproducción normal, que se consigue pulsando simplemente* ***Intro****.*

Reproducir parcialmente una película

Existen otras posibilidades para reproducir partes de una película. Son las siguientes:

- Si quiere probar una pequeña parte de la animación puede hacer clic sobre la zona con números situada sobre la línea de tiempo y arrastrar el ratón hacia la izquierda o hacia la derecha. De este modo podrá ver la animación a partir del punto que quiera e incluso reproducirla hacia atrás. La figura 3.9 le muestra la zona a la que nos referimos.
- Más adelante descubriremos que las películas más complejas pueden ser divididas en pequeñas películas llamadas escenas. En ese caso, podemos reproducir sólo una de esas escenas seleccionando la opción Probar escena del menú Control, en la barra de menús.
- Para avanzar o retroceder fotograma a fotograma podemos utilizar dos teclas: el **punto** (.) para avanzar y la **coma** (,) para retroceder.
- Al probar una película observamos que sólo se reproduce una vez. Si necesitamos que se reproduzca infinitas veces debemos activar la opción Control>Reproducir indefinidamente.

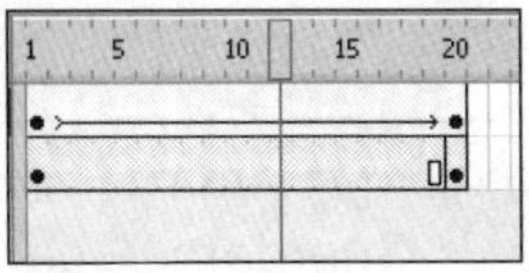

Figura 3.9. Desplace el cursor sobre los números de los fotogramas.

Guardar una película

Después de trabajar con un proyecto, debe almacenar la película para conservarla y poder seguir trabajando con ella en otro momento. En el menú

Archivo seleccione la opción Guardar. Si es la primera vez que guarda la película aparecerá el cuadro de diálogo Guardar Como. Si observa la figura 3.10 verá que esta ventana es muy parecida a la que utilizamos para abrir archivos. Usando la lista desplegable Guardar en y la zona central, podrá seleccionar el disco y la carpeta en la que quiere guardar el archivo. Antes de guardar debe asignar un nombre a su película. Escriba el nombre en el cuadro Nombre de archivo. Haga clic en el botón **Guardar** para terminar el proceso.

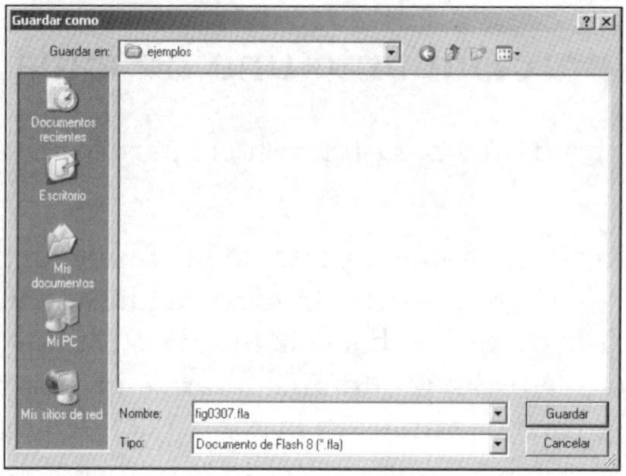

Figura 3.10. El cuadro de diálogo Guardar como.

Advertencia:

*Hay determinados caracteres que no se pueden utilizar a la hora de guardar una película, ya que Windows los utiliza para funciones especiales. Estos caracteres son: \ / : * ? " < > |. Recuerde también que el número máximo de caracteres para un nombre de archivo es de 215, por lo que tiene espacio de sobra, así que intente utilizar nombres lo más descriptivos posible.*

Nota:

En ocasiones existe cierta confusión sobre la diferencia que existe entre las opciones de Guardar *y* Guardar como. *La opción que se debe utilizar para guardar un archivo es la de* Guardar. *También hay que observar que la primera vez que guardamos una película con la opción* Guardar, *se nos mostrará la ventana de* Guardar como, *ya que el archivo no tiene ningún nombre en ese momento. Por su parte, la opción* Guardar como *sólo se utiliza cuando queremos cambiar el nombre de la película, crear otra copia o almacenarla en otro disco o carpeta.*

A partir de este momento, cada vez que haga modificaciones en su película puede pulsar en la opción Guardar del menú Archivo para que esos cambios se almacenen en ese archivo.

Si nos encontramos en el caso contrario, es decir, hemos abierto una película, hemos realizado algunos cambios pero queremos volver a retomar el archivo tal y como lo teníamos guardado, podemos hacer clic en la opción Archivo>Descartar cambios.

Con esto conseguiremos volver a tener el archivo tal y como lo teníamos al abrirlo.

Por último, en ocasiones nos encontraremos con que hemos eliminado algunos elementos de un archivo que ya no nos servían.

En estos casos es conveniente guardar los cambios mediante la opción Guardar y compactar, ya que así Flash se encargará de eliminar físicamente esos elementos del archivo, consiguiendo así que este ocupe menos espacio en nuestro disco.

Resumen

Tras lo visto en este capítulo finaliza la introducción a los conceptos básicos del funcionamiento de Flash: ya conocemos los puntos claves para poder crear una película, animar algunos objetos y visualizar una película.

Nuestra forma de actuación será similar en la mayoría de los casos. Crearemos una película, insertaremos elementos, los animaremos o manipularemos y finalmente visualizaremos la película para comprobar que todo está saliendo bien. En los próximos capítulos iremos revisando nuevas opciones para ampliar nuestras posibilidades de trabajo con estos conceptos.

Capítulo 4

Dibujar con Flash

En este capítulo aprenderá a:

- Utilizar las herramientas de dibujo.
- Seleccionar figuras y elementos de la escena.
- Modificar figuras utilizando las herramientas de selección.
- Mejorar el resultado final de un dibujo.
- Dividir una figura en varias partes.
- Modificar los rellenos de las figuras.

Gráficos vectoriales y mapas de bits

Al trabajar con imágenes en un ordenador hay una distinción muy importante a tener en cuenta: las imágenes se pueden almacenar de dos formas completamente distintas, en modo vectorial o en modo mapa de bits.

Imágenes vectoriales

Las imágenes vectoriales se almacenan como una serie de coordenadas y datos que son interpretados por el programa de tratamiento de imagen.

Para aclararnos supongamos que almacenamos una línea azul en modo vectorial. Para definir una línea sólo necesitamos conocer la posición del punto inicial y el punto final.

Así que eso es lo único que se almacenará. Su punto de inicio, su punto final y el color de la línea.

Cuando el programa abra ese fichero representará la línea completa a partir de esos datos.

Esto da una serie de ventajas:

- Si modificamos el tamaño de la línea ésta no perderá calidad, ya que lo que hará el programa será volverla a calcular a partir de los nuevos datos.
- El fichero ocupará muy poco, puesto que se almacenan muy pocos datos.

La desventaja de este formato es que no es bueno para imágenes muy complejas, ya que habría que guardar demasiados parámetros e interpretarlos cada vez que se hace algún cambio.

Mapas de bits

El otro sistema que se utiliza para almacenar imágenes es el de guardarlas como un conjunto de puntos de colores. Cada punto de la imagen se almacena guardando su color.

Este sistema es menos adecuado para almacenar una simple línea; ha de guardar mucha información, pero en cambio es ideal para fotografías o imágenes con muchos elementos y cambios de color.

Este formato suele ocupar más que una imagen vectorial y desde luego contiene mucha más información. De todas formas, para almacenar los ficheros se utilizan sistemas de compresión que reducen mucho su tamaño.

Los cambios de tamaño no le sientan bien a este formato. Tiene que utilizar unos algoritmos para conseguir el cambio y siempre hay alguna perdida de calidad en la imagen.

Imágenes en Flash

Sin duda ambos formatos son necesarios. El sistema vectorial se suele utilizar para crear dibujos que van a ser modificados en algún momento, mientras que los mapas de bits de usan para manejar fotografías. Por este motivo Flash es capaz de trabajar con los dos formatos.

Flash utiliza el formato vectorial para almacenar sus dibujos. De esta forma obtenemos algunas ventajas:

- A la hora de crear animaciones podemos modificar las imágenes sin ningún problema ya que seguirán siempre fieles al original.
- No nos importará en qué tamaño se visualice la película, ya que las imágenes se ajustarán al tamaño elegido, manteniendo siempre su nitidez.
- Al ocupar menos espacio, las películas se transmitirán más rápido por Internet.

Además Flash también es capaz de trabajar con mapas de bits, como veremos en capítulos posteriores. Así también podrá insertar fotografías en las películas, crear fondos, etc.

Herramientas de dibujo

La barra de herramientas le permitirá crear todo tipo de imágenes con Flash. A continuación revisaremos uno a uno los elementos de esa barra. Puede ver cada botón de la barra de herramientas en la figura 4.1.

Nota:

Recuerde que si por algún motivo no puede ver la barra de herramientas puede mostrarla nuevamente seleccionando la opción Herramientas *del menú* Ventana.

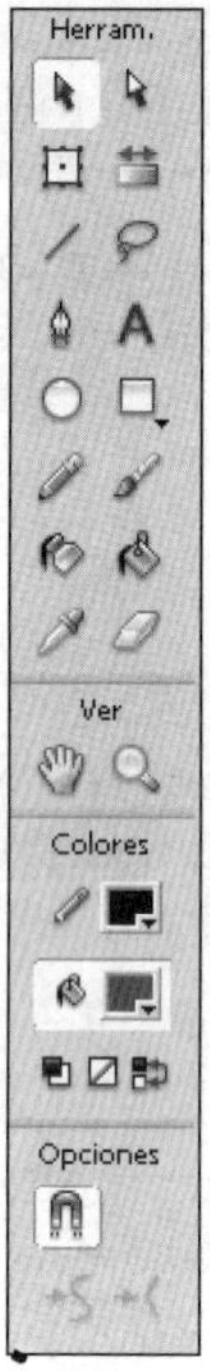

Figura 4.1. Barra de herramientas.

Crear líneas rectas

Para crear una línea recta con Flash seleccione la herramienta **Línea** en la barra de herramientas.

A continuación haga clic con el ratón sobre algún lugar de la escena y arrastre el puntero del ratón hasta otro lugar. Al soltar el botón aparecerá una línea uniendo los dos puntos.

Trazar polígonos

Para crear una elipse o un rectángulo seleccione el botón correspondiente en la barra de herramientas:

- **Óvalo:** Para las elipses.
- **Rectángulo:** Para los rectángulos.
- **Polystar:** Para crear otras figuras poligonales. Esta herramienta se obtiene manteniendo pulsado el botón del ratón sobre la herramienta **Rectángulo**.

Después haga clic en algún lugar de la escena y arrastre el ratón. Verá cómo a medida que mueve el ratón irá apareciendo la elipse, el rectángulo o la figura poligonal.

Truco:

Si lo que necesita es un polígono perfecto, mantenga presionada la tecla ***Mayús*** *mientras arrastra el puntero del ratón. Observará como la figura que aparece se mantiene siempre proporcional.*

En el caso de los rectángulos puede decidir si quiere que tengan las esquinas cuadradas o redondeadas.

Al redondear las esquinas se produce un efecto muy agradable para crear fondos para textos y fines similares; ofrece una apariencia menos brusca.

Siga estos pasos para redondear sus esquinas:

1. En la zona de Opciones, en la parte inferior de la barra de herramientas haga clic en el botón **Establecer radio de esquina**.
2. En la ventana que aparece seleccione el número de píxeles que se redondearán y haga clic en el botón **Aceptar**.
3. Dibuje el rectángulo siguiendo el método habitual.

Para volver a crear rectángulos normales haga clic en esa casilla e introduzca nuevamente el valor cero.

En la figura 4.2 puede ver una comparación de los dos modelos, además de otras figuras creadas con estas herramientas.

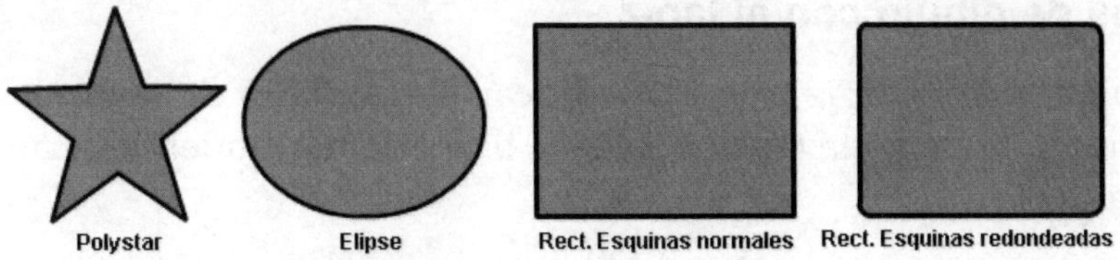

Figura 4.2. Distintos tipos de polígonos.

Además de todo lo comentado anteriormente, muchas herramientas de dibujo cuentan con varias opciones de personalización gracias al panel Propiedades.

En concreto, para las herramientas que hemos visto encontramos lo siguiente:

- Las características de polígono creado con la herramienta **Polystar** se definen en el botón **Opciones** del panel Propiedades. En el cuadro de diálogo que aparece podemos indicar cuantos lados tendrá, qué tipo deseamos, etc.
- Mediante el panel Propiedades también podemos indicar si las líneas terminarán de forma recta o redondeada (opción Extremo) y el aspecto de las uniones entre los distintos tramos de una figura (opción Unión).
- En ese mismo panel, activando la casilla Sugerencias de trazo conseguiremos que las líneas se ajusten en la pantalla a píxeles exactos, evitando que algunos tramos puedan aparecer difuminados en la escena.

Por último, podemos crear las elipses y los rectángulos a través de un nuevo cuadro de diálogo. Para conseguirlo, seleccionaremos una de estas dos herramientas y haremos clic en la escena mientras mantenemos presionada la tecla **Alt**. En el cuadro de diálogo que aparece indicaremos exactamente las medidas que más nos convengan, creando de este modo una figura con las dimensiones exactas.

Dibujar con el lápiz

La herramienta **Lápiz** sirve para dibujar a mano alzada, como si pintásemos directamente en la pantalla del ordenador. Tras activar la herramienta, mantenga pulsado el botón del ratón sobre la escena para dibujar y suéltelo cuando quiera parar.

Estilos de dibujo con el lápiz

Al dibujar con el lápiz puede modificar el resultado final con la opción Modo lápiz, en la zona Opciones de la barra de herramientas. Encontrará tres modos:

- Enderezar: Al soltar el botón, Flash intenta convertir el dibujo en figuras geométricas.
- Suavizar: Las líneas se suavizarán, para conseguir curvas menos pronunciadas, en dibujos sencillos es el que mejor resultado suele dar, como se puede observar en la figura 4.3.
- Tinta: El dibujo no será modificado.

En la figura 4.3 se muestra un mismo dibujo realizado con los tres modos de lápiz.

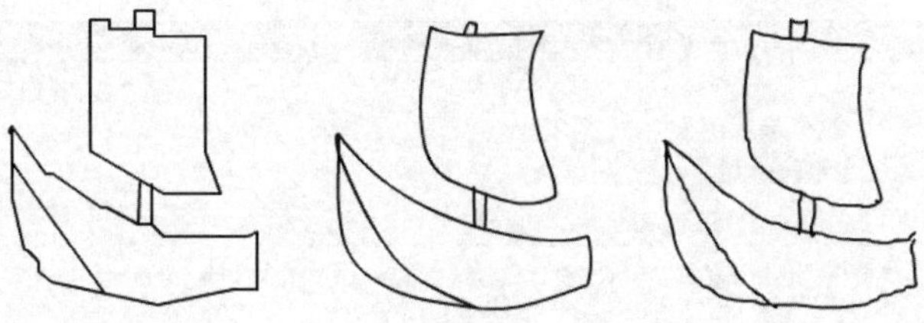

Figura 4.3. Figura dibujada con los distintos modos de lápiz.

Truco:

Puede activar el lápiz pulsando la tecla **Y***. Cada objeto de la barra de herramientas tiene asignada una letra. Para saber qué letra corresponde a una herramienta determinada, deje el ratón un segundo sobre el botón y aparecerá la letra junto a su nombre.*

Dibujar con el pincel

La herramienta **Pincel** le permitirá dibujar líneas gruesas, como si tuviese una brocha en la mano. Debe tener en cuenta que al dibujar con el pincel se utilizará el color seleccionado en la casilla Color de Relleno, ya que esta herramienta no crea trazados (líneas simples), sino rellenos (bloques grandes de color).

El funcionamiento es similar al de las herramientas anteriores, pero ésta dispone de varias opciones para modificar su comportamiento, todas ellas disponibles en la sección Opciones de la barra de herramientas:

- **Modo pincel:** Hace que los trazos dibujados se comporten de distinta manera según la opción seleccionada. Puede hacer que dibuje detrás de otro elemento, dentro de otro elemento, etc.
- **Usar presión:** Si dispone de una tableta digitalizadora, activando esta opción podrá crear dibujos sensibles a la presión del lápiz óptico. En la figura 4.4 puede ver un ejemplo. Presionando más o menos el lápiz óptico mientras dibujamos conseguimos cierto efecto de volumen en el dibujo.

- **Usar inclinación:** Al dibujar con un lápiz óptico los trazos serán sensibles a la inclinación del lápiz. Tanto esta opción como la anterior no aparecerán si no dispone de tableta digitalizadora.

Figura 4.4. Dibujo utilizando una tableta digitalizadora y la opción Usar presión.

- Tamaño del pincel: Modifica el grosor del pincel, para poder dibujar zonas con más o menos detalle.
- Forma del pincel: Varía el tipo de dibujo que deja el pincel, puede pasar del estilo circular a otros en forma de línea, cuadrado, etc. En la figura 4.5 puede ver el resultado que se obtiene al cambiar la forma del pincel.

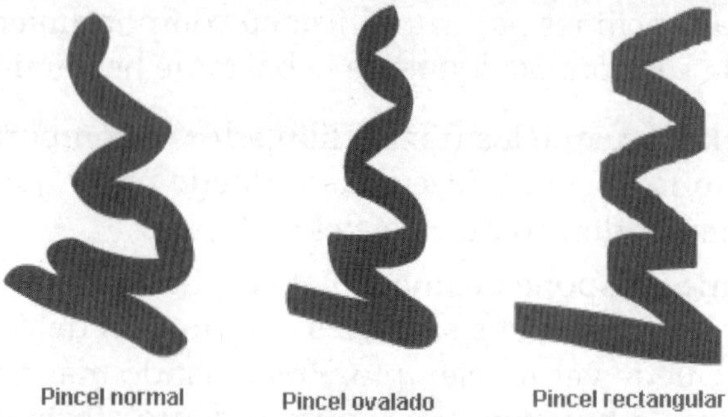

Figura 4.5. Distintas formas del pincel.

- Bloquear relleno: Esta casilla tiene utilidad al realizar rellenos de color basados en degradado. Si no está activada, cada dibujo que haga creará un degradado nuevo. En caso contrario, el degradado creado formará parte del conjunto de dibujos creados con el pincel. En el próximo capítulo analizaremos todo lo referente a degradados.

Truco:

Como en otras herramientas, la tecla ***Mayús*** *modifica el comportamiento del pincel. Al presionar esta tecla sólo podrá desplazar el puntero del ratón en sentido horizontal o vertical.*

Dibujar con la pluma

La herramienta **Pluma** tiene un funcionamiento algo más complicado, pero es fundamental para crear formas complejas muy precisas, con curvas bien definidas. Disponemos de dos modos de trabajo para dibujar con la pluma:

- Mediante líneas rectas: Haciendo clic en distintos lugares de la escena se irán creando líneas rectas que unen esos puntos.
- Mediante curvas: Para hacer líneas curvas se pulsa el botón del ratón en la posición en la que debe terminar el nuevo trazo y se mantiene pulsado mientras se desplaza el ratón. La línea se ira curvando en función del movimiento realizado.

Puede crear dibujos que mezclen las dos técnicas para conseguir curvas y rectas. La figura 4.6 muestra un ejemplo de combinación de los dos tipos de línea.

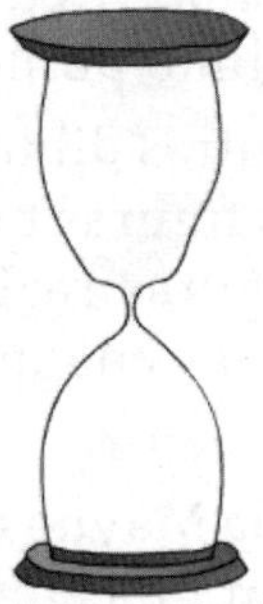

Figura 4.6. Figura creada con la pluma.

Cuestiones sobre el uso de la pluma

Hay determinados aspectos a tener en cuenta para utilizar correctamente la pluma:

- Al seleccionar la herramienta, el puntero del ratón se convierte en una pluma con una pequeña "x" a su lado. Esto indica que aún no hemos empezado a dibujar. Al pulsar en algún lugar de la escena la "x" desaparecerá, indicando que ya se está dibujando. Desde este momento, cada vez que presionemos el botón del ratón (o pulsemos y arrastremos) aparecerá una línea en la pantalla.
- Mientras dibujamos, todas las líneas se irán uniendo unas a otras. Para terminar de crear líneas, debemos cerrar la figura, uniendo el último punto de la figura con el primero o haciendo clic en cualquier otro punto. Junto al puntero del ratón aparecerá un pequeño círculo, indicando que estamos en la posición correcta para cerrar la figura.

Advertencia:

Al completar la figura, su interior tomará el color que tengamos seleccionado en la casilla Color de Relleno, *en la zona de opciones de la barra de herramientas.*

- Si no queremos crear una figura cerrada, podemos terminar el dibujo manteniendo pulsada la tecla **Control** y haciendo clic con el ratón en algún lugar de la escena. Observaremos que de nuevo aparece una pequeña "x" junto al puntero del ratón para indicar que la figura anterior ya está terminada y que la pluma está lista para comenzar una nueva figura. También podemos detener el dibujo de una figura haciendo doble clic sobre el último punto creado.
- Las líneas que aparecen mientras dibujamos se presentan de color verde. Este color indica que las figuras que estamos realizando están seleccionadas. Para que las figuras realizadas se fijen y dejen de estar seleccionadas basta con tomar cualquier otra opción de la barra de herramientas.
- Manteniendo pulsada la tecla **Mayús** mientras dibujamos conseguiremos que las líneas aparezcan únicamente como valores múltiplos de 45 grados.

Modificar figuras utilizando la herramienta Subseleccionar

La herramienta **Subseleccionar** (la flecha blanca en la parte superior de la barra de herramientas) se utiliza para modificar las imágenes creadas con la herramienta **Pluma**, aunque en realidad es útil para modificar los dibujos creados con cualquier herramienta.

Tras crear una figura con Flash ésta mantiene almacenados cada uno de los puntos que hemos utilizado para crearla. Así, una vez creada, se puede modificar cualquier punto o curva de la figura, añadir o borrar puntos, etc.

Seleccionar una figura

Antes de modificar una figura debemos seleccionarla. Haga clic sobre la herramienta **Subseleccionar** y a continuación sitúe el ratón sobre la línea de la figura a modificar. Cuando esté en la posición adecuada un pequeño cuadro aparecerá junto al puntero del ratón. Haga clic con el ratón en ese momento.

Observará como la línea cambia de color y se muestran todos los puntos utilizados para crearla. En la figura 4.7 puede ver una figura seleccionada.

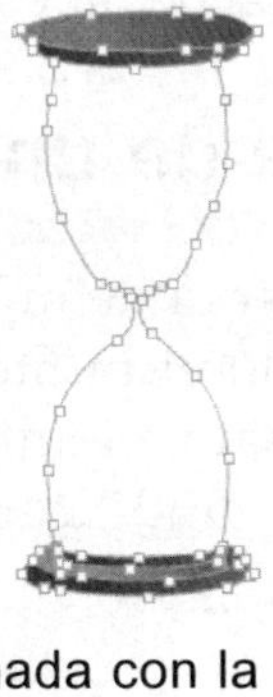

Figura 4.7. Figura seleccionada con la herramienta Subseleccionar.

Desplazar toda la figura

Para mover toda la figura, haga clic sobre la herramienta **Subseleccionar** y, pulsando sobre algún segmento, desplace el dibujo hasta su nueva posición. Como vimos en el apartado anterior, junto al puntero del ratón aparece un pequeño recuadro negro indicando que está situado sobre un segmento.

Mover un punto

Puede variar la forma de la imagen desplazando los distintos puntos que la componen.

Para desplazar un punto, tome la herramienta **Subseleccionar** y sitúe el cursor sobre el punto o vértice que quiere desplazar. Junto al puntero del ratón aparecerá un cuadro blanco. Pulse el botón del ratón y arrastre el punto hasta su nueva posición. La figura 4.8 muestra el momento en que estamos desplazando un punto.

Figura 4.8. Arrastrando un punto de la imagen.

Modificar la curvatura de una línea

Para modificar la forma de la curva de una línea haga clic sobre el punto que quiere modificar. Al hacerlo el punto se convertirá en un pequeño círculo. Además, junto a ese punto, el anterior y el siguiente aparecerán unas líneas que nos permitirán modificar la tangente a la curva. Puede ver una muestra en la figura 4.9.

Nota:

Al principio le resultará complicado definir la curvatura que necesite. Piense que cuanto más separados estén los modificadores del punto central, la curva tendrá mayor amplitud.

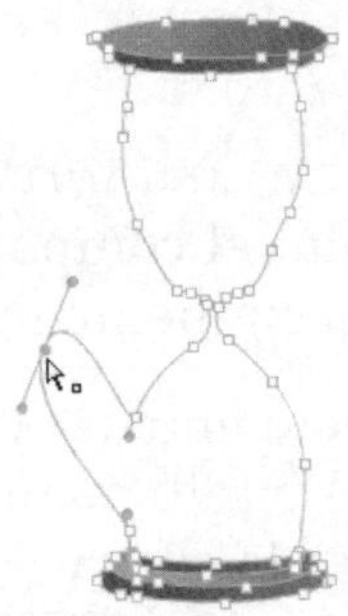

Figura 4.9. Modificar una curva usando la línea tangente.

Para modificar la curva debe pulsar sobre alguno de los modificadores de curva y arrastrarlo. La curva cambiará según el movimiento que realice.

Añadir puntos

Una forma de modificar la figura es añadir nuevos puntos y vértices para poder variar determinadas partes del dibujo. Cuantos más puntos tenga la figura, mayor detalle podremos aplicar en sus curvas. Para añadir nuevos puntos a una línea, seleccione la herramienta **Pluma** y haga clic con el ratón en algún lugar de un segmento.

Observe como aparece un signo de suma junto a la pluma justo antes de pulsar el botón.

Borrar puntos

Para eliminar un punto, seleccione la herramienta **Pluma** y sitúe el ratón sobre el punto a eliminar.

Debe aparecer un signo de resta junto al puntero del ratón. Al pulsar el botón del ratón el segmento anterior y el siguiente se unirán para cubrir el hueco.

Advertencia:

Este método elimina ángulos rectos. Si el punto que vamos a eliminar define una curva, al pulsar la primera vez se convertirá en un ángulo recto. Al pulsar una segunda vez será eliminado.

Convertir puntos

Cada punto de una figura puede actuar formando un ángulo recto o definiendo una curva. Puede cambiar el comportamiento de un punto entre cualquiera de los dos tipos de la siguiente manera:

- Para convertir un ángulo recto en curva tome la herramienta **Subseleccionar** y haga clic sobre el punto manteniendo pulsada la tecla **Alt**. Desplace el ratón para definir la curva.
- Para convertir una curva en una recta, haga clic sobre el punto con la herramienta **Pluma** seleccionada. Junto al puntero del ratón observará una pequeña curva tachada.

Practicando con la pluma

Para probar el funcionamiento de la pluma intente realizar una imagen similar a la de la figura 4.10. Como puede ver, la imagen tiene tanto tramos rectos como curvas.

Figura 4.10. Ejemplo creado con la pluma.

A no ser que sea un auténtico experto dibujando o tenga mucha soltura con el ratón, la imagen no le saldrá a la primera. No hay que desanimarse, es normal. Aquí tiene algunas notas que le facilitarán el trabajo:

- Primero trace el dibujo, si algún punto no sale bien, no importa: siga dibujando. Más tarde podrá rectificarlo con las técnicas que hemos visto.

- Recuerde que si en algún momento se equivoca puede deshacer el último paso con la opción Deshacer del menú Edición.

Truco:

La opción Deshacer *del menú* Edición *vale su peso en oro. Cada vez que cometemos un error podemos regresar al estado anterior e incluso rectificar varios pasos. Para poder acelerar el uso de esta opción disponemos de una combinación de teclas que es conveniente recordar:* ***Control-Z****. Cada vez que pulse esta combinación retrocederá un paso en su trabajo. Además, esta combinación de teclas suele ser la misma en la mayoría de los programas de Windows, con lo que su valor se incrementa notablemente.*

- Cuando haya completado el dibujo, utilice la herramienta **Subseleccionar** para mostrar los puntos creados y modificar las curvas. También puede añadir o eliminar puntos si lo necesita.
- En algunas partes más delicadas puede acercar la imagen con la herramienta Zoom, situada sobre la línea de tiempo. Cambie el 100% que aparece allí por un valor mayor, como 200% o 400%. Después utilice las barras de desplazamiento para acercarse al lugar que quiere modificar. En la figura 4.11 puede ver la misma imagen con un zoom de 400%.

Figura 4.11. Imagen ampliada con la herramienta Zoom

Modificar figuras utilizando la herramienta Flecha

Con la herramienta **Flecha** disponemos de otra utilidad para poder seleccionar y modificar nuestros dibujos. Ésta tiene un funcionamiento más sencillo, aunque no es tan precisa como la herramienta **Subseleccionar**, pero resulta perfecta para dibujos que no requieran una precisión excesiva, como dibujos animados, caricaturas, etc.

Usando **Flecha** podemos modificar tanto las figuras creadas con la pluma como las realizadas usando el resto de herramientas de dibujo.

Seleccionar una figura

Para seleccionar una figura mediante la herramienta **Flecha**, trace un rectángulo alrededor de la imagen. Observará como al soltar el ratón, el trazo de la zona encerrada se vuelve más grueso, para indicar que está seleccionada. En la figura 4.12 puede ver un círculo y parte de otro seleccionados.

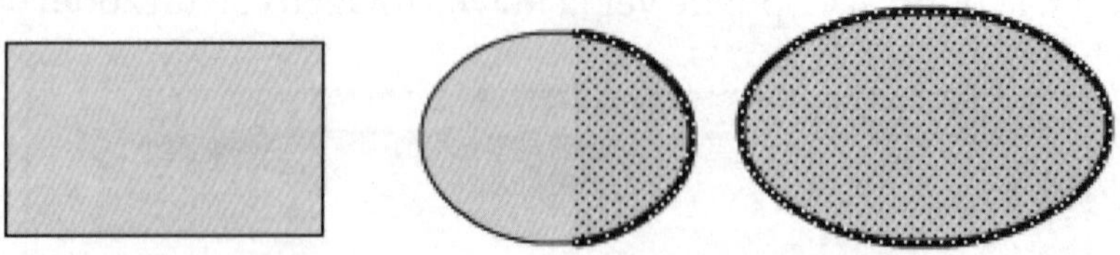

Figura 4.12. Círculo tras ser seleccionado.

Advertencia:

Al trazar el rectángulo asegúrese de que todo lo que quiere seleccionar queda en su interior. No se seleccionarán las partes que queden fuera, ya que Flash le permite seleccionar porciones sueltas de una figura.

Debe tener en cuenta algunas cuestiones a la hora de seleccionar figuras:

- Si la figura tiene algún color de relleno en su interior, éste también se seleccionará.

- Si quiere seleccionar varias zonas que no son contiguas, puede hacerlo manteniendo pulsada la tecla **Mayús** mientras traza otros rectángulos de selección.

Para quitar la selección basta con hacer clic con la herramienta **Flecha** en cualquier parte fuera de la selección.

Mover una figura

Para desplazar una figura por la escena primero ha de seleccionarla con la herramienta **Flecha**. Después haga clic sobre alguna parte de la línea y desplace la figura mientras mantiene pulsado el botón del ratón. A la hora de mover una figura aparece una flecha de cuatro direcciones junto al puntero del ratón, indicando que vamos a desplazar algún elemento. Recuerde nuevamente que sólo se moverá la parte de la figura que tenga seleccionada.

Cuando intentamos mover una figura observaremos que aparecen unas guías representadas por unas líneas negras discontinuas indicándonos los lugares relevantes de la escena. De este modo, Flash pretende ayudarnos a ajustar la posición de la figura con el resto de los elementos de la escena.

Modificar una figura

Con la herramienta **Flecha** puede modificar cualquier figura. El método dependerá del elemento que quiera modificar:

- Segmentos: Al pulsar y arrastrar con el ratón sobre un segmento, cambiaremos la curvatura de esa línea. Junto al puntero del ratón aparece una pequeña curva, como puede ver en la figura 4.13. Flash se encarga de ir añadiendo nuevos puntos para conseguir crear las curvas.
- Vértices: Si se sitúa sobre un vértice o sobre el final de una línea, lo que cambiará será la posición de ese elemento. En este caso, junto al puntero del ratón aparece un ángulo recto, como el de la figura 4.13.

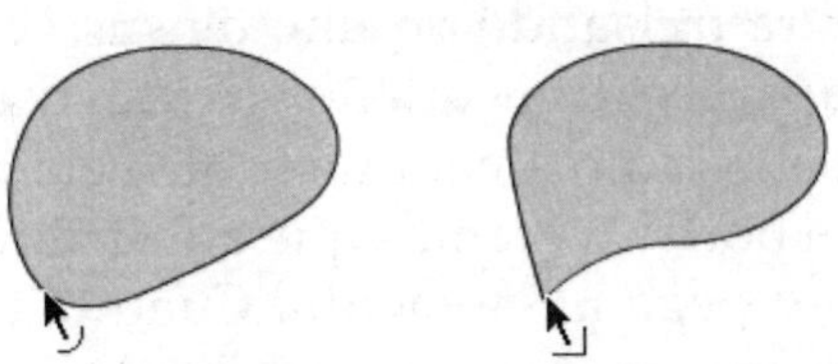

Figura 4.13. Forma del puntero del ratón al arrastrar un segmento o un vértice.

Truco:

Si tenemos una curva y necesitamos añadir un vértice, podemos arrastrar la curva mientras mantenemos pulsada la tecla **Control**.

Borrar una figura

Para eliminar una figura con la herramienta **Flecha**, seleccione la figura y presione la tecla **Supr**, la tecla **Retroceso** o pulse sobre la opción Borrar del menú Edición. Cualquiera de estos métodos produce el mismo resultado.

Si desea borrar sólo una parte de la figura seleccione únicamente esa parte.

Opciones avanzadas de la herramienta Flecha

La herramienta **Flecha** dispone de un grupo de opciones accesibles desde la zona inferior de la barra de herramientas de dibujo. Puede ver estas opciones en la figura 4.14.

Figura 4.14. Opciones de la herramienta Flecha.

Mover figuras con el imán

Además de las guías que nos ayudan a mover los objetos por la escena contamos con la ayuda del **Imán**. Al activar esta casilla, el desplazamiento de figuras mediante la flecha se comportará de forma diferente.

Al arrastrar una figura pulsando en uno de sus vértices observaremos como en ese punto aparece un pequeño círculo. Ese círculo actúa como un imán. Al acercar el círculo a cualquier otro elemento de la pantalla, como una figura o un borde, veremos que automáticamente se hace más grande, se acerca y se pega al elemento. Cuando movemos el puntero del ratón el círculo intenta mantenerse unido al elemento sobre el que se encuentra.

Mediante el imán resulta muy sencillo ajustar la posición de las figuras, ya que son ellas mismas las que se buscan unas a otras. Otro gran avance para las personas que no tenemos buen pulso. El imán también aparece en otros momentos. Por ejemplo, si crea un rectángulo observará que aparece el pequeño círculo del imán. Cuando el rectángulo sea un cuadrado perfecto el círculo se volverá más grande e intentará mantener las proporciones del cuadrado. Para que esta característica funcione debemos haber activado previamente el imán en las opciones de la herramienta **Flecha**.

Suavizar y enderezar

Estas otras dos opciones que encontramos para la herramienta **Flecha** le permitirán variar la curvatura de la figura que tenga seleccionada, suavizando o enderezando las líneas. Veremos estas herramientas más a fondo en este mismo capítulo.

Seleccionar mediante el lazo

Flash aún dispone de un tercer método de selección. Éste consiste en utilizar la herramienta **Lazo**. Aunque la forma de seleccionar con la herramienta **Lazo** es sensiblemente diferente de la usada con la herramienta **Flecha**, en la práctica los elementos seleccionados con ambas herramientas tienen el mismo comportamiento. La diferencia fundamental al seleccionar es que con el lazo podemos realizar selecciones más complejas que con la flecha. En Flash disponemos de varias formas de selección mediante el lazo:

- Para seleccionar una figura en el Modo Libre pulse el botón del ratón y arrastre el puntero. Observará como aparece una línea. Siga moviendo el ratón hasta que el área trazada esté más o menos cerrada. Al soltar el botón todo lo que haya dentro del área quedará seleccionado.

Advertencia:

No hace falta cerrar la selección completamente porque Flash se encargará de hacerlo. No obstante es conveniente intentar facilitar las cosas intentando aproximar el máximo posible el punto inicial de la selección y el final.

- La opción Modo Poligonal, que se activa pulsando en la casilla correspondiente en la zona de Opciones, hará que la selección que tracemos tenga forma de polígono. Para usar este modo, active la casilla **Modo Poligonal** y haga clic en distinta partes de la escena, una línea aparecerá uniendo los puntos que marca. Para cerrar el área basta con hacer doble clic.

Truco:

Si está haciendo una selección libre con el lazo, pero necesita en un momento determinado una zona recta, como si se hubiese hecho con el modo poligonal, mantenga pulsada la tecla **Alt**. *A partir de este momento puede soltar el botón del ratón, y seguir dibujando como si el modo poligonal estuviese activo.*

- Por último, podemos realizar la selección usando la herramienta **Varita Mágica** nos permite seleccionar secciones de una imagen que tengan tonos parecidos de color. No obstante, esta opción está orientada a su uso con mapas de bits, así que la revisaremos más adelante.

Borrar con Flash

De nuevo encontramos varias opciones para borrar con las herramientas de Flash.

Borrar utilizando las herramientas de selección

La forma más directa de eliminar elementos de la escena consiste en seleccionar lo que vamos a borrar y a continuación pulsar la tecla **Supr**. Éste método es el más sencillo, ya que funciona con la mayoría de los programas de Windows. Además podemos utilizar cualquiera de las herramientas de selección disponibles, que hemos visto en este capítulo, para después utilizar este sistema, o bien pulsar la tecla **Retroceso** o seleccionar la opción Borrar del menú Edición.

Borrar utilizando el borrador

Flash dispone de una herramienta muy completa para borrar elementos o partes de un elemento. Este método le resultará muy útil a la hora de realizar un borrado selectivo de pequeñas partes de la imagen. Para borrar seleccione la herramienta **Borrador** en la barra de dibujo. A continuación pulse el botón del ratón y desplace el puntero sobre la zona de la imagen que quiere borrar. Observará como desaparece esa parte del dibujo. El borrador dispone de varios modificadores, accesibles desde la zona de Opciones, en la zona inferior de la barra de dibujo. Puede verlos en la figura 4.15. Cada uno de ellos varía el comportamiento de la herramienta del siguiente modo:

- Modo borrador: Mediante esta opción se puede definir el comportamiento de la goma de borrar.
  - Borrar normal: Afecta a todo.
  - Borrar relleno: Sólo elimina el relleno de las figuras.
  - Borrar líneas: Únicamente elimina las líneas, no toca los rellenos.
  - Borrar rellenos seleccionados: Sólo eliminará la parte seleccionada del relleno.
  - Borrar dentro: Para figuras cerradas; sólo borrará en su interior.
- Grifo: Si está activada, con una sola pulsación elimina un elemento completo.
- Forma de Borrador: Para cambiar el tamaño y la forma de la herramienta.

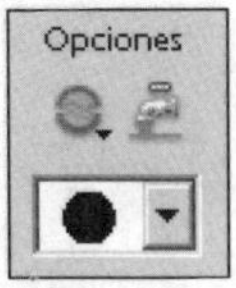

Figura 4.15. Modificadores de la herramienta Borrador.

Mejorar el resultado final de un dibujo

A continuación veremos una serie de herramientas que nos ayudarán a proporcionar una mejor apariencia a nuestros dibujos.

Enderezar y suavizar

Después de crear una figura y modificarla, puede que nos haya surgido uno de estos problemas:

- La imagen tiene demasiadas curvas poco precisas, algunas no aportan nada a la imagen, dando la sensación de que nos fue la mano en algunas partes.

- La imagen tiene curvas demasiado pronunciadas en zonas que deberían tener menos amplitud.

Para resolver estos dos problemas encontramos dos opciones en el menú Modificar>Forma, que son las mismas que aparecen en la parte inferior de la barra de herramientas, en el apartado Opciones.

Para utilizar estas opciones, debe seleccionar la figura que quiere modificar utilizando la herramienta **Flecha**.

- **Enderezar:** Al pulsar sobre esta opción las líneas curvas de la imagen se enderezan un poco.
- **Suavizar:** Las curvas se modifican, reduciendo imperfecciones, creando curvas más simples.

Cada vez que pulses sobre una de estas opciones se aplicará el efecto sobre la figura, suavizando o enderezando cada vez más.

En la figura 4.16 puede ver una imagen y el resultado tras aplicarle ambos efectos.

Figura 4.16. Figura con efecto de suavizar y enderezar.

Optimizar una figura

Flash puede simplificar las formas de una figura utilizando el cuadro de diálogo Optimizar Curvas. Esta función revisa la imagen y elimina curvas, obteniéndose así una figura más fina, más estilizada.

Para utilizar esta herramienta, seleccione la opción Modificar>Forma> Optimizar.

En el cuadro de diálogo que aparece puede modificar las siguientes opciones:

- Moviendo el control central obtendrá curvas más o menos suaves.
- Si activa la casilla Utilizar varias pasadas se revisará varias veces la figura, para conseguir un resultado más correcto.
- La casilla de Mensaje mostrar totales activa un mensaje indicando las curvas originales de la figura y las que tiene al terminar el proceso.

Los modos de dibujo de Flash

Hasta el momento hemos estado dejando pasar una de las grandes novedades de esta versión de Flash, los dos modos de dibujo que incorpora.
Hasta este momento hemos obviado el funcionamiento de un botón que se encontraba presente en la zona de opciones de la mayoría de las herramientas de dibujo. El botón **Dibujo de objeto**, recogido en la figura 4.17, nos permite cambiar entre los dos modos de dibujo que incorpora Flash.

Figura 4.17. Cambiar entre modos de dibujo de Flash

- Modo de dibujo de fusión: Este es el modo tradicional de Flash y con el que hemos trabajado todo el capítulo. Es el modo que se encuentra activo cuando el botón **Dibujo de objeto** no está activado. Su peculiaridad es que los elementos que dibujamos se combinan al situarlos unos encima de otros, es decir, la parte de una figura que queda tapada, desaparece.
- Modo de dibujo de objeto: Con este nuevo método, cuando colocamos una figura sobre otra, la de abajo no se verá afectada, manteniéndose intacta. Cada figura se crea como si fuese un objeto. Distinguiremos este modo del otro porque cada nuevo elemento aparece rodeado por un marco azul, como veremos más detenidamente cuando trabajemos con objetos.

Dividir una figura en varias partes

Al trabajar en el modo de dibujo de fusión el programa trata cada figura que dibujemos como una entidad independiente, cada círculo, rectángulo, línea, etc. que hagamos se almacena como un elemento que, como ya hemos visto, podemos mover o modificar con cualquiera de los dos métodos que hemos analizado en este capítulo:

- **Flecha:** Esta herramienta trata el objeto como una figura.
- **Subseleccionar:** Con esta herramienta el objeto se comportará como un conjunto de segmentos unidos por puntos.

Borde y relleno

Al crear una figura cerrada, ésta tomará el color de relleno que se encuentre seleccionado en ese momento, por lo que las figuras cerradas suelen tener dos colores:

- Color de trazo: Colorea la línea exterior o borde.
- Color de relleno: Se utilizará en el interior de la figura.

Cada una de las partes, borde y relleno, funciona como elemento independiente.

Podemos, por ejemplo, seleccionar uno de los dos colores y moverlo a otra posición sin que el otro se desplace.

Formas de selección con la herramienta Flecha

Para entender mejor como funcionan las figuras en la escena, nos fijaremos en lo que ocurre cuando utilizamos la herramienta **Flecha**. Al seleccionar una figura mediante dicha herramienta, podemos utilizar varios sistemas:

- Seleccionar un segmento o relleno: Pulsando sobre un segmento de la figura o sobre un relleno seleccionaremos únicamente ese segmento. Si intentamos mover o cambiar el tamaño veremos que afecta sólo a la zona seleccionada.
- Seleccionar toda la figura: Arrastrando y soltando alrededor de toda la figura marcaremos el área completa. Las modificaciones afectarán a toda la figura.

- Seleccionar parte de la figura: Arrastrando y soltando con el ratón alrededor de una porción de la figura seleccionaremos sólo esa parte. Las modificaciones afectarán sólo a esa zona.

Unión de figuras

Cuando dos figuras se cortan en algunas de sus partes, Flash deja de considerarlas como dos elementos independientes para dividirlas en varias partes a partir de sus puntos de intersección.

Veámoslo mediante un ejemplo:

En la figura 4.18 tenemos un rectángulo sobre el que hemos trazado una línea curva con la pluma.

En principio eran sólo dos figuras, pero ahora podemos ver que en las intersecciones se han cortado formando nuevas figuras:

- El cuadrado ha dividido su relleno en dos partes independientes y su borde en otras dos.
- La línea se ha partido en tres partes: dos que quedan fuera del cuadrado y otra que queda dentro.

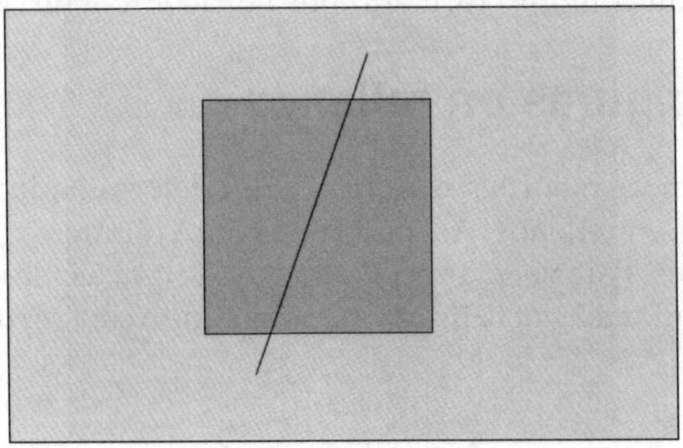

Figura 4.18. Rectángulo cortado por una línea.

Nota:

Esta peculiaridad de Flash puede ser a la vez muy útil y muy incómoda. Para evitar que una figura pueda ser partida podemos agruparla, seleccionando la opción Agrupar *del menú* Modificar *o optar por trabajar con el modo de dibujo de objeto.*

Ahora podemos mover o modificar cada una de las partes de forma independiente utilizando la herramienta **Flecha**, tal y como se muestra en la figura 4.19.

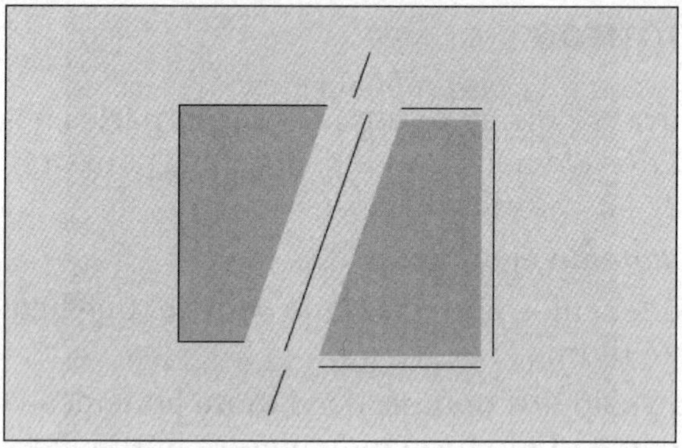

Figura 4.19. La línea ha partido el rectángulo en partes que pueden ser separadas.

Modificar rellenos

Las figuras que dibujamos con Flash pueden estar formadas por una simple línea o ser un conjunto formado por borde y relleno.

Convertir figuras en rellenos

En el caso de líneas o bordes resulta útil, en determinadas ocasiones, poder convertirlas en rellenos. Así podremos dar volumen a una figura creada sólo con trazos. Para ver el funcionamiento de esta técnica intente realizar una imagen similar a la de la figura 4.20 siguiendo esta secuencia de pasos:

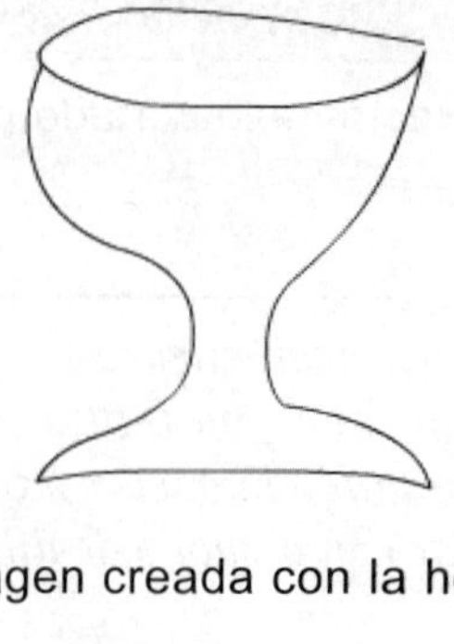

Figura 4.20. Imagen creada con la herramienta Lápiz.

Ejemplo:

Convertir una figura en un relleno.

1. Trace una figura similar a la de la figura 4.20 utilizando la herramienta **Lápiz**.
2. Mediante la herramienta **Flecha** seleccione la figura a trasformar.
3. Seleccione la opción Modificar>Forma>Convertir líneas en rellenos.
4. Pulse en cualquier parte de la escena para quitar la selección. A partir de este momento, si intenta modificar la curvatura de la figura verá como en vez de variar la curva, la figura aumenta su volumen.
5. Acerque el puntero hasta que aparezca el indicador de modificación de curva. Pulse el botón del ratón y arrastre hasta el lugar deseado.
6. Modifique la figura hasta conseguir un resultado parecido al de la figura 4.21.

Figura 4.21. Imagen con los volúmenes levemente variados.

Expandir relleno

Tras convertir una figura con el método anterior o al tomar un relleno cualquiera, podemos aumentar o disminuir su tamaño mediante la opción Expandir relleno.

Esta opción se encuentra en el menú Modificar, bajo la categoría Formas. Para utilizar esta herramienta, seleccionaremos un relleno y pulsaremos sobre la opción indicada. Aparecerá un cuadro de diálogo como el de la figura 4.22.

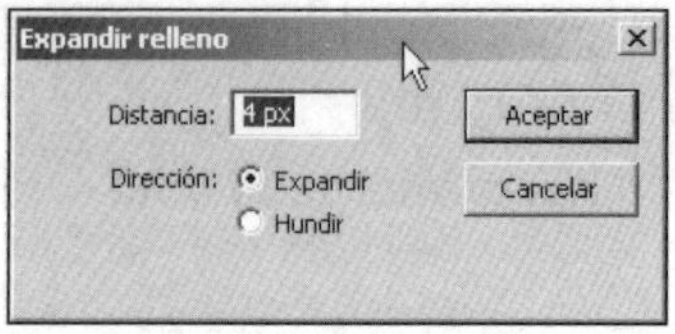

Figura 4.22. Cuadro de diálogo Expandir Relleno.

Introduzca el número de píxeles que va a variar el relleno y active la casilla Expandir o Hundir para elegir el tipo de modificación.

Al hacer clic sobre el botón **Aceptar** observará que la figura ha variado su tamaño según el número de píxeles indicado.

Suavizar los bordes de un relleno

Para hacer que nuestro relleno tenga menos imperfecciones en sus bordes, podemos usar la opción Modificar>Formas>Suavizar bordes de relleno.

Para realizar esta acción siga estos pasos:

Ejemplo:

Suavizar un relleno.

1. Seleccione el relleno.
2. Seleccione la opción Modificar>Formas>Suavizar bordes de relleno.
3. En el cuadro de diálogo que aparece puede introducir algunos valores, como número de píxeles a variar, número de curvas a utilizar y si el suavizado se hará ampliando o reduciendo el contorno.
4. Haga clic en el botón **Aceptar**.

El resultado debe ser la misma imagen que teníamos anteriormente pero con los bordes ligeramente suavizados.

Resumen

La barra de herramientas de Flash aporta todas las facilidades necesarias para desarrollar nuestra creatividad sin limitaciones.

Podremos dibujar utilizando varias técnicas y herramientas. En este capítulo hemos mostrado también como funcionan las distintas herramientas de selección de Flash y cómo se comportan los dibujos al intentar modificarlos.

Es decir, hemos revisado todos los conceptos que tienen que ver con Flash entendido cómo si éste fuese un programa de dibujo.

En realidad, la mayor parte del trabajo creativo de un proyecto puede ser creado con Flash gracias a este módulo de dibujo, que se irá completando con más herramientas que iremos conociendo en próximos capítulos.

Capítulo 5

Los colores

En este capítulo aprenderá a:

- Trabajar con los paneles de color.
- Conocer el funcionamiento de los identificadores de color.
- Manejar el panel de propiedades para modificar la apariencia del trazo.
- Utilizar el panel mezclador de colores.
- Crear degradados de color.
- Aplicar colores con las herramientas de dibujo.

Color de trazo y color de relleno

Los elementos creados con las distintas herramientas de dibujo de Flash suelen estar formados por dos elementos:

- Trazo o borde: Es el contorno, la línea que define una figura. El trazo aparece cuando dibujamos con el lápiz, la pluma, la línea recta, la elipse, el rectángulo y los polígonos.
- Relleno: Al dibujar determinadas figuras cerradas, el relleno será el color de la parte interior. Este elemento aparece al utilizar la elipse y el rectángulo, al dibujar con la herramienta **Pincel** y al trazar figuras cerradas con la pluma.

El trazo de una figura y su relleno se pueden manejar de forma independiente, como dos elementos distintos. Si en el capítulo anterior aprendimos a modificar ambos elementos en éste nos centraremos en el trabajo con sus colores.

Las casillas de color

Para modificar el color disponemos de unos pequeños cuadros que denominaremos casillas de color. Se pueden encontrar en varios lugares del entorno de Flash. En la figura 5.1 puede ver estas casillas en dos lugares distintos. Para utilizarlas basta con hacer clic sobre ellas.

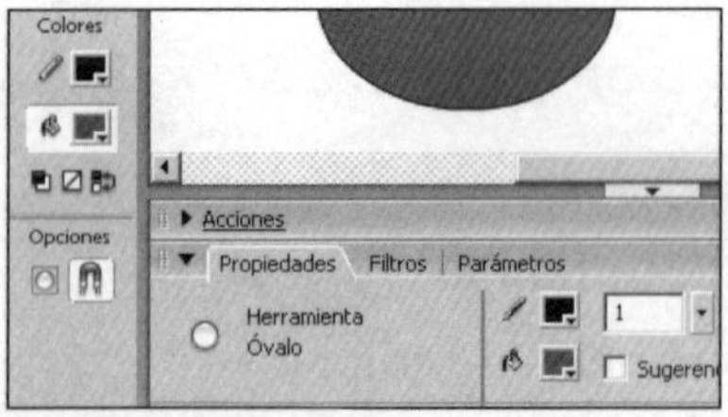

Figura 5.1. Las casillas de color de la barra de herramientas y del panel Propiedades.

Cambiar el color mediante la barra de herramientas

Puede cambiar el color de trazo o de relleno mediante la barra de herramientas.

Siga esta secuencia de pasos para crear dos rectángulos como los de la figura 5.2.

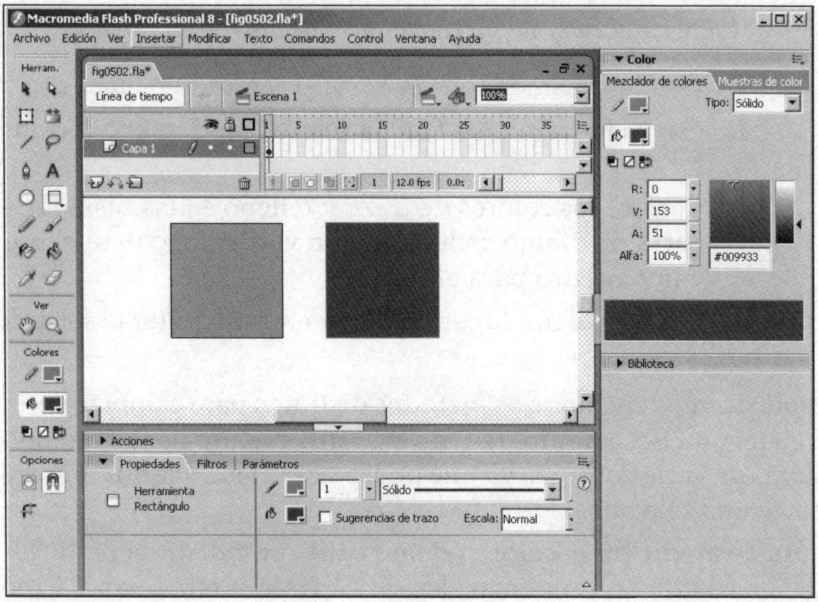

Figura 5.2. Dos rectángulos con diferentes colores de relleno y trazo.

Ejemplo:

Cambiar el color de un elemento antes de crearlo.

1. Haga clic sobre la casilla Color de trazo en la barra de dibujo.
2. En la lista de colores que se despliega seleccione un rojo oscuro.
3. Repita la misma operación para el relleno, usando la casilla Color de relleno.
4. Seleccione la herramienta **Rectángulo** y trace un rectángulo en la pantalla.

Con esto conseguimos que el rectángulo tome los colores seleccionados. Para el segundo rectángulo vamos a utilizar otra técnica distinta, que consiste en dibujar primero el elemento y cambiar posteriormente sus colores.

Siga esta secuencia:

Ejemplo:

Cambiar el color de un elemento existente.

1. Con los mismos colores trace el segundo rectángulo.
2. Con la herramienta **Flecha** seleccione el nuevo rectángulo.
3. Cambie los colores de trazo y relleno en las casillas de la barra de dibujo. Seleccione un verde claro para el borde y uno oscuro para el relleno.
4. Pulse en algún lugar de la escena para quitar la selección.

Como puede ver, tenemos dos métodos distintos para cambiar los colores de un elemento. El segundo método será útil cuando haya que modificar los colores de varios objetos, ya que podremos seleccionarlos todos y cambiarlos de una sola vez.

A la hora de modificar el color podemos utilizar indistintamente las casillas de la barra de herramientas, las que aparecen en el panel Propiedades o las del panel Mezclador de colores.

Crear una figura sin color de relleno

Para crear una figura vacía, sin color de relleno en su interior, haga en el botón **Sin Color**, debajo de las casillas de color de la barra de herramientas. En la figura 5.3 puede localizar esa casilla.

Figura 5.3. Zona de color de la barra de dibujo.

Al hacer clic sobre este botón observará que el color de relleno ha desaparecido y en su lugar se muestra una línea roja sobre fondo blanco. Si ahora traza una figura cerrada se creará sólo su trazo, sin ningún relleno. Flash sólo permite utilizar esta opción antes de realizar las figuras. Para quitar el relleno de una figura ya existente contamos con otro método más sencillo que consiste en seleccionar su relleno y pulsar la tecla **Supr**.

Advertencia:

Si crea una figura con relleno blanco sobre un fondo blanco parecerá que la figura no tiene relleno, pero esto no es así. Tiene un relleno de color blanco. Si pulsa en su interior podrá ver como se selecciona. Es decir, no es lo mismo crear una figura sin relleno que una con un relleno del mismo color que el fondo.

Colores predeterminados

El botón **Blanco y negro** de la barra de herramientas hace que se vuelvan a seleccionar los colores predefinidos de Flash:

- Negro, para el color de trazo.
- Blanco, para el color de relleno.

Intercambiar colores

El botón **Intercambiar colores** de la barra de herramientas cambiará el color de trazo por el de relleno y viceversa. Utilice esta opción para crear figuras con los colores invertidos.

Si al pulsar este botón tiene alguna figura seleccionada también intercambiará sus colores.

Utilizar la paleta de colores

Al hacer clic sobre la casilla Color de trazo o Color de relleno, aparece un cuadro similar a la de la figura 5.4. Los elementos de ese cuadro son los siguientes:

- Muestra de color: Contiene una muestra del color elegido. Al ser más grande que el resto de las casillas nos permite ver mejor el color.
- Selector hexadecimal: En esta casilla aparece el número que identifica al color. Si lo desea, puede introducir aquí el valor que define a un color. Más adelante veremos el significado de esos números.
- Valor alfa: Define el porcentaje de transparencia del color. El valor 100% hace que el color sea totalmente opaco, mientras que el 0 % convierte el color en transparente.

- **Sin color**: La casilla siguiente nos permite crear un trazo o un relleno sin color, como vimos anteriormente.
- **Color personalizado**: Pulsando en este botón podremos seleccionar un color distinto a los que aparecen en la paleta.

Además de los elementos de la parte superior contamos con otras opciones:

- **Colores**: En cada cuadro de la zona central aparece un color. Podemos elegir cualquiera de ellos haciendo clic sobre ellos. A este conjunto de colores se le denomina paleta de colores.
- **Degradados**: En la parte inferior encontramos una serie de degradados de color, para realizar rellenos o bordes especiales.

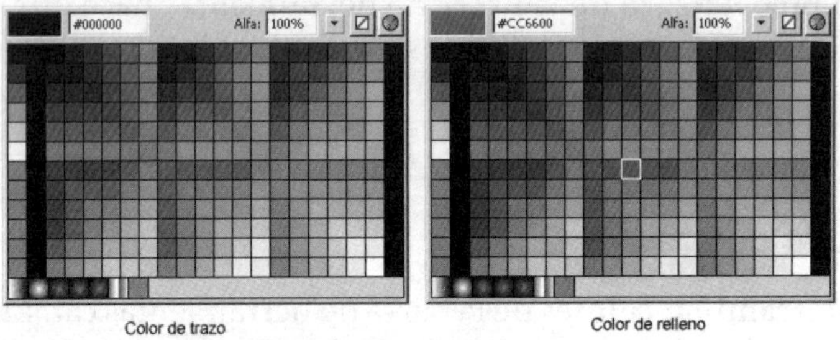

Figura 5.4. Los cuadros Color de trazo y Color de relleno son idénticas.

Identificadores de color

Al seleccionar un color hemos podido ver que para cada uno de ellos aparece un código de seis elementos, compuesto por números y letras. Éste es el identificador del color. Cada color que usemos en una página Web o en Flash tiene su propio identificador.

La importancia de utilizar estos números es notable. Al crear una página Web, le asignaremos un color para el fondo. Cuando diseñemos nuestra película con Flash, seguramente intentaremos asignarle ese mismo color, para que encaje mejor en la página. Si los colores que utilizamos son colores básicos, un blanco o un negro, no habrá mayor problema. Pero, ¿qué ocurre si el color es un color compuesto, con varios matices?

Para evitar errores, podemos utilizar el mismo número que hemos utilizado en la página Web, de esta forma nos aseguraremos que los colores coincidan.

También nos resultará útil a la hora de utilizar el mismo color para varios elementos de una película. Usando los identificadores nos aseguraremos de que los colores sean idénticos.

Entender los identificadores de color

El identificador de un color tiene dos partes:

- Almohadilla (#): Indica que el número que viene a continuación es un color.
- Números: El identificador se compone de 6 cifras, con valores comprendidos entre 0 y F, es decir, 16 valores (0, 1, 2, 3, 4, 5, 6, 7, 8, 9, A, B, C, D, E, F).

Cada identificador se divide en tres pares de números. Cada par define uno de los tres tonos básicos que se utilizan para componer el color en los ordenadores:

- Rojo.
- Verde.
- Azul.

A partir de esos tres colores se pueden formar todos los demás.

Nota:

Estos colores son diferentes a los colores primarios que encontramos en la naturaleza, que son el amarillo, el magenta y el cian.

Según el valor que tenga cada par obtendremos la intensidad del color. Por ejemplo, el `00` indica el menor valor posible, mientras que el `FF` indica el mayor y la máxima intensidad de color.

Veamos algunos ejemplos. Puede introducir cualquiera de estos identificadores directamente en la paleta de colores:

- `#000000`: Los tres colores al mínimo, este color es el negro (Rojo: `00`, Verde: `00`, Azul: `00`).
- `#FFFFFF`: Los tres tonos al máximo componen el blanco (Rojo: `FF`, Verde: `FF`, Azul: `FF`).
- `#FF0000`: Sólo el rojo está al máximo, así que conseguiríamos el rojo más puro posible (Rojo: `FF`, Verde: `00`, Azul: `00`).

- `#560000`: Con este valor obtendríamos un rojo mucho más apagado.
- `#FFFF00`: Amarillo. El rojo y el verde al máximo es la forma que se utiliza para obtener este color.

Experimentando con las mezclas de colores se obtienen resultados sorprendentes. Haga algunas pruebas, encontrará colores muy interesantes.

El selector de colores

La figura 5.5 contiene el cuadro de diálogo Color. Este cuadro, que es común para todos los programas de Windows, nos permite seleccionar un color sin necesidad de tener que introducir los valores numéricos.

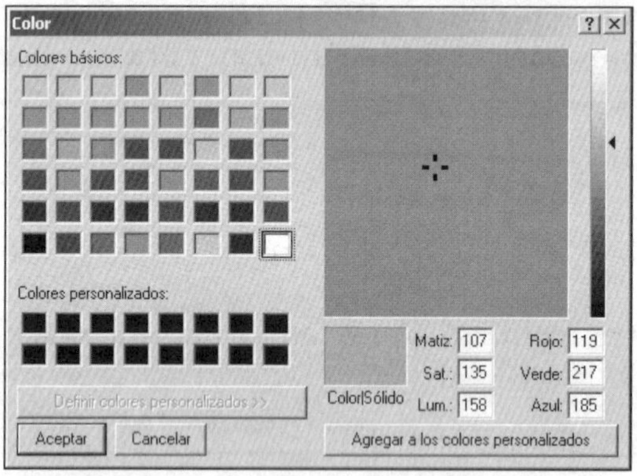

Figura 5.5. Cuadro de diálogo Color.

Para acceder a este cuadro de diálogo pulsaremos sobre el botón con un pequeño círculo de color que aparece en la parte derecha de la paleta de colores. Esta paleta es la que despliega al hacer clic sobre cualquier casilla de color. Básicamente, el cuadro de diálogo le permite introducir unos valores numéricos para conseguir el color deseado o simplemente desplazarse por los dos bloques de la parte derecha para componer un color. Al hacer clic sobre el botón **Aceptar**, el color se mostrará en la casilla de color.

Modificar la apariencia del trazo

Hasta ahora las líneas que hemos dibujado tenían el mismo grosor y la misma apariencia. Estos parámetros pueden ser modificados mediante el panel Propiedades. En la figura 5.6 se recogen las opciones que permiten cambiar estos valores.

Figura 5.6. El panel Propiedades mostrando las opciones de trazo.

Previamente debemos seleccionar una línea en la escena o tomar una herramienta de dibujo de líneas, como el lápiz, la pluma, la elipse, etc. Estas son las opciones disponibles:

- Color del trazo: El uso de esta casilla es idéntico al de la casilla de la barra de herramientas. De hecho, si cambia aquí el color observará que al mismo tiempo se cambia en la barra de herramientas.
- Altura del trazo: Pulse sobre la flecha que aparece junto al número y desplace el selector arriba o abajo para modificar el grosor de línea. También puede escribir un número en concreto.
- Estilo del trazo: Define la apariencia de la línea, continua, discontinua, etc. Al mismo tiempo podrá ver en esta casilla el aspecto que tendrá el trazo a la hora de dibujar con el.
- Personalizado: Haga clic en este botón para crear un estilo propio de trazo. Aparecerá el cuadro de diálogo Estilo del trazo, que se muestra en la figura 5.7. En el podrá modificar varios parámetros para personalizar el estilo a su gusto. Para terminar haga clic en el botón **Aceptar**.

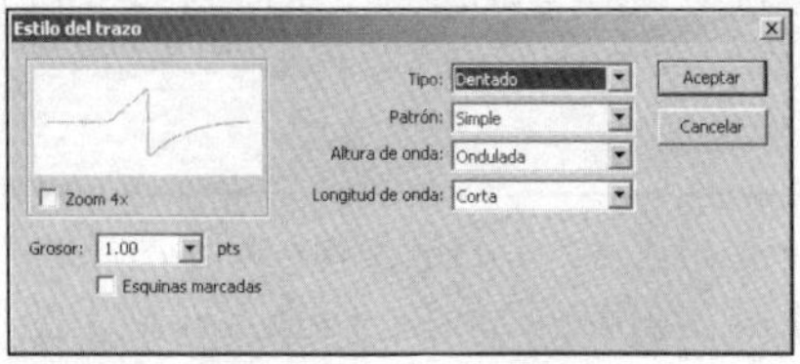

Figura 5.7. El cuadro de diálogo Estilo del trazo.

El panel Mezclador de colores

El último lugar en el que podemos modificar los colores de trazo y relleno se encuentra en la parte derecha de la pantalla: es el panel Mezclador de colores. Puede ver dicho panel en la figura 5.8, dentro del grupo de paneles Color.

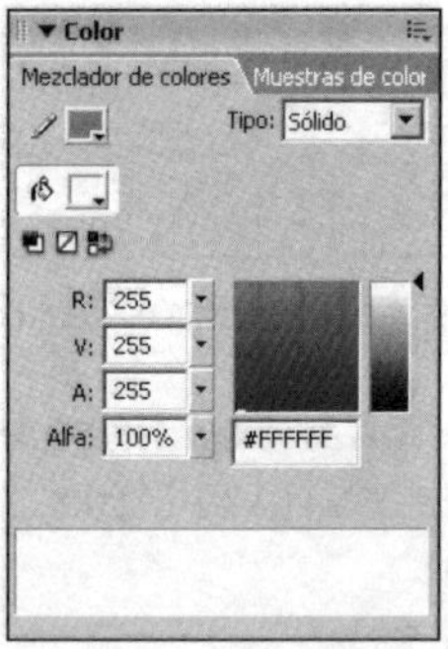

Figura 5.8. El panel Mezclador de colores.

Nota:

Recuerde que los paneles se pueden mostrar u ocultar mediante las opciones que encontrará en el menú Ventana. *Si un panel no está visible, haga clic sobre su nombre en dicho menú.*

En él encontramos las opciones que hemos ido viendo a lo largo de este capítulo con algunas novedades.

Selección avanzada de color

En la parte inferior del panel dispone de un espectro de colores. Si hace clic sobre algún punto de este espectro podrá seleccionar un color.

Nota:

Si al pulsar sobre la zona de colores mantiene presionado el botón del ratón y lo desplaza podrá ver cómo va cambiando la muestra de color. Mediante este sistema podrá recorrer todo el espectro de colores y aproximarse al color deseado.

Modificar un color numéricamente

Al seleccionar el cuadro Color de trazo o Color de relleno en el panel Mezclador de colores, podrá observar que los tres primeros números de la derecha cambian. Son una representación numérica del color basada en el sistema que vimos en este mismo capítulo, pero en vez de utilizar dos valores numéricos con letras, se basa en asignar la intensidad del color en función de un número que va de cero a 255, siendo 255 la máxima intensidad y cero la mínima. Es decir, modificando estos tres controles también podrá componer su color.

Además podemos pasar del sistema de color Rojo, Verde y Azul (con el que trabajamos habitualmente), a otro sistema de composición del color llamado MSB. Para ello debe hacer clic en el menú de control del panel, en su esquina superior derecha y seleccionar la opción MSB.

Por último, debajo del espectro de colores contamos con una casilla con la que hacer una selección de colores basada en sus valores hexadecimales.

Añadir transparencia a un color

En los controles numéricos de la parte derecha del panel, encontramos también un control llamado Alfa. El valor alfa de un color define su porcentaje de opacidad. Cuanto menor sea este valor, mas transparente será el color, dejando ver lo que haya detrás. En la figura 5.9 puede ver un ejemplo que contiene tres figuras con colores semitransparentes.

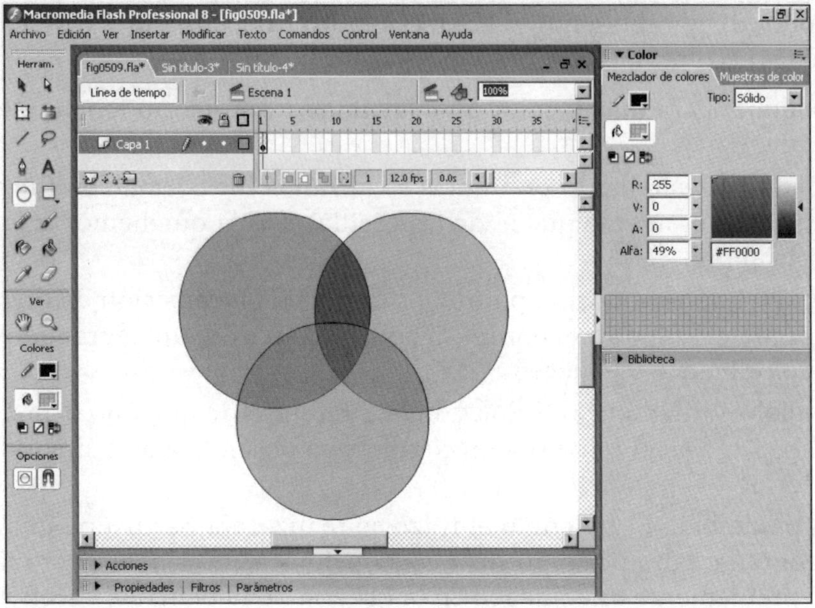

Figura 5.9. Colores semitransparentes usando el control Alfa.

Para conseguir realizar este ejemplo debemos conseguir que los elementos no se mezclen. Para ello, antes de comenzar a dibujar las elipses seleccionaremos el modo de dibujo de objeto, haciendo clic en el botón **Dibujo de objeto** en la zona de opciones de la barra de herramientas. Así, tal y como vimos en el capítulo anterior, los elementos se insertarán como objetos y no se solaparán unos con otros.

Añadir un color a la paleta de colores

Cuando hayamos conseguido componer un color, nos resultará útil almacenarlo en la paleta de colores de la película para poder aplicarlo varias veces si fuese necesario.

Para añadir un color a la paleta de colores, haga clic en el menú de control del panel Mezclador de colores y seleccione la opción Añadir Muestra. El color pasará a colocarse en la zona inferior de la paleta de color de relleno y de trazo.

Modificar la apariencia del color

En el panel Mezclador de colores disponemos de la posibilidad de modificar el tipo de relleno o de trazo que vamos a aplicar a la figura. Para ver los modos disponibles, haga clic en el cuadro Tipo, situado a la derecha de la casilla de color. Las posibles opciones son:

- Ninguno: Para que el color que vayamos a dibujar no tenga relleno o borde.
- Sólido: De este modo podremos elegir un color normal. Su funcionamiento es el mismo que el de las casillas con la que hemos trabajado hasta ahora.
- Lineal: Con esta opción podremos definir una transición de dos colores para el relleno o el borde. Al aplicarlo aparece un degradado entre el color blanco y el negro.
- Radial: Similar a la anterior, con la diferencia de que uno de los colores se sitúa en el centro de un círculo y va pasando a otro situado en el exterior.
- Mapa de bits: El relleno o el trazo se realizará a partir una imagen o fotografía. Para poder utilizar esta opción es necesario haber insertado previamente una imagen en la librería de la película, cuestión que trataremos en capítulos posteriores.

Degradados

Los degradados (también llamados gradientes) son un tipo de relleno especial, compuesto por una transición entre dos o más colores. Al seleccionar uno de ellos, el relleno de la figura comenzará por un color y terminará por otro, realizando el paso de un color a otro de una forma progresiva. En la figura 5.10 puede ver algunas figuras con degradados en su interior.

Figura 5.10. Ejemplos de degradados.

Personalizar los degradados

En el panel Mezclador de colores podemos crear transiciones de color personalizadas, añadiendo más colores o modificando los existentes. Siga estos pasos para conseguirlo:

Ejemplo:

Crear un degradado lineal personalizado.

1. Seleccione la opción Lineal en el cuadro Tipo.
2. Pulse sobre una de las dos muestras de color que aparecen bajo la barra.

3. Seleccione el color que quiere utilizar en toda la transición.
4. Repita la operación con la otra muestra de color.
5. Para variar el inicio de la transición o disminuir la transición desplace las muestras de izquierda a derecha.

Además, puede añadir más colores a la transición haciendo clic con el puntero del ratón en algún punto de la barra de transición.

Por ejemplo, en la figura 5.11 se muestra una composición de degradado en la que se han añadido dos colores en la parte central.

El resultado puede llegar a ser muy curioso, provocando efectos de volumen, relieves, etc.

Otro ejemplo: si utilizamos el mismo color en los dos extremos del degradado, pero en uno de los extremos ponemos el valor Alfa al cero por ciento, conseguiremos producir el efecto de que el color va desapareciendo progresivamente.

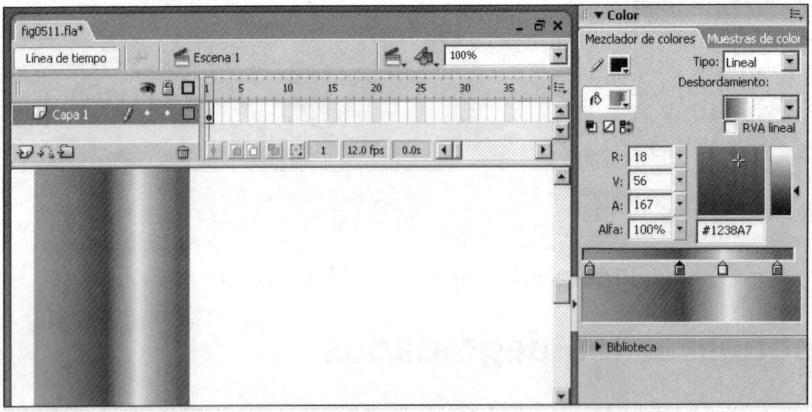

Figura 5.11. Personalizar degradados.

Para completar estas opciones sobre los degradados podemos realizar ciertas modificaciones mediante el menú desplegable Desbordamiento, en el panel Mezclador de colores.

La casilla RVA lineal nos asegura que los degradados son compatibles con el estándar SVC, un formato de archivo vectorial.

Estos pasos son los mismos que seguiríamos para crear un degradado radial.

Advertencia:

No se olvide de añadir el degradado a la paleta de colores si tiene previsto utilizarlo más tarde. La creación de degradados es un trabajo laborioso, y conviene almacenarlos una vez realizados. Para ello seleccione la opción Agregar muestra *en el menú de control del panel* Mezclador de colores.

Transformar degradados

Los rellenos basados en degradados tienen siempre la misma apariencia:

- El degradado lineal siempre se basa en una línea horizontal.
- El degradado radial se forma con círculos perfectos, concéntricos.

Para cambiar esas características disponemos de la herramienta **Transformación de relleno**, en la barra de herramientas. Para utilizarla, basta con seleccionarla en la barra de herramientas y a continuación hacer clic en la escena sobre algún elemento al que le hayamos aplicado un degradado. Automáticamente aparecerán una serie de controles alrededor del elemento, tal y como se muestra en la figura 5.12.

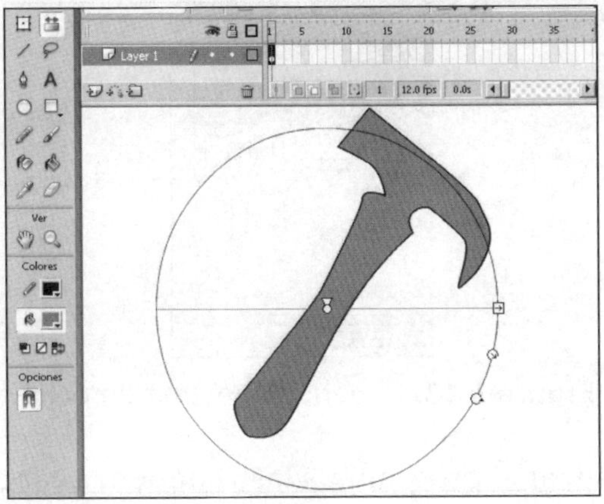

Figura 5.12. Modificar un degradado.

Cada uno de los controles tiene una función distinta. Dependiendo del tipo de degradado aparecerán tres o cinco símbolos:

- Círculo en el centro del relleno: Permite desplazar el punto central del degradado radial.

- Triángulo en el centro del relleno: En los degradados radiales permite modificar el punto focal del degradado de izquierda a derecha. Produce un efecto similar al de mover el punto de luz que ilumina a un degradado.
- Cuadrado en un lateral: Se utiliza para cambiar la anchura del degrado.
- Círculo en un lateral: Arrastrándolo con el ratón podremos girar el degradado.
- Segundo círculo en el lateral: Moviéndolo hacia dentro o hacia fuera, variaremos la intensidad en los degradados radiales.

Las muestras de color

Flash nos proporciona un último panel relacionado con los colores: el panel Muestras de color. En este panel podremos componer nuestro propio catálogo de colores, añadir, eliminar, etc. Los cambios que realicemos en dichas muestras estarán después disponibles en todas las casillas de color del programa. Dicho panel se muestra en la figura 5.13. Para desplegarlo seleccione la opción Ventana>Muestras de color.

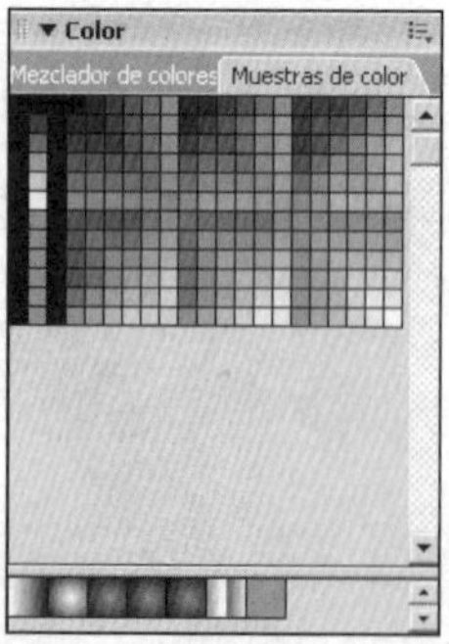

Figura 5.13. El panel Muestras de color.

Al comenzar a utilizar el programa, Flash comienza cargando la paleta de colores Web 216. Esta es una paleta de colores estándar que se utiliza en la creación de páginas Web. Se compone de un grupo de 216 colores que todos los navegadores pueden mostrar sin errores. Al utilizar cualquier otro color fuera de esos valores, el navegador se verá forzado a componerlo a partir de esos 216, con lo que en algunos ordenadores la película puede verse con colores diferentes. No obstante, en la mayoría de los casos añadir nuevos colores no provocará ninguna distorsión.

Seleccionar colores

Para seleccionar un color de las muestras de color haga clic sobre un color. Observe que el puntero del ratón se convierte en un pequeño cuentagotas.

Además, en la zona inferior de la paleta puede elegir entre un grupo de degradados predefinidos. Si previamente ha añadido algún color o degradado a la paleta, podrá seleccionarlo también desde este lugar.

Modificar las muestras de color

Disponemos de varias opciones para modificar las muestras de color con las que trabajamos habitualmente. Todas ellas se encuentran en el menú de opciones del panel Muestras de color, que se muestra en la figura 5.14.

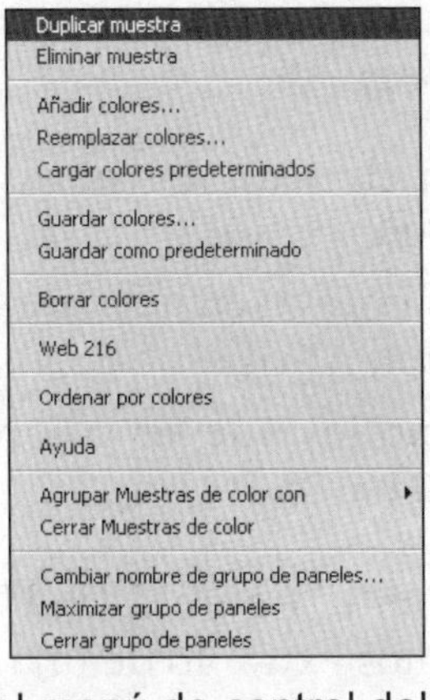

Figura 5.14. Opciones del menú de control del panel Muestras de color.

Duplicar o eliminar un color

Si lo desea puede crear una copia de un color seleccionando la opción Duplicar muestra del menú de control del panel Muestras de color. Del mismo modo, puede eliminar un color tomando la opción Eliminar muestra.

Importar una paleta

Puede importar un nuevo conjunto de colores mediante la opción Añadir colores... del menú de control.

Al hacerlo aparecerá el cuadro de diálogo que le permite cargar un archivo de colores. Las paletas con las que puede trabajar Flash deben estar en alguno de los siguientes formatos:

- CLR: Es el formato propio de Flash, el que se utiliza si intentamos guardar una paleta de colores desde el propio programa. Es el único formato que permite almacenar degradados.
- ACT: Formato estándar reconocido por la mayor parte de programas de retoque fotográfico, como Adobe Photoshop.
- GIF: Las imágenes en formato GIF también contienen un conjunto de colores que puede ser extraído.

Al importar una paleta de colores de alguno de esos archivos, los nuevos colores aparecerán junto a los habituales. Si en vez de importar la paleta utilizamos la opción Reemplazar colores..., los colores serán reemplazados.

Ejemplo:

Importar una paleta.

1. Haga clic en el menú de control y seleccione la opción Añadir colores.
2. Localice una imagen en formato GIF en sus discos y haga clic en el botón **Abrir**.
3. Observe como los nuevos colores aparecen en la parte inferior de la paleta.

El resultado puede verse en la figura 5.15. Hemos añadido unos tonos marrones y azules que hemos extraído de una imagen en formato GIF.

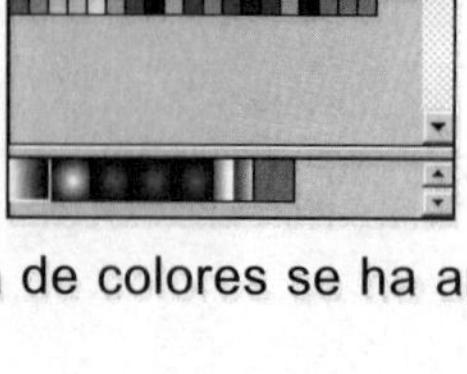

Figura 5.15. Nuestra gama de colores se ha ampliado significativamente.

Exportar unas muestras de color

Si quiere guardar el conjunto de colores actual para poder utilizarlo en otras películas, puede exportar la paleta de colores seleccionando la opción Guardar colores, en el menú de opciones del panel.

Puede guardar la paleta en el formato propio de Flash o en el formato estándar ACT.

Nota:

Si tiene previsto usar esta paleta con otros programas, será mejor que utilice el formato ACT, ya que es más probable que sean capaces de reconocer ese formato.

Muestra predeterminada

La opción Guardar como predeterminado hará que la paleta actual se convierta en el conjunto de colores predeterminado. La paleta predeterminada es la que aparece al ejecutar el programa y al crear nuevas películas. También puede cargar la paleta predeterminada seleccionando la opción Cargar colores predeterminados del menú de control.

Otras opciones

Para terminar recuerde que el menú de control dispone de algunas opciones más:

- Borrar colores: Elimina todos los colores de la paleta, dejando únicamente el blanco y el negro.
- Ordenar por colores: Modifica el orden de los colores.

Aplicar colores con los botes de pintura

En la barra de dibujo encontramos dos iconos destinados a cambiar el color de cualquier elemento de la escena.

Bote de tinta

La herramienta **Bote de tinta** de la barra de herramientas de dibujo se utiliza para cambiar el color de trazo.

Para ver su funcionamiento realice esta secuencia de pasos:

Ejemplo:

Cambiar el color de trazo de una figura.

1. Seleccione la herramienta **Bote de tinta**.
2. Seleccione el nuevo color a aplicar.
3. Haga clic con el puntero del ratón sobre la figura que quiera cambiar.

Si lo desea puede cambiar el formato del trazo utilizando las opciones del panel Propiedades, como vimos en este mismo capítulo. Al usar el bote de tinta también se aplicarán estas propiedades.

Cubo de pintura

Con la herramienta **Cubo de pintura** de la barra de herramientas podrá cambiar el interior de una figura cerrada o de un dibujo creado con la herramienta **Pincel**. Siga estos pasos para conseguirlo:

Ejemplo:

Cambiar el color de relleno mediante el cubo de pintura.

1. Seleccione la herramienta **Cubo de pintura**.
2. Escoja el nuevo color o el degradado que vaya a utilizar.
3. Pulse con el puntero del ratón sobre el relleno anterior.

Además, si el área no está cerrada del todo, podemos decidir si Flash debe rellenarla o no. La opción Tamaño de hueco, en la zona de Opciones de la barra de herramientas nos permitirá decidir si una figura que no esté completamente cerrada se debe cerrar o no. En la figura 5.16 puede encontrar las posibilidades con las que cuenta.

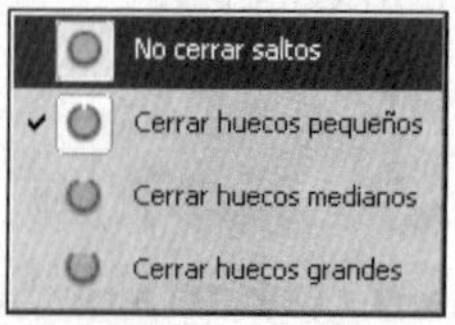

Figura 5.16. Opciones de Tamaño de hueco.

Bloquear relleno

Al dibujar utilizando un degradado o un mapa de bits, el relleno se realiza tomando como eje el punto central de la figura. En ocasiones nos puede interesar que todas las figuras que dibujemos utilicen un mismo degradado, como si se hubiese creado un degradado que cubriese toda la escena. Este degradado tendría como centro algún punto de la escena, y todas las figuras se rellenarían en función de ese punto central.

Para conseguir este tipo de degradado active la casilla **Bloquear relleno**, que aparece en la zona de Opciones de la barra de herramientas al seleccionar el **Cubo de pintura** o el **Pincel**. En la figura 5.17 se muestra una escena con un degradado bloqueado. Todas las figuras que tienen degradado lo tienen utilizando un mismo punto central. En dos de ellas, en cambio, hemos aplicado un degradado independiente.

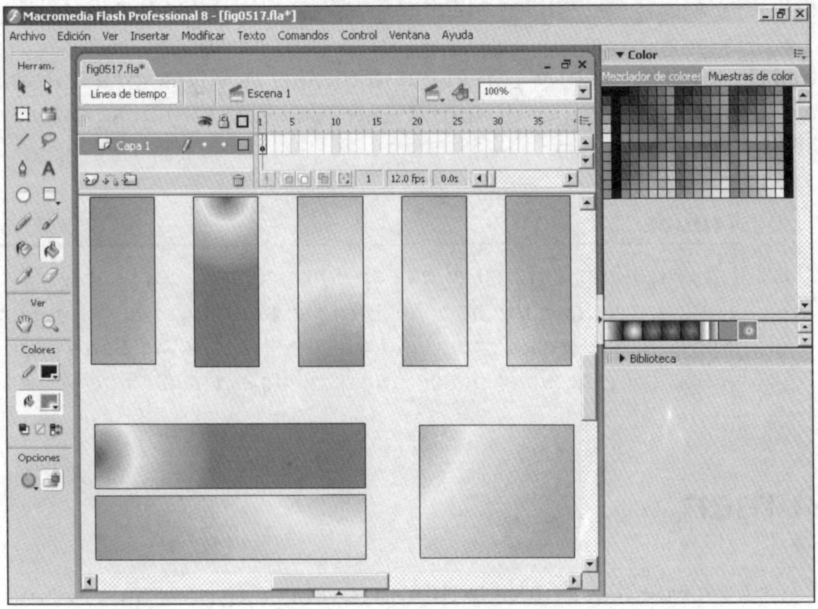

Figura 5.17. Degradado basado en la escena.

La herramienta Cuentagotas

Si necesita seleccionar un color que haya utilizado previamente en algún objeto puede hacerlo mediante la herramienta **Cuentagotas** que está situada en la barra de herramientas. Al activar esta herramienta, el puntero del ratón se convierte en un pequeño cuentagotas. Pulsando sobre algún elemento de la escena, se seleccionará su color en la casilla de color correspondiente, dependiendo de si hemos pulsando sobre una línea o sobre un relleno. En la figura 5.18 puede ver las dos formas distintas del cuentagotas.

Figura 5.18. El cuentagotas situado sobre un trazo y sobre un relleno.

Después de tomar un color con el cuentagotas, se selecciona automáticamente el bote de pintura correspondiente, por si queremos poner ese color a algún otro elemento.

Truco:

Hay otro momento en el que siempre aparece el cuentagotas: al acceder a una casilla de color, pruebe a desplazar el ratón por la pantalla. Observará como el puntero se transforma en un cuentagotas. De este modo puede tomar cualquier color que vea en la pantalla.

Resumen

Para complementar el módulo de dibujo de Flash disponemos de una completa gestión del color, permitiéndonos elegir cualquier color, componer vistosos degradados de color, añadir transparencia, modificar la apariencia de los bordes de las figuras, etc.

Además podremos crear nuestros propios conjuntos de colores para utilizarlos en varias películas sin tener que volver a crear los colores.

Para terminar hemos visto cómo utilizar las distintas herramientas de aplicación de color de que dispone Flash.

Capítulo 6

Los objetos

En este capítulo aprenderá a:

- Crear objetos a partir de figuras sencillas.
- Mover y duplicar objetos.
- Cambiar el orden de los elementos en la escena.
- Modificar la forma de los objetos.
- Alinear distintos elementos.

¿Qué es un objeto?

En los capítulos anteriores hemos aprendido a crear todo tipo de dibujos e ilustraciones sencillas mediante las herramientas de dibujo del programa. Uniendo distintas figuras podemos componer imágenes más complejas. A estos conjuntos les llamaremos objetos.

En general, entenderemos por un objeto cualquier dibujo, conjunto de dibujos o bloque de texto que hayamos situado en la pantalla. La ventaja de crear un objeto es que podremos realizar varias operaciones con ellos como deformarlos, girarlos, duplicarlos, etc.

Dibujar en modo objeto

En el capítulo dedicado a las herramientas de dibujo vimos que la nueva versión de Flash tiene dos modos diferentes de dibujo que podíamos cambiar mediante el botón **Dibujo de objeto** situado en la zona de opciones de la barra de herramientas:

- Modo de dibujo de fusión: Es el modo tradicional de dibujo de Flash en el que, cuando dibujamos, afectaremos a cualquier otro dibujo que se encuentre debajo, sobrescribiéndolo.
- Modo de dibujo de objeto: Este método, por el contrario, inserta cada nuevo dibujo como un objeto independiente, sin modificar lo que pueda haber debajo.

A lo largo de este capítulo aprenderemos a modificar los elementos creados precisamente en este modo objeto, además de ver cómo podemos convertir los elementos creados en modo fusión en objetos.

Crear objetos compuestos

Cuando lleve algún tiempo trabajando con Flash comenzará a realizar composiciones complejas. Imagine que quiere realizar una figura humana: para crearla necesitará unir varios dibujos, círculos, partes dibujadas con la brocha o el lápiz, etc.

Manipular esos elementos por separado resulta complicado, ya que se pueden descolocar, mover, etc.

Para evitar este problema uniremos los elementos, agrupándolos en un sólo objeto compuesto por todos ellos.

Agrupar

Para unir varios elementos en un sólo objeto siga la siguiente secuencia de pasos:

Ejemplo:

Agrupar varios elementos en un objeto.

1. Active alguna herramienta de selección, como **Flecha** o **Lazo**.
2. Seleccione los elementos que quiere agrupar.
3. En el menú Modificar seleccione la opción Agrupar.

Observará que tras realizar esos pasos la selección desaparece y en su lugar se muestra un cuadro azul alrededor de los elementos similar al que aparece cuando dibujamos en el modo objeto. Todos los elementos se han unido formando un objeto. Para seleccionar este objeto bastará con hacer clic sobre él con el ratón. Ya no se podrá seleccionar o borrar una parte del objeto.

Truco:

Si quiere ocultar las líneas de selección, tanto de los objetos como de cualquier otro tipo, puede seleccionar la opción Ocultar bordes *del menú* Ver *o pulsar* ***Control-H****.*

En la figura 6.1 puede ver un grupo de elementos seleccionados antes y después de agruparlos.

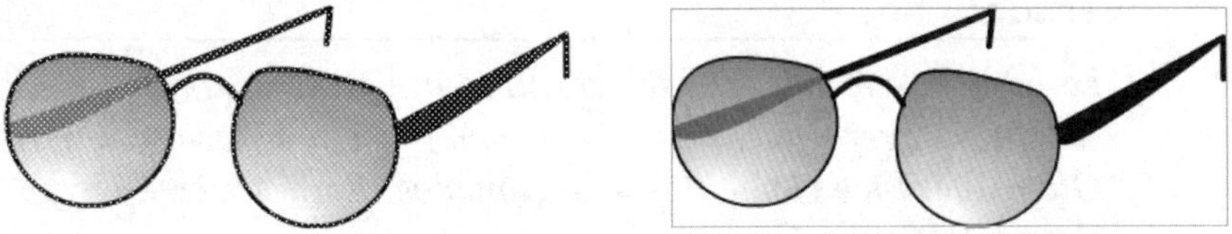

Figura 6.1. En la primera imagen los objetos están seleccionados y en la segunda están agrupados.

Advertencia:

Para poder agrupar varios elementos, todos deben estar situados dentro de una misma capa. En caso contrario, se formará un nuevo objeto en cada capa, agrupando las partes correspondientes.

Si hemos estado trabajando en modo objeto los elementos insertados se crean directamente como objetos, pero también podemos agruparlos de la misma manera, seleccionándolos y posteriormente agrupándolos para crear una única figura con todos ellos.

Desagrupar

Si necesita modificar algún elemento del objeto creado, puede desagruparlo siguiendo la siguiente secuencia:

Ejemplo:

Desagrupar un objeto.

1. Seleccione la herramienta **Flecha**.
2. Haga clic sobre el objeto (éste quedará rodeado por un cuadro azul que indica que está seleccionado).
3. Seleccione la opción Desagrupar del menú Modificar.

Al hacer esto, el objeto se desagrupa y vuelve a seleccionarse en modo normal, desapareciendo a su vez el cuadro azul o apareciendo los distintos cuadros azules, dependiendo del modo de creación. Ahora puede modificar cualquier parte del objeto. No olvide volverlo a agrupar cuando termine.

Truco:

*Los atajos de teclado pueden resultar muy útiles. En este caso son sencillos de recordar. Si pulsa la combinación de teclas **Control-G** agrupará los elementos seleccionados. Para desagrupar pulse **Control-Mayús-G**.*

Editar un objeto

Con este método puede modificar parte de un objeto sin necesidad de desagruparlo previamente. Para editar un objeto seleccione la herramienta **Flecha** y haga doble clic con el ratón sobre el objeto. El resto de los elementos de la pantalla se vuelven más claros, como si estuviesen desactivados, indicando que hemos entrado en el modo de edición de un objeto. Ahora puede modificar cualquier parte del objeto. Observe también que en la línea de tiempo aparece el nombre del grupo para indicar que estamos editando el objeto. En la figura 6.2 puede ver esa barra y el cambio de tono del resto de los objetos.

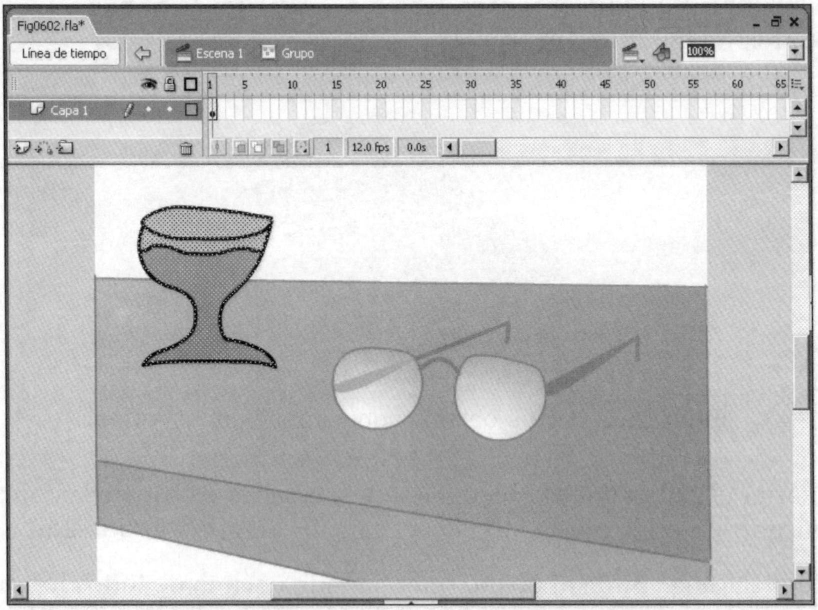

Figura 6.2. Al editar el objeto, el resto de los elementos aparecen difuminados.

Para volver al estado anterior haga doble clic sobre cualquier parte de la escena o pulse sobre la flecha de retroceso que aparece en la parte izquierda de la barra de iconos de la escena.

Organizar objetos

Al trabajar con varios objetos podemos colocar unos sobre otros en una misma capa. En estos casos surge la duda de cuál se colocará encima y cuál se colocará debajo. Si trabajamos con distintas capas, este problema no se dará, ya que los objetos de las capas superiores se colocan sobre los objetos de las capas inferiores.

No obstante, al hacer determinadas composiciones de muchos objetos no nos resultará práctico desplazar cada objeto a una capa. Para poder organizar los objetos debemos tener en cuenta lo siguiente: cada objeto tiene una posición en un plano. Imaginemos una pila de papeles en la que vamos insertando nuevos papeles con un dibujo en cada uno de ellos.

Los objetos más nuevos se colocan sobre los más antiguos, tapándolos en el caso de que coincida su posición.

En la figura 6.3 puede ver varios objetos solapados. Los más nuevos cubren parcialmente a los otros.

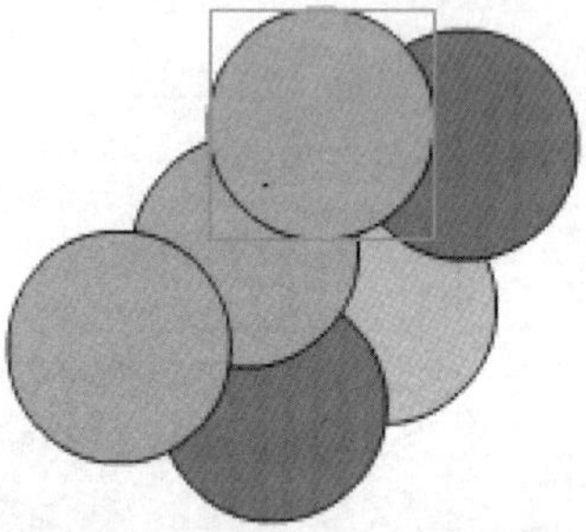

Figura 6.3. Varios objetos cubriéndose unos a otros.

Para variar el orden de los objetos una vez insertados utilice las opciones que encontrará en el menú Modificar, bajo la categoría Organizar:

- Traer al frente: Sitúa al objeto seleccionado encima de todos los demás.
- Traer hacia adelante: El objeto seleccionado avanza un plano hacia arriba.
- Enviar hacia atrás: El objeto seleccionado se situará tras del objeto que tuviese debajo.
- Enviar al fondo: El objeto se colocará en el fondo, detrás de todos los demás.

Operaciones con objetos

Existen varias técnicas para manipular los objetos de la escena.

Desplazar un objeto

Podemos optar por tres métodos distintos para desplazar un objeto por la escena.

Desplazamiento con el ratón

Para desplazar un objeto por la pantalla seleccione la herramienta **Flecha**. Sitúe el puntero del ratón sobre el objeto y arrástrelo mientras mantiene pulsado el botón del ratón.

Al utilizar este método observará que al acercar el objeto a otros elementos, bordes, etc. aparecen unas líneas discontinuas que nos ayudan a ubicar al objeto de una forma más precisa. Más adelante aprenderemos a ajustar estas y otras ayudas.

Truco:

Si al realizar esta operación mantiene pulsada la tecla ***Mayús*** *observará que sólo puede mover el objeto en direcciones múltiplos de 45 grados.*

Desplazamiento con el teclado

Si necesita hacer un movimiento más preciso puede utilizar las teclas del cursor (las teclas con flechas). Pulsando alguna de estas teclas el objeto se desplazará un píxel cada vez. Si mantiene pulsada la tecla el movimiento será constante. Recuerde que previamente debe haber seleccionado un objeto.

Truco:

Mantenga pulsada la tecla ***Mayús*** *antes de comenzar el movimiento. El objeto se desplazará 10 píxeles en vez de uno, con lo que el movimiento será más rápido.*

Desplazamiento mediante coordenadas

Cada objeto en la escena tiene una posición relativa a la esquina superior izquierda de la propia escena, que es la posición cero en el eje horizontal y cero en el eje vertical (también llamada posición 0,0). Por ejemplo, podemos tener un objeto cuya posición sea la 40,75. Es decir, está a 40 píxeles del borde izquierdo de la escena y a 75 del borde superior.

Advertencia:

La medida que se utiliza normalmente es la de píxeles, a no ser que se haya especificado otro valor en la opción Documento, *en el menú* Modificar.

Estos valores se pueden ver en dos lugares:

- En el panel Propiedades: Tras seleccionar un objeto podremos ver en este panel su posición (casillas X e Y) y su tamaño (casillas An y Al, que son abreviaturas de anchura y altura). Si además hace clic en el pequeño candado que aparece junto a estos controles podrá bloquear la relación entre la anchura y la altura.
- En el panel Información: Podemos ver la misma información. Este panel suele estar oculto, así que para mostrarlo debe seleccionar la opción Ventana>Información. El panel muestra además la posición del ratón al desplazarlo por la escena e información sobre colores.

En la figura 6.4 puede ver ambos paneles. Para mover un objeto mediante sus coordenadas, puede introducir manualmente los nuevos valores de posición del objeto en las casillas X e Y.

Utilice este método para conseguir, por ejemplo, que varios objetos se sitúen en una misma posición, o alineados en un punto determinado.

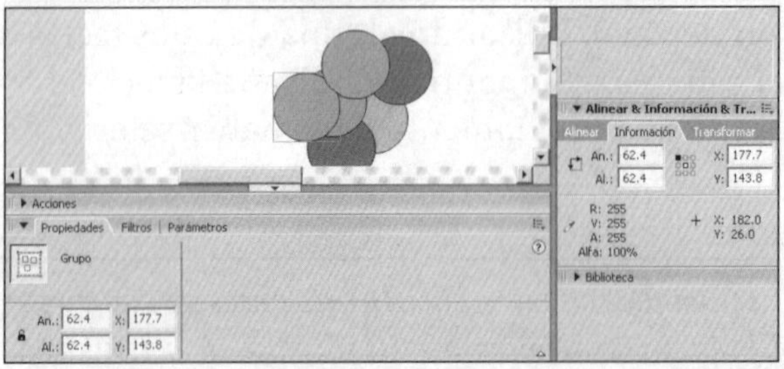

Figura 6.4. El panel Información y el panel Propiedades.

Bloquear un objeto

Para evitar que un objeto pueda ser llevado a otra posición de la escena utilice la opción Bloquear, en la categoría Ordenar del menú Modificar. Con esto conseguirá que el objeto no pueda ser desplazado, modificado o seleccionado. Parecerá que el objeto está fundido con el fondo de la película.

Para desbloquear un objeto, seleccione la opción Desbloquear Todo, que encontrará junto a la opción anterior.

Duplicar un objeto

Para crear dos copias exactas de un objeto disponemos nuevamente de varios métodos.

Copiar mediante el portapapeles

Para duplicar un objeto mediante el portapapeles siga este ejemplo:

Ejemplo:

Crear una copia de un objeto.

1. Seleccione el objeto mediante la herramienta **Flecha**.
2. Pulse en el menú Edición y seleccione Copiar.
3. Si quiere llevar el objeto a otra escena, capa o película realice las operaciones necesarias, es decir, seleccione otra capa o abra otra escena o película.
4. Seleccione Pegar en el menú Edición.
5. Aparecerá seleccionada una nueva copia del objeto, que puede ser arrastrada hasta la posición que quiera.

Esta técnica es común a todos los programas de Windows, y nos puede servir, por ejemplo para llevar un objeto a otros programas de retoque fotográfico, editores de texto, etc. Si en vez de utilizar la opción Copiar usamos la opción Cortar, el objeto desaparecerá de su posición original.

Nota:

Tras realizar este proceso, el objeto se mantiene en el portapapeles de Windows, por lo que cada vez que seleccione la opción Pegar *aparecerá una nueva copia del objeto, al menos hasta que vuelva a enviar otro objeto al portapapeles usando la opción* Copiar.

Copiar mediante el ratón

Un sistema más directo para duplicar un elemento en la misma escena consiste en arrastrar el objeto como si lo estuviésemos desplazando con el ratón, pero manteniendo pulsada la tecla **Control**. En vez de mover el objeto, estaremos arrastrando una copia del objeto.

Duplicar

Otro método extremadamente sencillo consiste en seleccionar el objeto y hacer clic en la opción Edición>Duplicar.

Aparecerá una nueva copia del objeto que podremos desplazar hasta donde más nos convenga.

Eliminar un objeto

Para eliminar un objeto lo seleccionaremos con la herramienta **Flecha** y pulsaremos la tecla **Supr**, **Retroceso** o seleccionaremos la opción Borrar del menú Edición. Todas darán el mismo resultado.

Recuerde que, en caso de error, puede deshacer la última operación mediante la opción Edición>Deshacer.

También podemos deshacer errores utilizando el panel Historial, que se despliega al seleccionar la opción Ventana>Otros paneles>Historial.

Transformar objetos

Hay una serie de transformaciones que podemos realizar sobre los objetos de la escena. Estos cambios resultan muy útiles a la hora de realizar animaciones.

Todas las transformaciones se encuentran en el mismo lugar: en el menú Modificar, bajo la categoría Transformar.

Algunas de ellas se encuentran accesibles en el menú contextual que aparece al pulsar con el botón derecho del ratón sobre un objeto.

La figura 6.5 muestra la categoría Transformar del menú Modificar.

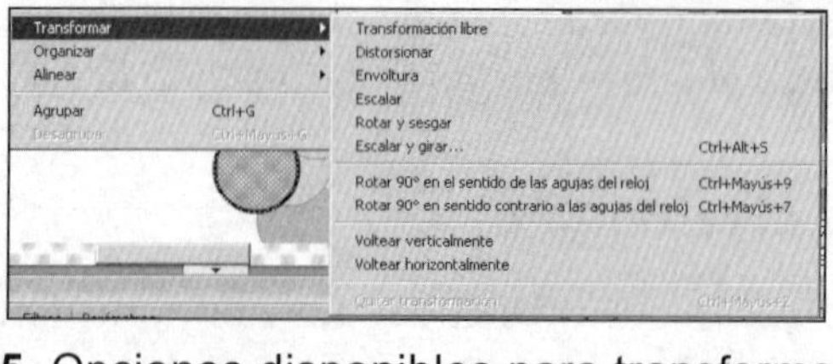

Figura 6.5. Opciones disponibles para transformar objetos.

Advertencia:

Para utilizar estas opciones debe seleccionar uno o varios objetos. Si no selecciona algún objeto las opciones de transformación aparecerán desactivadas.

Escalar

La opción Escalar hace que el objeto modifique sus dimensiones, haciéndose más grande o más pequeño. Tras seleccionar esta opción, aparecerán unos pequeños cuadros alrededor del objeto, como se muestra en la figura 6.6.

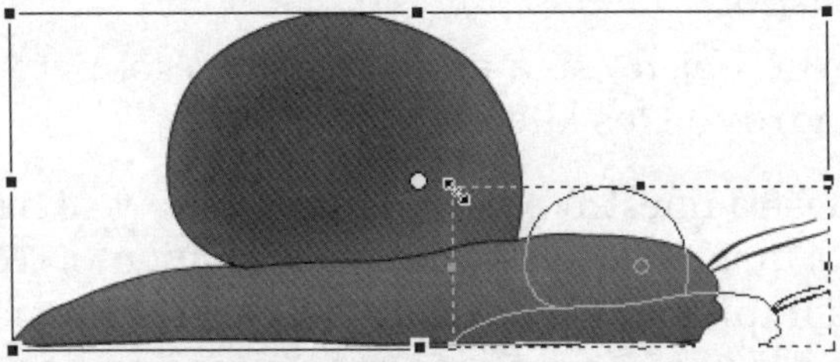

Figura 6.6. Arrastre los cuadros para transformar el objeto.

Desplace cualquiera de esos cuadros para modificar las dimensiones del objeto. Según el cuadro elegido puede ensancharlo, alargarlo o hacer que se haga más grande o más pequeño manteniendo sus proporciones.

Nota:

Otro sistema más exacto para modificar las dimensiones de un objeto consiste en escribir manualmente los valores de An *y* Al *del objeto en el panel* Propiedades *o en el panel* Información.

Voltear

Al voltear un objeto obtenemos una copia del objeto como si se estuviese mirando en un espejo. Podemos realizar el reflejo tanto horizontalmente como verticalmente, seleccionando una de las dos opciones que encontramos en la categoría Transformar, del menú Modificar:

- Voltear horizontalmente.
- Voltear verticalmente.

Rotación de objetos

Para realizar este tipo de transformación contamos con varias posibilidades distintas.

Rotar y sesgar

Al rotar un objeto podemos hacer que éste gire sobre si mismo (rotación) o que se incline hacia algún lado (sesgo).

- Para rotar un objeto, selecciónelo con la herramienta **Flecha** y después active la opción Rotar y sesgar. Para comenzar a girar pulse sobre uno de los cuadros que aparecen en sus esquinas y desplace el ratón con el botón presionado.
- Para inclinar un objeto, siga el mismo proceso, pero en esta ocasión utilice los cuadros de los laterales.

La figura 6.7 muestra nuestro objeto. Se ha rotado y se ha sesgado. Al inclinar el objeto da una cierta sensación de movimiento, como en este caso, que puede dar la impresión de que el caracol se mueve más rápido que su casa. Esto es útil a la hora de realizar una animación de movimiento.

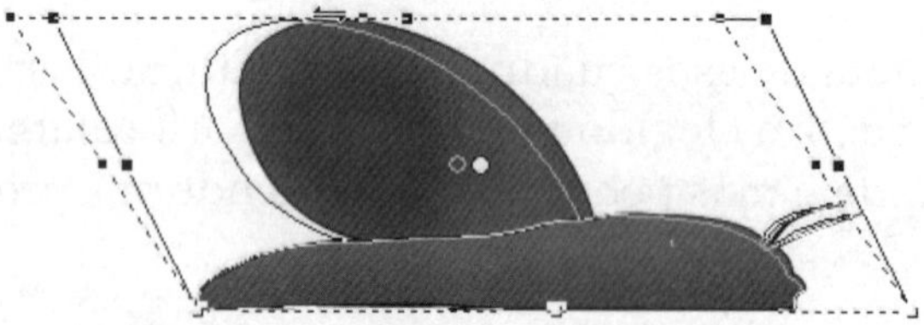

Figura 6.7. La opción Rotar y sesgar.

Rotar 90 grados

Para rotar un objeto 90 grados, seleccione el objeto y pulse sobre una de las dos opciones disponibles en el menú Modificar, en la categoría Transformar.

El objeto girará 90 grados en el sentido de las agujas del reloj o en el sentido contrario.

Escalar y girar

Para rotar numéricamente un objeto podemos tomar la opción Escalar y girar. Al seleccionarla se desplegará el cuadro de diálogo Escalar y girar, que se muestra en la figura 6.8. Mediante la opción Girar indicamos el número de grados que vamos a rotar el objeto.

Adicionalmente podemos ampliar o reducir un objeto indicando un determinado porcentaje. Por ejemplo, para aumentar una figura al doble de su tamaño indicaremos el valor 200% dentro de la casilla Escala.

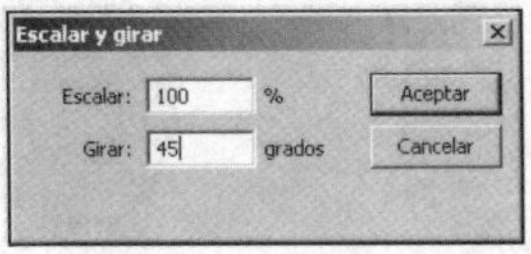

Figura 6.8. El cuadro de diálogo Escalar y girar.

Distorsionar

Esta opción de la categoría Transformar nos permite deformar una figura de varias maneras:

- Arrastrando los cuadros de los laterales o las esquinas podremos deformar la figura, transformando también los puntos adyacentes.
- Pulsando la tecla Mayús mientras arrastramos alguna esquina, conseguiremos una transformación simétrica.
- Pulsando la tecla **Control** mientras arrastramos algún lateral podremos mover libremente el lateral, en cualquier dirección.

Nota:

Esta herramienta y la herramienta Envoltura *tienen una limitación importante: sólo pueden actuar sobre figuras simples. No podremos deformar objetos, agrupaciones de figuras, vídeos, etc. Ni siquiera un cuadro de texto. Para poder hacerlo necesitaríamos convertirlo primero en una figura simple.*

Envoltura

Utilice la transformación Envoltura para poder modificar la forma de la figura. Al seleccionar esta opción aparecerán varios modificadores alrededor del objeto.

Arrástrelos utilizando las técnicas que vimos en capítulos anteriores para modifica figuras realizadas con la herramienta **Pluma**.

La figura 6.9 muestra un ejemplo en el que estamos modificando la envoltura de un cuadrado.

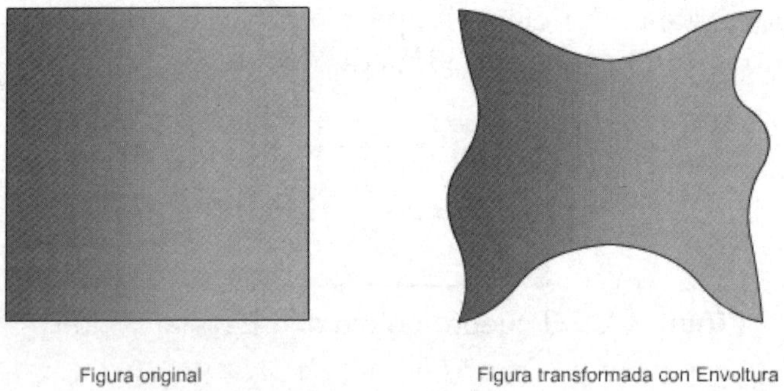

Figura 6.9. La herramienta Envoltura.

Transformación libre

La última herramienta para modificar objetos que nos ofrece el programa es la de Transformación libre. Con ella podremos aplicar la mayoría de las transformaciones anteriores. Para acceder a esta herramienta podemos seleccionar la opción correspondiente en el menú Modificar o pulsar con el botón derecho sobre la figura a transformar y seleccionando la opción Transformación libre. El tercer método disponible consiste en seleccionar la herramienta **Transformación libre**, en la barra de herramientas. Sea cual sea el método elegido observaremos que suceden dos cosas:

- La figura aparece rodeada con los modificadores habituales, en este momento podremos rotar, sesgar, escalar, cambiar el eje del objeto, etc.
- En la barra de herramientas se habrá seleccionado **Transformación libre**, y en la zona inferior de dicha barra aparecen las opciones de esta herramienta, representadas en la figura 6.10. Seleccionando alguna de las cuatro limitaremos el movimiento a la opción seleccionada. Podemos cambiar entre las cuatro opciones en cualquier momento.

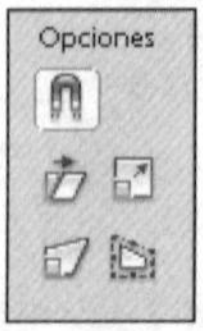

Figura 6.10. Opciones de la herramienta Transformación libre.

Modificar el eje del objeto

Los desplazamientos de un objeto o las transformaciones como las rotaciones, se realizan tomando como punto de referencia el centro del objeto.

Cada objeto tiene un eje, que se sitúa en su centro. Por eso si intentamos rotar un círculo observaremos que aparentemente no sucede nada, ya que será como si estuviésemos dando vueltas a una rueda.

El eje de un objeto aparece al seleccionar la mayoría de las opciones de transformación. Está representado como un círculo blanco en su centro. Para modificar su posición basta con desplazarlo hasta el lugar deseado. Para ver el efecto de esta transformación intente rotar el objeto modificado.

Podemos conseguir, por ejemplo, que una figura gire sobre un lateral en vez de hacerlo sobre si misma, como es habitual.

En la figura 6.11 podemos ver el dibujo de un lápiz cuyo eje ha sido desplazado hasta la punta, en vez de mantenerse en el centro. Cuando hagamos una rotación del lápiz, este girará sobre la punta, por lo que en una animación dará la impresión de que está escribiendo, ya que la punta se mantendrá sobre un punto (el papel) mientras que el resto del lápiz se desplazará más.

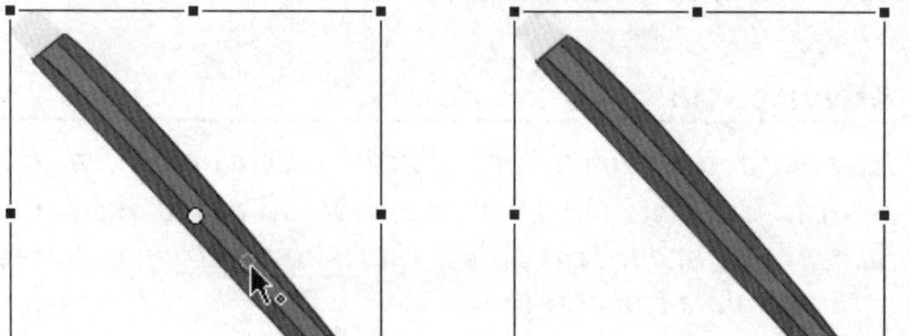

Figura 6.11. Modificar el eje de un objeto.

Eliminar transformación

Para eliminar alguna transformación aplicada sobre un objeto, pulse sobre la opción Quitar Transformación, en la categoría Transformar del menú Modificar. El objeto volverá a su estado inicial.

El panel Transformar

Algunas de las modificaciones que hemos visto en este capítulo se pueden encontrar también en el panel Transformar, que se despliega seleccionando la opción correspondiente en el menú Ventana. El panel es similar al de la figura 6.12

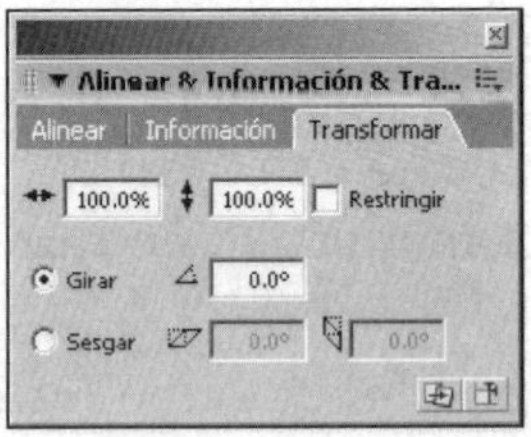

Figura 6.12. El panel Transformar.

Este panel contiene las modificaciones que ya hemos visto, con la ventaja de que nos permite trabajar de forma más precisa, con valores numéricos. En la parte inferior derecha encontramos dos botones:

- **Copiar y aplicar transformación** crea un duplicado del objeto con la misma transformación que haya sufrido el original.
- **Restablecer** elimina la transformación realizada sobre el objeto.

Advertencia:

Hay que andar con cuidado al utilizar esta opción, ya que la copia se sitúa justo encima del objeto original, por lo que parece que no ha ocurrido nada. Tras pulsar este botón podremos mover la copia arrastrándola con el ratón.

Alinear objetos

Flash nos proporciona muchas comodidades para poder colocar los objetos en la escena. Por ejemplo, en la figura 6.13 tenemos una escena con varios objetos desordenados.

No hace falta observar la imagen muy detenidamente para darse cuenta de que los objetos no están correctamente alineados. Para resolverlo Flash nos proporciona el panel Alinear, similar al de la figura 6.14.

Para mostrar el panel Alinear seleccione la opción Ventana>Alinear, o simplemente pulse **Control-K**.

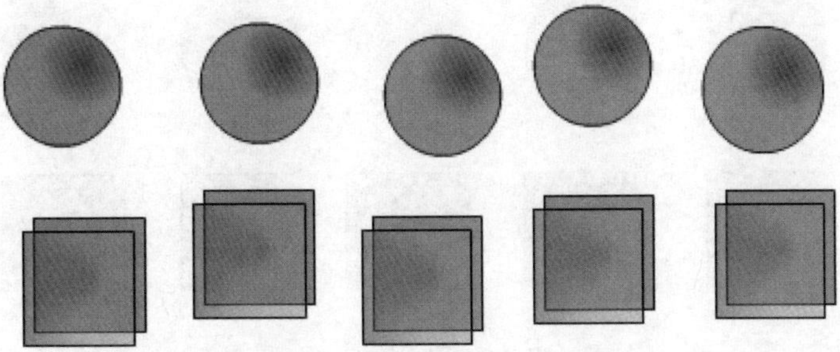

Figura 6.13. Varios objetos no alineados.

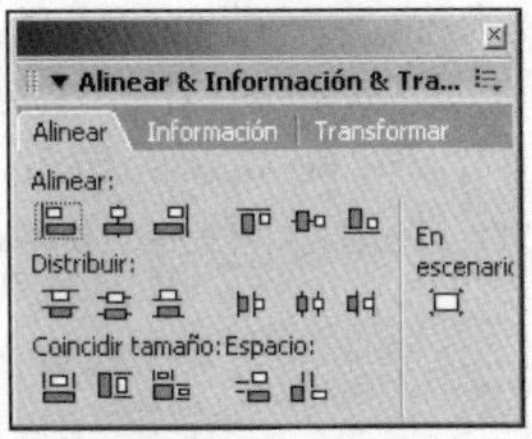

Figura 6.14. El panel Alinear.

Nota:

Para poder utilizar este panel primero necesita seleccionar los objetos que quiere organizar. Recuerde que para seleccionar varios elementos puede utilizar la herramienta ***Flecha****.*

Alinear

La primera parte del panel corresponde a la zona Alinear nos permite alinear grupos de objetos. Para alinear varios objetos seleccione los elementos y pulse en el botón adecuado.

Por ejemplo, en la figura 6.15, hemos alineado todos los objetos a pares, seleccionando los dos objetos de la izquierda y pulsando el botón **Alinear horizontalmente respecto al centro**. Hemos repetido el proceso para cada par de objetos, con el objetivo de alinearlos en columnas. A continuación hemos seleccionado los cinco objetos superiores y los alineamos con alguna de las tres opciones de la derecha. Para terminar repetimos este último paso con los cinco objetos inferiores.

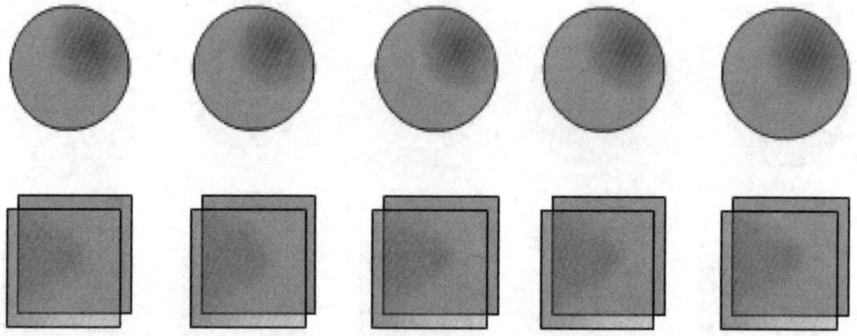

Figura 6.15. Objetos alineados.

Distribución

Para terminar de completar el proceso de alineación podemos colocar los objetos a la misma distancia unos de otros mediante las opciones de la zona Distribuir. Flash se encargará de desplazar los objetos para que el espacio entre ellos sea similar.

Otras opciones

Además de las opciones de alineación disponemos de estos otros botones:

- Coincidir tamaño: Contiene tres botones para lograr que elementos con distinto tamaño hagan coincidir sus dimensiones.
- Espacio: Dos botones más para distribuir el espacio uniformemente.
- **En escenario:** Activando este botón los cambios que realice se aplicarán respecto a la escena, en vez de respecto a la selección. Por ejemplo, si pulsamos el botón **Alinear horizontalmente respecto al centro** el objeto se desplazará hasta el centro de la escena.

Ajustes en la escena

Además de utilizar el panel Alinear contamos con otras ayudas a la hora de colocar nuestros objetos en la escena. En el menú Ver encontramos varias opciones orientadas a este respecto.

Reglas

Activando la opción Ver>Reglas se presentará una regla vertical y otra horizontal en los bordes de la escena para que podamos tener una referencia numérica de la posición de los objetos.

Guías

Cuando la regla están activadas podemos crear unas líneas de color verde para definir zonas de interés, como por ejemplo una parte de la escena donde situaremos un texto, definir espacios donde colocar un marco, etc.

Para crear una guía basta con hacer clic en un lugar de la regla y arrastrar el puntero del ratón hacia el centro de la escena. Para que las guías se muestren debe estar activada la opción Ver>Guías>Mostrar guías.

Cuadrícula

Mediante la opción Ver>Cuadrícula>Mostrar cuadrícula se activan una serie de líneas grises en la escena para proporcionarnos una ayuda más. De este modo podemos mover los objetos teniendo una referencia clara de su posición. En la figura 6.16 puede ver dicha cuadrícula. Además en esa misma figura se muestra la regla y dos guías. Su apariencia puede ser modificada mediante la opción Editar Cuadrícula, en la misma categoría del menú Ver.

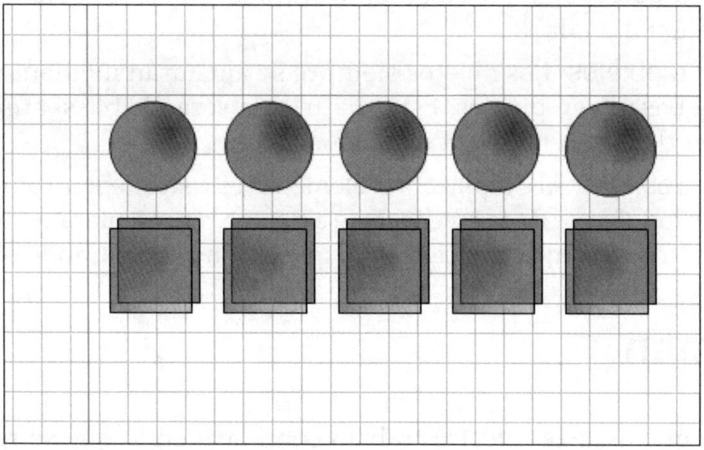

Figura 6.16. Escena con cuadrícula y guías.

Ajustes

Como comentamos al principio del capítulo, Flash nos ofrece en la categoría Ajuste del menú Ver varias opciones para que cuando desplacemos un objeto éste intente ajustarse a otros elementos significativos de la escena:

- Alineación de ajuste: Si esta opción está activada Flash intentará alinear el objeto que estemos desplazando respecto a otros objetos o respecto a los bordes de la escena. El punto de referencia que toma el programa en cada momento se representa por una línea punteada como la que se muestra en la figura 6.17.

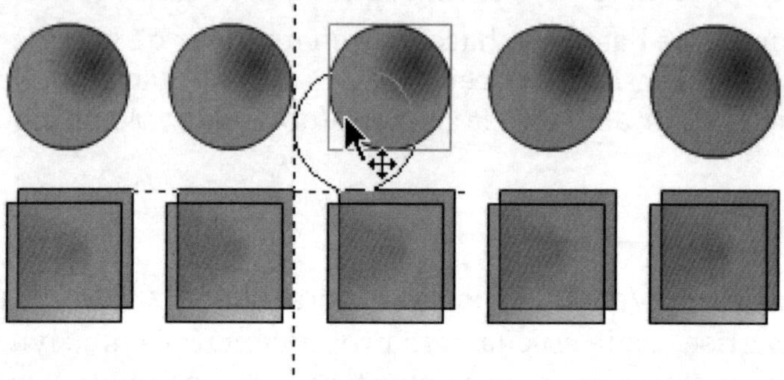

Figura 6.17. La alineación de ajuste simplifica la colocación de los objetos.

- Ajustar a cuadrícula: Hace que los objetos se ajusten mediante la cuadrícula existente.
- Ajustar a guías: Si hemos insertado algunas guías, los objetos se intentarán ajustar a ella.
- Ajustar a píxeles: Los objetos siempre se ajustarán mediante una cuadrícula basada en píxeles. Esta cuadrícula será visible si aumentamos el zoom de la escena hasta un 400%.
- Ajustar a objetos: Al desplazar un elemento éste se intentará alinear con el resto de los objetos de la escena. Este ajuste se representará por un pequeño círculo negro en la posición en la que estemos arrastrando el objeto.

Resumen

A medida que avanza nuestro trabajo con Flash en lo que se refiere a la creación de imágenes iremos creando composiciones más complejas. La unión de varios dibujos en un sólo objeto nos ofrece grandes ventajas y comodidades.

Las transformaciones que podemos crear sobre los objetos y figuras de Flash nos permitirán crear figuras prácticamente nuevas sin aumentar el espacio de la película.

Utilice este método siempre que sea posible, ya que es más adecuado que crear nuevas figuras.

En este capítulo hemos aprendido a manejar las herramientas para realizar estas transformaciones, así como distintos métodos para colocar correctamente los objetos en la escena, moverlos y duplicarlos.

Capítulo 7

Trabajar con textos

En este capítulo aprenderá a:

- Insertar y editar bloques de texto.
- Modificar las características del texto.
- Cambiar el tipo de bloque de texto.
- Convertir un bloque de texto en trazados.
- Insertar pequeños símbolos en una película.

Las fuentes en Flash

Las fuentes que se utilizan en los ordenadores son conjuntos de letras, con distinto aspecto, con las que realizamos nuestros textos. Al contrario de lo que nos sucede a nosotros, que sólo utilizamos un tipo de letra para escribir en minúsculas y otro más o menos parecido para escribir en mayúsculas, el ordenador puede utilizar tantos tipos de letra como sea necesario. Las fuentes o tipografías son habitualmente pequeños ficheros con extensión TTF, que se encuentran instalados en la carpeta `Fonts` de nuestro Windows. No todos los ordenadores tienen el mismo grupo de fuentes instaladas, porque cada usuario puede añadir nuevas fuentes en cualquier momento. Al crear una página Web, tenemos una limitación muy importante a la hora de insertar textos, ya que no podemos utilizar cualquier fuente. Si el ordenador de la persona que va a ver una determinada página Web no tiene instalada la fuente que hemos utilizado, la página no se verá correctamente. Con Flash, por el contrario, ese problema desaparece, porque cada tipo de letra que utilizamos se puede insertar en la película, de forma que se distribuye con ella.

La única desventaja es que al utilizar este sistema, el tamaño de las películas puede aumentar un poco, haciendo que sea más lenta su descarga desde Internet. Más adelante veremos formas de controlar los tipos de letra que se insertan en un documento.

Nota:

Para evitar que una película crezca de tamaño innecesariamente, lo mejor es no utilizar demasiados tipos de letra distintos.

Insertar bloques de texto

Para insertar un bloque de texto en la escena seleccione la herramienta **Texto** en la barra de herramientas. La forma del puntero del ratón cambiará, convirtiéndose en una cruz con una letra "A" en su parte inferior. Antes de comenzar compruebe que en el cuadro Tipo de texto del panel de Propiedades está seleccionada la opción Texto estático. En este momento puede actuar de dos maneras:

- Haga clic sobre algún punto de la escena: se crea un cuadro de texto de longitud variable. Estos cuadros crecen en anchura a medida que vamos introduciendo texto. Para bajar una línea hemos de pulsar la tecla **Intro**.

- Pulse y arrastre el puntero del ratón en la escena hasta definir un rectángulo del tamaño que necesite. Así creará un cuadro de texto de longitud fija. Estos cuadros no crecen horizontalmente, sino que al llegar al final de la línea el cursor bajará a la línea siguiente.

En la figura 7.1 puede ver un cuadro de texto de cada tipo. Observe que los de longitud variable tienen un pequeño círculo en su esquina superior derecha. Los de longitud fija tienen un cuadrado.

Figura 7.1. Cuadro de longitud variable y de longitud fija.

En ambos casos tras crear el cuadro procederemos a escribir el texto. Para terminar de escribir haga clic en otro lugar de la escena o seleccione otra herramienta.

Editar bloques de texto

Para editar un bloque de texto existente, dispone de dos métodos:

- **Texto:** Con esta herramienta seleccionada, haga clic con el ratón sobre el bloque a editar. Aparecerá un cuadro alrededor del texto y se mostrará el punto de inserción, como puede ver en la figura 7.2.
- **Flecha:** La herramienta básica de selección de Flash también nos permite editar texto. Haga doble clic sobre el bloque que quiere editar. De nuevo aparecerá el cuadro de la figura 7.2.

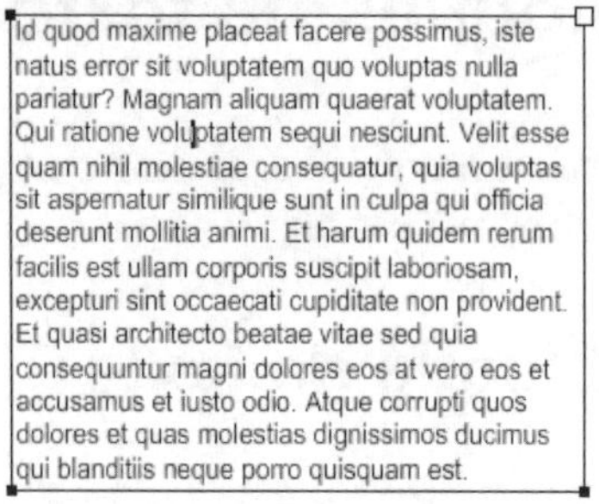

Figura 7.2. Texto seleccionado.

Modificar el tamaño de un bloque de texto

Tanto en los bloques de longitud fija como en los bloques de longitud variable el método para cambiar el tamaño del bloque es similar. Siga esta secuencia de pasos.

Ejemplo:

Cambiar el tamaño de un bloque de texto.

1. Edite el bloque de texto, como se indicó en el apartado anterior.
2. Arrastre cualquier esquina del cuadro hacia la izquierda o la derecha.

Observará como varía el tamaño del cuadro. Es conveniente destacar que estamos cambiando el tamaño del bloque, no modificando el tamaño de su contenido.

En este mismo capítulo aprenderemos a hacer esto último y veremos la diferencia.

Nota:

Al variar el tamaño del bloque, éste se convierte automáticamente en un bloque de longitud fija. Si antes tenía el indicador de círculo, ahora se ha convertido en un cuadrado. Para realizar el proceso contrario debemos hacer doble clic sobre el pequeño cuadro y éste se convertirá en un círculo.

Trabajar con bloques de texto

Los bloques de texto se suelen considerar como objetos de Flash y pueden ser manipulados de muchas maneras.

Seleccionar un bloque de texto

Para seleccionar un bloque de texto, escoja la herramienta **Flecha** y haga clic sobre el bloque a seleccionar.

Si necesita seleccionar varios bloques utilice uno de estos dos métodos:

- Si los bloques están contiguos: Trace un rectángulo con la herramienta **Flecha** alrededor de los elementos que quiere seleccionar.
- Si los bloques están separados: Haga clic sobre los distintos bloques mientras mantiene presionada la tecla **Mayús**.

En ambos casos, aparecerá un recuadro alrededor de los bloques de texto seleccionados. En la figura 7.3 hemos seleccionado dos bloques de texto.

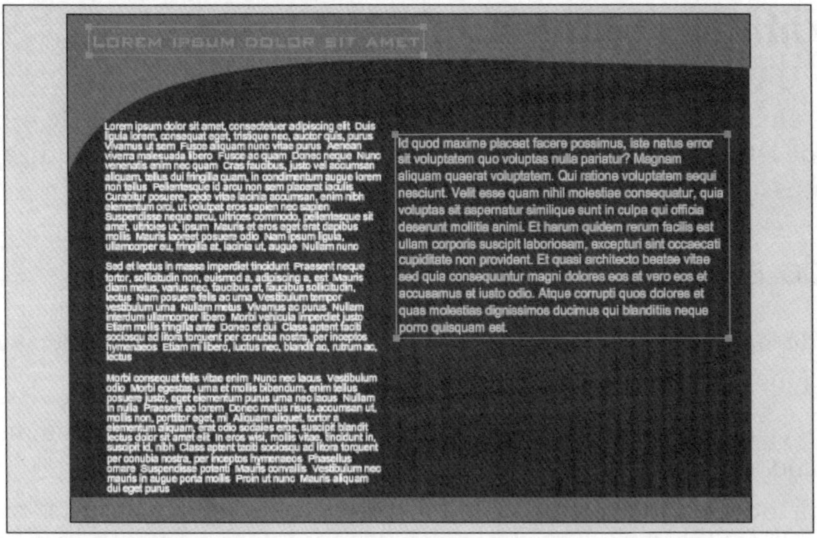

Figura 7.3. Bloques de texto seleccionados.

Otras operaciones sobre bloques de texto

Los bloques de texto se comportan exactamente igual que los objetos, por lo que todas las operaciones que vimos en el capítulo anterior tienen también aplicación aquí. Es decir, con los textos podemos realizar las operaciones de:

- Duplicar bloques de texto copiando, cortando y pegando.
- Desplazar bloques en la escena o llevarlos a otras capas.
- Eliminar bloques de texto con las técnicas habituales.
- Realizar operaciones de transformación, como escalar, rotar, sesgar, agrupar, voltear, modificar el eje, etc.

Advertencia:

Debe tener en cuenta que al aplicar estas transformaciones el texto se deformará. Por ejemplo, no es lo mismo hacer más grande un cuadro de texto utilizando la opción Escalar *que aumentar el tamaño de la fuente. En ambos casos la letra se verá más grande, pero en el primero puede producirse un efecto que haga que la letra no se lea tan bien. Para saber que es lo mejor en cada caso deberá hacer varias pruebas.*

Modificar la apariencia del texto

Flash, en lo que se refiere a texto, es un pequeño editor capaz de cambiar tipos de letra, colores, propiedades de párrafo, etc. En este apartado aprenderemos a realizar todos esos cambios.

Modo selección y modo edición

Cuando hablamos de bloques de texto, existen ciertas diferencias entre seleccionar un bloque de texto o editarlo:

- Selección: En este modo, no podemos modificar el texto propiamente dicho, sino todo el bloque como si se tratase de un objeto.
- Edición: Cuando estamos editando un texto, podemos insertar nuevas palabras, borrarlas, etc. El punto de inserción del texto está visible. Además podemos cambiar la anchura del cuadro.

Al tener seleccionado un bloque de texto, por ejemplo, podemos cambiar el color, el tamaño, etc. de todo el texto, pero sólo de todo el texto. Si necesitásemos cambiar una única palabra, primero habría que editar el texto y después cambiar esa palabra seleccionándola como hacemos en cualquier procesador de texto.

El panel Propiedades

Mediante este panel encontraremos agrupados en un sólo espacio todos los modificadores de texto en la parte inferior de la pantalla.

Para utilizar estas funciones primero debe seleccionar el texto si quiere que las operaciones afecten a todo el bloque. Por el contrario, si sólo quiere modificar una parte del bloque, edítelo y seleccione las palabras que vaya a cambiar.

Nota:

Si el panel no está visible, recuerde que lo puede mostrar seleccionando el nombre del panel en el menú Ventana. *También puede mostrarlo pulsando la combinación de teclado* ***Control-F3****.*

En el panel Propiedades de la figura 7.4 encontramos estas opciones para modificar el texto:

- Tipo de texto: Nos permite elegir uno de los tres tipos de texto con los que trabaja Flash. Estos tres modelos serán explicados en el apartado siguiente.
- Fuente: Cambia el conjunto caracteres que se utilizan para representar el texto. Tendremos más o menos tipos de letra en función de las fuentes instaladas en el ordenador.
- Tamaño de fuente: Se refiere al tamaño con el que se verán las letras. Como referencia, los textos escritos que leemos habitualmente suelen tener un tamaño alrededor de 11.
- Color de relleno de caracteres: Mediante este selector de color podremos aplicar colores a las fuentes, si bien también podemos hacerlo utilizando el resto de paneles y selectores que nos ofrece Flash.

Truco:

El tamaño máximo que suele mostrar esta casilla es de 96. Si necesitamos crear un texto de un tamaño mayor podemos hacerlo escribiendo el valor directamente en la casilla.

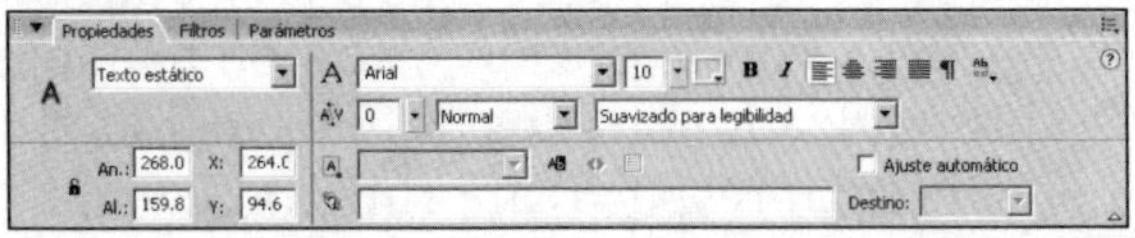

Figura 7.4. El panel Propiedades listo para modificar el texto.

- Negrita y cursiva: Los botones **B** e **I** sirven para aplicar estos dos efectos, muy útiles a la hora de resaltar una parte del texto. La letra **B** viene de *Bold* (negrita en español) y la **I** de *Italic* (cursiva en español).

- Alinear: La alineación define el modo en que se ajustan las líneas a los márgenes laterales. Podemos seleccionar una de las cuatro alineaciones posibles: **Izquierda**, **Derecha**, **Centrado** o **Justificado** (en este caso el espacio entre líneas se ensancha para ajustarse al margen izquierdo y al derecho).
- Formato: Al hacer clic sobre este botón se desplegará el cuadro de diálogo Opciones de formato, desde el que podremos cambiar algunas propiedades del párrafo respecto al bloque de texto, como son la sangría, el espacio ente líneas y los márgenes laterales. Puede ver este cuadro en la figura 7.5.

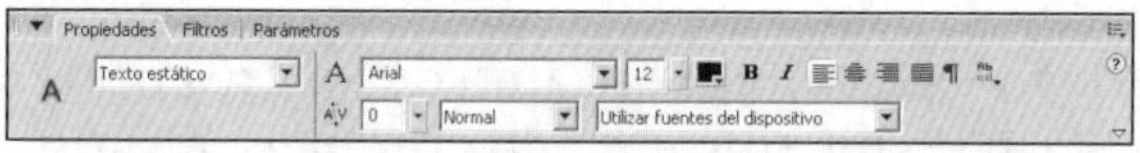

Figura 7.5. El cuadro de diálogo Opciones de formato.

- Cambiar dirección del texto: En la lista que se despliega al pulsar sobre esta casilla se nos ofrece la posibilidad de colocar el texto horizontalmente o verticalmente. Al activar esta opción aparecerá un nuevo botón que nos permitirá rotar el texto.
- Espaciado entre letras: Aumenta la distancia entre los caracteres o la disminuye dependiendo de la dirección hacia la que arrastremos el selector.
- Posición del carácter: Convierte el texto seleccionado de normal a superíndice o subíndice, muy útiles a la hora de expresar fórmulas, potencias, etc.
- Método de representación de fuentes: Este menú desplegable nos permite optar por un modo de suavizado del contorno de las fuentes. Cada modo aporta sus ventajas e inconvenientes. Como norma general para tamaños pequeños usaremos Suavizado para legibilidad, con fuentes más grandes que se deban mostrar más suavizadas usaremos Suavizado para animación y con la opción Mapa de bits lograremos textos más precisos, sin suavizado. Los dos últimos métodos aumentan el tamaño de la película final respecto al primero. Si vamos a usar fuentes estándar podemos optar por Usar fuentes del dispositivo.

Por último, en la parte izquierda del panel podemos modificar numéricamente las dimensiones de los bloques de texto como hacíamos antes con los objetos, modificando su anchura, altura y posición. Pulsando en la flecha inferior derecha del panel observaremos que su tamaño se amplia mostrando nuevas opciones, tal y como se muestra en la figura 7.6. Estos nuevos controles los iremos comentando más ampliamente en el resto del capítulo, ya que requieren algunas explicaciones adicionales.

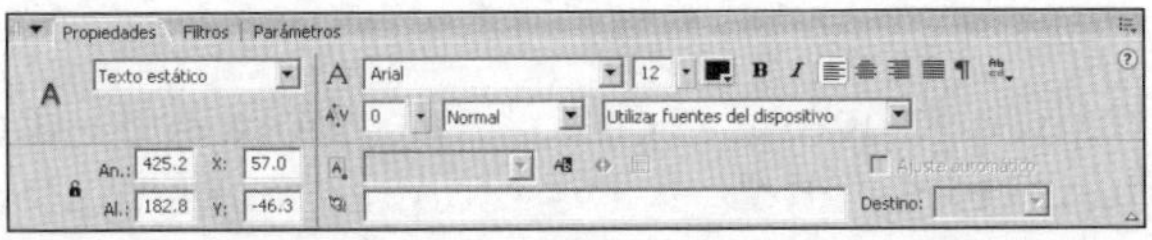

Figura 7.6. Panel Propiedades ampliado.

Advertencia:

Al activar la opción Usar fuentes del dispositivo *corremos el riesgo de que la persona que vea la película no disponga de la fuente elegida, con lo que Flash usará alguna parecida. Está opción es adecuada si utiliza tipos de letra comunes, como* Arial, Times New Roman, *etc.*

El menú Texto

Como complemento al panel Propiedades, disponemos de un menú dedicado al formato del texto. En el menú encontramos algunas funciones básicas, todas ellas recogidas también en el panel Propiedades.

La opción Desplazamiento permitido de este menú se utiliza para que usuario pueda subir o bajar por un cuadro de texto utilizando las teclas de desplazamiento. Esta opción sólo es aplicable a los cuadros de texto dinámicos o de introducción de texto. Cuando esta opción está activada la habitual casilla blanca de los cuadros de texto se vuelve negra. Desplazando esta casilla podemos modificar el tamaño del cuadro.

Tipos de bloques de texto

Flash puede trabajar con bloques de texto en tres modalidades distintas. Dependiendo del formato que escojamos el texto se comportará de una manera u otra utilizando las opciones de la parte inferior del panel Propiedades.

Para cambiar el modo del texto, seleccione una opción de la casilla Tipo de texto, en la parte superior izquierda del panel Propiedades. Recuerde que previamente debe haber escogido la herramienta **Texto** o haber seleccionado un bloque de texto existente.

Texto estático

Los bloques de texto que hemos creado hasta ahora son tratados por Flash como bloques de texto estático. Estos bloques son simplemente texto al que podemos cambiar su apariencia y poco más. No obstante es el modo más usado para insertar textos fijos dentro de nuestra película.

En la zona inferior del panel Propiedades podemos modificar varias opciones referidas a este tipo de texto:

- Seleccionable: Al marcar un texto como seleccionable, permitiremos que la persona que vea la película pueda seleccionar el texto y copiarlo al portapapeles, para poder utilizarlo en otra aplicación o documento de texto.
- Ajuste automático: Activando esta casilla se realizará un ajuste automático de los caracteres basado en la información propia de la fuente.
- Vínculo de URL: Introduciendo una dirección de Internet o de otro fichero, convertiremos el texto seleccionado en un enlace a esa dirección, como si se tratase de un enlace en una página Web. Al activar esta opción podremos especificar en qué página o marco se abrirá el nuevo enlace mediante el cuadro Destino.

Texto Dinámico

Los bloques de texto dinámico muestran información que podremos variar durante la reproducción de la película. Su contenido puede ser cambiado mediante la utilización de acciones, como veremos en el capítulo dedicado a los Actionscript, el lenguaje de programación que incorpora Flash. A los bloques de texto dinámico se les asigna un identificador, denominado variable, que servirá para poder acceder al contenido del bloque durante la ejecución de la película.

Advertencia:

Si selecciona este modo o el siguiente, no podrá modificar algunas opciones como la orientación del texto.

Introducción de texto

Los bloques de introducción de texto se utilizan para que el usuario pueda escribir texto en ellos durante la reproducción de la película. Por ejemplo, imagine que le pedimos al usuario que introduzca su nombre. Para poder recoger ese dato utilizaríamos un bloque introducción de texto. Por otro lado ese es un valor que no se conoce de antemano, así que para poder mostrarlo posteriormente en otras partes de la película utilizaríamos un bloque de texto de dinámico.

Como ocurría con el tipo de texto dinámico, cada bloque de introducción de texto se asocia a una variable, que luego será utilizada para poder consultar el texto.

Los bloques dinámicos y los de introducción de texto se distinguen de los estáticos porque aparecen con un borde de líneas discontinuas. Además, al editarlos, el pequeño recuadro o círculo que antes aparecía en la esquina superior derecha ahora aparece en la esquina inferior derecha.

Truco:

Puede hacer que los bloques dinámicos y de introducción de texto tengan varias líneas incluso si están vacíos al principio. Para agrandar un bloque de texto edítelo y arrastre hacia abajo el cuadrado o círculo de la esquina inferior derecha.

Propiedades de los bloques dinámicos y de introducción de texto

Las características que puede cambiar al utilizar estos dos tipos de textos son similares. Éstas se encuentran en la parte inferior del panel Propiedades. La figura 7.7 muestra dichas características al seleccionar el tipo Introducción de texto.

Éstas son las opciones que encontraremos:

- Tipo de línea: Indica si el bloque tendrá una sola línea, varias líneas o varias líneas sin ajuste. La diferencia entre estos dos últimos tipos consiste en que si seleccionamos sin ajuste, sólo se pasará a la línea siguiente si en el texto hay un carácter de salto de línea (tecla **Intro**). Hay que tener en cuenta que en este tipo de bloques casi nunca se sabe de antemano si el texto va a caber o no en una única línea, ya que se inserta dinámicamente. Los bloques de introducción de texto tienen una opción adicional, que consiste en que el texto que aparece se muestra como asteriscos, muy útil a la hora de introducir claves: es la opción Contraseña.

Figura 7.7. El panel Propiedades con las características de textos dinámicos y de introducción de texto.

- Seleccionable: Esta opción estará siempre activada en los bloques de introducción de texto, por lo que se permitirá que el usuario pueda copiar el texto en el portapapeles.
- Generar texto como HTML: Activando esta casilla conseguimos que al insertar texto se interpreten los atributos HTML que pudiese tener añadidos. Las etiquetas que se interpretan son las de fuentes, párrafos, enlaces, etc. De esta forma, si tenemos un texto con un formato determinado, se mantendrá intacto en la película de Flash.

Nota:

Si dispone de conocimientos sobre HTML, podrá utilizar algunas etiquetas en combinación con la opción anterior. Las etiquetas reconocidas por Flash son las siguientes:

- *Etiquetas de fuente:* <font color>, <font face> *y* <font size>.
- *Atributos de fuente: negrita* <b>, *cursiva* <i> *y subrayado* <u>.
- *Etiqueta de enlace:* <a>.
- *Etiqueta de párrafo:* <p>.

- Mostrar borde alrededor del texto: Muestra una fina línea negra delimitando el bloque de texto y el fondo de la casilla de color blanco.
- Var: Identificador que se le asigna al texto para poder manipularlo mediante las acciones de Flash. En los capítulos dedicados al lenguaje Actionscript utilizaremos esta característica.
- Número máximo de caracteres: Sólo aparece con la opción Introducción de texto. Especifica el número máximo de caracteres que se permitirán en el bloque de texto de entrada.

- Incorporar: Haciendo clic en este botón se despliega el cuadro de diálogo de la figura 7.8, que contiene las opciones de caracteres. En este cuadro de diálogo puede indicar a Flash que incorpore a la película final un juego de caracteres, algunos determinados o ninguno. De este modo se asegurará que el texto será visualizado tal y como se creo, sin cambios de fuente. El botón **Relleno automático** inserta solamente los caracteres que se están utilizando. Esta opción sólo está disponible con algunos tipos de suavizados.

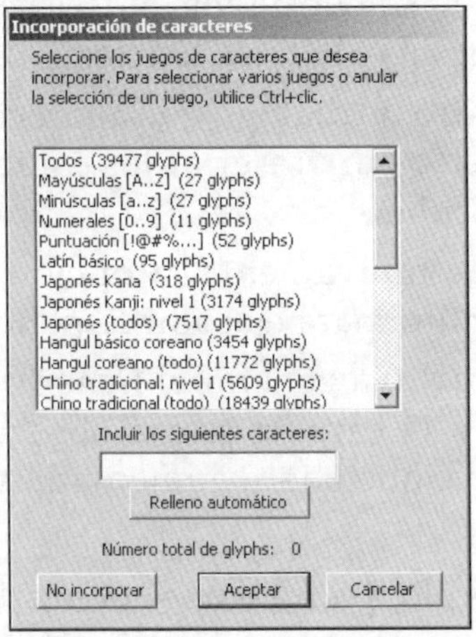

Figura 7.8. Cuadro de diálogo Incorporación de caracteres.

Realice el siguiente ejemplo para comprobar cómo crece una película al incorporar un juego de caracteres.

Ejemplo:

Incorporar fuentes a una película.

1. Prepare una nueva película seleccionando la opción Nuevo del menú Archivo.
2. Inserte un cuadro de texto y escriba una frase en su interior.
3. Convierta el cuadro de texto en dinámico, seleccionando esta opción en el panel Propiedades.
4. Guarde la película en su disco duro, seleccionando la opción Guardar del menú Archivo.

5. Ejecute la película seleccionando la opción Probar película del menú Control.
6. Al ejecutar la película, se habrá generado un fichero `.SWF` en la carpeta en la que almacenó su película. Este fichero es el que posteriormente habrá que colocar en Internet. Observe su tamaño, posiblemente no exceda de 2 ó 3 Kb.
7. Regrese a Flash y cierre la película que se está reproduciendo.
8. Al regresar al modo de edición, seleccione el cuadro de texto y haga clic en el botón Carácter, en el panel Propiedades.
9. En el cuadro de diálogo que aparece seleccione la opción Latín Básico para insertar los caracteres más habituales en la película.
10. Seleccione nuevamente la opción Probar película del menú Control para ejecutar la película.
11. Hemos vuelto a generar el fichero `.SWF`. Si accede nuevamente a la carpeta podrá observar el nuevo tamaño del fichero, que habrá aumentado significativamente.

Si ha completado el ejemplo, podrá darse cuenta de que añadir la fuente a la película hace que ésta aumente su tamaño. Use esta opción sólo con tipos de letra que sean poco habituales y en la medida de lo posible no utilice demasiadas fuentes.

Trasformar texto libremente

Si necesita modificar la forma de las letras, su curvatura, su anchura, etc. puede utilizar la opción Separar del menú Modificar. Al aplicar esta opción el texto pierde su categoría de bloque de texto y se convierte en un conjunto de figuras en forma de letras, como si las hubiésemos dibujado manualmente. Desde este momento puede utilizar todas las técnicas que vimos en el capítulo dedicado a la barra de herramientas de dibujo para transformar las letras. La separación de textos en Flash tiene dos pasos, cada uno con un objetivo distinto:

- Al separar la primera vez, Flash convierte cada letra del texto en un bloque de texto separado. En este caso todavía estaremos trabajando con texto. Utilice esta opción para realizar animaciones separadas para cada letra.

- Si repetimos la operación, los bloques de texto se convertirán en figuras independientes. Ahora sí estamos trabajando con objetos completamente modificables.

Revisar la ortografía

Con Flash contamos con una herramienta de corrección ortográfica. Podremos revisar la ortografía de nuestros textos para evitar errores, tanto de los textos que se muestran en pantalla como de los que se utilizan para añadir interactividad a la película, como veremos más adelante.

Antes de comenzar a corregir la ortografía podemos modificar su comportamiento mediante las opciones de la figura 7.9. Para obtener este cuadro de diálogo seleccionaremos la opción Configuración de ortografía del menú Texto.

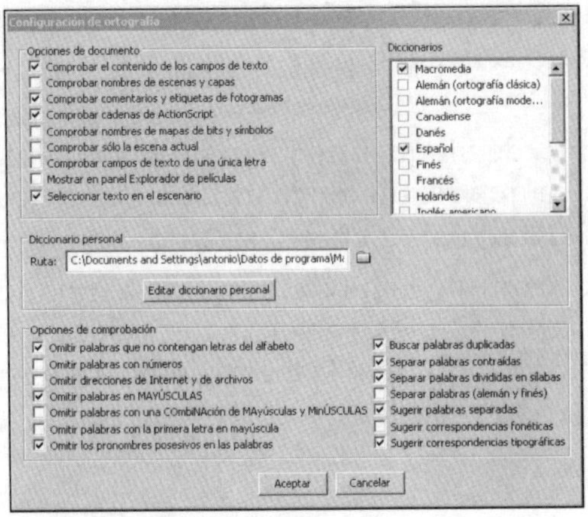

Figura 7.9. Configuración de ortografía.

Con estas opciones podemos decidir qué partes de la película analizar y qué diccionarios utilizaremos para la revisión. Para comenzar con la revisión basta con seleccionar la opción Texto>Revisar ortografía. Aparecerá el cuadro de diálogo de la figura 7.10 mediante el que podremos decidir si una palabra es correcta o si debe ser cambiada por alguna de las sugerencias que nos ofrece el programa. Para ello emplearemos los botones de **Omitir** o **Cambiar** además de sus distintas variantes.

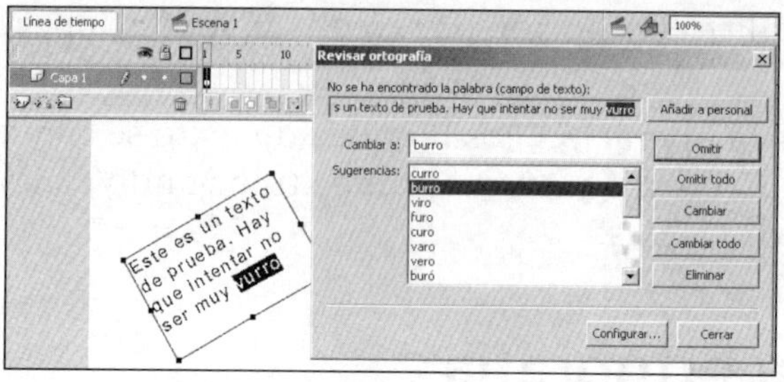

Figura 7.10. Cuadro de diálogo Revisar ortografía.

Resumen

En este capítulo hemos comprobado la versatilidad de Flash como editor de texto. Podemos insertar varios tipos de texto y modificar su apariencia, tamaño, propiedades de los párrafos, etc.

Los bloques estáticos nos servirán para crear los textos fijos de las películas. Los dinámicos tienen la ventaja de que pueden ser modificados durante la reproducción de la película, mientras que los bloques de introducción de texto se usarán para poder tomar datos que introducirá el usuario.

Los últimos dos tipos de bloques de texto serán comentados en profundidad más adelante, ya que requieren la utilización de los *scripts* de control de Flash a través del lenguaje Actionscript.

En la parte final del capítulo hemos aprendido a modificar los bloques de texto convirtiéndolos en dibujos, con el fin de poder utilizar las herramientas de transformación y color de Flash, así como a revisar la ortografía de nuestros textos.

Capítulo 8

Los símbolos

En este capítulo aprenderá a:

- Crear símbolos.
- Insertar elementos en la biblioteca de símbolos.
- Manejar la biblioteca de símbolos.
- Crear instancias.
- Modificar las instancias.
- Separar instancias de sus símbolos originales.

La biblioteca de símbolos

En este capítulo vamos a aprender a manejar tres conceptos fundamentales en Flash: los símbolos, las instancias y la biblioteca de símbolos.

Al crear una película en Flash hay un parámetro que debemos vigilar muy de cerca: el tamaño de la película. Si una película ocupa demasiado, tardará mucho tiempo en ser descargada por Internet, por lo que lo más probable es que el usuario no se quede a ver nuestro trabajo y se vaya a otra página. Todo nuestro esfuerzo se quedará en nada. Los elementos que vamos a aprender a manejar nos serán de gran utilidad para evitar que nuestra película crezca en exceso y al mismo tiempo simplifican el trabajo en películas complejas porque tendremos los elementos mejor organizados.

Además, el uso de símbolos nos permitirá controlar los elementos de nuestra película mediante programación con el lenguaje Actionscript, como veremos más adelante.

- Un símbolo puede ser un dibujo, una imagen, un botón, un texto u otra película pequeña. Lo habitual es crear un símbolo cuando sepamos que vamos a volver a utilizar uno de esos objetos varias veces en la misma película o en otra distinta.
- La biblioteca de símbolos de una película es el lugar en el que se almacenan los símbolos. Cada vez que creamos uno se inserta automáticamente en la biblioteca. Una biblioteca también puede ser utilizada en otras películas, con lo que nos evitaremos el tener que volver a crear los mismos objetos una y otra vez.

Nota:

La palabra instancia se utiliza por una mala traducción del termino inglés instance, *que en realidad se traduciría correctamente como ejemplo. Es decir, lo que estamos creando son ejemplos o copias de un símbolo original. No obstante, seguiremos usando el término instancia, para no llevar a confusión al lector.*

- Las instancias son copias de un símbolo que podemos insertar en una escena de nuestra película. La ventaja principal es que no ocupan prácticamente nada, ya que son copias del símbolo original. Además, podemos cambiar ciertas propiedades de la instancia para conseguir que parezcan distintas al símbolo original. Otra de sus peculiaridades se encuentra en que si modificamos el símbolo original, todas las instancias de ese símbolo mostrarán también automáticamente los cambios realizados.

El método de trabajo es sencillo: supongamos que vamos a crear una escena con varios árboles, todos iguales. Los pasos que seguiríamos son los siguientes:

- Dibujar el primer árbol.
- Convertir el árbol en un símbolo, que automáticamente se inserta en la biblioteca de símbolos.
- Desde la biblioteca, crearíamos varias instancias del símbolo árbol en la escena.
- Si fuese necesario, podríamos modificar algunas de las instancias, para conseguir que parezcan árboles distintos.

¿Cuánto ocuparía todo esto? Aproximadamente lo que ocupe un único árbol. Y además, si necesitamos utilizar ese árbol en otra película podremos hacerlo, ya que las bibliotecas se pueden reutilizar fácilmente.

Crear un símbolo

Flash permite crear tres tipos de símbolos distintos, cada uno de los cuales tiene unas características determinadas:

- **Clip de película**: Son símbolos que tienen su propia línea de tiempo, como pequeñas películas. Se suelen utilizar para mostrar movimientos repetitivos y además se puede modificar su animación mediante acciones, como veremos más adelante. Pueden contener incluso sonidos.
- **Botón**: Se utilizan para crear botones que respondan al pulsar sobre ellos. Pueden tener varias imágenes; una para cuando son pulsados, otra para cuando se mantiene el ratón sobre ellos, etc.
- **Gráfico**: Estos símbolos suelen contener imágenes u objetos. También pueden tener animación, pero en vez de ser una animación independiente, como la de los clips, su movimiento está relacionado con la línea de tiempo de la película.

Al crear un símbolo tendremos que elegir entre uno de estos tres tipos, aunque si luego decidimos cambiarlo podremos hacerlo sin problema.

Crear un símbolo nuevo

Para crear un símbolo desde cero, seleccione la opción Nuevo Símbolo del menú Insertar, o simplemente pulse la correspondiente abreviatura de teclado, que en este caso es **Control-F8**.

Se mostrará un cuadro de diálogo como el de la figura 8.1 en el que indicaremos el nombre que le vamos a asignar y el tipo de símbolo que vamos a crear. Opcionalmente podemos obtener más posibilidades de inserción haciendo clic en el botón **Avanzado**, en esa misma ventana.

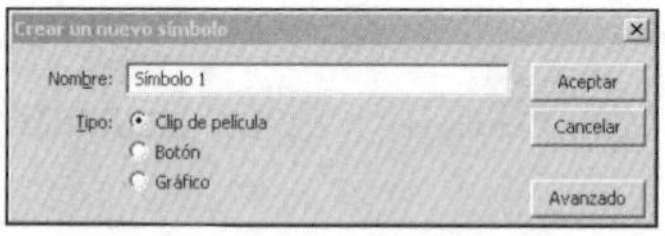

Figura 8.1. Cuadro de diálogo Crear un nuevo símbolo.

Como ejemplo, introduciremos el nombre `Árbol` y le asignaremos el tipo Gráfico. Al hacer clic en el botón **Aceptar** pasaremos a la edición del símbolo. Sobre la línea de tiempo observaremos que ha aparecido una pestaña con el nombre de nuestro nuevo símbolo. Lo puede ver en la figura 8.2, además del árbol que hemos dibujado en nuestro ejemplo.

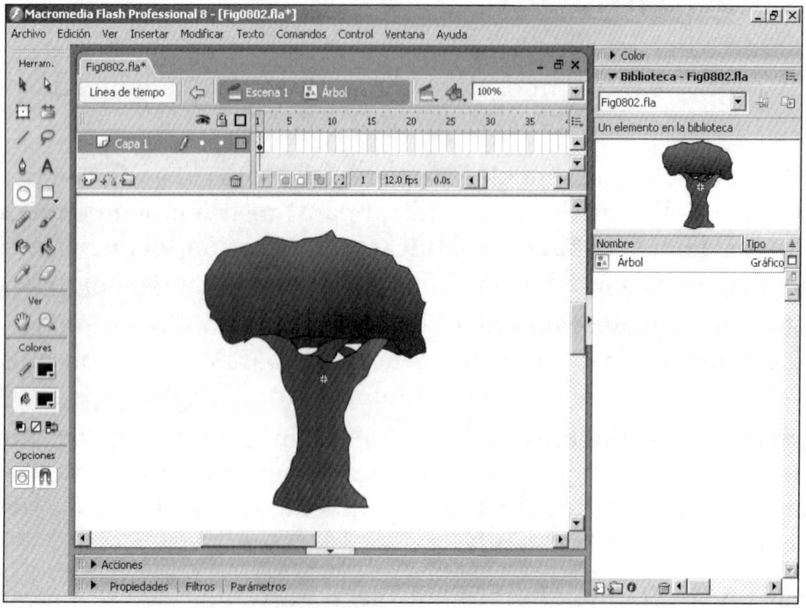

Figura 8.2. La ventana de edición de símbolos es igual que una escena normal.

En este caso el dibujo se ha creado con la herramienta **Lápiz**, después hemos aplicado unos rellenos basados en degradados para dar volumen a la imagen.

Para regresar a la película haga clic en la pestaña Escena 1, en la barra situada sobre la línea de tiempo. El símbolo quedará almacenado automáticamente en la biblioteca de símbolos, aunque aún no sea visible en la escena.

Convertir un objeto en un símbolo

El otro método que podemos usar para crear un símbolo consiste en dibujar el objeto en la escena normal, como hemos venido haciendo hasta ahora. A continuación, seleccione todo el objeto y haga clic sobre la opción Convertir en símbolo del menú Modificar. También puede hacerlo pulsando la tecla **F8**.

Aparecerá el cuadro de diálogo Convertir en símbolo para que le asigne un nombre a este nuevo elemento. Al hacer clic en **Aceptar**, el objeto se insertará en la biblioteca de símbolos.

Nota:

La ventaja que puede tener este método es que generalmente es más sencillo crear un objeto en la escena general, ya que podemos contrastar el tamaño, los colores, etc. con el resto de los elementos de la escena.

La biblioteca de símbolos

Para ver los símbolos disponibles en la película accederemos a la biblioteca de símbolos desde el menú Ventana, seleccionando la opción Biblioteca o pulsando la combinación de teclas **Control-L**. Al hacer esto aparecerá el panel Biblioteca de la figura 8.3. El panel **Biblioteca** se divide en dos partes. En la parte superior aparece una muestra del símbolo seleccionado, mientras que en la parte inferior tenemos la lista los distintos disponibles.

Estos son los principales botones y controles del panel:

- **Nuevo símbolo:** Para insertar un nuevo símbolo. Produce el mismo efecto que seleccionar la opción Nuevo símbolo del menú Insertar.

Figura 8.3. El panel Biblioteca con sus distintos botones.

- **Nueva carpeta:** Puede crear carpetas dentro de la biblioteca para agrupar los símbolos.
- **Propiedades:** Pulsando en este botón aparecerá el cuadro de diálogo de Propiedades de símbolo, por si necesitamos cambiar el nombre o el tipo de símbolo.
- **Aumentar/Reducir visualización:** Estos dos botones hacen que el panel se abra para mostrar más información sobre los objetos. Uno abre el panel y el otro lo recoge.
- **Menú de opciones del panel:** Pulse en el botón de la esquina superior derecha para ver las distintas opciones relacionadas con la biblioteca.
- **Fijar la biblioteca actual:** El botón en forma de chincheta se utiliza para que la biblioteca actual permanezca siempre visible cuando tenemos abiertas varias películas. De otro modo, Flash irá cambiando de una a otra dependiendo de la película que estemos mostrando. Además, el cuadro donde aparece el nombre de la película es una lista desplegable que nos permitirá seleccionar otras bibliotecas abiertas para nuestra mayor comodidad.
- **Nuevo panel de biblioteca:** Junto a lo anterior también podemos crear un nuevo panel representando nuestra biblioteca. Utilice esta opción para visualizar dos bibliotecas y arrastrar elementos de una a otra.

Opciones avanzadas del panel Biblioteca

En el menú de opciones del panel Biblioteca podemos realizar algunas acciones interesantes. Estas opciones están recogidas en la figura 8.4.

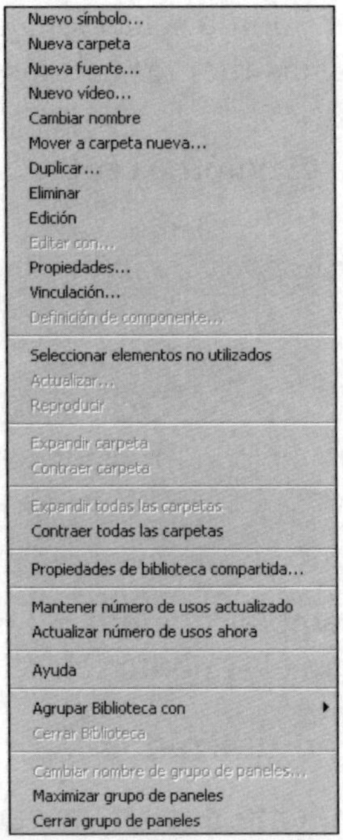

Figura 8.4. El menú de opciones del panel Biblioteca.

A continuación revisaremos las principales opciones, aunque algunas de ellas se revisarán a lo largo del libro.

Insertar una fuente en la biblioteca

Puede insertar una fuente en la biblioteca de símbolos mediante la opción Nueva Fuente. Con esto conseguiremos que el tipo de letra se encuentre siempre disponible para las personas que vayan a visualizar la película. Además podremos utilizar esta fuente en otras películas si compartimos la biblioteca.

Ejemplo:

Insertar una fuente.

1. Seleccione la opción Nueva Fuente del menú de opciones del panel Biblioteca.
2. Aparecerá el cuadro de diálogo Propiedades de símbolo de fuente, como el de la figura 8.5.
3. Escriba un nombre para la fuente.

4. En el cuadro Fuente seleccione uno de los tipos de letra de la lista. Estas fuentes son las que tiene instaladas en su ordenador.
5. Haga clic en el botón **Aceptar**.

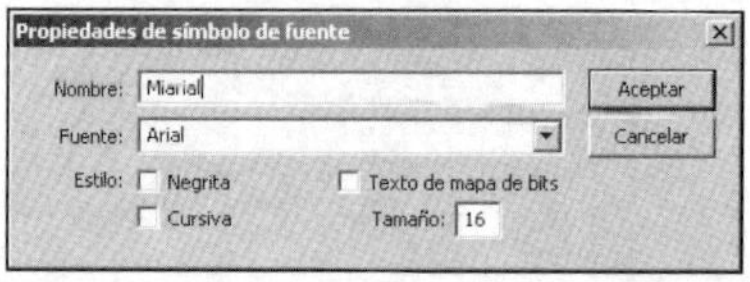

Figura 8.5. El cuadro de diálogo Propiedades de símbolo de fuente.

Renombrar un símbolo

Seleccionando la opción Cambiar nombre del menú de opciones de la biblioteca podremos renombra el símbolo seleccionado.

Seleccionar elementos no utilizados

Con la opción Seleccionar elementos no utilizados, puede ver qué símbolos de la librería no están siendo utilizados en la película. Esta opción se debería utilizar al terminar un proyecto, para detectar símbolos que no se han usado y poderlos eliminar si lo creemos conveniente.

También es posible ver el número de usos de un elemento al expandir la vista de columnas de la biblioteca.

Para actualizar el número de usos podemos utilizar las opciones Actualizar número de usos ahora y Mantener número de usos actualizado, ambas en el menú de opciones del panel.

Truco:

Los símbolos no utilizados no ocupan espacio en la película final, ya que Flash no los insertará, así que si no está seguro de si va a utilizar un determinado símbolo en el futuro, es mejor no eliminarlo.

Editar un símbolo

Para modificar algún símbolo de la biblioteca, haga doble clic sobre su nombre o seleccione la opción Edición del menú de opciones del panel Biblioteca.

Nota:

Al modificar un símbolo en la biblioteca, todas las instancias de ese símbolo que hayamos situado en la escena cambiarán también.

Duplicar símbolos

Crear una copia de un símbolo puede ser útil si necesitamos crear un nuevo símbolo que tiene partes en común con el original. Evidentemente, los cambios que realicemos en el nuevo símbolo no tendrán ningún efecto en el primero.

Si necesita crear una copia de un símbolo seleccione la opción Duplicar. Introduzca un nombre para el nuevo símbolo en el cuadro de diálogo que aparece y pulse el botón **Aceptar**. Aparecerá una nueva copia del símbolo dentro de la biblioteca.

Ordenar los símbolos

Si su proyecto crece en complejidad será conveniente tener bien organizada la biblioteca. Para conseguirlo siga estos consejos:

- Crear carpetas: Para crear una nueva carpeta seleccione la opción Nueva carpeta. Puede crear tantas como quiera, no aumentarán el tamaño de la película y le ayudarán a tener una visión más clara del contenido de la biblioteca.
- Colocar los símbolos dentro de carpetas: Para introducir un símbolo en una carpeta basta con arrastrarlo hasta ella. Otro método consiste en seleccionar el símbolo y hacer clic en la opción Mover a carpeta nueva, en el menú de opciones. De este modo el símbolo se llevará a una nueva carpeta con el nombre que se indique.
- Utilizar subcarpetas: Si lo necesita puede crear subcarpetas. Para ello cree una nueva carpeta y a continuación arrástrela al interior de otra existente.
- Abrir o cerrar carpetas: En el menú encontrará dos opciones útiles para buscar símbolos. Seleccionando Expandir todas las carpetas conseguiremos que todas se abran para poder ver su contenido. La opción Contraer todas las carpetas produce el efecto contrario. Este proceso también se puede aplicar a una sola carpeta con las opciones Expandir carpeta y Contraer carpeta, o simplemente haciendo doble clic sobre la carpeta en cuestión.

Eliminar un símbolo

Para eliminar un símbolo de la biblioteca selecciónelo y pulse la tecla **Supr** o seleccione la opción Eliminar del menú de opciones del panel Biblioteca.

También puede eliminar un símbolo seleccionándolo y haciendo clic en el icono en forma de cubo de basura, en la esquina inferior derecha.

Advertencia:

Esta opción debe usarse con mucho cuidado, si ha insertado alguna instancia en la escena también desaparecerá al borrar su símbolo de referencia. No obstante si nos hemos equivocado podemos seleccionar la opción Edición>Deshacer *para regresar al estado anterior.*

Resolver conflictos de biblioteca

Un último aspecto a tener en cuenta al trabajar con las bibliotecas es el de la resolución de conflictos.

Al manipular los elementos de la biblioteca, al copiarlos desde otra biblioteca, importar, etc. se puede dar el caso de que ya tengamos un elemento dentro con el mismo nombre de otro que se va añadir. En estos casos aparecerá un cuadro de diálogo avisándonos y ofreciéndonos la posibilidad de resolverlo.

Las instancias

Una vez que tenemos creado algún símbolo podemos generar una instancia dentro de la escena. Así dispondremos de una copia del símbolo que se puede modificar sin estropear el original y que además no ocupa espacio.

Crear una instancia

Para crear una instancia de un símbolo arrástrelo desde la biblioteca hasta el lugar de la escena que prefiera. Al hacerlo, aparecerá una imagen idéntica al símbolo original. Puede repetir este proceso tantas veces como quiera.

En la figura 8.6 hemos insertado dos instancias del símbolo Árbol.

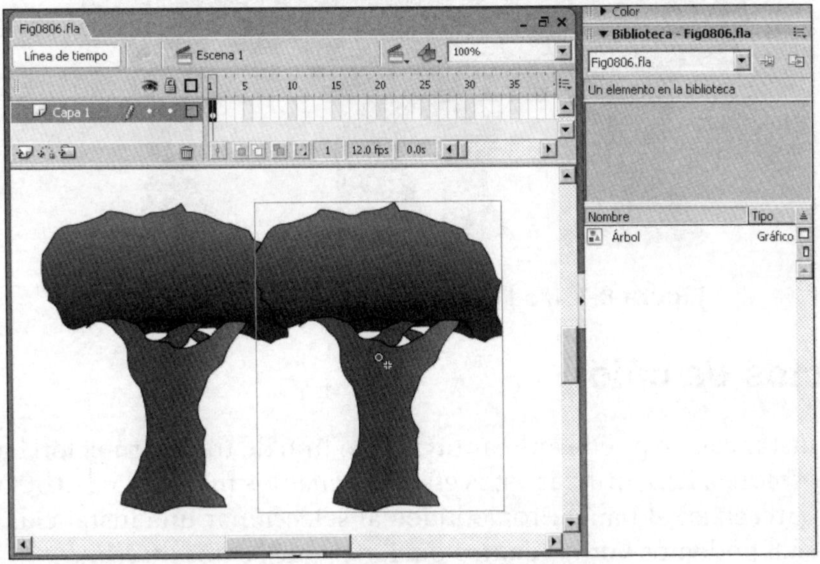

Figura 8.6. Crear instancias.

Modificar las propiedades de una instancia

A cada instancia se le puede aplicar una serie de cambios para conseguir que sea diferente al modelo original. Utilizando las opciones que veremos a continuación podremos conseguir crear varios objetos muy diferentes entre sí a pesar de partir del mismo origen.

Cambiar la forma de la instancia

Las instancias se comportan como objetos, por tanto se puede cambiar su tamaño, transformar, rotar, etc. con las opciones que vimos en el capítulo dedicado a los objetos.

En la figura 8.7 se han insertado cuatro instancias del símbolo Árbol y algunas se han modificado para que no parezcan todas iguales. Para realizar esos cambios basta con utilizar la opción Escalar, del menú Modificar, bajo la categoría Transformar.

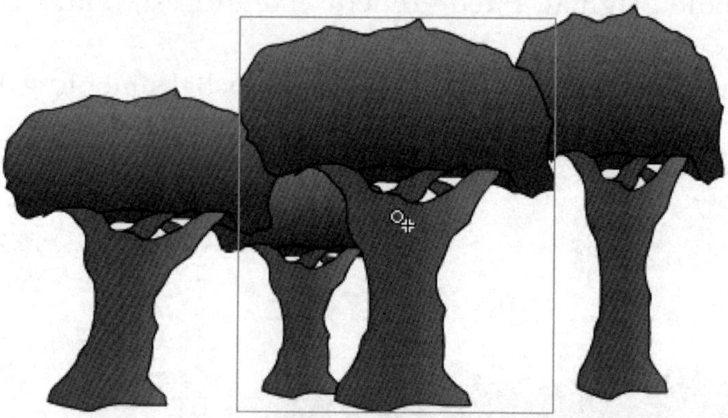

Figura 8.7. Modificar la forma de las instancias.

Efectos de color

A las instancias se puede aplicar un nuevo tipo de transformación basada en sus colores. Para utilizar estos efectos debemos fijarnos en las opciones que aparecen en el panel Propiedades al seleccionar una instancia. En la figura 8.8 podemos ver las cuatro opciones que se nos ofrecen.

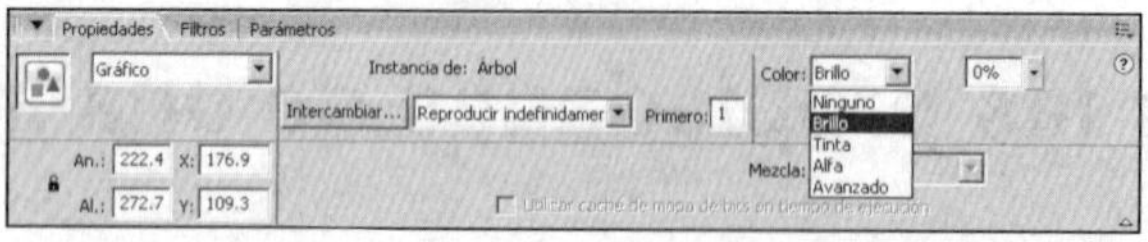

Figura 8.8. El panel Propiedades varía al seleccionar una instancia.

Advertencia:

Para poder aplicar cualquiera de estos efectos recuerde que primero debe seleccionar la instancia o grupo de instancias que va a modificar.

Efecto Brillo

Utilícelo para aumentar o disminuir la saturación de color de una instancia. A la derecha del nombre del efecto aparece un control que podemos modificar para variar la intensidad del efecto.

En la figura 8.9 hemos utilizado el efecto Brillo para conseguir que los árboles aparenten distintas tonalidades.

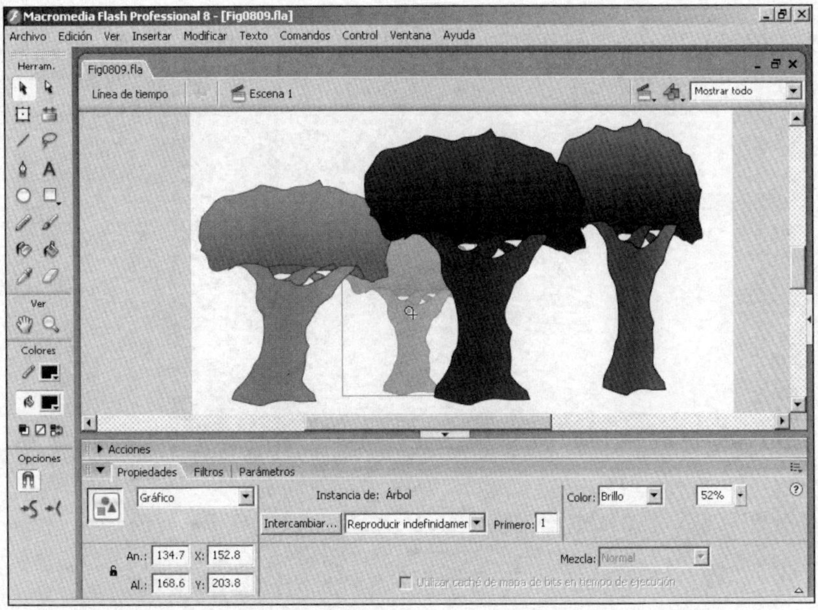

Figura 8.9. Instancias con distintos efectos Brillo.

Efecto Tinta

Mediante este efecto puede aplicarle un color plano a una instancia. Toda la instancia se llenará del color seleccionado.

Las opciones del efecto Tinta son similares a las del panel Mezclador de colores, tal y como puede ver en la parte inferior de la figura 8.10.

La figura 8.10 contiene un ejemplo de una escena con varios globos volando. En realidad sólo hay uno con múltiples instancias a las que se les han aplicado diferentes efectos Tinta.

Efecto Alfa

Éste es posiblemente el efecto de color más útil y llamativo de Flash. Con el efecto Alfa puede hacer que una instancia se haga semitransparente o desaparezca totalmente.

Más adelante aprovecharemos a fondo esta característica. Conseguir que una instancia no esté visible resulta de gran utilidad a la hora de crear animaciones, ya que podemos ocultarlas para mostrarlas a lo largo de la película.

En la figura 8.11 hemos creado un cartel que cubre parcialmente los árboles, pero deja ver lo que hay detrás.

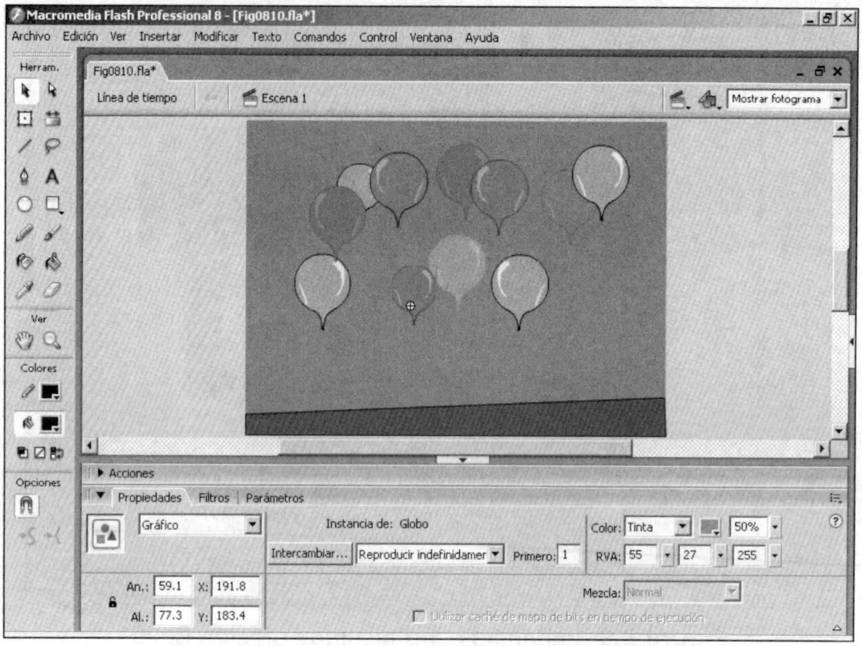

Figura 8.10. Instancias con efectos Tinta.

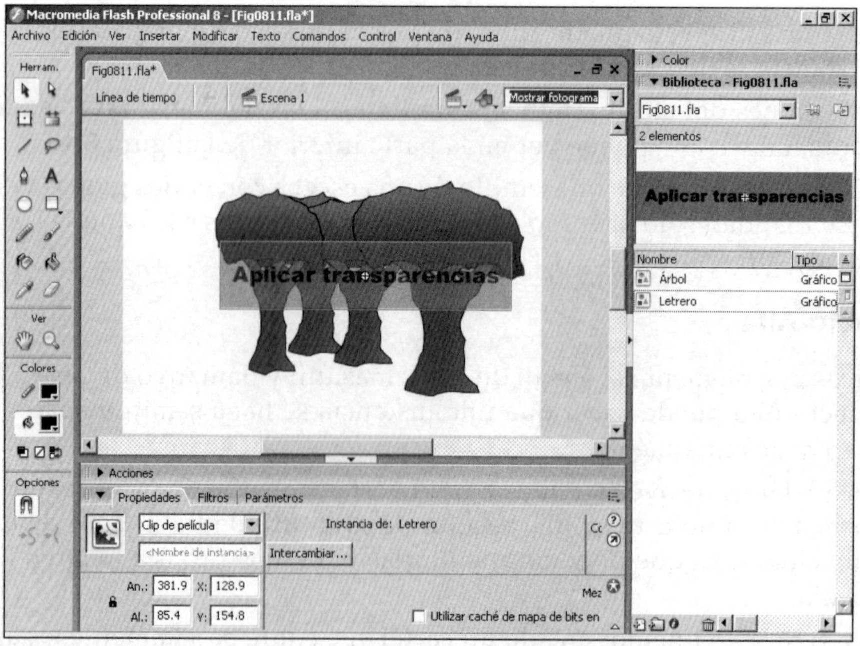

Figura 8.11. Un letrero semitransparente sobre los árboles.

Siga estos pasos para ver cómo se ha hecho:

Ejemplo:

Crear un letrero semitransparente.

1. Inserte un nuevo símbolo mediante la opción Nuevo símbolo del menú Insertar. Llámelo `Letrero`.
2. Cree un cuadro con la herramienta **Rectángulo**. Utilice cualquier color para el relleno y desactive la línea de trazo.
3. Ahora inserte el texto sobre el rectángulo mediante la herramienta **Texto**. En el panel Propiedades seleccione Arial como fuente y 28 para el tamaño.
4. El símbolo está creado. Regrese a la escena y cree una instancia del símbolo sobre los árboles.
5. Seleccione la instancia que acaba de insertar.
6. En el panel Propiedades, seleccione el efecto Alfa y cambie el valor a un 60% aproximadamente.
7. El letrero se habrá vuelto semitransparente.

Efecto Avanzado

El último efecto que podemos aplicar a una instancia es, en cierto modo, una unión de todos los demás. Para aplicarlo debemos seleccionar una instancia y hacer clic en el botón Configuración, que aparece al seleccionar este efecto en el panel Propiedades.

- Los controles de la izquierda varían la cantidad de rojo, verde, azul y transparencia alfa en porcentajes. Si la imagen está normal, todos los valores de la izquierda estarán al cien por cien.
- Los controles de la derecha incrementan o reducen la cantidad de rojo verde, azul o alfa mediante valores fijos. En estado normal estarán a cero. Si incrementa el valor azul, por ejemplo, observará que su instancia toma una tonalidad azul, como si le hubiésemos puesto encima un filtro de ese color.

Separar una instancia

La opción Separar del menú Modificar sirve en el caso de las instancias para que éstas queden desconectadas de su símbolo original, convirtiéndose en objetos normales. Con esto conseguimos tener un objeto independiente, que podemos tratar sin que por ello se modifique el símbolo original. Así evitaremos, por ejemplo, que al modificar el símbolo de origen esta instancia cambie también. La desventaja es que la instancia comenzará a ocupar el mismo espacio en la película que su original, por lo que si separamos muchas instancias el tamaño del proyecto se resentirá.

Duplicar una instancia

Tras insertar una instancia en la escena podemos realizar copias de ésta utilizando los métodos habituales para duplicar un objeto. Cada copia de una instancia se comportará como una instancia más del símbolo original. Es decir, la nueva copia se comportará igual que si la hubiésemos generado directamente a partir del símbolo original.

La ventaja que tendremos es que podemos crear copias de instancias ya modificadas y estas mantendrán sus transformaciones.

Cambiar el tipo de símbolo

Mediante esta opción, situada en la parte izquierda del panel Propiedades podemos cambiar entre los tres tipos de símbolos distintos (Gráfico, Clip de película o Botón) y modificar así algunas de las características propias de cada comportamiento.

En la figura 8.12 puede ver el selector al que estamos haciendo referencia. Observe como las opciones de la parte central del panel varían dependiendo del tipo de símbolo que escojamos.

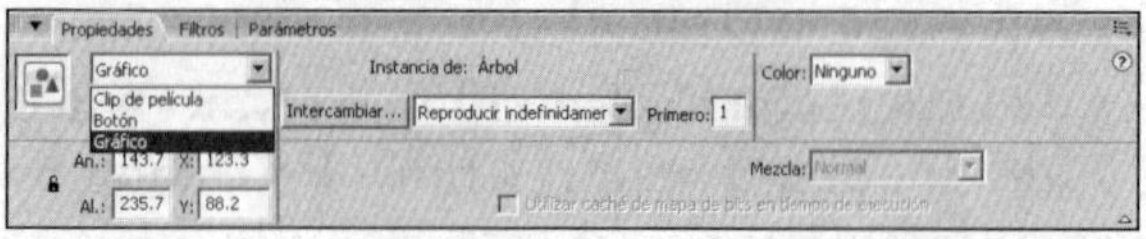

Figura 8.12. Cambiar el tipo del símbolo.

Optimizar el rendimiento de los símbolos

Para mejorar el rendimiento de nuestras películas podemos especificar que un clip de película determinado se comporte como un mapa de bits. De este modo no será necesario volverlo a dibujar constantemente en cada cambio de la película. Esta opción es útil para clips de película estáticos, que no se muevan durante la reproducción, como podría ser una imagen de fondo, un objeto que forme parte del decorado del proyecto, etc. También se puede utilizar con símbolos de botón. Lo importante es que el contenido del símbolo no cambie durante la reproducción de la película.

Para que un clip o un botón tomen este comportamiento debemos seleccionar el símbolo y activar la opción Utilizar caché de mapa de bits en tiempo de ejecución, en el panel Propiedades.

Intercambiar el símbolo de una instancia

Para terminar encontramos en el panel Propiedades el botón **Intercambiar**. Con esta opción podemos cambiar el símbolo de referencia de una instancia.

La ventaja de este cambio está en que la instancia mantiene las modificaciones que se hayan realizado y las aplicará sobre el nuevo símbolo que indiquemos. Podemos usar esta característica, por ejemplo, para crear animaciones en la que un símbolo se cambie por otro. En la figura 8.13 se ha cambiado la instancia del símbolo Árbol de la izquierda por la de Árbol 2.

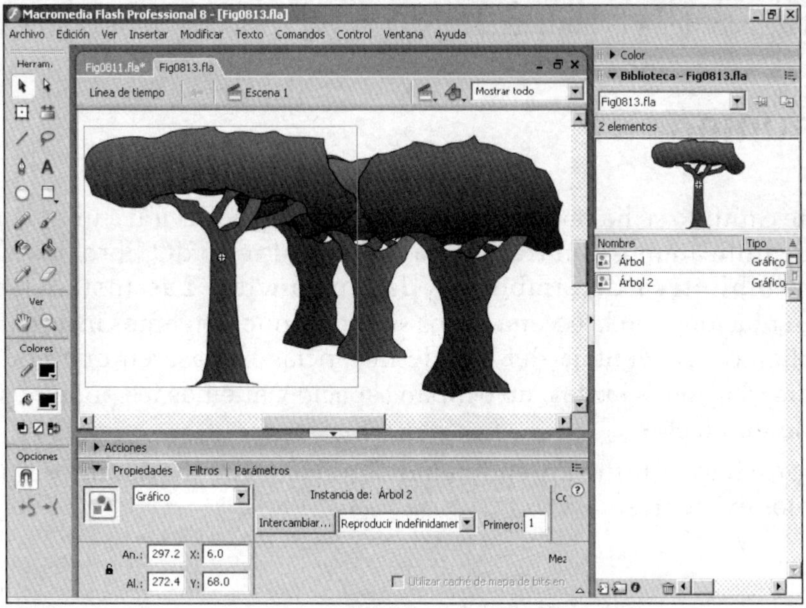

Figura 8.13. Intercambiar símbolos.

La instancia tenía aplicado un efecto de brillo que lo hacía parecer más claro y una pequeña inclinación. La instancia del nuevo árbol mantiene ese mismo tono y esa inclinación.

Estos son los pasos que hay que seguir para realizar ese cambio.

Ejemplo:

Cambiar el símbolo asociado a una instancia.

1. Inserte un nuevo símbolo, que llamaremos Árbol 2.
2. Seleccione la instancia a cambiar, en este caso es el árbol de la izquierda.
3. En el panel Propiedades haga clic en el botón **Intercambiar**.
4. Aparece el cuadro de diálogo Intercambiar símbolo.
5. Haga doble clic sobre el símbolo Árbol 2 y pulse **Aceptar**. La instancia cambia su símbolo asociado, mostrando el nuevo árbol.

En el cuadro de diálogo Intercambiar símbolo encontramos además el botón **Duplicar símbolo** para poder crear una copia de un símbolo sin necesidad de acceder a la biblioteca.

Resumen

En este capítulo se ha realizado una pequeña introducción a unos conceptos que utilizaremos con frecuencia durante el resto del libro: los símbolos, la biblioteca de símbolos y las instancias. Las instancias son representaciones en la escena de los símbolos que tengamos insertados en la biblioteca. La ventaja del uso de instancias se basa en que podemos modificarlas todas juntas, no ocupan espacio y además les podemos aplicar nuevos efectos.

En el próximo capítulo aprenderemos a trabajar con los distintos tipos de símbolos existentes.

Capítulo 9

Creación de botones

En este capítulo aprenderá a:

- Diferenciar entre gráficos y clips de película.
- Crear botones y utilizarlos.
- Crear botones animados.

Introducción

Flash nos ofrece varios tipos de símbolos diferentes. Por un lado tenemos dos tipos con varios aspectos en común, los gráficos y los clips de película. Por el contrario, los botones tienen un objetivo muy concreto y se diferencian notablemente de los otros dos.

Gráficos y clips de película

Al crear un símbolo, hemos podido observar que en la ventana en la que se dibuja el símbolo aparece una línea del tiempo propia. En este espacio podremos asignar una animación para el símbolo. El poder definir una animación para un símbolo resulta muy interesante, ya que de este modo nuestras películas se basarán en una forma de trabajo muy sencilla:

- Se crean capas en las que situaremos los objetos estáticos.
- El resto de las capas contendrán las instancias de los símbolos, que tendrán definida su propia animación independiente.

Es como colocar actores (los símbolos) sobre un escenario. Los actores ya tendrán definido su propio papel, en su propia línea de tiempo. Es decir, ya les habremos indicado previamente su papel y al entrar en escena simplemente actuarán.

Existe otro modo de trabajo que consiste en insertar símbolos estáticos en la escena general y crear allí la animación de cada símbolo, aunque este sistema produce líneas de tiempo mucho más complejas y difíciles de manejar.

Elegir el tipo de símbolo adecuado

A la hora de definir un símbolo para una animación, debemos decidir si éste será un gráfico o si será un clip de película:

- Gráfico: Si elige este comportamiento, la animación del símbolo seguirá el mismo ritmo que el de la línea de tiempo principal. Sólo podrá decidir si quiere que se reproduzca constantemente o un número limitado de veces.

- **Clip de película**: Este modo se utiliza para crear pequeñas películas que vamos a volver a usar en otros lugares del proyecto. Por ejemplo, se puede hacer un botón animado utilizando un clip de película. También puede ser controlado mediante la utilización de Actionscript.

En los próximos capítulos crearemos animaciones utilizando estos tipos de símbolos.

Botones

El tercer tipo de símbolo que encontramos en nuestra biblioteca es **Botón**. Al crear un símbolo con este comportamiento podremos definir tres imágenes diferentes para cada uno de los estados posibles del botón:

- **Reposo**: Cuando no se está haciendo nada con el ratón.
- **Sobre**: El puntero del ratón está sobre el botón.
- **Presionado**: El botón del ratón está siendo pulsado.

Los botones mantienen además una cuarta imagen que servirá para definir el área en que el botón debe estar activado: la **Zona activa**. Se utiliza sobre todo para crear botones con formas irregulares o con huecos en su interior.

Cada una de estas cuatro imágenes se crea dentro de la línea del tiempo del símbolo.

En la figura 9.1 se muestra la línea de tiempo que aparece al crear un botón, con los fotogramas de los tres estados posibles más el fotograma de zona activa.

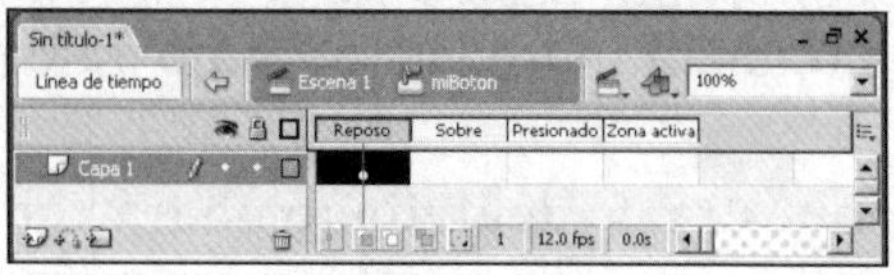

Figura 9.1. Línea de tiempo de un botón.

Creación de un botón

Para aclarar el uso de los botones vamos a crear uno con tres estados similares a los de la figura 9.2.

Figura 9.2. Los tres estados de un botón.

El botón del ejemplo tiene la peculiaridad de que es semitransparente, esto se consigue creando un relleno degradado en el que los colores tienen el valor alfa ligeramente reducido.

Esto es algo que ya vimos en el capítulo dedicado a los colores. Siga estos pasos para conseguir el estado de reposo del botón.

Ejemplo:

Crear un botón semitransparente.

1. Seleccione Nuevo Símbolo en el menú Insertar.
2. Escriba `Botón 1` como nombre y seleccione Botón como Tipo.
3. Ahora estaremos en la línea de tiempo del botón. Seleccione la herramienta **Rectángulo**.
4. En el panel Propiedades seleccione un tipo de trazo similar al de la figura 9.2.
5. En el panel Mezclador de colores seleccione Lineal en la casilla Color de relleno.
6. Elija un tono azul para el primer color y en el mismo panel seleccione 80% en la casilla Alfa.
7. Repita el último paso para el otro color del degradado. Escoja un azul más claro y como valor Alfa introduzca 50%.
8. En la muestra de degradado podrá ver una pequeña rejilla, que indica que el color es semitransparente.
9. Cree el rectángulo que será el botón.
10. Modifique el degradado para que se situé verticalmente utilizando la herramienta Transformación de relleno.

Tras estos pasos tendremos creado el botón en estado de reposo. Es conveniente centrar el botón en la ventana mediante el panel Alinear.

A continuación crearemos el botón en los otros dos estados.

Ejemplo:

Crear los estados Sobre *y* Presionado *de un botón.*

1. Seleccione el fotograma Sobre en la línea de tiempo.
2. En el menú Insertar seleccione la opción Línea de tiempo>Fotograma Clave. En la casilla Sobre debe aparecer un punto.
3. Para dar un efecto de movimiento mantenga el mismo color de relleno, pero utilizando la herramienta Transformación de relleno gire el degradado hasta darle la vuelta.
4. Acceda a la casilla Presionado.
5. Inserte un nuevo fotograma clave con el método anterior.
6. Cambie el color del ratón por un tono plano, por ejemplo un color rojo.
7. Para terminar, centre el botón en la escena utilizando el panel Alinear.

Después de estos pasos habremos completado nuestro botón. Ahora regresaremos a la escena principal y crearemos una instancia del botón, arrastrándolo desde la biblioteca de símbolos.

Para probar el efecto de semitransparencia, coloque el botón sobre una figura de algún color, como se muestra en la figura 9.3.

En el ejemplo hemos añadido un par de rectángulos, un pequeño texto y una línea creada con la herramienta **Pincel**.

Para conseguir efectos vistosos lo mejor es investigar qué sucede al cambiar los distintos estados.

Por ejemplo, podemos hacer que el botón se amplíe ligeramente, desaparezca el borde, etc.

Tampoco resulta complicado añadir texto al botón, basta con insertar un cuadro de texto sobre el rectángulo, si bien el método más adecuado sería utilizar otra capa en la línea del tiempo, pero éstas son cuestiones que tocaremos más a fondo en el capítulo siguiente.

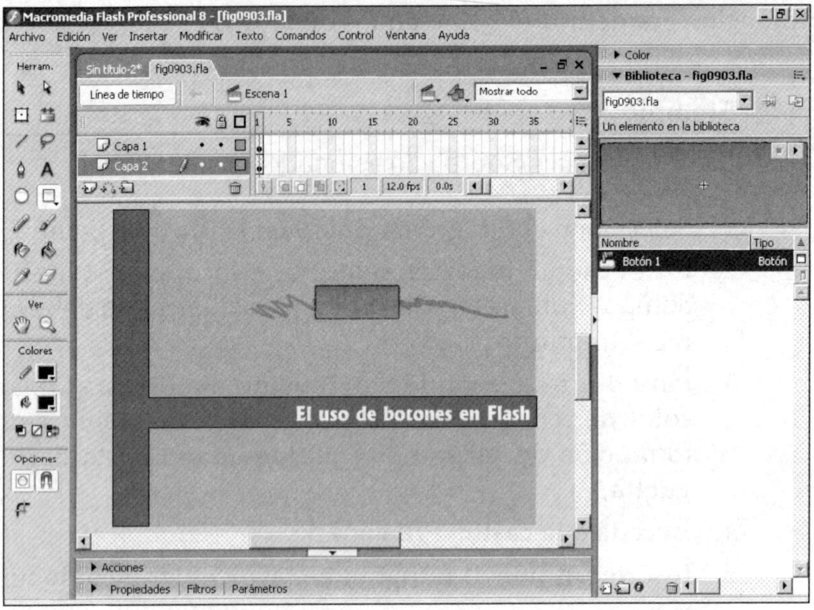

Figura 9.3. La instancia del botón en reposo.

Probar el botón

Habitualmente los botones no funcionan cuando trabajamos en el modo de edición de Flash. Esto es así porque el comportamiento que esperamos al hacer clic en un botón no es el de que funcione, sino que nos deje seleccionarlo para poder modificarlo. Para ver el funcionamiento de un botón podemos ejecutar la película. Pulse en el menú Control y seleccione la opción Probar Película. Recuerde que para volver al modo edición bastará con seleccionar la opción Cerrar del menú Archivo, o hacer clic en el botón Cerrar de la ventana interior. En la nueva versión de Flash disponemos de otra alternativa que consiste en seleccionar la opción Habilitar botones simples, en el menú Control. De este modo sí podremos probar el botón dentro de la escena. El inconveniente es que para poder seleccionar el botón debemos hacer clic sobre él con el botón derecho del ratón mientras mantenemos presionada la tecla **Alt** y para editarlo debemos hacer doble clic, como viene siendo habitual.

Junto a la opción anterior encontramos también Habilitar acciones de fotogramas simples, que nos permitirá más adelante probar nuestros *script* en el modo de edición y la opción Activar vista previa dinámica, que se utiliza para poder visualizar efectos y animaciones de botones y clips de película en el modo edición.

Toda estas opciones se desactivan haciendo clic nuevamente sobre ellas en el menú Control.

Botones que funcionan

Con los pasos realizados hasta ahora tendremos un botón que no sirve para nada. Lo normal es que al crear un elemento de este tipo pretendamos asignarle alguna acción que se debe realizar cuando alguien lo pulse. Para conseguirlo debemos recurrir a la utilización del lenguaje de programación de Flash, Actionscript. Éste es un lenguaje que a partir de una serie de comandos e instrucciones nos permitirá añadir interactividad a nuestras películas, es decir, el usuario podrá hacer que la película responda a sus acciones.

Comenzaremos con un ejemplo sencillo, como el de la figura 9.4. Vamos a conseguir que al pulsar sobre el botón superior, el globo de la figura se haga más grande y que al pulsar el botón de la parte inferior, el globo disminuya su tamaño. Antes de empezar debemos crear algunos elementos:

- Un símbolo llamado nuevoGlobo, como clip de película que contenga una figura similar a la de la figura 9.4.

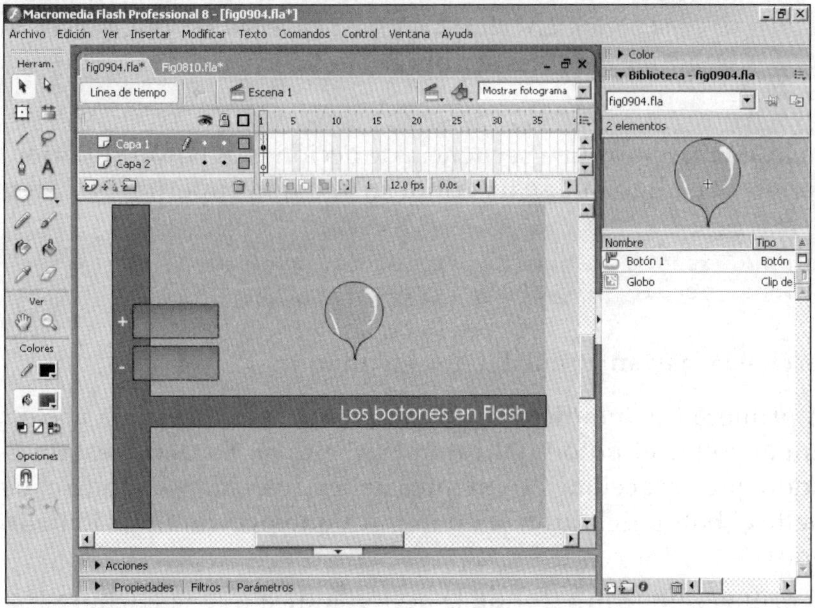

Figura 9.4. Composición de la escena para el ejemplo.

- Un símbolo llamado Botón 1. Podemos utilizar el botón que creamos en el ejemplo anterior.

Para crear la escena, arrastraremos los símbolos desde la biblioteca, hasta conseguir los siguientes elementos:

- Una instancia del símbolo nuevoGlobo. En el panel Propiedades debemos asignar un nombre a esta instancia. Escriba el nombre Globo, como se muestra en la figura 9.5.
- Dos instancias del símbolo Botón 1.

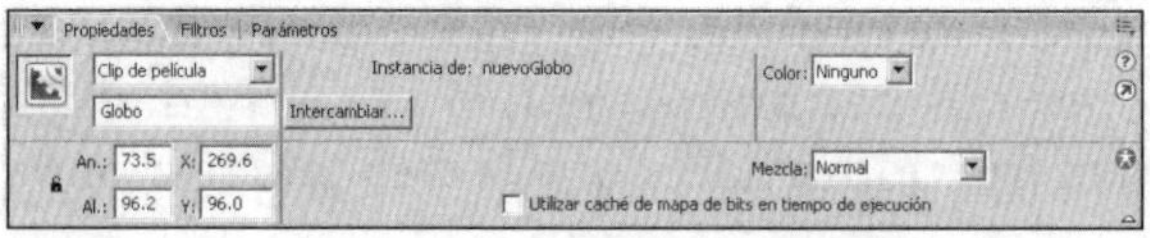

Figura 9.5. Propiedades de la instancia del símbolo nuevoGlobo. Asignar un nombre es imprescindible.

Advertencia:

El círculo debe tener un comportamiento de clip de película, ya que de esta manera le podremos asignar el nombre Globo, para luego poderlo controlar mediante las secuencias de Actionscript de cada botón. Los clips de película pueden ser controlados fácilmente mediante los scripts *de Flash.*

Ahora le asignaremos una secuencia de acciones al botón superior y otro al inferior. El código que se insertará en el botón superior es el siguiente:

```
on (release) {
  Globo._xscale = getProperty(Globo,_xscale)+5;
  Globo._yscale = getProperty(Globo,_yscale)+5;
}
```

Esta acción es bastante sencilla de entender:

- La primera línea indica en qué momento se realizará la acción. Esto será al soltar el botón del ratón (`release`). Es decir, estamos indicando que las acciones siguientes deben realizarse cuando el usuario suelte el botón del ratón (esto implica que previamente lo habrá pulsado).
- La primera línea interior de la acción indica que la anchura (`_xscale`) de la instancia Globo, debe ser igual a la que tenía sumándole 5

píxeles. La segunda línea hace lo mismo con la altura (`_yscale`). El comando `getProperty` se encarga de averiguar el tamaño anterior, mientras que `Globo._xscale` y `Globo._yscale` se encarga de aplicarle el nuevo tamaño.

Para el botón inferior haremos lo mismo pero restándole 5 píxeles, con el fin de conseguir que disminuya su tamaño:

```
on (release) {
   Globo._xscale = getProperty(Globo,_xscale)-5;
   Globo._yscale = getProperty(Globo,_yscale)-5;
}
```

Para insertar acciones utilizaremos un nuevo panel que ha permanecido oculto hasta ahora. Es el panel Acciones. Está situado entre la escena y el panel Propiedades. En la figura 9.6 puede ver dicho panel desplegado. Para tener más espacio hemos ocultado temporalmente el panel Propiedades.

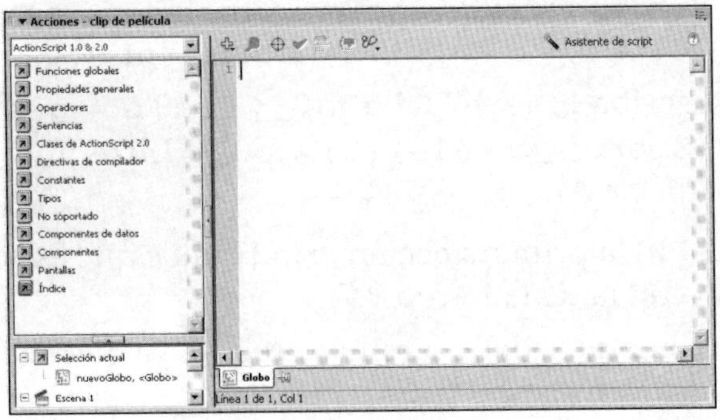

Figura 9.6. El panel Acciones.

Nota:

El panel Acciones *se puede desplegar seleccionando la opción* Acciones *del menú* Ventana. *También podemos hacerlo pulsando sobre su nombre o pulsando la tecla* ***F9***. *Por último, si vamos a editar las acciones de un elemento concreto podemos hacer clic en el botón* ***Editar el Actionscript para este objeto*** *(es un botón circular en la parte derecha del panel* Propiedades*).*

Como puede ver existen muchas formas de desplegar el panel Acciones. Siga esta secuencia de pasos para insertar la acción en el botón superior.

Ejemplo:

Insertar una acción en un botón.

1. Tras mostrar el panel Acciones seleccione el primer botón en la escena.
2. Haga clic en el botón de **Añadir un nuevo elemento al script** (en forma de signo de suma).
3. En la lista de categorías que aparece acceda a Funciones globales>Control de clip de película y seleccione la opción On.
4. Aparecerá la primera línea a la espera de que seleccionemos la opción release.
5. Sitúe el punto de inserción al final de la primera línea y pulse **Intro** para colocar el cursor entre los dos paréntesis.
6. Escriba el texto `Globo._xscale = getProperty (Globo,_xscale)+5;` y pulse **Intro**.
7. Escriba el texto `Globo._yscale = getProperty (Globo,_yscale)+5;` y pulse **Intro** nuevamente.

Hemos completado la primera acción, compruebe que es correcta comparando su acción con la de la figura 9.7.

La escritura de comandos debe ser muy precisa, ya que cualquier diferencia puede provocar un error.

Para escribir las líneas de un *script* podemos contar con la ayuda de varios asistentes, pero escribirlos a mano suele ser más rápido.

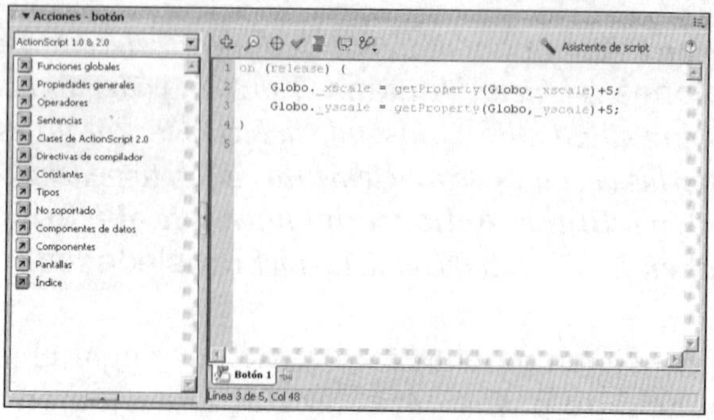

Figura 9.7. Acción para el primer botón.

Siguiendo estos pasos inserte ahora las acciones para el botón inferior. Los pasos son los mismos, con la única diferencia que ahora en vez de sumar 5 píxeles se los restaremos, para conseguir que el círculo disminuya su tamaño.

Una vez completado, seleccione la opción Probar Película del menú Control. Si todo ha salido bien, al pulsar sobre los botones, el globo aumentará o disminuirá su tamaño.

Nota:

Ya hemos creado nuestro primer script. *Si es la primera vez que se acerca a un lenguaje de programación puede sentir una cierta confusión. Es normal, estas cosas suelen hacerse partiendo de una base más sólida. Dentro de algunos capítulos comenzaremos a hacer un uso intensivo de Actionscript, pero antes explicaremos los fundamentos básicos de este lenguaje, para que le resulte más sencillo entender el por qué de cada comando. Sobre todo es importante no desanimarse si no sale a la primera, piense que un acento de más o unas comillas mal puestas harán que la acción no funcione. La regla de oro es prestar mucha atención al escribir cualquier comando.*

Botones animados

Mediante la utilización de clips de película se puede conseguir que un botón realice un movimiento cíclico aunque la película no se esté moviendo. Vamos a realizar un botón que realice una animación al pasar el ratón sobre él.

En la figura 9.8 podemos ver el botón en estado de reposo y al situar el ratón encima. Básicamente lo que perseguimos es que al pasar el puntero del ratón sobre el botón aparezcan unas pequeñas bolas en movimiento.

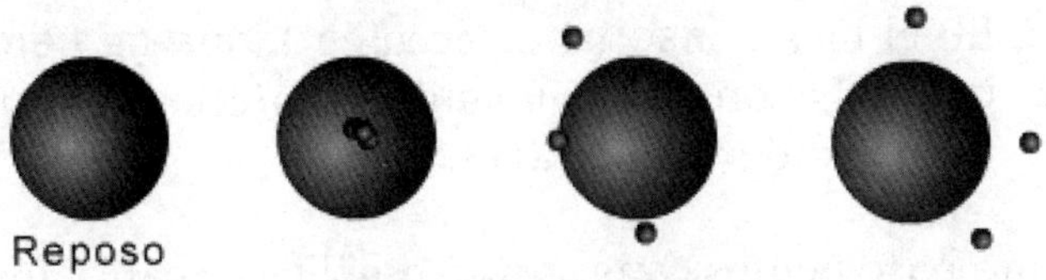

Figura 9.8. Botón animado.

Para crear el botón necesitaremos insertar dos símbolos en la biblioteca. Por un lado la Bola pequeña y después el círculo grande que utilizaremos a modo de botón. Veamos como se crean ambas Bolas y la animación de la segunda.

Ejemplo:

Crear un símbolo animado.

1. Pulse **Control-F8** para crear un nuevo símbolo. Lo llamaremos Bola pequeña, con Clip de película como comportamiento.
2. Dibuje una pequeña bola en el centro de la pantalla. Si no está bien centrada utilice el panel Alinear.
3. Pulse otra vez **Control-F8** para crear otro símbolo. Llámelo Bola animada y use Clip de película para el tipo de símbolo.
4. Dibuje una bola grande en el centro de la pantalla.
5. Los siguientes pasos se realizarán en la línea de tiempo. Seleccione el fotograma 30 pulsando sobre la casilla.
6. En el menú Insertar seleccione la opción Línea de tiempo>Fotograma clave. Todas las casillas entre la 1 y la 30 se vuelven grises.
7. En el menú Insertar seleccione la opción Línea de tiempo>Capa.
8. Seleccione la casilla 1 de la nueva capa y cree una instancia del símbolo Bola pequeña. Sitúela a la izquierda de la bola grande.
9. Seleccione la casilla 15 de la Capa 2 e inserte un fotograma clave. Repítalo con la casilla 30. En la casilla 15 y 30 aparecerán sendos puntos negros, indicando que son fotogramas claves.
10. Seleccione la casilla 15 nuevamente y desplace la instancia Bola pequeña hasta la derecha del botón.
11. Pulse sobre el nombre de la Capa 2, en la parte izquierda.
12. En el menú Insertar seleccione Línea de tiempo>Crear interpolación de movimiento. Aparecerán dos flechas entre los fotogramas claves.

Con este último paso hemos conseguido que Flash realice los pasos intermedios de la animación de la bola pequeña. Si pulsa la tecla **Intro** podrá comprobar que la animación funciona. La bola pequeña debe moverse hacia la derecha, pasando sobre el botón para después regresar a su posición inicial. Complete la animación insertando un par de capas más, añadiendo nuevas instancias de la bola pequeña para conseguir más bolas con distintos movimientos (de arriba abajo, en diagonal, etc.). Para hacerlo repita los pasos anteriores, desde la creación de una nueva capa. En la figura 9.9 puede ver cómo quedará la línea de tiempo tras insertar tres bolas.

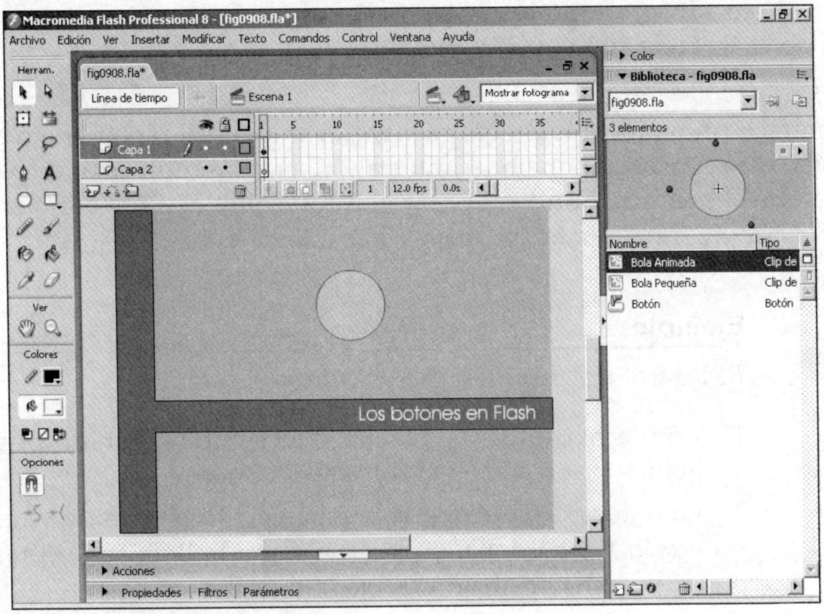

Figura 9.9. El clip de película tendrá cuatro capas. Una para la bola grande y una más para cada Bola pequeña.

Ya tenemos definida la animación que insertaremos como uno de los estados del botón. Ahora procederemos a crear el botón.

Ejemplo:

Crear un botón animado.

1. Pulse **Control-F8** para insertar un nuevo símbolo. Llámelo Botón y asígnele un comportamiento de botón.
2. En la casilla Reposo cree un botón en forma de Bola, similar a la Bola grande de la animación. Puede copiar el que creamos antes y pegarlo aquí.

3. Centre la bola en la escena mediante el panel Alinear.
4. Seleccione la casilla Sobre en la línea de tiempo y pulse en la opción Línea de tiempo>Fotograma clave del menú Insertar.
5. Con la herramienta **Flecha** seleccione la bola que ha aparecido y elimínela pulsando la tecla **Supr**. La escena quedará vacía para este fotograma.
6. Inserte una instancia del símbolo Bola animada y céntrela con el panel Alinear.

Ya hemos terminado. Si lo desea, para mejorar el resultado puede realizar también estos pasos. Lo que buscamos ahora es conseguir un efecto parecido a que el botón se hunde al pasar el ratón sobre él. Para ello vamos a desplazarlo ligeramente hacia abajo y hacia la derecha.

Ejemplo:

Realizar un pequeño desplazamiento en el botón.

1. Con la herramienta **Flecha** seleccione la instancia que hemos insertado en el fotograma Sobre.
2. En el teclado, pulse una vez la tecla **flecha abajo** y otra vez la **flecha dcha.** y observe como la Bola se desplaza un poco hacia abajo y hacia la derecha.

Tras crear el botón lo debemos insertar en la película. Regrese a la escena, pulsando sobre la pestaña Escena 1, en la línea de tiempo e inserte una instancia en la escena del símbolo Botón. Ya está creado el botón. Como siempre, pulse **Control-Intro** para probar la película. Si pasamos el ratón sobre el botón, deben aparecer las bolas pequeñas moviéndose cíclicamente sobre él, al tiempo que el botón se desplaza levemente.

Zona activa

Al trabajar con botones de formas irregulares surge el problema de que el botón se activa únicamente cuando el puntero del ratón se encuentra sobre alguna parte del dibujo del botón. Para resolver este problema disponemos de un cuarto fotograma en los botones, el fotograma Zona Activa. Este estado se utiliza para definir un área regular de pulsación del botón. Lo aclararemos con un ejemplo.

Vamos a crear un botón con un estado de Reposo como el de la figura 9.10.

Figura 9.10. Botón basado en un cuadro de texto.

Es un botón que utiliza texto en vez de una imagen y se ha realizado siguiendo estos pasos.

Ejemplo:

Crear un botón con un cuadro de texto.

1. Inserte un nuevo símbolo con comportamiento Botón pulsando **Control-F8**.
2. Con la herramienta **Texto** inserte un bloque de texto estático.
3. Para cambiar la apariencia del texto utilice las opciones del panel Propiedades.
4. Ahora crearemos el estado Sobre. Acceda a esa casilla y seleccione la opción Línea de tiempo>Fotograma Clave del menú Insertar.
5. Aplique algún efecto al texto, como cambiarle el color, aumentar levemente su tamaño, etc.
6. Regrese a la escena y cree una instancia de este nuevo símbolo.
7. Pulse **Control-Intro** para probar el botón.

Al probar este botón podremos apreciar claramente el problema. Si pasamos el puntero del ratón sobre el botón observaremos que resulta algo difícil conseguir que muestre el efecto Sobre. Esto ocurre porque Flash sólo activa el segundo estado cuando el ratón está sobre alguna letra, si el cursor está por ejemplo, en el interior blanco de la letra "P", considera que no estamos sobre el botón.

Para resolver esta pequeña incomodidad, se utiliza la zona activa. Lo que se hace es crear una figura sólida, como un círculo, un cuadrado o cualquier otra forma. Esta figura será invisible al crear las instancias, pero estará presente de modo que cuando pasemos el ratón sobre la zona activa el botón se activará. Veamos como se crea una zona activa para el ejemplo anterior.

Ejemplo:

Añadir una zona activa a un botón.

1. Pulse con el botón derecho sobre el símbolo dentro de la biblioteca. En el menú contextual seleccione la opción Editar.
2. Seleccione la casilla Zona activa.
3. En el menú Insertar haga clic sobre Línea de tiempo> Fotograma clave.
4. Dibuje un rectángulo de cualquier color de forma que cubra todo el texto, como se muestra en la figura 9.11.
5. Pulse **Control-Intro** para probar la película de nuevo.

Figura 9.11. Área de zona activa.

Si ahora acercamos el puntero del ratón a la película podemos ver que se activa al llegar a la zona del rectángulo, aunque éste sea invisible. El cursor ahora no cambia constantemente y parpadea, ya que toma como referencia para el botón la zona activa existente.

Cuanto más grande hagamos la zona activa, más grande será el espacio en que podremos pulsar el botón.

Truco:

Al crear la zona activa, el botón puede quedar tapado en esa casilla. Si a la hora de crear el rectángulo utiliza un color semitransparente (seleccionando un valor pequeño en el valor Alfa *del panel* Mezclador de colores*) conseguirá el mismo resultado y además podrá ver el botón.*

Resumen

En este capítulo hemos terminado de analizar los tipos de símbolos de Flash y en concreto hemos trabajado con los botones.

Los gráficos y los clips de película serán usados para la creación de animaciones a lo largo de los próximos capítulos.

Los botones nos permiten interactuar con el usuario. Su creación se centra en insertar una serie de imágenes para cada estado. Para conseguir que un botón realice alguna acción será necesario añadirle comandos de lenguaje Actionscript.

Para terminar hemos creado varios tipos de botones, a partir de los que podremos crear otras muchas variaciones.

Este capítulo nos ha servido como introducción para la mayoría de los conceptos con los que trabajaremos en los próximos capítulos: creación de animaciones y creación de *script*.

Capítulo 10

La línea de tiempo

En este capítulo aprenderá a:

- Insertar capas y manipularlas.
- Crear grupos de capas mediante carpetas.
- Insertar nuevos fotogramas.
- Mover, duplicar y eliminar fotogramas.
- Crear animaciones fotograma a fotograma.

La línea de tiempo

La línea de tiempo es el panel con el que diseñaremos y controlaremos las animaciones que realicemos en Flash. Con este elemento podremos situar los objetos en capas y crear fotogramas en los que indicaremos los distintos movimientos que debe realizar cada una de los objetos o instancias.

La línea de tiempo, como se puede apreciar en la figura 10.1 se compone de una tabla con dos dimensiones:

- Capas: Cada fila representa una capa. Las capas se utilizan para colocar en ellas objetos, para posteriormente poder organizarlos, animarlos, etc.
- Fotogramas: Las columnas representan fotogramas, la animación se basa en el uso de estos fotogramas. Un fotograma representa un instante concreto en la reproducción de la película.

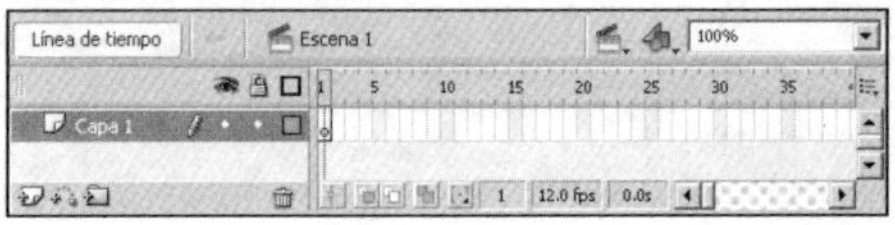

Figura 10.1. La línea de tiempo.

Las capas

Al crear una nueva película los elementos se van situando en una primera capa. Al añadir nuevos elementos conviene ir colocándolos en nuevas capas.

En general, el método de trabajo más adecuado es utilizar una primera capa como fondo, en la que colocaremos los elementos estáticos y después crear una nueva capa para cada elemento relevante, como podrían ser las instancias de símbolos.

Así podremos asignar animaciones independientes para cada capa, al tiempo que nos resultará más sencillo localizar los grupos de elementos, realizar operaciones sobre ellos, etc.

En la figura 10.2 tenemos una escena compuesta por varias capas, que utilizaremos de ejemplo para realizar algunas prácticas:

- En la capa 1 tenemos el fondo, compuesto por la línea del suelo y sus colores de relleno.

- En la capa 2 tenemos un sol, lo colocamos así porque posiblemente luego procederemos a animarlo.
- En la capa 3 hemos situado una nube.
- En la capa 4 hay algunos árboles.
- En la capa 5 hemos insertado un par de plantas.

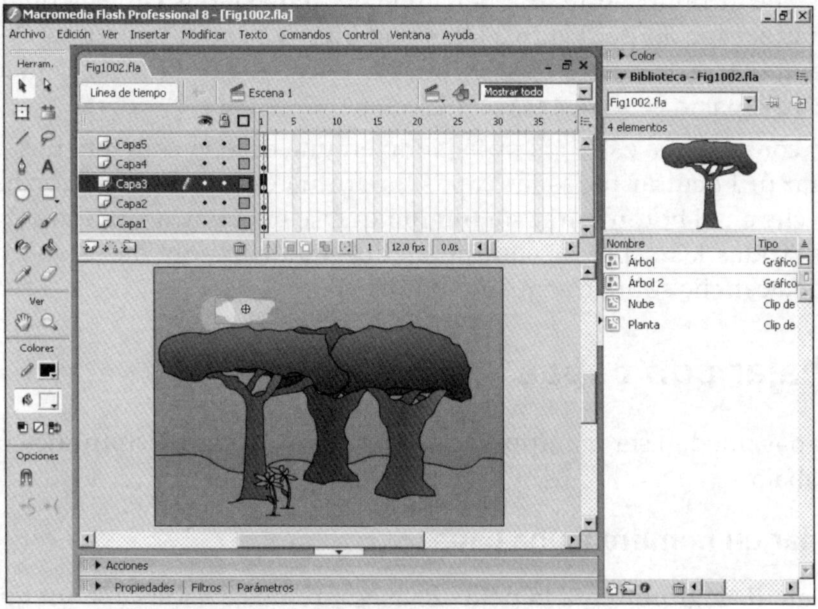

Figura 10.2. Escena con varias capas.

Todos los elementos que se repiten se han creado como símbolos en la biblioteca para después insertar instancias; así el fichero final ocupará menos espacio y además resultará más cómodo realizar las animaciones.

Añadir capas

Para crear una nueva capa en la línea de tiempo, pulse en el menú Insertar y seleccione la opción Línea de tiempo>Capa o haga clic en el botón **Insertar capa** de la parte inferior de la línea de tiempo. La nueva capa aparecerá sobre las anteriores, con un nombre genérico y una pequeña casilla con un color que nos servirá para identificarla mejor.

Tras crear la capa podemos insertar en ella cualquier objeto, ya sea un dibujo o una instancia de un símbolo.

Para trabajar con cualquier otra capa basta con pulsar sobre su nombre en la línea de tiempo. Al cambiar de capa los objetos incluidos en ella se seleccionan automáticamente.

Ampliar el espacio de trabajo

Si nos encontramos ante una película con demasiadas capas y queremos ampliar el espacio dedicado a ellas podemos variar el tamaño de la línea de tiempo arrastrando su parte inferior hacia abajo. El inconveniente es que este espacio se le restará a la escena.

Por el contrario, si estamos trabajando en una escena concreta nos puede resultar útil ocultar todas las capas. La forma de conseguirlo consiste en hacer clic en el botón **Línea de tiempo** que se encuentra situado sobre las capas. Todas las capas se contraerán automáticamente hasta que volvamos a hacer clic sobre ese mismo botón.

Trabajar con capas

Las capas pueden ser manipuladas a nuestro antojo para simplificar nuestro trabajo.

Asignar un nombre a una capa

Para añadir legibilidad a la película asignaremos a cada capa un nombre que describa su contenido. Para cambiar el nombre de una capa haga doble clic sobre su nombre. En la figura 10.3 hemos cambiado el nombre de cada capa para reflejar mejor los objetos que contiene.

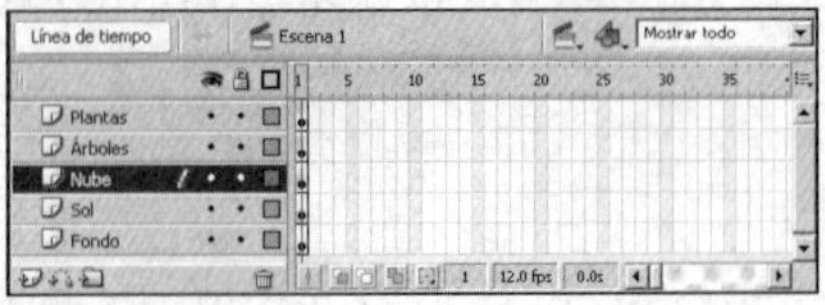

Figura 10.3. Capas con nombres personalizados.

Eliminar una capa

Para borrar una capa selecciónela pulsando sobre su nombre y a continuación haga clic sobre el icono en forma de papelera, en la parte inferior de la línea de tiempo.

Advertencia:

Al eliminar una capa todos los elementos insertados en ella desaparecerán también.

Cambiar la posición de las capas

El orden de las capas en la línea de tiempo es un factor importante. Cada nueva capa se coloca sobre las demás, por lo que un elemento en la tercera capa tapará a los elementos de la segunda y así sucesivamente.

Puede cambiar el orden de cualquier capa arrastrándola arriba o abajo en la línea de tiempo. Para ayudarnos aparece una pequeña línea indicando entre qué dos capas se situará al soltarla.

Seleccionar varias capas

Puede seleccionar varias capas al mismo tiempo haciendo clic sobre el nombre de cada una de ellas mientras mantiene presionada la tecla **Control**. Utilice esta característica para borrar varias capas al mismo tiempo, duplicarlas utilizando las opciones de Copiar y Pegar del menú Edición, etc.

Mostrar, bloquear y contorno

A la derecha del nombre de cada capa podemos encontrar algunos símbolos, que nos indican el estado actual de cada capa. Todas estas opciones intentan proporcionarnos una ayuda a la hora de editar las capas:

- **Lápiz:** La capa que tiene el lápiz es la que está siendo editada. Si añadimos algún objeto a la escena se insertará en la capa que tenga el lápiz.
- **Mostrar/Ocultar capa:** Pulsando sobre este punto, la capa dejará de estar visible. Pulsando una segunda vez se volverá a mostrar.

Nota:

Bloquear las capas que hemos terminado de editar es una buena política, ya que nos aseguraremos de que no la modificamos accidentalmente. Por otro lado, la posibilidad de ocultar algunas capas nos ayudará a centrarnos en los elementos con que estemos trabajando, evitando distracciones.

- **Bloquear/Desbloquear capa:** El segundo punto sirve para bloquear la capa, con lo que no se podrá modificar ningún elemento de esa capa, ni añadir nuevos objetos en ella. Pulse otra vez para desbloquearla. El bloqueo se representa como un candado.
- **Mostrar/Ocultar contorno:** Haciendo clic sobre el cuadro de color de una capa conseguimos que su contenido se muestre como un simple contorno. Una segunda pulsación desactiva el efecto. Utilice esta opción para poder ver lo que hay detrás de un objeto.

Truco:

Para aplicar estas opciones a todas las capas pulse directamente sobre los iconos que hay en la zona superior de la línea de tiempo, en forma de ojo, candado y cuadro vacío.

En la figura 10.4 puede observar estas opciones aplicadas sobre algunas capas.

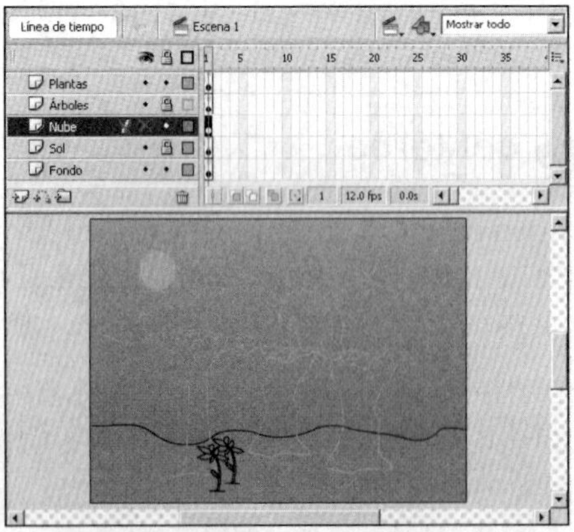

Figura 10.4. Opciones de capa.

El botón derecho del ratón también nos ofrece unas opciones interesantes en relación con las acciones de bloquear y ocultar.

Podemos ocultar, bloquear todas las capas excepto una haciendo clic con el botón derecho sobre esa capa y seleccionando la opción Ocultar otros o Bloquear otros.

La opción Mostrar todo hará que todas las capas se vuelvan visibles y queden desbloqueadas.

Carpetas de capas

Si disponemos de varias capas relacionadas entre sí, o capas con las que hemos terminado de trabajar, podemos agruparlas en carpetas para mantenerlas unidas sin que ocupen espacio en la línea de tiempo. Esta es una agrupación que sólo afecta a la comodidad a la hora de trabajar.

Con estas carpetas conseguiremos un poco más de claridad y una mejor organización de los elementos en la línea de tiempo.

Éstas son las pautas necesarias para utilizarlas:

- Para crear una carpeta de capas haga clic en el botón **Insertar carpeta de capas** o seleccione la opción Línea de tiempo>Carpeta de capas del menú Insertar.
- Arrastre una capa al interior de la carpeta para insertarla dentro. Para extraer una capa de una carpeta realice el proceso contrario.
- Puede abrir y cerrar las carpetas para mostrar u ocultar su contenido haciendo clic en la pequeña flecha que aparece en su parte derecha. También puede usar el botón derecho del ratón y seleccionar la opción correspondiente.
- Para expandir o contraer todas las carpetas al mismo tiempo utilice las opciones Expandir todas las carpetas o Contraer todas las carpetas del menú contextual que aparece al pulsar con el botón derecho del ratón sobre alguna capa o carpeta.
- Para eliminar una carpeta selecciónela y haga clic en el botón en forma de papelera de la parte inferior del panel. Recuerde que todas las capas que se encuentren en su interior desaparecerán también. Para evitarlo extraiga las capas antes de realizar esta acción.

Distribuir objetos en capas

Una característica de Flash que nos resultará muy interesante al crear animaciones es la de poder tomar un grupo de objetos y hacer que se sitúen cada uno en una capa.

Podemos realizar esta operación mediante el menú Modificar, seleccionando Línea de tiempo>Distribuir en capas.

Siga esta secuencia de pasos para separar los objetos de la figura 10.5 en capas. Como puede observar todos los objetos se encuentran juntos en la segunda capa.

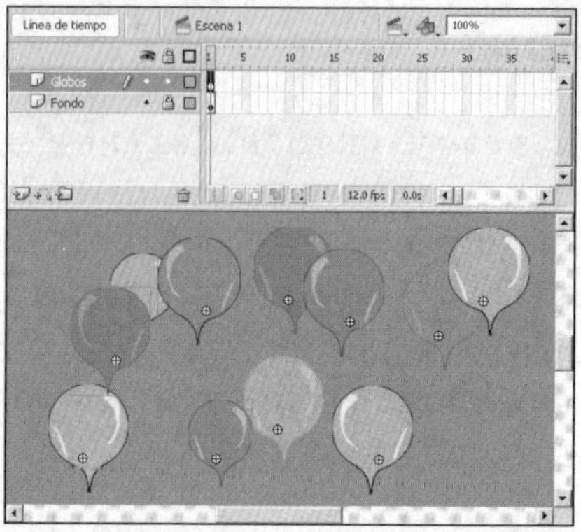

Figura 10.5. Distribuir objetos en capas.

Ejemplo:

Colocar objetos en distintas capas.

1. Prepare una escena similar la de la figura 10.5. En la primera capa situaremos los objetos estáticos, y a continuación la bloquearemos para evitar que se muevan.
2. En la biblioteca de símbolos realice un objeto como el de la figura 10.5. A continuación inserte varias instancias dentro de la segunda capa.
3. Seleccione todos los objetos de la segunda capa. Puede hacerlo rápidamente haciendo clic sobre el nombre de la capa.
4. Haga clic sobre la opción Modificar>Línea de tiempo> Distribuir en capas.

Si observa su línea de tiempo podrá ver como han aparecido varias capas nuevas.

Cada una de ellas contiene una instancia. Pruebe a seleccionar distintas capas para ver qué contiene cada una.

Truco:

Podemos aplicar este mismo proceso a un bloque de texto si previamente utilizamos la opción Separar, *del menú* Modificar.

Los fotogramas

Después de organizar nuestros objetos en capas, llega el momento de animarlos mediante el uso de fotogramas. La creación de una animación en Flash consiste en transformar de alguna manera un objeto o figura a lo largo de una serie de fotogramas. Mediante la línea de tiempo iremos aplicando transformaciones a un objeto, de modo que al reproducir la película producirá la sensación de movimiento. Podemos crear estas transformaciones de dos maneras:

- Fotograma a fotograma: En cada fotograma aplicaremos una pequeña variación. Este sistema es lento, aunque necesario para animaciones complejas, de pequeños elementos. Es un método que nace de las técnicas de animación tradicional. El resultado es más atractivo, pero muy laborioso.
- Mediante interpolación: Con este método, aplicaremos una transformación en un fotograma y otra diferente unos fotogramas más tarde, siendo Flash el encargado de realizar los pasos intermedios de la animación. Evidentemente, este sistema es más rápido y cómodo, además de ocupar menos. Se utiliza para realizar animaciones sencillas.

Tipos de fotogramas

Nuestra animación se desarrollará a través de los fotogramas de la película. Existen dos tipos de fotogramas:

- Fotogramas simples: En estos fotogramas no realizaremos ningún cambio. Cuando hagamos animaciones por interpolación, Flash utilizará estos fotogramas para crear los pasos intermedios.
- Fotogramas clave: Son aquellos en los que se realiza algún tipo de transformación sobre un objeto. Cada vez que vayamos a realizar un cambio debemos hacerlo sobre uno de estos fotogramas.

Insertar un fotograma

Para insertar fotogramas hay que utilizar uno de estos métodos, según el tipo de fotograma a insertar:

- Fotogramas: Pulse la tecla **F5** o seleccione la opción Insertar>Línea de tiempo>Fotograma. La casilla en la que aparece el fotograma se rellena de color blanco.

- Fotogramas clave: Se crean seleccionando la opción Línea de tiempo>Fotograma clave del menú Insertar o pulsando la tecla **F6**. En la casilla en la que se inserta el fotograma clave aparece un punto blanco si la capa no contiene ningún elemento o un punto negro en caso contrario. En este último caso las casillas situadas entre este fotograma clave y el fotograma clave anterior se volverán de color gris, excepto la casilla anterior, en la que aparecerá un recuadro blanco.

Nota:

Cuando insertamos una imagen en una casilla de alguna capa vacía, esta se convertirá automáticamente en un fotograma clave, mostrándose como un punto negro.

Insertar un fotograma vacío

Al insertar un fotograma clave, se repite automáticamente el objeto que hubiese en el fotograma clave anterior. Si por el contrario necesitamos que el fotograma clave no contenga ningún elemento, seleccionaremos la opción Línea de tiempo>Fotograma clave vacío del menú Insertar.

En la figura 10.6 hay una muestra de varias casillas con fotogramas sencillos y con fotogramas clave:

- La capa 1 tiene 10 fotogramas sencillos. Esta sería la duración de la película, ya que es el tramo más largo.
- La capa 2 tiene un fotograma clave en la posición 1, que se extendería hasta la casilla 5, en la que acabaría la acción de esa capa.
- La capa 3 tiene un fotograma vacío en la casilla 3 y un fotograma clave en la casilla 5.
- La línea roja que cruza una fila de casillas indica que la película está actualmente en esa posición, las modificaciones se harán sobre esas casillas.

Nota:

Si después de crear varios fotogramas insertamos una nueva capa, ésta aparecerá con el mismo número de fotogramas que los de la capa más larga, ya que se supone que ésa es la longitud de la película.

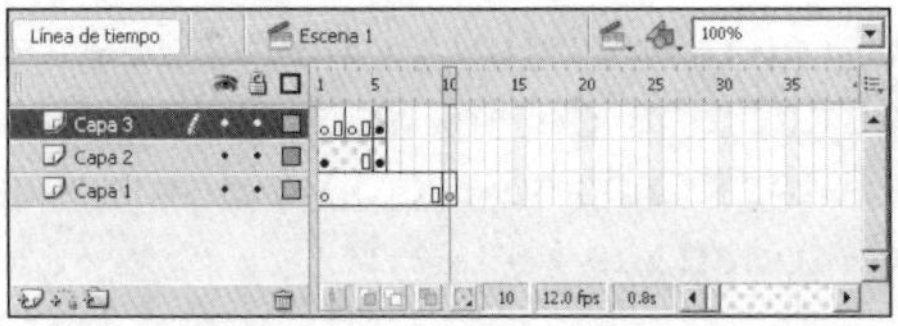

Figura 10.6. Distintos tipos de fotogramas.

Insertar varios fotogramas

Para insertar un grupo de fotogramas al mismo tiempo, seleccione la última casilla de la animación y pulse en **F5** o **F6** (para insertar fotogramas o fotogramas clave, respectivamente). Todas las casillas anteriores se modificarán. También podemos insertar varios fotogramas arrastrando uno de ellos hacia la derecha.

Seleccionar fotogramas

Para seleccionar un fotograma basta con hacer clic sobre él. Adicionalmente disponemos de otros sistemas de selección:

- Seleccionar varios fotogramas: Puede seleccionar varios fotogramas haciendo clic en el primero y arrastrando el ratón. También es posible seleccionar fotogramas de distintas capas.
- Seleccionar un bloque de fotogramas entre fotogramas clave: Haga doble clic sobre un fotograma. Todos los fotogramas situados entre el fotograma clave anterior y el siguiente se seleccionarán.

Por último, para seleccionar fotogramas que no estén contiguos pulsaremos la tecla **Control** e iremos haciendo clic en cada fotograma.

Duplicar y mover fotogramas

Los fotogramas se pueden tratar en la línea de tiempo como objetos que se pueden duplicar, mover entre capas, etc.

Utilice estas técnicas para manipular los fotogramas:

- Crear una copia de un fotograma o una secuencia de fotogramas: Seleccione el fotograma o el grupo de fotogramas y acceda a la opción Línea de tiempo>Copiar fotogramas del menú Edición. A continuación seleccione la casilla donde quiere que aparezcan los fotogramas, ya sea en la misma capa o en otra distinta y haga clic sobre la opción Línea de tiempo>Pegar fotogramas del menú Edición. También puede duplicar un grupo de fotogramas seleccionándolos y arrastrándolos mientras mantiene presionada la tecla **Alt**.

- Mover un fotograma o secuencia de fotogramas: Utilice el sistema anterior, pero en vez de Copiar fotogramas, seleccione Cortar fotogramas.
- Mover un fotograma clave: Para hacer que un fotograma clave comience antes o después, haga clic sobre la casilla que contiene el punto negro y arrástrela hacia la izquierda o hacia la derecha. Si el fotograma clave se encuentra situado entre otros, los demás ocuparán los huecos dejados por él.

Eliminar fotogramas

Para eliminar un fotograma, selecciónelo y utilice una de estas opciones:

- Eliminar un fotograma: Pulse en el menú Edición>Línea de tiempo> Quitar fotogramas para borrar un fotograma sencillo.
- Borrar fotograma clave: Para quitar un fotograma clave seleccione Modificar>Línea de tiempo>Borrar fotograma clave.

En ambos casos, puede borrar un grupo de fotogramas seleccionándolos primero.

Truco:

*Al crear fotogramas usábamos las teclas **F5** o **F6**. Del mismo modo tenemos dos combinaciones de teclas para borrar ambos tipos de fotogramas. Éstas son **Mayús-F5** y **Mayús-F6**. Son dos combinaciones muy útiles y sencillas de recordar.*

Estas técnicas de eliminación son diferentes a borrar el contenido de un fotograma, ya que para realizar esto bastará con pulsar la tecla **Supr**. Todo el contenido del fotograma seleccionado desaparecerá.

Distribución de fotogramas

Los fotogramas se representan como casillas en la línea de tiempo. Para cambiar la forma en que se visualizan esas casillas disponemos de un botón en la esquina superior derecha de la línea de tiempo. Al hacer clic sobre él aparecerá el menú de la figura 10.7.

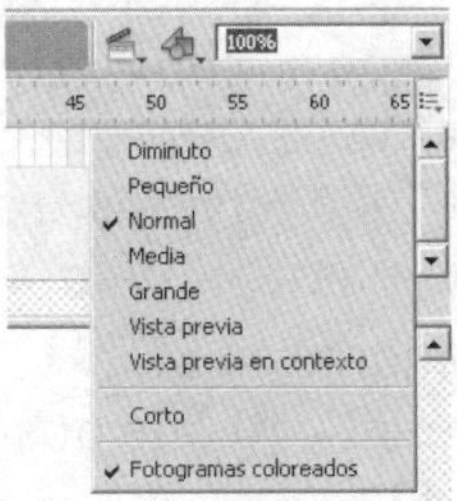

Figura 10.7. Menú de visualización de fotogramas.

Este menú dispone de las siguientes opciones:

- Anchura de fotograma: Con los valores Diminuto, Pequeño, Normal, Media y Grande podemos cambiar la anchura de las casillas, para mostrar más o menos fotogramas en el mismo espacio.
- Altura de fotograma: Si activamos la opción Corto, la altura de cada capa se disminuye para poder presentar más capas sin tener que usar la barra de desplazamiento.
- Colores en las casillas: La opción Fotogramas coloreados es la responsable de que los fotogramas de las animaciones utilicen distintos colores.
- Previsualización: La opción Vista previa hace que el objeto o símbolo de cada capa se muestre dentro de la casilla. La opción Vista previa en contexto hace que se muestre manteniendo su posición y tamaño relativos, como si la casilla fuese una copia de la escena.

Etiquetas de fotogramas

Para añadir claridad a la línea de tiempo podemos insertar pequeños comentarios en algunos fotogramas para indicar el comienzo de alguna animación o el nombre del objeto que hemos situado allí.

Para añadir una etiqueta a un fotograma seleccione un fotograma clave y escriba la etiqueta que desee en el cuadro Etiqueta de fotograma, en la parte izquierda del panel Propiedades.

Las etiquetas se muestran tanto en la línea de tiempo como en el panel Propiedades.

Convertir una etiqueta en un anclaje

En el panel Propiedades encontramos la casilla Tipo de etiqueta. Si en ella seleccionamos la opción Anclaje podremos ver como la pequeña bandera que aparece en la línea de tiempo se convierte en un ancla amarilla. El uso de anclajes permite que durante la reproducción de la película el usuario pueda pasar directamente de un anclaje a otro mediante los botones **Atrás** y **Adelante** del navegador de páginas Web.

Si optamos por la opción Comentario el texto tomará un formato diferente para indicar que es un comentario que nos interesa reflejar, mostrando una línea doble de color verde.

Animación Fotograma a fotograma

Tras revisar el funcionamiento de los fotogramas intentaremos crear nuestra primera animación. En primer lugar vamos a optar por la modalidad fotograma a fotograma. El otro estilo de animación lo analizaremos en profundidad en el siguiente capítulo.Este tipo de animación sólo utiliza fotogramas claves. Los pasos a seguir para realizar una animación paso a paso son los siguientes:

- Insertar un elemento en un fotograma clave.
- Crear un nuevo fotograma clave, en el que aparecerá una copia del fotograma anterior.
- Modificar ligeramente el elemento.
- Repetir los dos últimos pasos hasta completar la animación.

Este método requiere más trabajo, pero los resultados pueden ser espectaculares. Siga esta secuencia para crear una animación de una gota que cae, como se muestra en la figura 10.8.

Ejemplo:

Crear una animación fotograma a fotograma.

1. En una nueva película, inserte un círculo azul, sin borde. Utilice el Zoom de la zona superior derecha de la escena para poder ver mejor el trabajo, un 200% será suficiente.

2. Pulse **F6** para poder insertar un nuevo fotograma clave. Automáticamente nos desplazaremos al segundo fotograma.
3. Arrastre el círculo hacia abajo y transfórmelo levemente con la herramienta **Flecha**, para que parezca que está cayendo.
4. Repita estos pasos hasta tener 10 fotogramas clave, con sus correspondientes transformaciones.

Finalmente habremos creado diez fotogramas, en cada uno de los cuales la gota va bajando. En los dos últimos hemos simulado el efecto de que la gota explota.

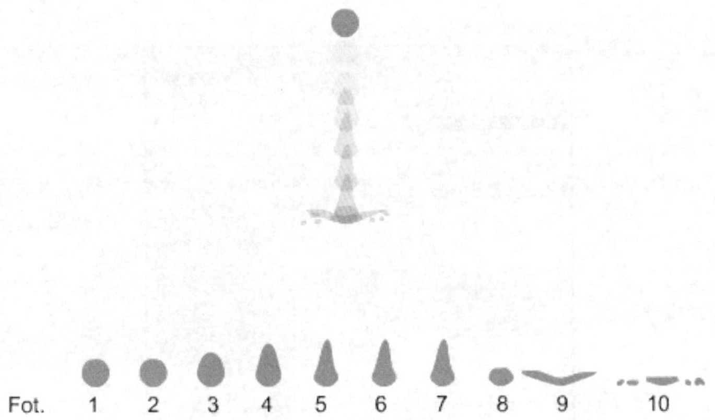

Figura 10.8. Animación fotograma a fotograma de una gota de agua.

Para ver la animación pulse **Intro** para probarla dentro de la escena o **Control-Intro** para ver el resultado final en el proyector de Flash.

Simplificar la creación de animaciones

En la parte inferior de la línea de tiempo encontramos una serie de pequeños botones que nos asistirán a la hora de crear animaciones.

Las opciones de papel cebolla (también llamado papel transparente) que veremos a continuación se basan nuevamente en las técnicas de animación tradicional, en las que los animadores utilizan varias hojas de papel semitransparente para poder colocarlas unas sobre otras y ver la apariencia que va tomando la animación.

Papel cebolla

Al activar este botón (el segundo empezando por la izquierda), se mostrarán difuminados los dos fotogramas anteriores y los dos siguientes, además del actual. Utilice esta opción para poder ver la secuencia que está creando.

En la figura 10.9 se muestra el efecto que se produce cuando pulsamos este botón.

Sobre la línea de tiempo se muestran en un gris más oscuro los fotogramas que se están visualizando, delimitados por dos marcadores.

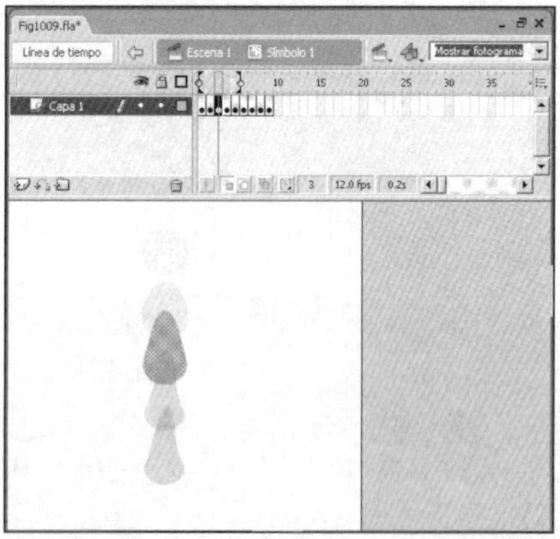

Figura 10.9. La opción Papel cebolla.

Contornos de Papel cebolla

El botón siguiente produce un efecto similar al de **Papel Cebolla**, con la diferencia de que aquí sólo se mostrarán los contornos.

Editar varios fotogramas

Los dos botones anteriores sólo permitían visualizar las dos capas anteri ores y siguientes, pero no editarlas.

Si activamos el botón **Editar varios fotogramas** podremos modificar las otras capas sin necesidad de desplazarnos hasta su fotograma.

Modificar las características del Papel cebolla

El último botón que encontramos en esta serie nos permite cambiar las propiedades del papel cebolla. Al hacer clic sobre el botón aparecerá un menú con las siguientes opciones:

- Siempre mostrar los marcadores: Los marcadores indican desde dónde hasta dónde se mostrará el papel cebolla. Activando esta acción los marcadores estarán siempre visibles.
- Definir papel transparente: Generalmente, al cambiar de fotograma, el fotograma central del papel cebolla se desplaza. Si activamos esta opción, el centro se quedará en el fotograma que tengamos seleccionado.
- Papel cebolla 2 y Papel cebolla 5: Este botón hace que el papel cebolla se extienda dos fotogramas a la izquierda y dos a la derecha o cinco, según la opción.
- Papel cebolla todo: El papel cebolla se extenderá por toda la secuencia, mostrando todos los fotogramas clave.

La cantidad de fotogramas a mostrar en el papel cebolla se puede cambiar arrastrando los marcadores situados sobre la línea de tiempo hacia la izquierda o hacia la derecha, sus nombres son Iniciar papel cebolla y Finalizar papel cebolla. De este modo podremos mostrar más o menos pasos de nuestra animación.

Resumen

La línea del tiempo es el eje a través del cual podremos estructurar los objetos de nuestras películas y definir las animaciones que éstos tendrán.

- Las filas representan las capas, dentro de las que insertaremos los objetos e instancias que posteriormente animaremos.
- Las columnas representan los fotogramas, las pautas de tiempo que seguirán los objetos en sus animaciones.

Este capítulo nos ha servido para ver cómo trabajar correctamente con las capas y con los fotogramas. Para terminar hemos conocido el funcionamiento de la técnica de animación fotograma a fotograma.

Capítulo 11

Creación de animaciones

En este capítulo aprenderá a:

- Realizar animaciones.
- Aplicar distintas transformaciones a las animaciones.
- Crear movimientos complejos.
- Utilizar las capas de máscara.
- Crear animaciones de figuras simples.
- Utilizar efectos.

Animaciones por interpolación

La técnica de animación fotograma a fotograma es la que suele producir resultados más vistosos, pero suele tener una aplicación bastante lenta.

Para realizar otros tipos de animaciones Flash nos ofrece multitud de ayudas, como las que veremos en este capítulo.

Animación por interpolación de movimiento

El método de animación por interpolación de movimiento resulta mucho más sencillo, a la vez que ocupa menos espacio que el de fotograma a fotograma.

Flash se encarga de tomar un símbolo y aplicarle algunas transformaciones a lo largo de una serie de fotogramas.

Para crear animaciones con este sistema es necesario tener presente algunas cuestiones:

- Este tipo de animaciones funciona con instancias de símbolos. Antes de animar un objeto lo mejor es convertirlo en un símbolo. De otra forma, será el propio Flash el que se encargue de hacerlo, con lo que nuestra biblioteca se puede empezar a llenar de símbolos que no hemos creado.
- Hay un segundo tipo de animación, llamado interpolación de forma, que trabaja con dibujos simples. En este caso concreto no se utilizan símbolos. Lo veremos más tarde.
- Para crear una animación por interpolación de movimiento necesitamos dos fotogramas clave. Uno al principio, con la instancia original y otro final, con la instancia modificada de alguna manera, ya sea en otra posición, transformada, etc.

Crear una animación por interpolación de movimiento

A continuación diseñaremos una sencilla interpolación de movimiento. Consistirá en desplazar un avión de papel por la pantalla, como se muestra en la figura 11.1.

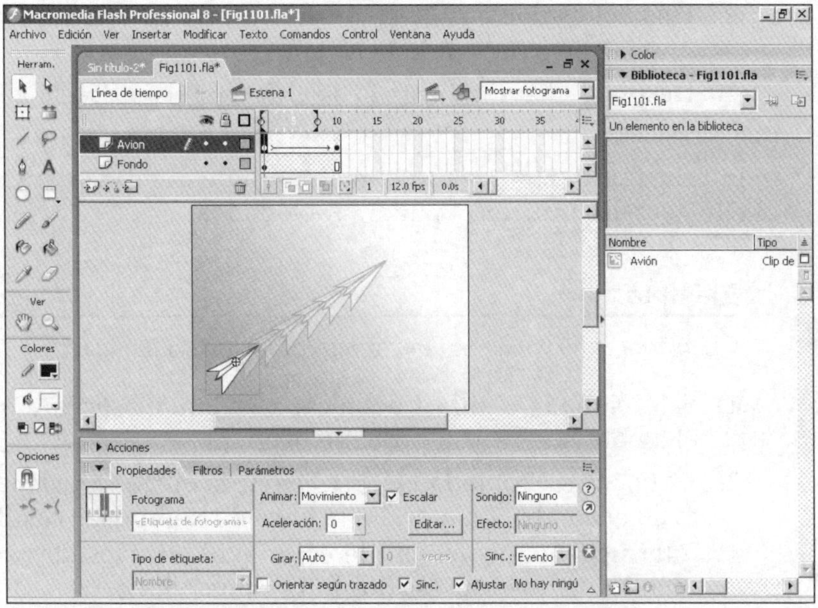

Figura 11.1. Aspecto de la animación con la opción Papel cebolla activada.

Ejemplo:

Crear una animación por interpolación de movimiento.

1. Cree una nueva película.
2. Inserte un nuevo símbolo, llamado Avión, con un dibujo similar al de la figura 11.1.
3. De vuelta en la escena, inserte un rectángulo que ocupe todo el fondo de la escena y asígnele un color con un degradado.
4. En la línea de tiempo, cambie el nombre de la capa; llámela Fondo.
5. La película durará 10 fotogramas. Para conseguirlo, haga clic en el fotograma 10 y seleccione la opción Insertar> Línea de tiempo>Fotograma.
6. Inserte una nueva capa pulsando en el botón Insertar capa en la parte inferior de la línea de tiempo.
7. Utilice la palabra Avión como nombre para la nueva capa.
8. Arrastre el símbolo Avión desde la biblioteca hasta la esquina inferior izquierda de la escena.

9. Haga clic en la casilla 10 de esta capa e inserte un fotograma clave pulsando la tecla **F6**.
10. Desplace el avión hasta la esquina superior derecha.

Ya está todo preparado. Ha llegado el momento de aplicar la interpolación. Para ello necesita utilizar el panel Propiedades.

Ejemplo:

Crear una interpolación de movimiento (continuación).

1. Seleccione la casilla 1 de la capa Avión. Observará que el avión vuelve a su posición original.
2. En el panel Propiedades, seleccione la opción Movimiento en el cuadro Animar. En la línea de tiempo las casillas intermedias se vuelven de color azul, atravesadas por una flecha que une los dos fotogramas clave.
3. Pulse **Intro** para reproducir la animación o **Control-Intro** para probar la escena.

Aplicar transformaciones

Con los pasos anteriores hemos creado una animación con una transformación muy sencilla, basada en un movimiento lineal. Veamos ahora otros efectos simples que podemos aplicar a nuestro ejemplo:

- Escalar y rotar: Podemos cambiar el tamaño, rotar, reflejar, etc. De este modo conseguiremos un movimiento más realista, consiguiendo que el avión se aleje, gire en el aire u otros efectos similares.
- Efectos de color: Los efectos que se aplican a las instancias de símbolos también tienen aquí su utilidad. Para aplicarlos utilizaremos el panel Propiedades tras seleccionar una instancia. El efecto Alfa merece especial atención, ya que se utiliza con frecuencia para conseguir que los objetos aparezcan y desaparezcan suavemente de la escena.

El panel Propiedades de fotograma

Las animaciones mediante interpolación se configuran utilizando el panel Propiedades.

Previamente debemos seleccionar algún fotograma o grupo de fotogramas. En la figura 11.2 puede ver este panel.

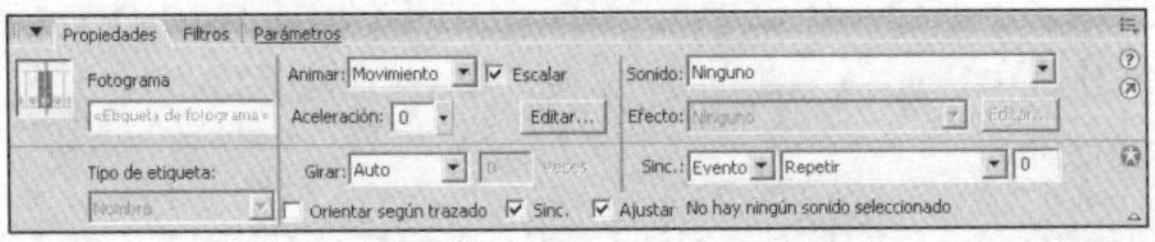

Figura 11.2. El panel Propiedades con las opciones relacionadas con los fotogramas.

Las opciones que encontramos son las siguientes:

- Fotograma: Se usa para asignar un nombre o etiqueta al fotograma, que nos servirá para acceder a él mediante Actionscript y para identificarlo. Las etiquetas están visibles en la línea de tiempo. En el cuadro Tipo de etiqueta podemos definir la función de la etiqueta.
- Animar: Con esta casilla indicamos el tipo de interpolación que tendrá la animación de una secuencia. Elegiremos entre Movimiento o Forma.
- Escalar: Si cambiamos el tamaño del objeto al animar, esta casilla debe estar activada para que se interpole el tamaño. No obstante se activa automáticamente cuando es necesario.
- Aceleración: La distribución del tiempo en una interpolación es constante. Con este control podemos hacer que la animación comience lentamente para acelerarse al final (introduciendo valores negativos en esta casilla) o viceversa (introduciendo valores positivos). Por ejemplo, una animación que tenga 100 como valor en esta casilla, comenzará su animación rápidamente para ir frenándose al final.
- Girar: Utilice esta casilla para que el objeto gire mientras se produce la interpolación. Disponemos de cuatro opciones: Ninguna, Auto (realiza la rotación en el sentido en el que tenga que girar menos), Horario (en el sentido de las agujas del reloj) y Antihorario (en sentido contrario). En los dos últimos casos debemos indicar además el número de veces que debe girar, mediante la casilla veces.

Nota:

Si creamos una interpolación sobre un objeto en el que éste sufra alguna rotación, la casilla Girar *tomará automáticamente el valor* Auto.

- Orientar según trazado: Activando esta opción la figura rotará siguiendo el trazado definido en una capa guía, como veremos en este mismo capítulo.
- Sinc: Con esta casilla se consigue que la animación se sincronice correctamente al comenzar la película. Se activará automáticamente cuando sea necesario.
- Ajustar: Al usar trazados, esta casilla se activa para que la instancia siga la línea de la capa guía.

Los controles de la parte derecha del panel nos permitirán asociar un determinado sonido a la animación. Para poder utilizarlas previamente debemos haber insertado algún sonido en la biblioteca de símbolos. En futuros capítulos le daremos utilidad a estas características.

Junto a las opciones anteriores, en la versión Profesional de Flash además de modificar la aceleración podremos editar completamente los parámetros de la animación mediante el botón **Editar**. Este botón despliega un cuadro de diálogo donde modificar todos los valores mediante una representación gráfica de la animación. Podemos incluso llegar a conseguir que el avión retroceda unos fotogramas antes de continuar el camino marcado, dando mayor realismo a la animación. La figura 11.3 recoge este cuadro de diálogo.

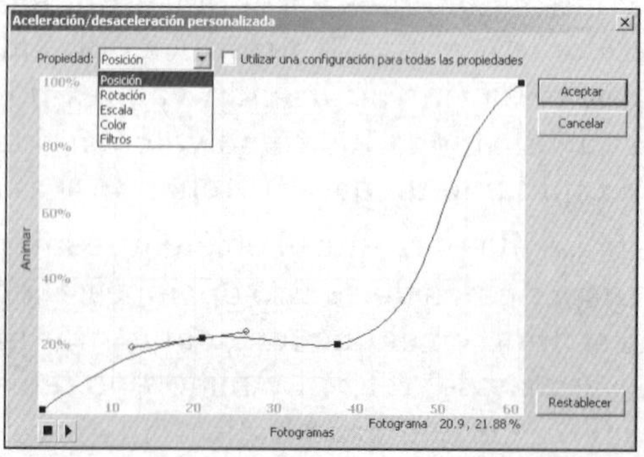

Figura 11.3. Aceleración/desaceleración personalizada.

Advertencia:

Algunas opciones, como la que acabamos de comentar pueden no estar disponibles en todas las versiones de Flash.

Animación mediante capas guías

Para conseguir animaciones con movimientos más realistas, Flash dispone de unas capas especiales llamadas capas guía. Estas capas, que son invisibles a la hora de reproducir la película, se utilizan para insertar una trayectoria compleja que será seguida por un objeto durante su animación. Podremos hacer, por ejemplo, que una figura se desplace siguiendo una línea curva. Comprenderemos mejor el funcionamiento de estas capas mediante un ejemplo: en la figura 11.4 puede ver la animación que hemos creado para nuestro ejemplo anterior. En esta ocasión, en vez de hacer que se desplace en línea recta, hemos creado un movimiento más complejo mediante una capa guía. Siga la secuencia de pasos para conseguirlo.

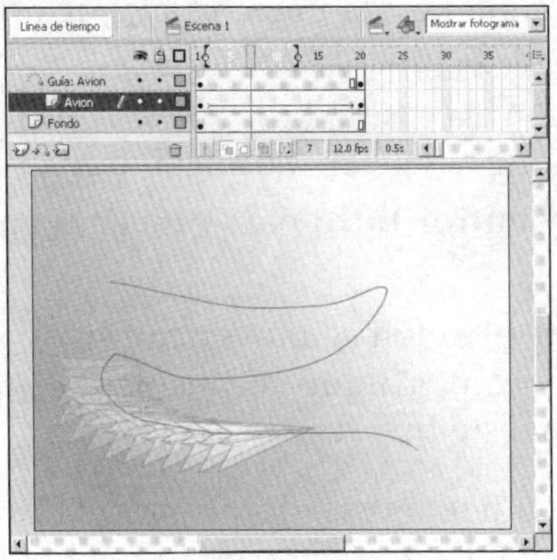

Figura 11.4. Animación mediante una capa guía.

Ejemplo:

Realizar una animación mediante capas guía.

1. Cree una película que contenga el avión en su biblioteca. Puede utilizar el avión del ejemplo anterior copiando el símbolo en el portapapeles y pegándolo en la biblioteca de la nueva película.
2. Inserte una nueva capa, llamada Avión.
3. Arrastre el símbolo Avión de la biblioteca hasta la escena.
4. Añada una capa guía pulsando en el icono **Añadir guía de movimiento**, en la parte inferior de la línea de tiempo.

5. La capa guía aparecerá sobre la del avión, cuyo nombre aparecerá levemente desplazado hacia la derecha, indicando que está asociada a la capa guía.
6. En la capa guía dibuje una línea con varias subidas y bajadas utilizando la herramienta **Lápiz**.
7. Arrastre el avión desde algún vértice o desde su eje y hasta un extremo de la línea. Suéltelo en el momento en que el círculo indicador del imán se hace un poco más grande.
8. Inserte un nuevo fotograma clave en la casilla 20 de la capa Avión y de la capa guía.
9. Arrastre de nuevo el avión pulsando sobre el mismo lugar que la vez anterior, hasta el punto final de la línea de la capa guía. Es imprescindible que el objeto se ajuste correctamente a la línea, ya que de otro modo la animación no funcionará.
10. Seleccione la casilla 1 del avión y en el panel Propiedades seleccione la opción Movimiento en el cuadro Animar.
11. Pulse **Control-Intro** para probar la animación.

Si todo ha salido bien, el avión se moverá a través del trazado que creamos en la capa guía. Veamos algunas consideraciones que nos ayudarán en nuestro trabajo con este tipo de capas.

- En nuestro ejemplo hemos creado primero la capa normal y a continuación la capa guía. Este proceso es en realidad muy flexible. Podemos seguir el orden que queramos. Lo fundamental es que al final el punto inicial y el punto final de la instancia que vayamos a animar se encuentren situadas en algún lugar del trazado de la capa guía.
- Podemos añadir tantas capas a la capa guía como queramos. De ese modo animaremos varias instancias con un mismo trazado.
- Para añadir una capa a un trazado debemos arrastrarla y situarla debajo de la capa guía. También podemos realizar el proceso contrario. Para eliminar la asociación debemos quitarla de su parte inferior. Observe como junto a la línea que indica la posición que ocupará la capa aparece una segunda línea más corta que se puede desplazar levemente de izquierda a derecha. Puede ver ambas líneas en la figura 11.5.
- Cuando una capa guía no tiene asignada ninguna capa, se convierte en una simple guía. Se diferencia porque su icono tiene forma de mar-

tillo. Utilice este tipo de capas para poder alinear los objetos de otras capas a los dibujos realizados en la guía.

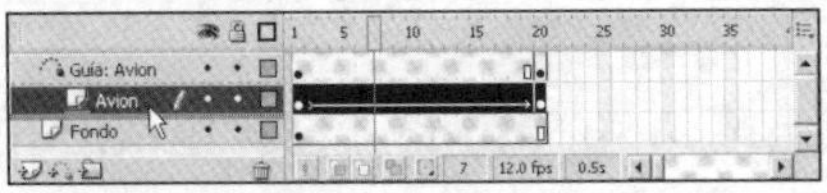

Figura 11.5. Arrastrando las capas podremos asociarlas o separarlas a las capas guía.

Las capas guías pueden contener trazados creados con varias herramientas. Podemos utilizar las herramientas **Lápiz**, **Línea**, **Rectángulo**, **Círculo**, **Polystar**, **Pluma** y **Pincel**.

Animaciones con máscaras

Otra modalidad de animación consiste en la utilización de un tipo especial de capas llamadas máscaras. Las capas de tipo máscara, contienen una única forma, ya sea un círculo, un rectángulo o cualquier otra figura. Asociaremos una o varias capas normales a la máscara, de forma que lo único que será visible es lo que esté debajo de esa figura. Se consigue un efecto similar al de un foco iluminando una escena.

Para crear una máscara podemos utilizar cualquier objeto o instancia, pero teniendo en cuenta que Flash interpretará ese objeto como una figura plana, de un sólo color. Al crear la máscara podremos ver a través de todo el trazado de ese objeto y de su relleno. En la figura 11.6 puede ver una escena que contiene un texto que permanece oculto excepto en la parte que queda debajo de la máscara, en forma de elipse.

En nuestro ejemplo haremos que la elipse se desplace horizontalmente, con lo que conseguiremos que el texto se vaya mostrando mientras se reproduce la película. Puede crear esta animación siguiendo esta secuencia de pasos:

Ejemplo:

Crear una máscara en movimiento.

1. Cree una nueva película, con tamaño 500 por 300 píxeles y seleccione un tono naranja para el fondo.
2. En la librería inserte un símbolo en forma de elipse, llámelo Elipse.

3. Añada un nuevo símbolo que contenga el texto "Las máscaras en Flash".
4. Utilice dos colores, negro para el principio y rojo para la palabra "Flash".
5. Añada un símbolo más, con un dibujo similar la de la figura 11.6.
6. Regrese a la escena e inserte el símbolo en forma de máscara en la capa 1.
7. Amplíe la duración de la película a 30 fotogramas, haciendo clic sobre la casilla 30 y pulsando la tecla **F5**.
8. Inserte una nueva capa, llamada Texto y sitúe en ella el símbolo que contiene el texto.
9. Añada una tercera capa, llamada Máscara e inserte la elipse en ella. Sitúela sobre la parte izquierda del texto, tapando el principio de éste.
10. Inserte un fotograma clave (pulsando **F6**) en el fotograma 30 y en el 15 de la capa Máscara.
11. En el fotograma 15 de la capa Máscara desplace la elipse hasta el final del texto.
12. Haga clic sobre el nombre de la capa Máscara y en el panel Propiedades seleccione como interpolación Movimiento. De este modo aplicamos la interpolación a todos los fotogramas clave de la capa.
13. Pulse con el botón derecho sobre el nombre de la capa y active la opción Máscara.
14. Los iconos que aparecen junto al nombre de esta capa y de la inferior cambian, al tiempo que el candado de ambas capas se activa, para que no se puedan editar. Puede ver estos iconos en la figura 11.6.
15. Pruebe la película pulsando **Intro** o **Control-Intro**.

En este caso hemos animado el símbolo haciendo que se desplace de un lado a otro, aunque también puede experimentar con cambios de tamaño, rotaciones, etc. Por ejemplo, un efecto muy común es el de hacer que al terminar la película aparezca un círculo que vaya haciéndose cada vez más pequeño hasta conseguir que toda la escena desparezca, como se usaba antiguamente en algunas películas de cine.

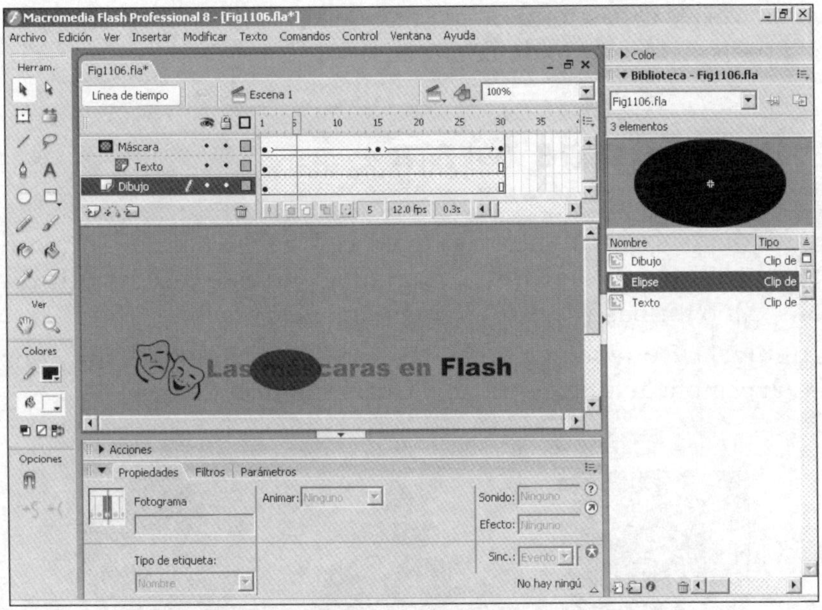

Figura 11.6. Animaciones con máscaras.

Truco:

Si le aplica un color semitransparente al símbolo que utilice como máscara, podrá ver lo que hay debajo a la hora de editar la película, lo cual simplificará un poco el trabajo. También puede usar la opción de mostrar contorno, pulsando en el cuadrado que aparece junto al título de su capa.

Edición de una máscara

Para que la máscara funcione, su capa y la capa sobre la que se aplica deben estar bloqueadas. Si necesita editar alguna de estas capas pulse sobre el candado que aparece a la derecha de los nombres para desbloquearlas. No olvide activarlo de nuevo cuando termine la edición.

Influencia de la máscara

La máscara puede afectar a más de una capa. Para asociar más capas a la máscara arrastre la que quiera ocultar sobre la capa que contiene la máscara.

Al asociar varias capas todo lo que haya en ellas permanecerá oculto, excepto la parte del símbolo de la máscara.

Interpolación de forma

El otro modelo de interpolación que ofrece Flash se basa en convertir una figura en otra a través de varios fotogramas. En este caso no utilizaremos símbolos, sino formas y figuras lo más sencillas posible.

En la figura 11.7 puede ver un ejemplo con tres figuras. Para conseguir que Flash cambie de una a otra siga esta secuencia de pasos.

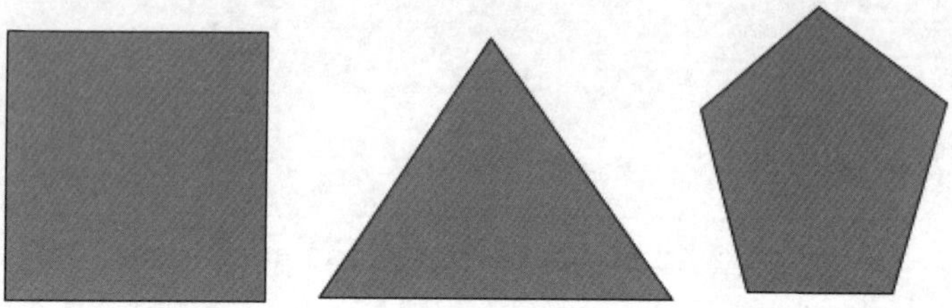

Figura 11.7. Las tres figuras que vamos a animar.

Ejemplo:

Crear una animación por interpolación de forma.

1. En una nueva película, inserte un cuadrado utilizando la herramienta **Rectángulo**.
2. Haga clic sobre la casilla 10 de la capa e inserte un fotograma clave. Aparecerá nuevamente el rectángulo.
3. Elimine el rectángulo e inserte un triángulo utilizando la herramienta **Línea**. Rellénelo de un color.
4. Acceda a la casilla 20 y cree un nuevo fotograma clave. En esta ocasión elimine el triángulo y dibuje un pentágono.
5. Para crear la interpolación acceda a la casilla 1 y en el panel Propiedades seleccione Forma en el cuadro Animar. Las casillas se vuelven verdes para indicar la interpolación de forma.
6. Repita este último paso para la casilla 10 y pruebe la película.

Al reproducir la película el cuadrado se transformará en un triángulo que a su vez se convertirá en un pentágono.

La transformación se realiza a partir de puntos significativos, como los vértices. Más adelante aprenderemos a controlar esos puntos para obtener resultados mejores.

Adicionalmente, hemos modificado el color de una de las figuras, por lo que al realizarse la animación Flash se encargará también de realizar la correspondiente transición de colores. El resultado se muestra usando papel cebolla en la figura 11.8.

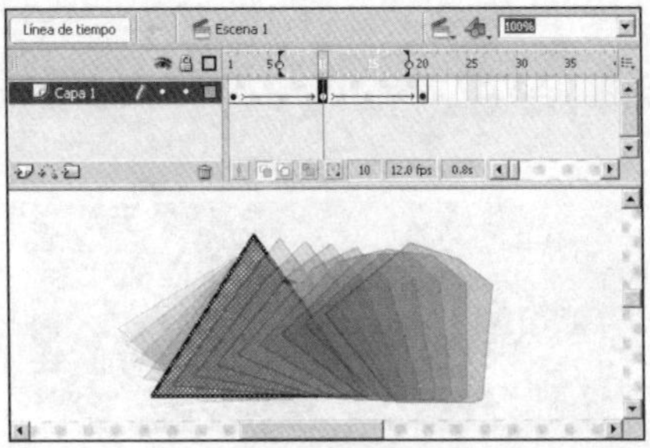

Figura 11.8. Animación de las tres figuras.

Advertencia:

Tanto en la interpolación de movimiento como en la de forma, si la línea que cruza los fotogramas aparece como una línea discontinua significa que ha habido algún error. Generalmente este error se debe a que no estamos utilizando el tipo de elemento adecuado para la animación. Se produce, por ejemplo, al intentar crear una interpolación de forma con una instancia.

Interpolación de forma de un texto

Entre los elementos que podemos transformar mediante este tipo de interpolación encontramos los textos. Con ello podremos conseguir curiosos efectos que se utilizan a menudo para crear los títulos de películas y páginas Web. Para poder transformar textos necesitamos realizar un paso previo a la animación: tenemos que hacer que estos pierdan sus propiedades de texto, de modo que se conviertan en simples formas. Esto se consigue mediante la opción Separar, del menú Modificar.

Nota:

Al aplicar la separación haremos que el texto deje de ser texto, con lo que no podremos volver a editarlo, cambiar su tipo de letra, etc. También puede utilizar esta opción si necesita aplicar este tipo de interpolaciones sobre una instancia o un objeto.

La figura 11.9 muestra la transición entre dos letras. Su realización es similar a la del ejemplo anterior, con la salvedad de que previamente debemos utilizar la opción Separar sobre cada letra.

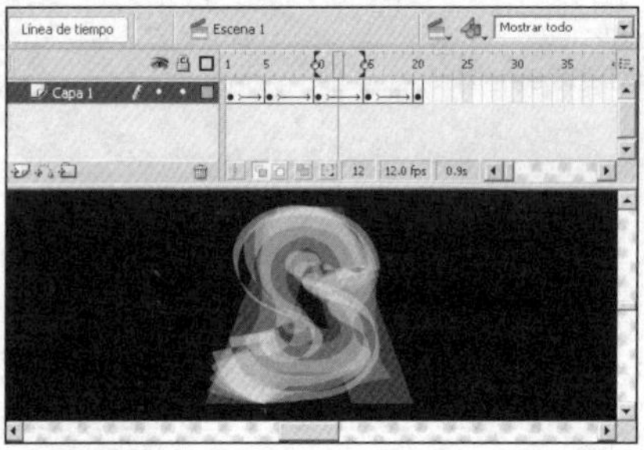

Figura 11.9. Interpolación de forma de varias letras.

Consejos de forma

En las dos animaciones realizadas habrá podido observar que el programa no transforma correctamente algunos puntos, dando la sensación de que la animación se complica innecesariamente.

En otros casos, la imagen se deforma completamente antes de convertirse en el siguiente paso.

Por ejemplo, en la animación anterior, el paso intermedio entre la L y la A de la palabra Flash, se convierte en algo parecido a la imagen de la parte izquierda de la figura 11.10.

Truco:

Para ver los pasos intermedios que se generan al realizar una interpolación puede ir arrastrando el puntero del ratón sobre los números de los fotogramas de la línea de tiempo, o pulsando la tecla punto (.) para avanzar un fotograma o coma (,) para retroceder.

Podemos controlar mejor la creación de este tipo de interpolación mediante la inserción de consejos de forma. Estos son puntos que marcamos en la figura inicial de modo que se mantendrán intactos durante la transición a la segunda figura.

Utilizando consejos de forma para marcar los puntos comunes entre la L y la A, el paso intermedio entre estas dos letras sería similar al de la parte derecha de figura 11.10.

Figura 11.10. Transición predeterminada y transición con consejos de forma.

Para conseguirlo hemos insertado en el fotograma clave de la letra L una serie de consejos de forma, que hemos ido colocando en ese fotograma y en el de la letra A.

Estos son los pasos principales que debe dar:

- Para insertar un consejo de forma, seleccione la opción Modificar>Forma>Añadir consejo de forma o pulse la combinación de teclado **Control-Mayús-H**.
- Al insertar un consejo de forma, aparece un pequeño círculo rojo con una letra. Coloque ese círculo sobre un punto que luego mantendremos en el siguiente fotograma clave.
- Después de colocarlo, accedemos al siguiente fotograma clave y lo situaremos en el lugar que queramos. El círculo se volverá verde, y el de la primera figura, amarillo. De esta forma, ese punto se desplazará desde la posición marcada en la figura 1 hasta la posición de la figura 2.

Inserte tantos consejos de forma como crea conveniente, colocándolos después en los dos fotogramas clave. En la figura 11.11 hemos insertado varios consejos de forma sobre ambas letras.

Figura 11.11. Consejos de forma.

Eliminar un consejo de forma

Para eliminar un consejo de forma, haga clic con el botón derecho del ratón sobre él y seleccione la opción Quitar Consejo en el menú contextual que aparece. Para eliminar todos los consejos, seleccione la opción Quitar todos los consejos en ese mismo menú.

La opción Mostrar consejos de ese menú le permite ocultar o mostrar los punto de los consejos de forma.

Efectos en la línea de tiempo

Una última posibilidad es la de utilizar unos asistentes que nos ayudarán a realizar pequeñas animaciones de una forma rápida y sencilla. La utilización de estas opciones simplifica notablemente nuestro trabajo, aunque muchas veces nos resultará más interesante crear las animaciones a mano con los métodos que hemos aprendido en estos últimos capítulos.

Las opciones a las que estamos haciendo referencia se encuentran agrupadas en la categoría Efectos de línea de tiempo del menú Insertar. Para poder aplicar estas opciones debemos seleccionar previamente un objeto, símbolo, texto e incluso un dibujo sin agrupar.

Tras seguir unos pequeños pasos Flash se encargará de crear los fotogramas necesarios para la animación e insertará en la biblioteca los símbolos que hagan falta generando un clip de película para el efecto, todo ello automáticamente.

Los efectos disponibles son los siguientes:

- Copiar en cuadrícula: Duplica el elemento seleccionado un número determinado de veces en función de los valores indicados formando una cuadrícula con copias del elemento.
- Duplicado distribuido: Realiza una duplicación similar a la anterior, pero con más parámetros para separar las copias, rotarlas, modificar el co-

lor, etc. En la figura 11.12 puede ver el cuadro de diálogo de configuración de este efecto con todos sus parámetros.

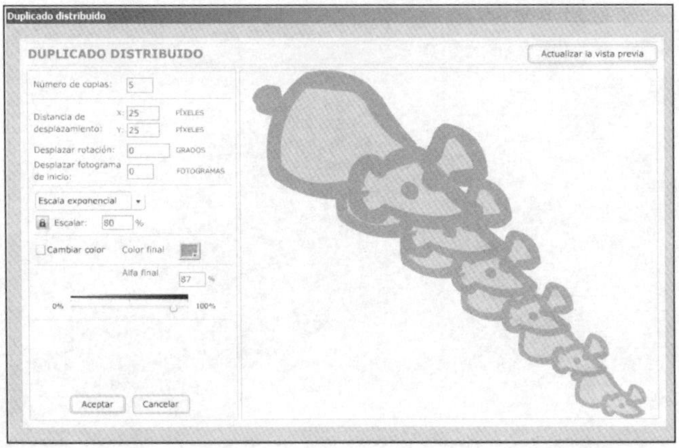

Figura 11.12. Configuración de un efecto de la línea de tiempo.

Nota:

Aunque cada efecto mantiene sus propios controles de configuración varios botones se repiten. Por ejemplo, todos los efectos tienen un botón de ***Actualizar la vista previa****, que se utiliza para volver a mostrar el efecto tras realizar algún cambio en los controles de la parte izquierda.*

- Desenfocar: Hace que el objeto se desenfoque a base de crear copias con su valor Alfa modificado. En este efecto debemos especificar el número de fotogramas que debe durar la animación. Cuantos más fotogramas indiquemos más lento será el efecto.
- Expandir: Modifica las partes de un objeto para que parezca que se expande en la escena. Es un efecto muy adecuado sobre todo para textos o grupos de objetos.
- Explotar: Parecido al anterior, indicado especialmente para textos.
- Sombra: Genera una sombra para el elemento que tengamos seleccionado. Este efecto no genera animación en la línea de tiempo.
- Transformar: Permite modificar varias propiedades de un clip al aplicarlas a lo largo del número de fotogramas indicado. Éste es el efecto que podemos utilizar para crear animaciones de movimiento en las que el objeto se desplaza, se acerca o se aleja, aparece o se desvanece, etc.

En la figura 11.13 puede ver el cuadro de diálogo de configuración del efecto.

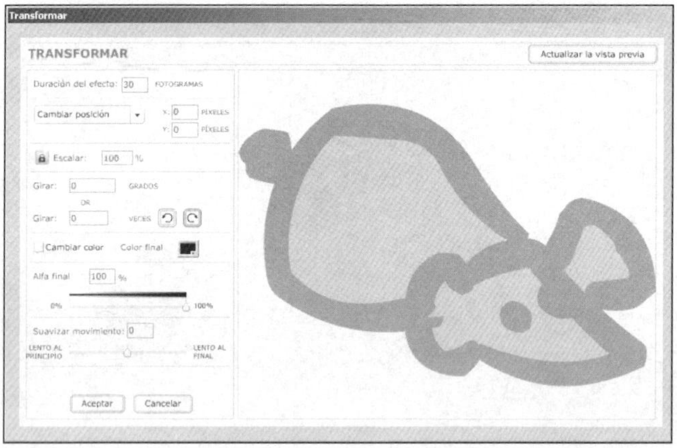

Figura 11.13. Configuración del efecto Transformar.

- Transición: Este efecto se puede utilizar para conseguir que un elemento aparezca progresivamente en la pantalla mediante una máscara.

Tras seleccionar el efecto que vamos a aplicar y configurarlo bastará con hacer clic en el botón **Aceptar** y nuestro efecto estará preparado. Nuestro objeto se trasladará a una capa propia si fuese necesario y si es una animación en la línea de tiempo se generarán los fotogramas que hagan falta.

Modificar efectos de línea de tiempo

Después de crear un efecto de este tipo podremos modificar su configuración seleccionando el objeto y haciendo clic en la opción Modificar>Efectos de línea de tiempo>Editar efecto. Del mismo modo, la opción Quitar efecto eliminará el efecto aplicado.

Advertencia:

Si hemos aplicado un efecto en un objeto no debemos realizar ninguna modificación sobre ese objeto o sobre la capa en la que se ha creado, ya que si lo hacemos no podremos volver a utilizar el cuadro de diálogo de configuración de ese efecto. No obstante, si esto nos sucediese, siempre podremos acudir a la biblioteca de la película para realizar modificaciones a mano, con las técnicas habituales de animación y edición de objetos.

Resumen

En este capítulo hemos revisado varios métodos de animación comenzando por los de interpolación, que se basan en crear varios fotogramas con distintos estados en los elementos que vamos a animar para que posteriormente sea Flash quien se encargue de calcular los pasos intermedios.

Las capas guía y las capas de máscara añaden ciertas características que nos permiten mejorar nuestras animaciones para crear movimientos complejos y para ocultar determinadas partes de la escena. Por último, la interpolación de forma también puede ser mejorada mediante el uso de puntos significativos, llamados consejos de forma.

Hemos terminado revisando la posibilidad de simplificar nuestro trabajo utilizando las animaciones predeterminadas que nos propone el programa. En especial, el efecto Transformar puede ayudarnos notablemente a la hora de realizar animaciones sencillas.

Capítulo 12

Imágenes y vídeo

En este capítulo aprenderá a:

- Identificar distintos formatos multimedia.
- Importar imágenes.
- Modificar una imagen y cambiar sus propiedades.
- Convertir una imagen en un dibujo vectorial.
- Aplicar rellenos compuestos por una imagen.
- Importar vídeos.

Elementos multimedia

Flash es capaz de incorporar cualquier elemento multimedia que necesitemos emplear en nuestras películas. Estos elementos se pueden dividir en tres grupos:

- Imágenes: El programa permite importar los formatos más populares de imágenes, tanto mapas de bits como vectoriales, para después modificarlos en el propio programa.
- Sonido: Añadir sonido a las películas produce resultados más atractivos. Puede hacer que suene una melodía durante la reproducción o que el programa reproduzca algún sonido al pulsar un botón, al pasar de un punto a otro de la película, etc.
- Vídeo: Por último, Flash puede manejar archivos de vídeo creados con otros programas, en una gran variedad de formatos o convertirlos a un formato propio.

Junto a todo lo anterior, Flash permite trabajar con unos formatos muy extendidos, que se utilizan tanto para mostrar texto como imágenes: los archivos PDF o EPS. A lo largo de este capítulo nos centraremos en el uso de imágenes externas y vídeo en nuestras películas. El tratamiento de sonido lo veremos en el próximo capítulo.

Formatos disponibles en Flash

Todos los elementos multimedia están almacenados en formatos concretos, unas veces exclusivos de un programa y otras estándar (formatos que pueden ser utilizados por varios programas). Los formatos estándar son con los que Flash puede trabajar.

Los formatos de imagen incluyen los grupos más utilizados hoy en día:

- Formatos gráficos: Flash importa los más populares, como el formato `.tif`, `.gif`, `.png` y `.jpg`.
- Formatos vectoriales: Flash puede usar los archivos de los dos programas vectoriales más utilizados en este momento, Adobe Illustrator (`.eps` y `.ai`) y Macromedia Freehand (`.fhX` y `.ftX`). Estos archivos mantienen sus propiedades al ser llevados a Flash, por lo que podrán ser modificados sin mayores problemas.

- **Formatos propios de Windows**: Como los mapas de bits (cuya extensión es `.bmp`) y los metarchivos de Windows (`.wmf`).
- **Otros formatos**: Podremos utilizar en nuestras películas archivos creados con Autocad (`.dfx`). Además, si tenemos instalado el programa Quicktime de Apple, podremos importar otros formatos utilizados en ordenadores Macintosh.

Entre los formatos de sonido tenemos los siguientes (si tiene instalado Quicktime podrá utilizar algunos más): WAV, AIFF y MP3.

Para terminar, podemos utilizar los siguientes tipos de archivos de vídeo:

- MOV: Los archivos en este formato, propio de Quicktime pueden ser insertados en nuestras películas. Necesitamos disponer en nuestro ordenador del *plugin* Quicktime.
- AVI, WMV, ASF: Formatos utilizados en Windows, para poder trabajar con ellos necesitamos tener instalado DirectX.
- MPG o MPEG: El formato Motion Picture Experts Group también se encuentra muy extendido.
- DV: Formato de Vídeo Digital, el utilizado por las cámaras digitales.
- Películas SWF: Las películas que diseñemos con Flash pueden ser reutilizadas en nuevas películas. Esta posibilidad resulta útil si hemos creado una pequeña animación y queremos reutilizarla cómodamente en otra película. Este formato también se puede utilizar como una imagen fija.

Junto a todos ellos contaremos con el formato propio de vídeo de Flash, llamado FLV.

Importar una imagen

Para insertar una imagen en una película debemos hacer clic en el menú **Archivo** y seleccionar la opción **Importar>Importar a escenario**. A continuación aparecerá un cuadro de diálogo como el de la figura 12.1.

Nota:

Esta opción es la misma que usaremos más tarde para importar vídeos y sonidos.

Este cuadro de diálogo es idéntico al utilizado para abrir o guardar películas. En este caso la lista desplegable de la zona inferior nos permite elegir el tipo de archivo que vamos a abrir.

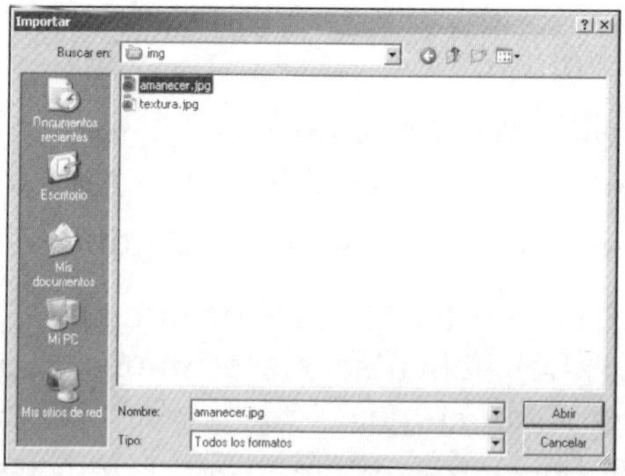

Figura 12.1. Cuadro de diálogo Importar.

Si necesita importar varios archivos de una misma carpeta se puede hacer en un solo paso: haga clic sobre el primer archivo para seleccionarlo y a continuación pulse sobre los demás, uno tras otro, mientras mantiene pulsada la tecla **Control**. Al pulsar el botón **Aceptar** todos los archivos seleccionados se añadirán a la biblioteca de símbolos.

La imagen seleccionada se inserta tanto en la escena como en la biblioteca de la película. Para que la imagen aparezca sólo en la biblioteca y no se sitúe automáticamente en la escena realice la importación mediante la opción Archivo>Importar>Importar a biblioteca.

Truco:

Otro sistema muy cómodo para importar elementos en Flash consiste en copiar el objeto desde el programa en el que se ha creado y pegarlo dentro de Flash, mediante la opción Pegar *del menú* Edición. *Este método funciona con imágenes, textos, etc.*

Importar mapas de bits

Cuando importamos una imagen de mapa de bits ésta se sitúa en la escena al tiempo que se muestra como un elemento más de la biblioteca de símbolos. Si no indicamos lo contrario, las imágenes se almacenarán dentro de la propia película, con el consiguiente aumento de espacio.

Truco:

Si inserta varias imágenes quizás le interese agruparlas dentro de la biblioteca mediante carpetas. Pulse en el icono ***Nueva Carpeta*** *de la biblioteca para crear una carpeta y llámela Imágenes. Para llevar las imágenes importadas a esa carpeta arrástrelas con el ratón.*

Importar imágenes vectoriales

Algunos formatos de imágenes, sobre todo los vectoriales, se almacenan manteniendo sus elementos en capas. Cuando insertamos una imagen que contiene varias capas, cada una de ellas se situará en una capa de Flash, en vez de insertarse como un único elemento en la biblioteca.

Si la imagen tiene bloques de texto, podremos modificarlos como si se hubiesen creado con Flash. Este sistema es muy práctico, ya que así podremos modificar cada elemento de la imagen por separado.

Por ejemplo, si insertamos una imagen creada con Macromedia Fireworks, que utiliza el formato `.png`, debemos seleccionar además ciertas opciones de importación, como mantener las capas que se utilizan en la imagen, conservar el formato del texto, etc. En la figura 12.2 puede ver el cuadro de diálogo que aparece al seleccionar una imagen en este formato.

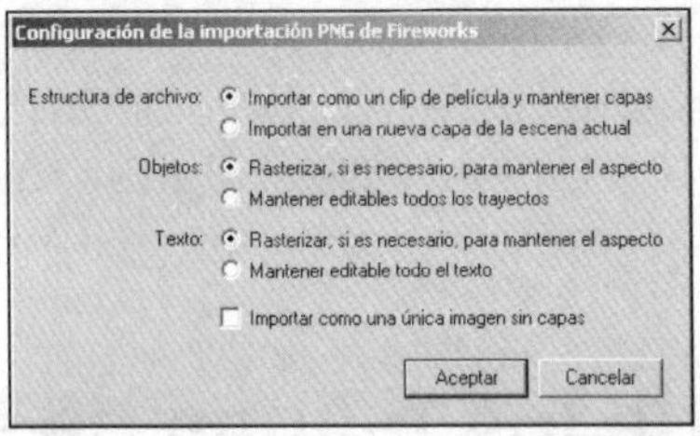

Figura 12.2. Algunos formatos nos permiten elegir las opciones de importación.

Transformar imágenes

Las imágenes se comportan como objetos, por lo que podremos utilizar las mismas transformaciones que se aplicaban a estos elementos, como escalar, rotar, voltear, desplazar por la escena, etc.

Nota:

Para obtener más información sobre como manipular objetos, consulte el capítulo dedicado al tratamiento de objetos.

Importar archivos PDF o EPS

Para importar archivos en estos formatos o archivos creados mediante Adobe Illustrator seguiremos el mismo método que hemos visto. Al insertarlo Flash nos proporcionará varias opciones sobre cómo queremos que se trate la información contenida en el archivo, tal y como se muestra en la figura 12.3.

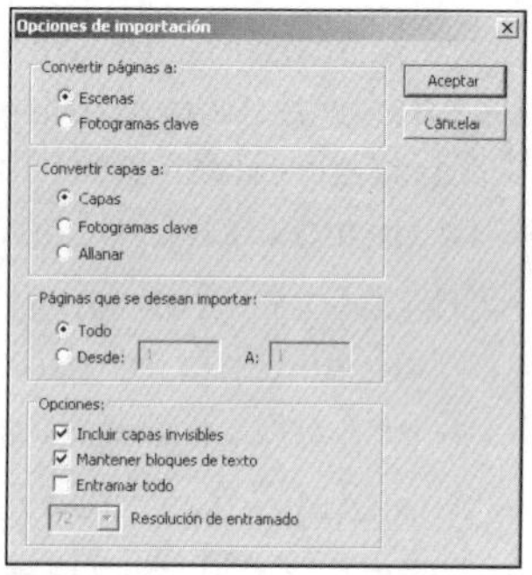

Figura 12.3. Importar un archivo PDF.

Podemos convertir cada página en un fotograma, seleccionar las páginas que vamos a importar y lo que es más útil, mantener los bloques de texto como tales, lo que nos permitirá modificar el mismo. Esto funcionará con aquellos archivos o partes del archivo que lo permitan, en especial los creados con Adobe Illustrator. En este caso si alguna fuente no está disponible en nuestro ordenador, podremos optar por sustituirla por otra.

Propiedades de los mapas de bits

Para modificar las características de un mapa de bits accederemos a las propiedades de la imagen haciendo doble clic sobre su nombre dentro de la biblioteca.

Nota:

También puede mostrar la ventana de propiedades seleccionando la imagen y eligiendo la opción Propiedades *en el menú de opciones de la biblioteca o pulsando en el botón en forma de letra "i", en la parte inferior de la biblioteca.*

Se mostrará un cuadro de diálogo como el de la figura 12.4.

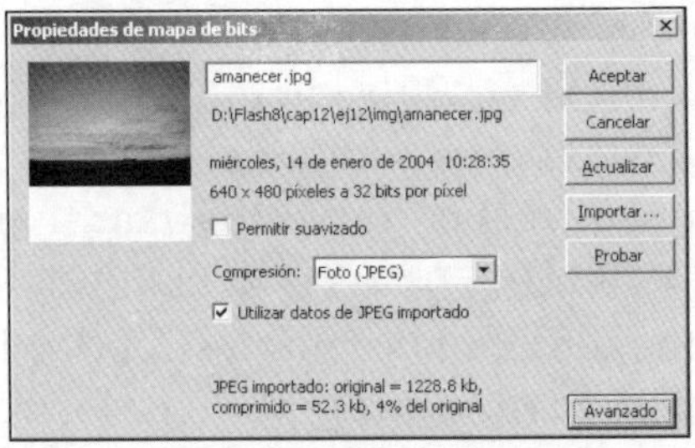

Figura 12.4. Cuadro de diálogo Propiedades de mapa de bits.

Desde aquí puede realizar varias acciones:

- Cambiar el nombre: En la casilla superior escriba el nombre que identificará a la imagen en la librería.
- Ver información sobre la imagen: Debajo del nombre puede ver algunos datos sobre la imagen, como la carpeta desde donde ha sido importada, su fecha, tamaño, etc.
- Permitir suavizado: Al activar esta opción se difuminan levemente los cambios de color al insertar la imagen en la escena. Provoca un resultado más agradable si estamos trabajando con una fotografía.
- Cambiar formato de compresión: Con la casilla Compresión puede indicar que la imagen se comprima en formato Foto o en formato Sin Perdida.

Truco:

Utilice el formato Foto *para fotografías grandes o con muchos colores. El formato* Sin Perdida *es mejor para imágenes más sencillas, con menos de 256 colores. En el primer caso la imagen se almacena utilizando los algoritmos del formato JPG mientras que en el segundo caso se aplica el formato propio de las imágenes GIF y PNG.*

- Elegir porcentaje de compresión: La casilla Utilizar datos de JPG importado del documento hace que la imagen se comprima con los parámetros propios de la imagen. Para seleccionar el nivel de compresión desactive esta casilla e introduzca un valor entre 1 y 100. Los valores menores ocuparán menos, pero la calidad será inferior.

- Probar compresión: Si ha realizado algún cambio en los parámetros de compresión, haga clic en el botón **Probar** para ver la información sobre cuánto ocupará la nueva imagen.
- Actualizar la imagen: Si modifica la imagen original con otro programa y quiere que Flash vuelva a tomar el archivo para mostrar los cambios realizados, pulse en el botón **Actualizar**. Para cambiar la imagen por otra contenida en otro archivo use el botón **Importar**.
- Previsualizar la imagen: En la esquina superior izquierda dispone de una muestra de la imagen. Aquí podrá ver los resultados que se producen al cambiar el formato de compresión. Observe como al variar las características y pulsar en el botón **Probar** la imagen se ve mejor o peor.

Truco:

La ventana de previsualización es muy completa. Pulse con el puntero del ratón sobre la imagen y arrástrelo para desplazar la vista. Haga clic con el botón derecho y elija alguna de las opciones que aparecen para ampliar o reducir la imagen.

El botón **Avanzado** hace que la ventana aumente su tamaño y muestre una serie de opciones orientadas a vincular la imagen desde fuera del archivo de Flash. Mas adelante aprenderemos a vincular símbolos externos.

El panel Propiedades

Como suele ser habitual, también podemos modificar algunas características de la imagen desde el panel Propiedades, en la zona inferior de la pantalla. En este caso encontramos dos botones:

- **Intercambiar**: Utilice esta opción para cambiar la instancia seleccionada por otro mapa de bits de la biblioteca.
- **Editar**: Esta opción abre el programa de edición de imágenes que utilicemos habitualmente para trabajar este tipo de archivos, permitiéndonos modificar la imagen. Si desea editar una imagen con otro programa debe utilizar la opción Editar con..., que aparece al hacer clic con el botón derecho sobre la imagen dentro de la biblioteca de símbolos.

Para poder utilizar estas opciones previamente debemos haber creado alguna instancia en la escena.

Transformar un mapa de bits en una imagen vectorial

El problema del espacio que ocupará nuestra película es siempre importante a la hora de trabajar con imágenes. Los mapas de bits suelen ocupar bastante espacio, así que en determinadas ocasiones, sobre todo cuando no son excesivamente complejos, puede resultar conveniente transformarlos en gráficos vectoriales.

Esta transformación tiene una ventaja adicional: al hacer este cambio podremos modificar las distintas partes de la imagen, cambiar los colores, etc.

En la figura 12.5 tenemos un mapa de bits que ha sido convertido en imagen vectorial. Como puede verse en la parte derecha, las distintas zonas de la imagen no están tan definidas como en el mapa de bits, pero el resultado resulta válido.

Figura 12.5. La imagen de la izquierda tiene un aspecto más realista que la de la derecha.

En el ejemplo de la figura 12.5, el tamaño de la película con el mapa de bits era de unos 50 Kb, mientras que la misma película, después de convertir el mapa de bits en vectorial, pasó a ocupar 20 Kb. La segunda película se descargaría por Internet el doble de rápido que la primera. Además, cuantas más imágenes tenga una película más se acentúa esta diferencia.

Para convertir una imagen seleccione una imagen en la escena y pulse sobre la opción Mapa de bits>Trazar mapa de bits del menú Modificar. Al seleccionar esta opción aparece un cuadro de diálogo en el que podemos modificar los distintos valores para obtener el resultado que necesitemos:

- Umbral de color: Es un valor entre 1 y 500. Se comparan los colores de varios píxeles y si el valor es inferior al umbral, los considerará iguales. Para imágenes con muchos cambios de color es mejor utilizar valores menores de 50. Cuanto más grande sea este valor más simple será la imagen resultante.
- Área mínima: Valor entre 1 y 1000 que indica cuántos píxeles se tomarán para calcular el valor anterior. Si indicamos 1, se comparará la imagen píxel a píxel, por lo que el resultado será muy parecido al original, pero producirá una imagen de un tamaño demasiado grande.
- Ajustar a curva: Se utiliza para suavizar los contornos de la imagen. La opción Muy suave produce una imagen más difuminada que la opción Píxeles, que ofrece un resultado más parecido al original.
- Umbral de esquina: Sirve para indicar si se deben omitir las esquinas poco definidas (Pocas esquinas) o si se debe respetar el original (Muchas esquinas).

Truco:

Al realizar una conversión de este tipo lo más conveniente es realizar siempre varias pruebas. No es suficiente conseguir una imagen muy parecida a la original, ya que ésta ocupará siempre demasiado y ralentizará la reproducción de la película. Hay que buscar un compromiso adecuado entre calidad y tamaño.

Separar un mapa de bits

La opción Separar del menú Modificar hace que un mapa de bits se separe de su símbolo de referencia y se convierta en una imagen cuyas partes pueden ser seleccionadas, con la ventaja de que mantiene intacta su apariencia. Para poder seleccionar las partes de una imagen separada debemos utilizar la herramienta **Lazo**, activando la opción **Varita Mágica** en la zona de opciones de la barra de herramientas. Tras hacerlo el puntero del ratón toma forma de varita. Al hacer clic sobre alguna zona de la imagen se seleccionarán todos los píxel adyacentes que tengan un color similar.

Puede variar las opciones de selección de la varita mediante el icono **Propiedades de varita mágica**, en la zona de opciones de la barra de herramientas. Las partes seleccionadas se pueden utilizar para crear nuevos símbolos o para aplicar rellenos.

Utilizar una imagen como relleno

Entre las opciones disponibles a la hora de cambiar el color de relleno de una figura encontramos la posibilidad de utilizar una imagen que se colocará a modo de mosaico, como si fuese una textura. Realice la siguiente secuencia de pasos para rellenar una figura como se muestra en el ejemplo de la figura 12.6

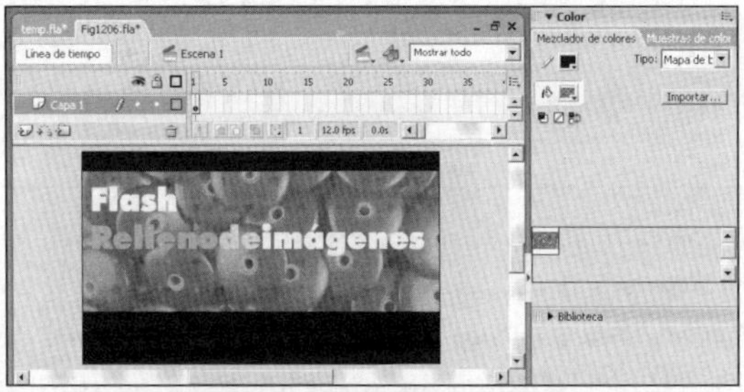

Figura 12.6. Relleno de mapa de bits.

Ejemplo:

Utilizar un relleno de mapa de bits.

1. Cree una nueva película.
2. En la escena inserte tres rectángulos mediante la herramienta **Rectángulo**.
3. Rellene el superior y el inferior de color negro, seleccionando dicho color en el panel Mezclador de colores.
4. Seleccione el rectángulo central. En el panel Mezclador de colores seleccione Mapa de bits en el cuadro Tipo.
5. En el cuadro de diálogo que aparece seleccione la imagen que va a utilizar como relleno. Se aplicará automáticamente y además se incorporará a la biblioteca.
6. Inserte un cuadro de texto con el mensaje de la figura 12.6.

Si no nos convence el resultado porque la imagen sea demasiado grande o pequeña, podemos modificarla mediante la herramienta Transformación de relleno, haciendo clic sobre el mapa de bits insertado.

Trabajar con vídeo

Al insertar un clip de vídeo dentro de uno de nuestros proyectos el problema del espacio ocupado se vuelve más agudo, ya que los vídeos ocupan mucho más tamaño aún que una simple imagen.

Como ocurría con las imágenes, los clips de vídeo pueden estar almacenados en varios formatos distintos, cada uno de ellos aportando sus propias ventajas de calidad y compresión. Flash incorpora su propia codificación para vídeos que produce vídeos muy pequeños y de calidad, que se descargan rápidamente.

Nota:

Para importar distintos formatos de vídeo es muy conveniente tener instalado previamente en nuestro ordenador los códec de Quicktime, que se pueden descargar gratuitamente en Internet. En los últimos tiempos suelen encontrarse también al descargar el programa Apple iTunes.

En este apartado es donde más se notan las diferencias entre la versión básica de Flash y la versión Profesional, mientas que en la primera sólo encontramos la posibilidad de importar un vídeo y pocas opciones más, en el segundo podremos utilizar más posibilidades de inserción y de codificación además de contar con un programa añadido llamado Macromedia Flash 8 Video Encoder que nos permitirá procesar varios vídeos al mismo tiempo para convertirlos al formato `.flv` de Flash.

Insertar un clip de vídeo en una película

El proceso para importar un vídeo en nuestro proyecto es similar al utilizado con las imágenes. Seleccionaremos la opción Importar>Importar vídeo del menú Archivo. La diferencia se encuentra en el paso que viene a continuación. Al hacer clic en el botón **Aceptar** aparecerá un cuadro de diálogo como el de la figura 12.7.

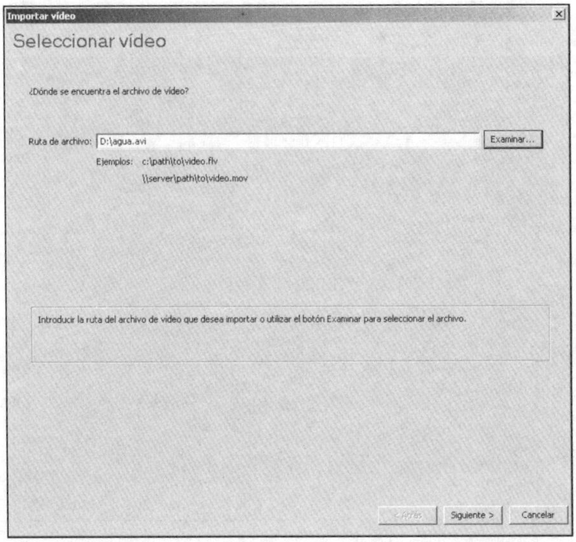

Figura 12.7. Importación de un clip de vídeo.

En primer lugar podemos optar por dos posibilidades:

- Utilizar un vídeo que tenemos en nuestro ordenador o en nuestra red, mediante la opción En el equipo.
- Tomar un vídeo que previamente hayamos publicado en un servidor utilizando las distintas tecnologías que nos ofrecen algunos programas complementarios de Flash. Estas opciones necesitan de algunos programas adicionales, si no se disponen de ellos no se pueden realizar, así que no lo trataremos en este libro.

Al hacer clic en el botón **Siguiente** podremos decidir qué tipo de implementación haremos con nuestro vídeo. Si está trabajando con la versión Profesional del programa dispondrá de varias opciones avanzadas de importación que aportan varias ventajas. En la versión Básica sólo podremos optar por seleccionar la opción Incorporar vídeo en SWF y reproducir en la línea del tiempo. De este modo nuestro vídeo permanecerá asociado a la reproducción de la película, mientras que en los métodos anteriores, Flash generará un componente específico para reproducir el vídeo.

También podremos incorporar un vídeo en formato Quicktime, en el caso de que se encuentre en este formato. Si continuamos con la importación aparecerá la ventana de la figura 12.8, en la que decidiremos algunas características sobre cómo se insertará el vídeo en nuestra película.

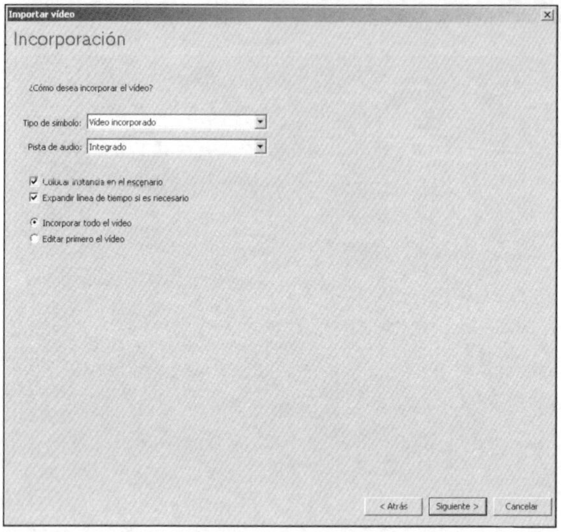

Figura 12.8. Inserción del vídeo.

- Tipo de símbolo: Podremos optar por incorporar el vídeo en la línea de tiempo o insertarlo como un gráfico o un clip de película.
- Pista de audio: Permite que el audio se mantenga dentro del clip de vídeo o que se trate como un elemento independiente.
- Colocar instancia en el escenario: Insertará el vídeo directamente en la escena o por el contrario lo dejará únicamente en la biblioteca.
- Expandir línea de tiempo si es necesario: Hace que la línea de tiempo crezca para ajustarse a la duración del vídeo.

Por último, mediante dos botones de opción, podremos optar por incorporar el vídeo íntegramente o realizar previamente una pequeña edición para ajustar su duración o dividir el clip en varias partes. Esto último no es posible con todas las codificaciones de vídeo.

Edición de vídeo

Al seleccionar el botón de opción Editar primero el vídeo aparecerá el cuadro de diálogo de la figura 12.9. Con él podremos modificar nuestro vídeo seleccionando pequeñas partes que se crearán como clips de vídeo independientes dentro de la película. El funcionamiento de este cuadro de diálogo se rige por estos parámetros:

- Los controles situados bajo el vídeo se utilizan para reproducir el vídeo, pararlo y avanzar o retroceder un fotograma.

Figura 12.9. Edición de vídeo.

- Junto a los controles anteriores disponemos de dos más que se utilizan para marcar el punto de comienzo del vídeo y el punto de finalización. Con estas marcas podemos tomar una parte del clip en vez de importarlo entero.
- El botón **Crear un nuevo clip** en la lista se utiliza para convertir en un clip la parte del vídeo seleccionada. Al pulsar sobre este botón el clip aparecerá en la columna izquierda, permitiéndonos que le cambiemos de nombre.

Tras crear nuestros clips o seleccionar la porción del vídeo que nos interesa haremos clic en el botón **Siguiente** para acceder al último paso: la codificación del vídeo.

Codificación de vídeo

Al importar el vídeo podemos decidir con qué calidad queremos que se muestre. Cuanta más calidad le asignemos al vídeo, más tamaño ocupará y más lento será descargar nuestra película.

Para modificar este parámetro contamos con una lista desplegable. En ella encontraremos un listado de velocidades de acceso a Internet y de formatos de Flash, podemos seleccionar los valores que consideremos que utilizarán las personas que accedan a nuestra película una vez que la hayamos publicado en Internet.

El modo que menos tamaño ocupa es **Calidad de módem (40kbps)**, aunque también es el que menor calidad tiene.

Para terminar podemos realizar más modificaciones mediante la definición de los valores de codificación haciendo clic en el botón **Mostrar configuración avanzada**. En la versión básica de Flash no podremos modificar todos los formatos, sino sólo los basados en Flash 7. En la parte inferior de la ventana recogida en la figura 12.10 podemos modificar varias características. Estas son las más notables:

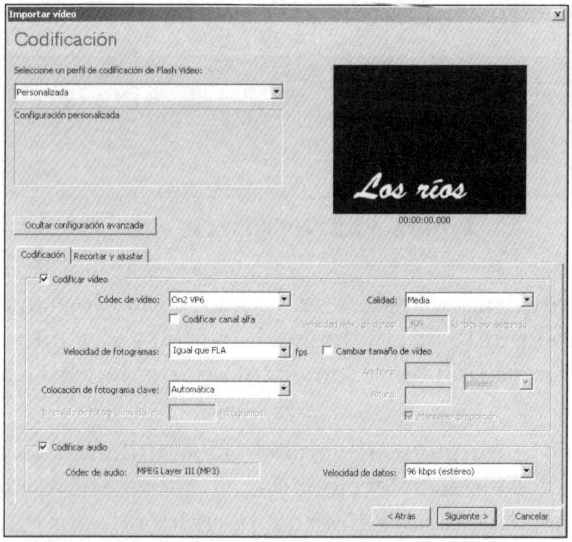

Figura 12.10. Configuración avanzada.

- **Códec de vídeo**: En la versión básica sólo podremos usar el sistema de codificación utilizado en la versión 7 de Flash (Sorenson Spark) mientras que, la avanzada incorpora también el nuevo método utilizado en Flash (On2 VP6). Este segundo proporciona mucha más calidad al tiempo que reduce el espacio, por lo que es el más recomendable.

Nota:

El único inconveniente del uso de On2 VP6 es que, el usuario que vaya a ver el vídeo, necesita contar con el reproductor de Flash 8, pero éste es un problema menor, ya que la actualización de este reproductor se realiza de una forma rápida y sencilla.

- **Velocidad de fotogramas**: Permite ajustar la velocidad de reproducción del vídeo al de nuestra película.
- **Cambiar tamaño de vídeo**: Para modificar el tamaño mediante los valores indicados en los cuadros de texto **Anchura** y **Altura**. Podemos realizar el cambio en valores exactos o mediante porcentajes.
- **Colocación de fotograma clave**: Los fotogramas clave en un vídeo ayudan a su reproducción y a su codificación. Generalmente es mejor mantener este valor en **Automática**. Si optamos por modificarlo podremos indicar cada cuántos fotogramas se insertará uno clave.
- **Codificar audio**: Se utiliza para modificar la calidad del audio y así poder reducir el tamaño del archivo.

Junto a la pestaña **Codificación** encontramos otra pestaña llamada **Recortar y ajustar**. Haciendo clic en ella accederemos a otro grupo de controles que se utilizan para reducir el tamaño del clip de vídeo y su duración. Si observamos que hay partes del vídeo que no nos interesan o simplemente necesitamos ajustarlo a un tamaño determinado, esta es la ventana con la que podremos hacerlo. Al hacer clic en el botón **Siguiente** llegaremos a una ventana de resumen. Si estamos conformes con los cambios realizados pulsaremos en el botón **Finalizar** para comenzar la importación. En ese momento Flash procederá a comprimir el clip de vídeo con los parámetros indicados. Este proceso puede tardar un tiempo si el vídeo a insertar es muy largo.

Al completar el proceso, el clip de vídeo se habrá insertado en la biblioteca y aparecerá una instancia en la escena o bien se habrá insertado directamente en la escena, según la opción elegida durante el proceso de importación. En la figura 12.11 puede ver un ejemplo.

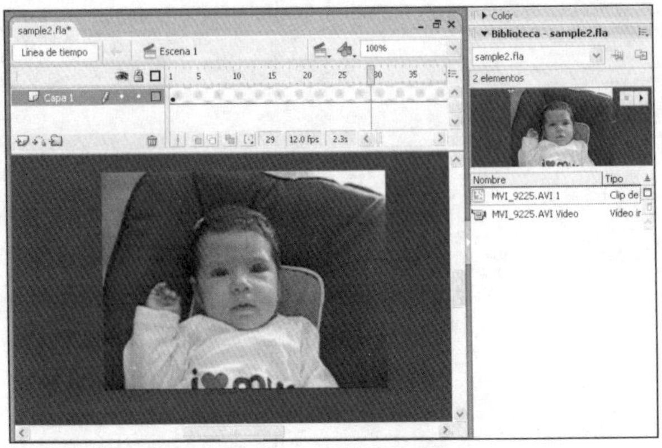

Figura 12.11. Clip de vídeo dentro de una película.

Al probar la película el clip de vídeo comenzará a reproducirse. Mediante la utilización de acciones del lenguaje Actionscript podemos llegar a controlar esa reproducción, haciendo que el vídeo se detenga, se reproduzca, salte a otras posiciones, etc.

Resumen

La inclusión de elementos multimedia en las películas de Flash se realiza cómodamente mediante las opciones de importación del programa.

Los objetos insertados pasan a formar parte de la biblioteca de símbolos, desde donde podremos crear todas las instancias que necesitemos en la escena. Podemos insertar imágenes creadas con otros programas, fotografías, clips de vídeo y sonidos.

Las imágenes y fotografías pueden ser convertidas en imágenes vectoriales para conseguir mejorar su apariencia y que puedan ser editadas con las herramientas habituales del programa. Estas imágenes también pueden ser utilizadas como texturas para rellenar otros objetos de la escena.

Al trabajar con elementos multimedia debemos prestar especial atención al tamaño que ocupan, ya que pueden aumentar en exceso las dimensiones del proyecto. Flash nos ofrece diversas opciones de compresión para resolver este inconveniente.

Capítulo 13

Los sonidos

En este capítulo aprenderá a:

- Conocer las características de los archivos de sonido.
- Insertar sonidos en una película.
- Modificar los sonidos en la línea de tiempo.
- Añadir efectos a un sonido.
- Asignar sonidos a un botón.
- Crear una película que integre animaciones y elementos multimedia.

Los sonidos en Flash

Flash dispone de una serie de opciones para poder insertar y manipular efectos sonoros dentro de las películas. Los sonidos se utilizan de dos maneras distintas:

- Mediante la línea de tiempo: Puede insertar un sonido en una capa de la línea de tiempo y controlarlo mediante fotogramas claves.
- Asociados a eventos y botones: Puede asociar los sonidos para que se reproduzcan cuando alguien interactúa con un botón o controlarlos mediante instrucciones del lenguaje Actionscript de Flash para que se reproduzcan o se detengan ante determinadas acciones.

Compresión del sonido

Como ocurría con las imágenes y los vídeos, lo primero que debemos tener en cuenta a la hora de trabajar con archivos de sonido es su tamaño y sus características.

Cada archivo de audio ha sido creado utilizando una serie de parámetros que sirven para definir su calidad. Éstos son los valores principales:

- Mono/Estéreo: Indica si el archivo dispone de los dos canales tradicionales o se ha grabado en uno sólo.
- Velocidad de muestreo: Este valor indica la cantidad de muestras por segundo que se han utilizado a la hora de almacenarlo. Es uno de los valores que definen la calidad de la muestra. Por ejemplo, un CD de música utiliza normalmente 128 Kbps como velocidad de muestreo. En nuestras películas este valor se puede reducir mucho, con lo que conseguiremos archivos muy pequeños.
- Tamaño de muestra: Este concepto, que suele ser de 8 o 16 bits, indica el tamaño de las muestras del valor anterior.

Jugando con estos tres valores conseguiremos archivos lo suficientemente pequeños para que puedan ser enviados por Internet sin que el usuario tenga que pasar demasiado tiempo esperando.

También es muy importante el formato de archivo que utilicemos, ya que cada uno de ellos utiliza un tipo de compresión, como veremos más adelante.

Añadir sonidos

Para insertar un archivo de sonido en Flash seleccione la opción Importar>Importar a biblioteca del menú Archivo y escoja el sonido que vaya a insertar.

Al importar un archivo de sonido éste se introduce como un elemento de la biblioteca de símbolos.

En la figura 13.1 puede ver varios archivos de audio en la biblioteca. Los hemos introducido en carpetas para tenerlos mejor organizados. Al seleccionar algún archivo, se mostrará en la parte superior la forma de onda del sonido. Puede pulsar en el botón de reproducción para escucharlo.

Figura 13.1. Archivos de sonido en la biblioteca de símbolos.

Sonidos en la línea de tiempo

Después de insertar los sonidos en la biblioteca, comenzaremos a trabajar con ellos. Para añadir un sonido en la escena, cree la capa que contendrá el sonido y arrastre el archivo desde la biblioteca hasta la escena. En las casillas de la línea de tiempo aparecerá una representación del sonido que se extenderá hasta que éste acabe o hasta que se terminen los fotogramas que haya insertado en esa capa.

Nota:

Aunque puede añadir varios archivos de sonido en una misma capa, es conveniente que cada efecto sonoro disponga de su propia capa, para evitar confusiones y facilitar el control del sonido.

Vamos a realizar un ejemplo de inserción de sonido en una película. La figura 13.2 muestra una escena compuesta por varios símbolos insertados cada uno en su capa.

Insertaremos un archivo de sonido que contiene el canto de unos pájaros. Alargaremos la duración de la película hasta treinta fotogramas y haremos que durante ese tiempo se escuche el sonido.

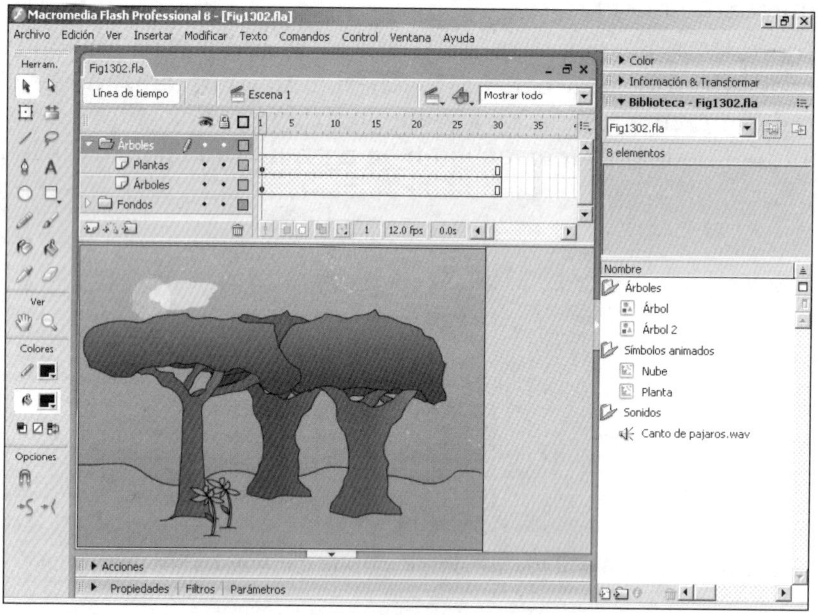

Figura 13.2. Escena previa a la inserción del sonido.

Antes de comenzar debemos crear la película y los distintos símbolos que utilizaremos: árboles, sol, nube, flores, etc. Puede utilizar los objetos que creamos en ejemplos anteriores. Inserte cada elemento en una capa por si más adelante decidimos realizar animaciones con dichos símbolos. Haga que la duración de cada una de las capas sea de 30 fotogramas.

Recuerde que para alargar la duración hasta el fotograma 30 seleccione este fotograma en todas las capas y haga clic sobre la opción Línea de tiempo>Fotograma del menú Insertar o simplemente pulse la tecla **F5**.

Como puede observar en la línea de tiempo hemos agrupado las distintas capas en dos carpetas, con el fin de simplificar la utilización de éstas. También hemos organizado la biblioteca mediante carpetas, para localizar más cómodamente los símbolos.

Cuando tenga preparada la escena realice esta secuencia de pasos para añadir el sonido.

Ejemplo:

Insertar sonido en una película.

1. Inserte una nueva capa encima de las demás y llámela Sonido1.
2. Arrastre el símbolo de sonido desde la biblioteca de símbolos hasta cualquier lugar de la escena.
3. El sonido se situará en la capa seleccionada, ocupando una parte de la capa, tal y como se ve en la figura 13.3.
4. Pulse **Control-Intro** para probar la película.

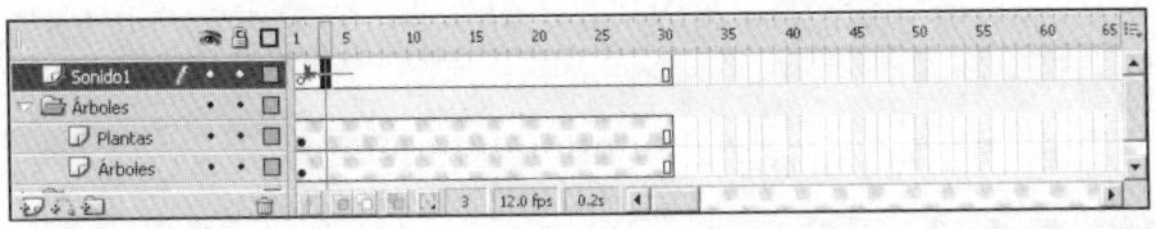

Figura 13.3. Línea de tiempo con una capa de sonido.

Al probar la película aparece la escena y al mismo tiempo comienza a sonar el efecto sonoro. Cuando la película llega al final comienza a reproducirse de nuevo, al igual que el sonido.

En este caso el efecto que hemos empleado no llega a cubrir los treinta fotogramas, ya que es un archivo que dura aproximadamente medio segundo.

Para conseguir que el sonido se repita varias veces durante la reproducción de la película tendremos que acceder a las opciones del panel Propiedades, en la parte inferior de la pantalla.

Nota:

Para que el panel Propiedades *muestre las propiedades necesarias de un sonido es necesario que seleccionemos algún fotograma en la línea de tiempo que contenga dicho sonido.*

En el panel Propiedades introduzca el valor 6 dentro del cuadro Número de repeticiones. Así conseguiremos que el efecto se reproduzca seis veces durante la película.

La capa mostrará el mismo sonido repetido esas seis veces. Puede verlo en la figura 13.4.

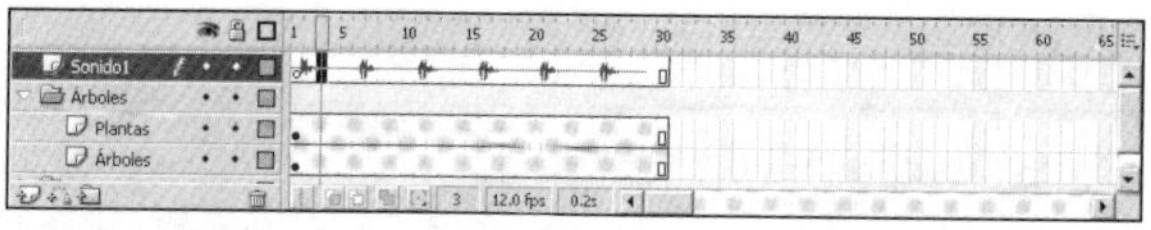

Figura 13.4. La capa de sonido se reproduce seis veces.

Nota:

Es conveniente medir correctamente el tiempo de duración de la película y el de los sonidos. Con unos sencillos cálculos podremos saber cuántas veces se debe reproducir un sonido para que suene durante toda la película. Recuerde que cada segundo se reproducen un número concreto de fotogramas. Este valor se define en el cuadro de diálogo que aparece al seleccionar la opción Modificar>Documento.

Eliminar un sonido

Para eliminar un sonido de una escena basta con eliminar la capa en la que lo haya insertado o en su defecto los fotogramas concretos en los que se encuentre el sonido.

Para borrarlo de la biblioteca de símbolos seleccione el símbolo de sonido y pulse en el icono **Eliminar** en la parte inferior de la biblioteca, en forma de papelera.

Al eliminar un símbolo de la biblioteca se suprimen también las instancias existentes en la escena.

El panel Propiedades

El panel Propiedades nos aporta una serie de opciones para modificar los efectos sonoros insertados en una capa. Para poder ver estas opciones es necesario seleccionar previamente algún fotograma que contenga una instancia de sonido. El panel tiene una apariencia similar al de la figura 13.5.

En nuestro caso nos debemos fijar en las opciones situadas en la parte derecha, ya que las otras fueron revisadas en el capítulo dedicado a la creación de animaciones por interpolación.

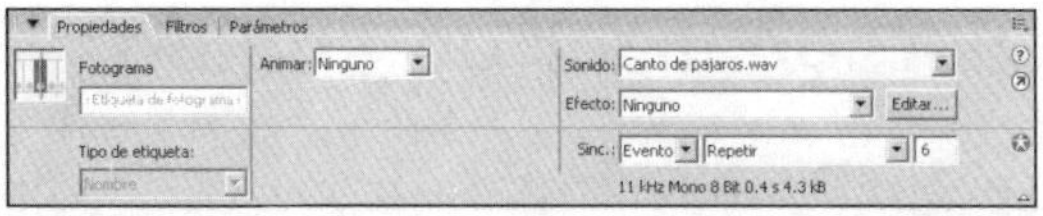

Figura 13.5. El panel Propiedades con las opciones relativas a los fotogramas.

Estos son los controles que encontramos en ese panel:

- Sonido: Muestra el nombre del sonido insertado. Pulsando en la lista desplegable aparecen el resto de archivos de sonido disponibles en la biblioteca, para cambiarlo por otro.
- Efecto: Lista de efectos que se pueden aplicar al sonido. Los comentaremos en el apartado siguiente.
- Sinc: Estas opciones de sincronización definen el comportamiento del sonido durante la reproducción de la película. También las analizaremos en profundidad más adelante.
- Opciones de reproducción de sonido: El archivo de sonido se repetirá tantas veces como se indique en este cuadro. El valor cero hace que se reproduzca una sola vez.
- Propiedades del archivo de sonido: En la parte inferior aparecen las características del sonido, duración y tamaño que ocupa.

Efectos de sonido

Las distintas opciones del cuadro Efecto del panel Propiedades se utilizan para variar la forma en que se reproduce el sonido. Seleccione alguna de ellas:

- Ninguno: Es la opción predeterminada. El sonido se reproducirá tal y como esté almacenado en la biblioteca, sin ningún cambio.
- Canal Izquierdo/Canal Derecho: Estas dos opciones hacen que sólo se reproduzca uno de los canales, el izquierdo o el derecho.
- Desvanecimiento de izquierda/Desvanecimiento de derecha: Hace que el sonido vaya pasando de un canal a otro, apagándose en uno y aumentando en el otro.
- Aumento progresivo: El archivo empieza en silencio y va aumentando progresivamente su volumen.
- Desvanecimiento: Produce el efecto contrario al anterior. El sonido se va extinguiendo hasta terminar en silencio.
- Personalizada: Permite crear un filtro a medida.

Para eliminar un efecto aplicado seleccione nuevamente la opción Ninguno.

Modificar y personalizar un sonido

Al seleccionar el efecto Personalizada o hacer clic en el botón **Editar** del panel Propiedades accedemos a la cuadro de diálogo Editar envoltura. Desde este cuadro de diálogo, recogido en la figura 13.6, podemos crear un nuevo sonido manipulando los distintos controles.

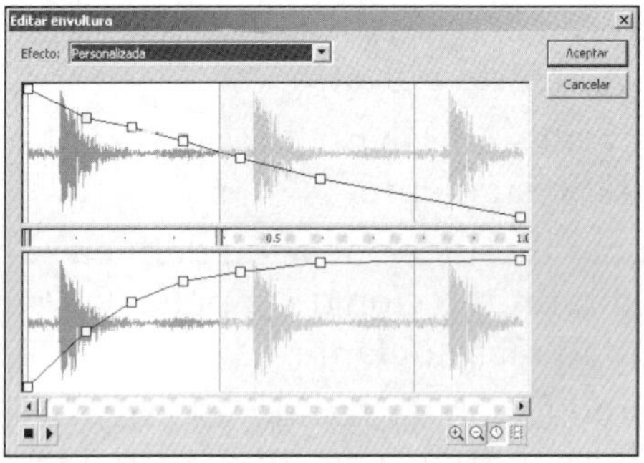

Figura 13.6. El cuadro de diálogo Editar envoltura.

En la parte inferior se encuentran los botones necesarios para controlar la envoltura:

- A la izquierda hay un botón para reproducir el archivo y otro para detenerlo.
- Utilice los botones en forma de lupa para aumentar o disminuir la anchura de la vista.
- Los dos botones de la parte derecha se utilizan para ver la escala de la parte central de la ventana en segundos (con el reloj) o en fotogramas (con el icono en forma de película).

Truco:

Visualizar la escala como fotogramas resulta muy útil a la hora de medir cuántos fotogramas cubrirá nuestro sonido o para conseguir que comience a sonar tras un determinado número de fotogramas.

El manejo del área de trabajo de la ventana se realiza de la siguiente manera:

- La escala de la parte central tiene dos pequeñas barras grises que indica el principio y el final del sonido. Desplácelas para modificar la duración del archivo de sonido.

- El bloque de la zona superior representa el canal izquierdo, y el de la zona inferior el derecho. En los archivos grabados en mono ambos canales serán idénticos.
- Cada canal dispone de unos cuadros blancos, que definen el volumen del canal. Si arrastra uno de esos cuadros hasta la parte inferior del canal conseguirá que en ese punto el volumen sea cero, mientras que si lo arrastras hasta arriba el volumen será el valor normal.
- Arrastre los cuadros hacia la izquierda o hacia la derecha para conseguir que el efecto comience más pronto o más tarde.
- Entre los cuadros hay una línea que indica el volumen en cada momento. Puede añadir nuevos cuadros pulsando sobre algún punto de la línea. El número máximo de cuadros por canal es 8. Para eliminar uno de esos cuadros haga clic sobre él y arrástrelo fuera de la ventana.

Nota:

Como siempre, para sacarle el mejor partido a los efectos de sonido lo mejor es investigar y probar a modificar un archivo varias veces. En poco tiempo nos habremos convertido en unos expertos.

Sincronización del sonido

La última decisión que debemos tomar al insertar un sonido se refiere a cómo se debe reproducir el sonido respecto a los fotogramas clave de la película. Este parámetro se selecciona desde la opción Sinc del panel Propiedades.

Flash nos ofrece varias opciones:

- Evento: Es la opción predefinida. Hace que el sonido se reproduzca al cargarse completamente el fotograma clave en el que se ha insertado. Tiene la ventaja de que el sonido se reproduce completamente, aunque la película se detenga. Como veremos en el apartado siguiente, esta opción es muy útil a la hora de asignar sonido a un botón.

Nota:

Hay que tener en cuenta que al ejecutar una película en Internet, ésta tarda algún tiempo en cargarse. Usando la sincronización Evento *nos aseguramos que el sonido comienza al mismo tiempo que la película o en el fotograma en que lo hayamos insertado.*

- **Inicio**: Similar a **Evento**, pero antes de reproducirse el sonido, se comprueba que no haya otra instancia de ese mismo sonido reproduciéndose. En el caso de que sí la haya, no se reproducirá hasta que no concluya la otra.
- **Detener**: Al llegar a un fotograma clave con sincronización **Detener**, el sonido del canal se para.
- **Flujo**: Este efecto es útil a la hora de reproducir archivos de sonido muy grandes, como por ejemplo una canción. Cuando elegimos este tipo de sincronización, Flash reproducirá la película a la velocidad adecuada para que la música vaya al mismo ritmo que la animación. Es especialmente valioso cuando ejecutamos una película desde Internet. Si la película se para, porque no se han descargado todos sus elementos, también lo hace el sonido, que esperará el momento de poder continuar.

Realicemos un ejemplo de cambio de sincronización. En la figura 13.7 podemos observar nuevos cambios en la película con la que trabajamos anteriormente.

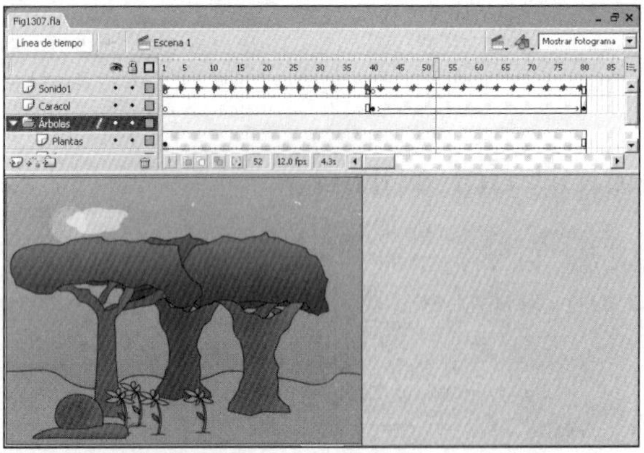

Figura 13.7. Los cambios de la nueva película.

En esta ocasión hemos añadido un nuevo actor, un caracol que aparece desplazándose por la pantalla en el fotograma número 40. La animación de la película sigue estas pautas:

- Entre el fotograma 1 y 40, la película permanece estática. El único movimiento es el de las plantas, que han sido creadas como clips de película para que tengan un movimiento cíclico y constante. Se mueven ligeramente de izquierda a derecha.
- Durante esos cuarenta fotogramas en el canal Sonido 1 se está reproduciendo el efecto sonoro de los pájaros que cantan.

- Al llegar al fotograma cuarenta hemos añadido un fotograma clave en una capa llamada Caracol, para que aparezca el símbolo Caracol desplazándose desde la izquierda de la pantalla hasta salir por la parte derecha.
- Para conseguir un movimiento más realista, puede hacer que el símbolo del caracol tenga su propia animación como clip de película, de este modo, al tiempo que se desplaza por la pantalla logrará, por ejemplo, que su casa tenga un movimiento independiente. La figura 13.8 muestra la animación del caracol, definida en la línea de tiempo del propio símbolo. El proceso es muy sencillo, pero observe que en la línea de tiempo hemos creado dos capas, una para las partes estáticas del caracol y otra para su caparazón. La segunda capa contiene en realidad un símbolo con ese dibujo que hemos creado para poder animarlo.

Figura 13.8. Animación del clip de película Caracol.

- Siguiendo con la película, para hacer su aparición más notable, hemos hecho que en el fotograma 40 el sonido cambie por otro, llamado Paso de caracol.
- En el fotograma 80 el caracol habrá desaparecido por la derecha y la película terminará.

Para conseguir que el contenido de la capa de sonido cambie de uno a otro archivo siga esta secuencia de pasos:

Ejemplo:

Cambiar la sincronización de un sonido.

1. Seleccione el fotograma 40 en la capa Sonido 1.
2. Inserte un nuevo fotograma clave pulsando la tecla **F6**.

3. Arrastre el nuevo archivo de sonido desde la biblioteca hasta la escena. El nuevo sonido se hace visible en la capa a partir del fotograma 40.
4. Pulse nuevamente sobre la casilla 40 de la capa Sonido 1.
5. En el panel Propiedades, cambie el contenido del cuadro Sincronizar por el valor Inicio.

Si reproducimos la película se escucharán los pájaros hasta el fotograma 40 y cuando aparezca el caracol el sonido cambiará por el otro que acabamos de insertar.

Truco:

En ocasiones es conveniente insertar un fotograma clave al final de las capas de sonido con sincronización Detener. *Así evitamos que los archivos de sonido largos se reproduzcan más allá de donde deberían.*

Vamos a ver otro caso de inclusión de sonidos y sincronización. En la figura 13.9 tenemos la línea de tiempo que hemos creado al principio de este capítulo.

Hemos añadido un nuevo sonido a la biblioteca y lo hemos insertado en dos capas, de modo que un sonido comience más tarde que el otro.

Si activamos los dos sonidos con sincronización de Evento, observaremos como al llegar el puntero de reproducción al segundo sonido éste comenzará a escucharse, solapándose con el otro.

Es decir, oiremos los dos sonidos además del sonido de los pájaros que ya existía anteriormente.

Ahora cambiaremos la sincronización del segundo sonido al modelo Inicio. En este caso el segundo sonido no se reproduce hasta que no acaba el primero, con lo cual sólo escucharemos una instancia en todo momento.

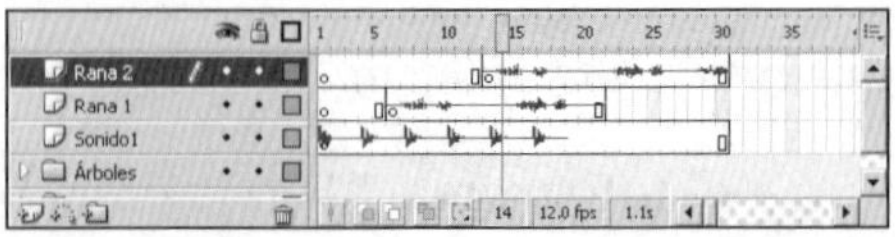

Figura 13.9. Diferencia entre Evento e Inicio.

Desactivar sonidos

Para desactivar los sonidos durante la edición de la película, seleccione la opción Enmudecer sonidos del menú Control. Al probar la película en el editor pulsando la tecla **Intro** los efectos sonoros no se escucharán. En cambio, pulsando **Control-Intro** para probar la película en el reproductor los sonidos sí se oirán.

Esta opción evitará que de tanto escuchar los sonidos mientras preparamos la película acabemos hartos de ellos.

Botones con sonido

Los botones de Flash quedan más completos si se les añade algún tipo de sonido. Se les puede asignar pequeños archivos de sonido para que se escuchen cuando pasamos el puntero del ratón sobre ellos o cuando son pulsados. Siga esta secuencia de pasos para crear un botón como el de la figura 13.10, que emite un sonido al pasar sobre él y otro distinto al pulsarlo. Antes de comenzar debe importar dos archivos de sonido en su película.

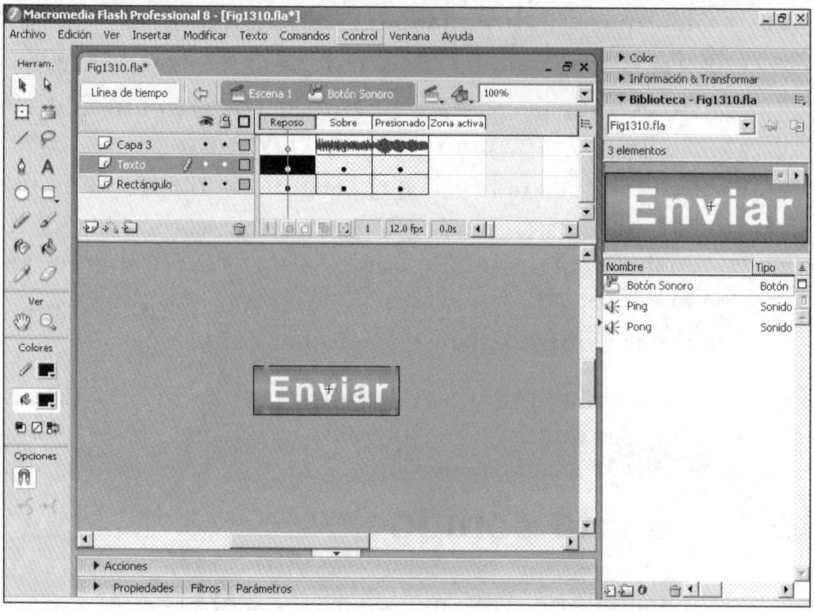

Figura 13.10. Botón con efectos de sonido.

Ejemplo:

Crear un botón con efectos de sonido.

1. Pulse la combinación de teclas **Control-F8** para crear un nuevo símbolo. Llámelo Botón sonoro y asígnele Botón como tipo.
2. Cree un rectángulo para el fondo del botón similar al de la figura 13.10.
3. Inserte una nueva capa llamada Texto e introduzca en ella la palabra "Enviar".
4. Seleccione el fotograma Sobre de ambas e inserte un nuevo fotograma clave.
5. Seleccione los dos fotogramas Presionado y pulse **F6** para añadir un nuevo fotograma clave.
6. Cambie el color del bloque de texto y desplácelo un píxel hacia abajo y hacia la izquierda.
7. Si lo desea, cambie nuevamente el color de relleno del botón o el color del texto.
8. Inserte una nueva capa de nombre Sonido.
9. Seleccione la casilla correspondiente al estado Sobre de la capa sonido y añada un fotograma clave.
10. Arrastre el primer archivo de sonido hasta la escena.
11. Seleccione la casilla siguiente, la correspondiente a Presionado y cree un fotograma clave.
12. Arrastre hasta la escena el segundo archivo de sonido.
13. El botón está creado. Regrese a la escena e inserte una instancia del símbolo Botón sonoro arrastrándolo desde la biblioteca.
14. Pulse **Control-Intro** para probar el botón.

Al pasar el ratón sobre el botón sonará el primer archivo y al hacer clic sobre él sonará el segundo.

Exportación de sonido

Al generar la película final hay que tener en cuenta la configuración de las propiedades del sonido para que la película no incremente su tamaño innecesariamente. Esto se consigue mediante la modificación de los valores de exportación del sonido.

Nota:

En el panel Propiedades *puede observar que la sincronización que se ha asignado a ambos sonidos es la de* Evento. *Esto hace que si pasa rápidamente sobre el botón y lo pulsa ambos sonidos se solapen, o que al pasar rápidamente varias veces sobre el botón el primer sonido se reproduzca varias veces, llegando a mezclarse. Si selecciona la sincronización* Inicio *en los dos sonidos nunca llegarán a solaparse, ya que antes de comenzar el segundo se esperará a que concluya el primero.*

Para ver los parámetros de exportación de un sonido, selecciónelo en la biblioteca de símbolos y haga clic en el icono Propiedades, en la zona inferior de la biblioteca. Aparecerá un cuadro de diálogo parecido al de la figura 13.11.

Figura 13.11. Cuadro de diálogo Propiedades de sonido.

En la zona inferior seleccione el formato de compresión en que quiere que el archivo de sonido se exporte. Disponemos de varias opciones:

- Predeterminada: Esta opción utiliza el formato predefinido en las opciones de publicación de la película. Trataremos la publicación en capítulos posteriores.
- ADPCM: Este formato es adecuado para sonidos cortos.
- MP3: El formato MP3 tiene muy buena compresión con archivos largos.

- Sin formato: Almacenará el archivo sin compresión. Sólo es recomendable si la película no se va a ver desde Internet, ya que aumenta demasiado el tamaño de la película. Piense en esta opción sólo si va a publicar sus películas en un CD-ROM multimedia.
- Voz: Utiliza características de compresión específicas para ficheros de voz. Es perfecta para utilizarla con locuciones largas.

Al seleccionar algún formato podremos modificar las opciones de muestreo, número de bits por muestra, etc. En la parte inferior podrá ver cuánto ocupara el sonido en la película en kilobytes (Kb).

Truco:

Si no necesita demasiada calidad, reduzca en la medida de lo posible esos valores y active la casilla Convertir estéreo en mono. *De este modo conseguirá que la película ocupe menos.*

Para escuchar el sonido tras algún cambio haga clic en el botón **Probar**. Utilice el botón **Detener** para parar la muestra.

Resumen

El sonido, al igual que las imágenes y los vídeos, suele ocupar bastante espacio, por lo que es conveniente tener un conocimiento de las características propias de cada formato.

La inserción de un sonido en una película se realiza mediante la opción de importación, pasando a formar parte de la biblioteca de sonidos. Para trabajar con él será necesario insertarlo como un elemento más en una capa. Podemos controlar el sonido mediante las opciones del panel Propiedades, así como añadir efectos para mejorar el resultado final.

Los sonidos pueden ser insertados también dentro de los botones o de los clips de película. En estos casos su reproducción dependerá de que se interactúe con el botón o que el clip de película se ponga en funcionamiento.

Capítulo 14

Películas interactivas

En este capítulo aprenderá a:

- Insertar acciones en sus proyectos.
- Manejar el panel Acciones.
- Manipular las secuencias de comandos.
- Asignar un *script* en la línea de tiempo.
- Aplicar una acción a un botón o a un clip de película.
- Realizar tareas habituales mediante acciones.

Las acciones

Hasta el momento, salvando algunas excepciones, las películas que hemos creado se basaban en un desarrollo lineal: la película comenzaba en un punto y terminaba en otro, con algunas animaciones en medio de los distintos elementos de la película.

A partir de este capítulo vamos avanzar hacia desarrollos más complejos, permitiendo que sea el usuario el que decida cómo debe actuar la película. Aprenderemos también que la evolución de la película no tiene porqué ser lineal, podemos hacer que la película comience en un determinado fotograma y en un momento dado salte a otro lugar, para después retroceder, o cargar otra película distinta, etc.

El uso de *script* abre un enorme abanico de posibilidades para nuestras películas. Un *script* es un conjunto de instrucciones que definen acciones que se deben realizar al pulsar sobre un botón, o al llegar a un determinado fotograma clave, etc.

Las secuencias de acciones se escriben siguiendo las reglas del lenguaje de programación de Flash, llamado Actionscript. El lenguaje Actionscript es un lenguaje completo de programación orientada a objeto, con sus estructuras, variables, etc.

En esta versión de Flash trabajaremos con Actionscript 2.0, una versión mejorada y muy potente del lenguaje original que se utilizaba en las primeras versiones de Flash.

Nota:

Estar familiarizado con los conceptos de programación y en concreto con la programación orientada a objeto le será de gran utilidad a la hora de sacarle el máximo provecho a Actionscript. No obstante, esto no es ni mucho menos imprescindible.

El panel Acciones

Vamos a comenzar revisando a fondo el lugar donde se insertan las acciones del lenguaje Actionscript, el panel Acciones.

Este panel funciona de forma similar al resto de los paneles de Flash. Para mostrarlo seleccione la opción Acciones del menú Ventana. El panel puede permanecer oculto en la pantalla, para recogerlo o desplegarlo haga clic en la pequeña flecha que aparece a la izquierda de su nombre. Una vez visible el panel tiene un aspecto similar al de la figura 14.1.

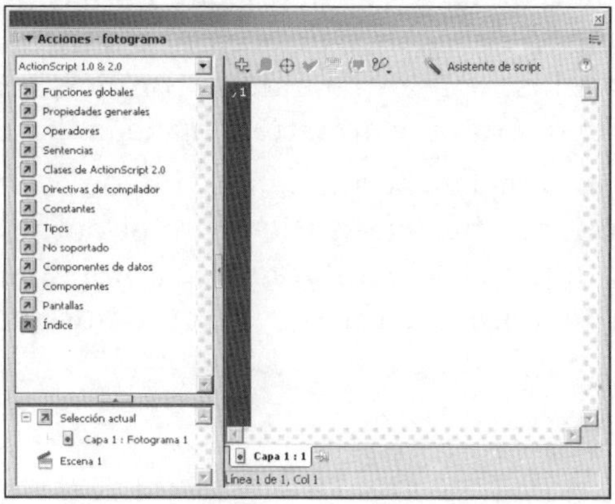

Figura 14.1. Panel Acciones.

> **Nota:**
>
> *Este panel también se puede mostrar y ocultar pulsando la tecla* ***F9****, que es el método más rápido.*

Distribución del panel Acciones

El espacio en el panel Acciones se divide en varios bloques bien diferenciados:

- Cuadro de acciones: La zona superior izquierda contiene una lista con las acciones del lenguaje Actionscript, ordenadas por categorías.
- Navegador de *script*: En la parte inferior izquierda encontramos otro listado con todos los *script* y elementos existentes en la película organizados jerárquicamente.
- Panel de *script*: El resto del espacio se utiliza para insertar los distintos comandos que utilizaremos. Alrededor de este espacio encontramos varios botones y controles que nos ayudarán a la hora de crear un *script*.

Organizar el panel Acciones

El panel Acciones se puede configurar al gusto de cada usuario para conseguir que el trabajo resulte más cómodo.

- Cambiar el tamaño del panel: Para cambiar el tamaño del panel Acciones, haga clic con el puntero del ratón sobre cualquiera de sus bordes y arrástrelo para ampliarlo o reducirlo.
- Cambiar el tamaño de las áreas del panel: Para cambiar la anchura de la lista de acciones o del cuadro de acciones, sitúe el puntero del ratón sobre la línea que los separa y cuando se convierta en una flecha doble presione el botón del ratón y arrástrelo hacia la izquierda o la derecha.
- Ocultar la lista de la caja de herramientas: Puede ocultar temporalmente el cuadro de acciones haciendo clic sobre el botón que aparece en la línea divisoria. El panel se ocultará y ese botón aparecerá apuntando hacia la izquierda, para que pueda volver a mostrar la lista.

Nota:

Aunque la lista no esté visible, podrá seleccionar las acciones mediante el botón ***Añadir un nuevo elemento al script****, en forma de signo de suma.*

Configurar las preferencias del panel

Las acciones que insertamos se muestran en la lista de acciones con una fuente y tamaño concreto. Puede modificar estas y otras características de las acciones mediante el cuadro de diálogo Preferencias>Actionscript. Este cuadro de diálogo se muestra en la figura 14.2.

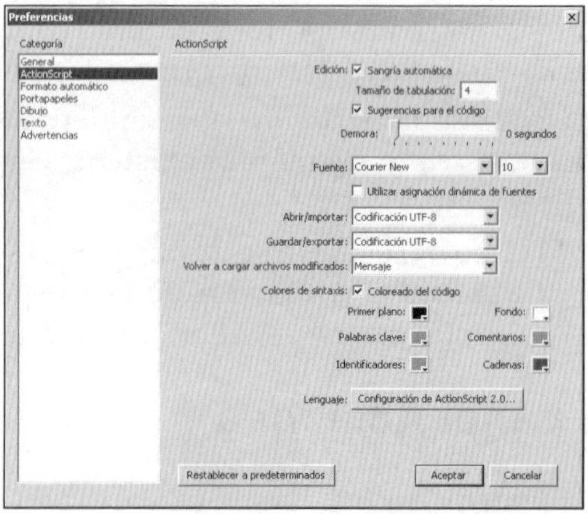

Figura 14.2. Menú de Preferencias del panel Actionscript.

Para acceder a él haga clic en el menú de opciones del panel Acciones y seleccione la opción Preferencias. También puede llegar a este panel desde la opción Preferencias del menú Edición.

En el cuadro de diálogo puede cambiar los siguientes parámetros:

- Sangría automática/Tamaño de tabulación: Los dos primeros cuadros se encargan de que los comandos se desplacen hacia la derecha o hacia la izquierda para mostrar niveles en los *script*.
- Sugerencias para el código: Los dos controles siguientes permiten activar las recomendaciones que hace Flash al insertar un comando, así como el tiempo (Demora) que tardará en aparecer dicha recomendación. Estos consejos aparecen en pequeños letreros amarillos.
- Fuente: Espacio dedicado a la apariencia del texto, donde podremos cambiar la fuente y su tamaño.
- Codificación UTF-8: Con esta opción en los cuadros Abrir/Importar y Guardar/Exportar, el editor de acciones es capaz de trabajar con textos Unicode. Esto quiere decir que podremos mostrar textos en varios idiomas, como inglés, japonés, etc.
- Volver a cargar archivos modificados: Flash permite almacenar los *script* en archivos externos al programa, por lo que podrían ser modificados desde otros editores. Con esta opción conseguimos que Flash nos avise en el caso de que detecte un cambio en uno de estos archivos (Mensaje), que no haga nada (Nunca) o que simplemente vuelva a leer el archivo para recoger los cambios (Siempre).
- Colores de sintaxis: Este bloque, en la parte inferior, se utiliza para definir los distintos colores que se utilizarán para diferenciar las distintas partes del código, es decir, su sintaxis.
- **Configuración de ActionScript 2.0...:** Este botón permite modificar algunas características de la nueva versión de Actionscript.

Otra función que encontramos en el menú de opciones del panel es la de Ver números de línea. Activando esta opción cada línea aparecerá precedida de un número, por lo que será más sencillo encontrar errores en secuencias de comandos largas. Del mismo modo también podremos mostrar los caracteres no imprimibles mediante la opción Mostrar caracteres ocultos.

Trabajar con varios script

A medida que el trabajo con Actionscript aumente en complejidad nos encontraremos con la necesidad de mostrar varios *script* para copiar partes entre ellos, observar su funcionamiento, etc. En la parte inferior del panel contamos con algunas herramientas para realizar esta tarea. Puede ver esta zona en la figura 14.3.

- En el navegador de *script* podremos desplazarnos entre los *script* existentes en una película. Cada vez que pulsemos sobre uno de ellos se mostrará en el panel de *script*.
- Para que un *script* se mantenga fijo y no desaparezca al seleccionar otro, debemos hacer clic sobre la pequeña chincheta que aparece junto a su nombre. Automáticamente quedará bloqueado. Cada vez que hagamos clic sobre ese botón conseguiremos bloquear el *script* que estemos visualizando en ese momento.
- Al abrir un segundo *script* podremos cambiar entre ellos haciendo clic en la pestaña con su nombre.
- Para cerrar algún *script* basta con hacer clic con el botón derecho sobre su nombre y seleccionar la opción Cerrar script. La opción Cerrar todos los script los ocultará a todos.

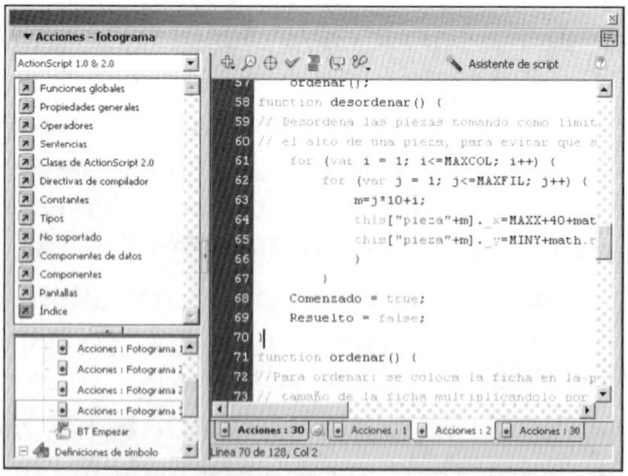

Figura 14.3. Trabajo con varios script.

Archivos de acciones externos

Para poder compartir un *script* con otras películas, reutilizar el trabajo o simplemente poder ver los *script* con algún otro editor de texto, Flash puede utilizar archivos externos para almacenar los *script*. Estos archivos no son más que archivos de texto cuya extensión es `.as`. Para enviar un *script* a un archivo externo seleccionaremos la opción Exportar script del menú de control del panel Acciones. Aparecerá un cuadro de diálogo en el que indicaremos el nombre del archivo.

Por el contrario, para insertar un *script* utilizaremos la opción Importar script. El *script* se colocará en el fotograma o el objeto que estemos editando en ese momento.

Insertar acciones en un script

Tras revisar las operaciones básicas que podemos realizar con el panel Acciones llega la hora de aprender cómo crear *script* con él.

Para añadir una acción a una secuencia de comandos haga doble clic sobre una de las categorías de la caja de herramientas, para desplegar sus acciones o subcategorías, y a continuación, haga doble clic sobre la acción a insertar.

La acción aparecerá en la parte derecha. A continuación, si la acción lo requiere, habrá que rellenar los parámetros necesarios.

Un segundo método para insertar una acción consiste en hacer clic en el botón **Añadir un nuevo elemento al script** (el botón en forma de signo de suma). Al hacerlo aparecerá el menú de la figura 14.4. Desplace el ratón sobre las distintas categorías hasta encontrar la acción adecuada.

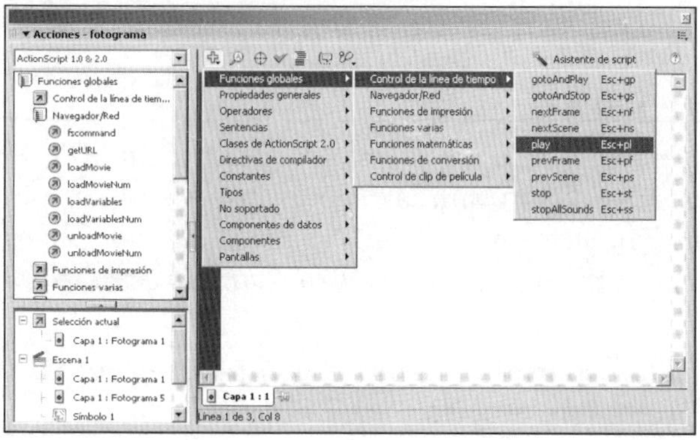

Figura 14.4. El menú Añadir elementos al script.

Para terminar, cuando nos familiaricemos con los nombres de los comandos podremos insertarlos directamente en el editor, que no deja de ser el método más rápido.

Truco:

Hay un método más para insertar acciones, consistente en utilizar una combinación de teclas. Por ejemplo, para insertar el comando `gotoAndPlay`*, que sirve para realizar un salto en la película, pulse la tecla* **Esc** *y a continuación la tecla* **g** *y después la* **p**. *La acción aparecerá en el* script. *Las distintas combinaciones de teclas se pueden ver a la derecha de los nombres de las acciones.*

Editar acciones

Con las acciones ya insertadas, el panel Acciones se comporta como un editor de texto normal. Podemos seleccionar parte del texto para copiarlo, pegarlo, etc.

Igualmente podemos eliminar una acción o un grupo de acciones del *script*, selecciónelas en la lista de acciones y pulse la tecla **Supr**.

Deshacer una operación

Si cometemos un error y borramos una línea accidentalmente, o cambiamos una acción y queremos devolverla a su estado anterior, podemos hacerlo mediante el comando Deshacer que aparece al pulsar con el botón derecho del ratón sobre la lista de acciones o con la combinación de teclas **Control-Z**.

Advertencia:

Esto es importante, ya que no se puede utilizar la opción Deshacer *del menú* Edición *para corregir un error en un* script. *Si lo hiciésemos eliminaríamos el último cambio que hubiésemos hecho en la escena, pero no el último cambio realizado en la lista de acciones.*

Esta versión de Flash permite definir el comportamiento de la opción deshacer de una forma más precisa.

- Deshacer en documento: Por un lado contamos con el funcionamiento normal, en el que todas las modificaciones se van guardando en una lista y se deshacen por el orden en el que se han realizado.
- Deshacer en objeto: En este modo, Flash mantiene una lista de cambios independiente para cada objeto modificado, por lo que podremos

deshacer los cambios realizados sobre las acciones de un objeto sin interferir en los cambios que hayamos realizado en el resto de los objetos o fotogramas.

Para cambiar entre un modo u otro utilizaremos una de estas dos opciones del cuadro de diálogo de preferencias generales, que se encuentra en el menú Edición>Preferencias.

Script de fotograma y script de objeto

Al crear un *script* debemos decidir sobre qué elemento de la película queremos crearlo. Disponemos de dos tipos de *script*, en función del elemento sobre el que lo insertemos:

- Script de fotograma: Son secuencias de comandos que se sitúan sobre algún fotograma clave concreto. Estos *script* se activan al llegar el puntero de reproducción de la película al fotograma clave en el que se ha insertado. Los *script* de fotograma se utilizan para detener la película, hacer que salte hasta otro punto, que cargue otra película, etc. También podemos colocar en ellos los *script* independientes. Por ejemplo, si tenemos un *script* que lee unos datos de un fichero de texto para utilizarlos luego en la película, podemos colocarlo al principio de la película, en el fotograma 1.

Nota:

Los script *de fotograma se almacenan dentro de los propios fotogramas. Por ello, es conveniente crear una capa en la que iremos insertando los* script, *de esta forma no se diseminarán por las distintas capas y será más sencillo localizarlos.*

- Script de objeto: Este otro tipo depende siempre de algún botón o clip de película. Contienen, por ejemplo, las acciones a realizar cuando alguien pulsa un botón. Estos *script* se almacenan dentro de la instancia del clip de película o del botón, con lo que podremos tener varias instancias de un mismo objeto y que cada una de ellas tenga un comportamiento distinto. En este caso, los *script* se activan mediante eventos, es decir, cuando sucede algo sobre el objeto al que se habían asignado.

En la barra de título de panel Acciones podrá identificar fácilmente el tipo de *script* que está creando, ya que aparece allí indicado. Además, en el Navegador de script se muestra un listado con todos los *script* de la película, con un icono diferente para cada tipo. En la figura 14.5 puede ver un ejemplo.

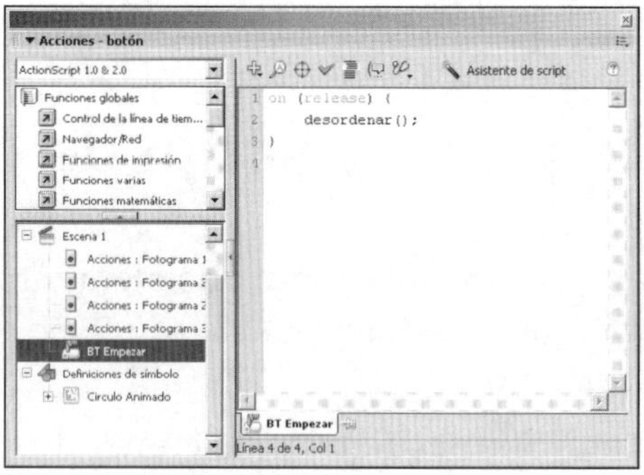

Figura 14.5. La esquina inferior izquierda nos permite acceder a los script de la película.

Crear un script sobre un fotograma

Veamos en la práctica como se crea un *script* sobre un fotograma mediante algunos ejemplos.

Detener la película

Supongamos que queremos que la película se detenga al llegar a un determinado fotograma; por ejemplo, cuando el usuario pulse un botón o se cumpla un determinado periodo de tiempo. Siga esta secuencia de pasos para conseguirlo:

Ejemplo:

Insertar un script *en un fotograma.*

1. Prepare una nueva película, con algún color de fondo.
2. Inserte algún objeto dentro de ella como por ejemplo un pequeño clip de película que se mueva.
3. Inserte un fotograma simple en la casilla 20.

4. Añada una nueva capa y llámela Acciones.
5. Seleccione la casilla 10 de la capa Acciones e inserte un fotograma clave.
6. Pulse con el botón derecho sobre esa casilla y pulse **F9**.
7. En la categoría Funciones globales>Control de la línea de tiempo del cuadro de acciones seleccione la acción `stop`.
8. Cierre el panel Acciones.

En la casilla 10 ha aparecido una pequeña letra "a", indicando que se ha insertado una acción en esa casilla. Lo puede ver en la figura 14.6.

Figura 14.6. El script está insertado en el fotograma 10.

Truco:

Si deja el ratón un segundo sobre el nombre de alguna acción en la zona izquierda aparecerá un texto indicando para qué sirve esa acción.

Visualizar el ancho de banda

Tras crear el *script* visualizaremos la película con la opción Probar Película del menú Control, para ver el resultado en la ventana del reproductor.

En esta ocasión necesitamos obtener más información. Para poder ver la línea de tiempo durante la prueba seleccione la opción Visor de anchos de banda, en el menú Ver. Sobre la película aparecerá un cuadro en el que podremos ver una representación de la línea de tiempo, tal y como se muestra en la figura 14.7.

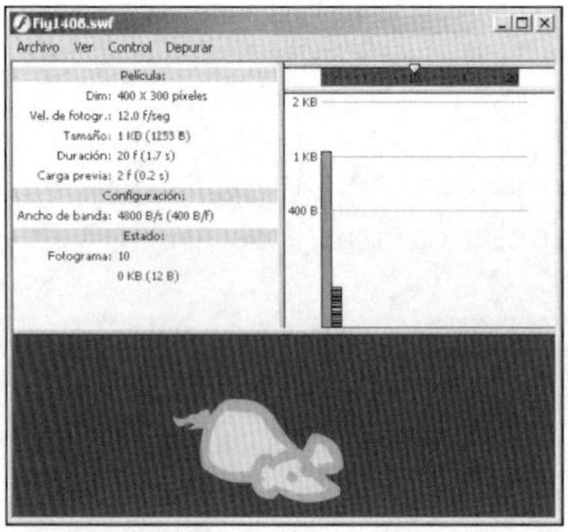

Figura 14.7. Información extendida en la ventana de prueba.

A la vista de la información que se nos muestra podemos realizar algunas deducciones:

- Si nos fijamos en el pequeño puntero de la parte superior de la zona de información, vemos que se queda parado en el fotograma 10, justo en el lugar en que estaba el *script* de parada.
- Si hacemos la misma prueba sin el *script* veremos cómo el puntero se desplaza una y otra vez a través de los 20 fotogramas de la película. O si, por ejemplo, hubiésemos situado algún elemento más allá del fotograma 11, nunca se llegaría a mostrar.

Ahora, resulta más sencillo entender los clips de película: aunque la escena está parada y su línea de tiempo no se mueve, el clip de película del objeto sigue con su animación, ya que dispone de su propia línea de tiempo.

Saltar a otro fotograma de la película

Flash dispone de una acción para saltar de un punto a otro de la película. Es la acción `goto`.

Vamos a hacer que en el ejemplo anterior el objeto se desplace y, usando esta acción, retroceda una y otra vez. Siga esta secuencia de pasos para completar el ejemplo de la figura 14.8.

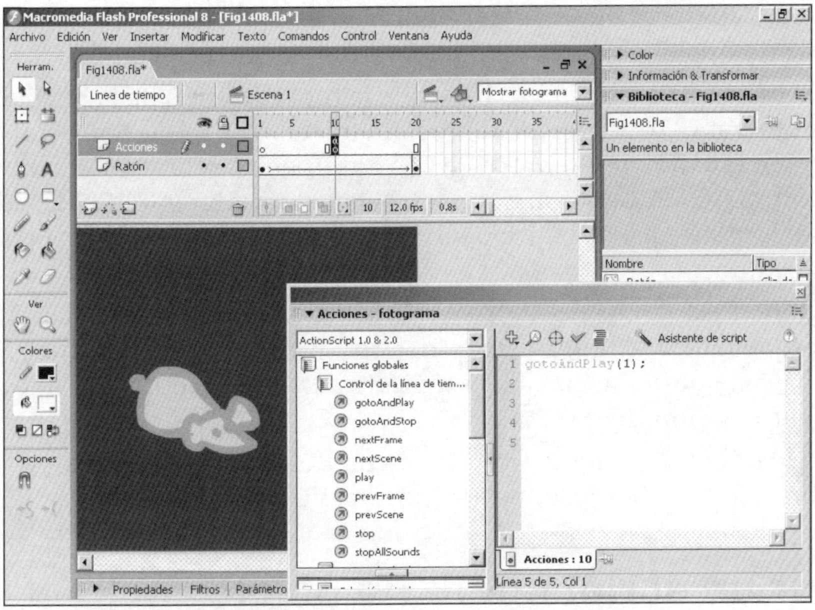

Figura 14.8. Animación y acción goto.

Ejemplo:

Cambiar la posición del puntero de reproducción de la película.

1. Convierta el fotograma 20 de la capa del objeto en un fotograma clave pulsando la tecla **F6**.
2. Desplace el objeto hasta otro lugar de la escena.
3. Haga clic en el fotograma 1 de la capa del objeto y en el menú contextual que aparece seleccione la opción Crear interpolación de movimiento.
4. Edite el *script* de la capa de Acciones haciendo doble clic sobre la casilla 10. Aparecerá el panel Acciones, con la opción que insertamos en el ejemplo anterior.
5. Seleccione la instrucción `stop` de la lista de acciones y pulse la tecla **Supr**.
6. En el cuadro de acciones seleccione la categoría Funciones globales>Control de la línea de tiempo>gotoAndPlay, haciendo doble clic sobre ella. Introduzca un `1`. En la lista de acciones aparece el texto "`gotoAndPlay(1) ;`".
7. Cierre el panel Acciones y pulse **Control-Intro** para probar la película.

El símbolo aparecerá moviéndose por la escena. Al llegar a la mitad de la línea de tiempo el objeto saltará hacia atrás y volverá a comenzar.

En conclusión, la acción `goto` hace que la reproducción de la película salte del fotograma 10 al 1 y siga reproduciéndose. Por eso se llama `gotoAndPlay` (en español, ir y reproducir). Si hubiésemos seleccionado la acción `gotoAndStop` (en español, ir y parar) el comportamiento habría sido diferente. En este caso se habría realizado el salto y la reproducción se habría detenido.

Por último fíjese en cómo al probar la película, el puntero en la parte superior (que indica el fotograma que se está reproduciendo) se mueve primero hasta la posición 10 y después salta a la 1 para continuar su camino hasta el fotograma 10.

Más tarde haremos hincapié en este tipo de acciones que nos permiten modificar el flujo de reproducción de la película.

Crear un script sobre un objeto

El otro tipo de secuencia de acciones es el que se crea asociado a un botón o a un clip de película. La diferencia principal con los que se insertan en la línea de tiempo es que estos se activan generalmente cuando se produce un evento.

Un evento es algún suceso que ocurre durante la reproducción de la película, por ejemplo: que el usuario pulse un botón o una tecla, que se cargue un clip de película o que la película llegue a un fotograma determinado. Por tanto, los *script* que vamos a crear ahora comenzarán con una línea en la que se determina qué tipo de evento debe ocurrir para que comience el *script*.

Asignar un script a un objeto

Para asignar un *script* a un botón o a un clip de película, seleccione una de las instancias en la escena y pulse la tecla **F9**.

Nota:

El script *actuará sólo sobre la instancia seleccionada. Puede añadir* script *distintos a otras instancias del mismo objeto, ya que cada instancia mantiene su propia lista de acciones.*

Configuración del evento para un botón

Al insertar un *script* dentro de un botón observará que aparece una línea más al principio, que es la que indica ante qué evento se activará el *script*. Éste sería un ejemplo típico de este tipo de *script*:

```
on (release) {
  getURL ("http://www.anayamultimedia.es");
}
```

El comando `getURL` se encargaría de abrir la página indicada como parámetro. Antes de insertar este comando, que se encuentra en la categoría Funciones globales>Navegador/Red, debemos insertar un comando `on(release)`.

Ésta indica que la acción se realizará al liberar el botón del ratón (`release`). Para insertar esta línea seleccione la categoría Funciones globales> Control de clip de película>on.

Cuando aparezca la línea podremos seleccionar el evento que queremos aplicar. Estos están recogidos en la figura 14.9 y son los siguientes:

- `press` (presionar): El *script* se ejecutará mientras se mantenga pulsado el botón del ratón sobre el botón.

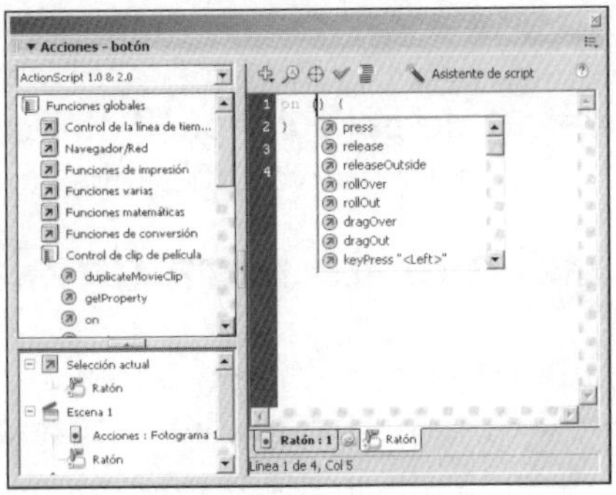

Figura 14.9. Eventos asociados al ratón.

- `release` (liberar): La acción se realiza cuando se suelta el botón del ratón, lo cual significará que previamente lo ha pulsado. Es el que se utiliza habitualmente para detectar las pulsaciones del ratón.
- `releaseOutside` (liberar fuera): En el caso de que el usuario pulse el botón del ratón y lo suelte fuera del objeto.
- `rollOver` (situar sobre objeto): Se activaría al situarse el puntero del ratón sobre el objeto, sin pulsar el botón.

- `rollOut` (situar fuera de objeto): Se activaría al retirar el puntero del ratón del área del objeto.
- `dragOver` (arrastrar sobre): Cuando se pulsa el ratón sobre el objeto, se arrastra fuera y después se vuelve a situar sobre el objeto.
- `dragOut` (arrastrar fuera): Cuando se pulsa el ratón sobre el objeto y después se desplaza fuera.
- `keyPress` (presión de tecla): Esta serie detecta la pulsación de una tecla concreta.

Nota:

Puede activar varias casillas para conseguir que el mismo script *se ejecute ante varios eventos.*

Insertar varios eventos sobre un mismo botón

Si quiere insertar varios *script* sobre un mismo objeto de forma que se realice una acción cuando se pulsa el botón, otra cuando se arrastra, etc., utilice este método:

- En el panel Acciones, inserte el primer *script* asociado a un evento de la forma habitual.
- Para el siguiente seleccione de nuevo el comando Funciones globales>Control de clip de película>on. Aparecerá un nuevo evento dentro del cual podrá añadir nuevas acciones.

Configuración del evento para un clip de película

Con los clips de película sucede lo mismo que con los botones. Al crear sus acciones hay que indicar a partir de qué condición se deben ejecutar.

Los *script* de los clips de película se distinguen de los de botones porque empiezan con la instrucción `onClipEvent`. Por ejemplo:

```
onClipEvent (mouseDown) {
  gotoAndStop ("Escena 1", 14);
}
```

En la figura 14.10 puede ver dicho *script* de clip de película y la lista de eventos posibles, que son los siguientes:

- `load` (cargar): Se inicia cuando el clip aparece en la línea de tiempo.
- `unload` (descargar): El *script* se inicia justo después de que termine el clip en la línea de tiempo.

- `enterFrame` (introducir fotograma): Se inicia al entrar en un fotograma.
- `mouseDown` (desplazar ratón debajo): Se inicia al pulsar el botón del ratón sobre el clip.
- `mouseMove` (desplazar ratón): Se inicia cuando se mueve el puntero del ratón sobre el clip.
- `mouseUp` (desplazar ratón arriba): Se inicia al soltar el botón del ratón.
- `keyDown` (desplazar tecla abajo): Se inicia cuando se pulsa una tecla.
- `keyUp` (desplazar tecla arriba): Se inicia al soltar una tecla.
- `data` (datos): El *script* comienza cuando el clip recibe datos mediante una acción `loadMovie` o `loadVariables`. Trataremos el asunto de las variables más adelante.

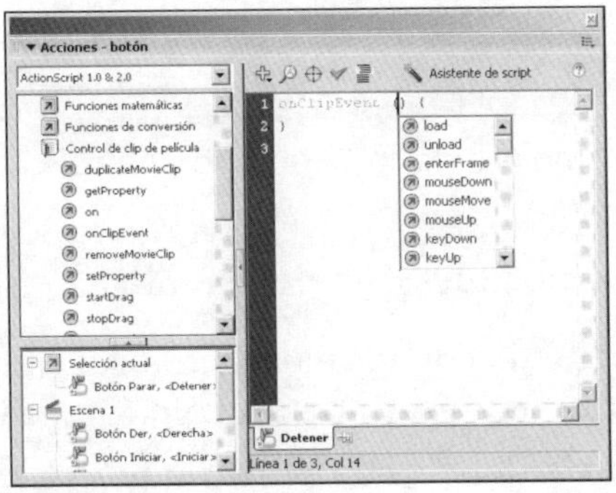

Figura 14.10. Eventos asociados a los clips de película.

Un script de ejemplo para objetos

Vamos a realizar un ejemplo para aclarar el uso de eventos: en la película de la figura 14.11 hemos creado varios botones para controlar el movimiento de la flecha.

Esta flecha es un clip de película que gira sobre si misma constantemente. En concreto tenemos cuatro botones:

- **Izquierda:** Para conseguir que la flecha se desplace hacia la izquierda.
- **Derecha:** Para que la flecha se mueva hacia la derecha.
- **Parar:** Hará que la flecha deje de girar.
- **Iniciar:** Para que la flecha vuelva a girar.

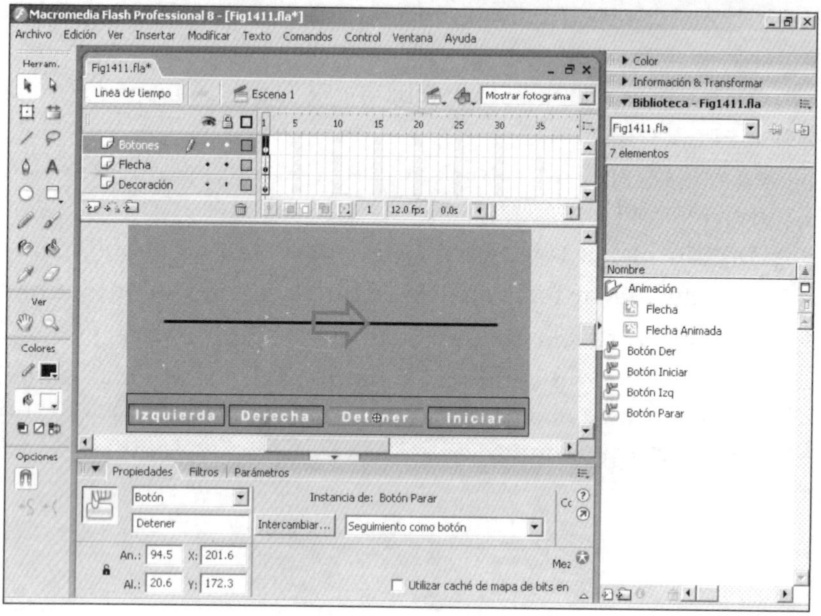

Figura 14.11. El movimiento de la flecha se controla mediante los botones.

Estos son los pasos principales que debe realizar:

- Cree una nueva película con los elementos del ejemplo. No tendrá capa de acciones y su duración será de un sólo fotograma.
- Inserte una instancia del clip de película Flecha, y asígnele el nombre Flecha en el panel Propiedades. Ese nombre servirá para hacer referencia a esta instancia.
- Crea cuatro símbolos con comportamiento de Botón, compuestos por un rectángulo y un texto. A continuación insértelos en la escena, con una distribución parecida a la de la figura 14.11.

Nota:

Puede utilizar las opciones de duplicación de símbolos para crear los cuatro botones, como por ejemplo, copiar y pegar. Luego bastará con modificar el texto de cada botón.

Para asignarle los *script* a cada instancia de botón debe seleccionar cada botón y asignarle las acciones necesarias. Veamos la secuencia de pasos que debemos seguir para crear un primer *script*.

Ejemplo:

Asignar un script *a un botón.*

1. Haga clic sobre el botón "Izquierda" y pulse **F9** para mostrar el panel Acciones.
2. Escoja la acción `on` de la categoría Funciones globales> Control de clip de película, dentro del cuadro de acciones.
3. A continuación seleccione el evento que se debe realizar. En este caso utilizaremos `release`, para que la función se active al soltar el botón.
4. Sitúe el puntero del ratón detrás de la llave (`{`) y pulse **Intro** para acceder a la segunda línea.
5. Introduzca la siguiente línea: `this.Flecha._x = getProperty(this.Flecha,_x) -5;`

Compruebe que el *script* ha quedado exactamente así:

```
on (release) {
  this.Flecha._x = getProperty(this.Flecha,_x) -5;
}
```

La traducción sería la siguiente: al pulsar el botón del ratón, Flash cambiará la propiedad `_x` (que sirve para definir su posición horizontal) del objeto Flecha restándole 5 píxeles a su valor actual (que se obtiene mediante la acción `getProperty`), con lo que la instancia de la flecha se desplazará esos 5 píxeles hacia la izquierda.

La utilidad del uso de `this` la veremos más adelante. Basta decir que en una película los objetos se pueden colocar en distintos lugares y para que Flash los encuentre es necesario indicar su dirección. Con el uso de `this` estamos indicando que el objeto se encuentra en el mismo lugar que el botón, es decir, en la línea de tiempo principal.

Siguiendo ese esquema, estos son los *script* que habría que crear para los otros tres botones:

- Para el botón "Derecha" sería igual, pero sumando 5 píxeles:

```
on (release) {
  this.Flecha._x = getProperty(this.Flecha,_x) +5;
}
```

- Para el botón "Detener" utilizaremos uno de los métodos de los clips de película. Gracias a estos métodos, podemos darle instrucciones sobre qué deben hacer en cada momento. Básicamente lo que estamos haciendo es utilizar la instrucción `stop` para detener una línea de tiempo, pero en vez de referirnos a la general, detendremos la línea de tiempo propia del clip de película Flecha.

```
on (release) {
  Flecha.stop();
}
```

- Para hacer que vuelva a girar mediante el botón "Iniciar", seguiremos el mismo sistema. Tomaremos la instancia Flecha y le diremos que vuelva a moverse (`play`).

```
on (release) {
  Flecha.play();
}
```

Si todo ha salido bien podremos hacer que la instancia Flecha se desplace o deje de girar mediante los cuatro botones.

Nota:

Juegue con este ejemplo para obtener distintos resultados. Por ejemplo, si modifica el evento `on` *de los botones izquierda y derecha para que en vez de atender al ratón con* `release` *atiendan a pulsaciones de teclado con* `keyPress "<Left>"` *y* `keyPress "<Right>"` *podrá mover la flecha utilizando las teclas del cursor.*

Acciones de uso común

Flash dispone en la categoría Funciones globales de una serie de instrucciones que se utilizan con frecuencia.

A modo de recopilación incluiremos a continuación una lista de las acciones de las primeras categorías de la lista, que son las que hemos utilizado hasta ahora.

La categoría Control de la línea de tiempo contiene acciones que modifican el flujo normal de la película, permitiéndonos variar el movimiento del puntero de reproducción:

- `goto` (ir a): Esta acción y sus variantes sirven para saltar a algún punto de la película. Estas variantes son `gotoAndPlay`, `gotoAndStop`, `nextFrame`, `nextScene`, `prevFrame` y `prevScene`.
- `play` (iniciar): Inicia la reproducción de la película.

- `stop` (detener): Detiene la película.
- `stopAllSounds` (detener los sonidos): La película deja de reproducir cualquier efecto sonoro.

La sección Navegador/Red contiene acciones relacionadas con la conexión de la película con elementos externos:

- `fscommand` (comando Flash Player): Permite enviar instrucciones al reproductor de películas de Flash.
- `getURL` (accede a un URL): Hace que el navegador acceda a la dirección indicada.
- `loadMovie` (carga película): Se utiliza para cargar una película o un clip de película.
- `loadVariables` (cargar variables): Nos permite tomar datos de archivos externos para añadirlos a nuestras películas, como por ejemplo: leer una lista de nombres de un archivo de texto.
- `unloadMovie` (descarga película): Es el proceso contrario a la acción `loadMovie`. Veremos estas dos acciones más detenidamente en próximos capítulos.

Control del flujo de la película

Analizaremos a continuación las funciones que modifican el funcionamiento normal de la película y que se utilizan frecuentemente.

Saltar a otra posición de la película

Las acciones `gotoAndPlay` y `gotoAndStop`, derivadas de la acción `goto` se utilizan para saltar a otro fotograma o escena de la película:

- El primero realizará el salto y seguirá reproduciendo la película.
- El segundo realizará el salto y se detendrá.

Ambas acciones tienen una serie de parámetros que hay que completar para que funcione correctamente:

- Escena: Indica la escena a la que debe saltar. En capítulos posteriores aprenderemos a crear distintas escenas.
- Fotograma: Indica el fotograma al que vamos a saltar. Podemos hacer saltos absolutos, indicando el número concreto de fotograma. También se puede saltar hasta un fotograma con rótulo, insertando el rótulo. Se

puede saltar al fotograma anterior o al siguiente, en cuyo caso no habría que poner nada en la casilla Fotograma y por último podemos insertar una expresión.

Veamos algunos ejemplos de saltos:

```
gotoAndPlay(15);
```

Saltaría al fotograma 15 y continuaría con la reproducción de la película. Es el caso más sencillo.

```
on (release) {
   gotoAndStop ("Escena 1", "Inicio");
}
```

Este *script* insertado en un botón hace que al pulsar sobre él la película salte a la Escena 1 y dentro de ella, en concreto, al fotograma etiquetado como Inicio.

```
gotoAndPlay(_currentframe-3);
```

Esta acción utiliza la palabra clave `_currentframe` (fotograma actual), que indica el fotograma actual y le resta 3. Es decir, la película retrocederá tres fotogramas.

```
nextFrame();
```

Podemos introducir este comando para que la película avance hasta el fotograma siguiente y se detenga. El caso contrario sería:

```
prevFrame();
```

Iniciar y detener la película

Las acciones `play` y `stop` inician y detienen la línea de tiempo principal o de un determinado clip de película. Su formato es muy sencillo:

```
play();
```

Nota:

Se utilizan los paréntesis vacíos para indicar que no tiene parámetros.

La siguiente instrucción hace que al pulsar un botón se detenga un clip de película llamado Coche situado en la línea de tiempo principal.

```
on (release) {
   _root.Coche. stop();
}
```

Aclaremos esta acción: gracias a la estructura de objetos de Flash, podemos indicar al clip de película Coche que ejecute su método `stop`, lo que provocará que ese clip se detenga. Además hacemos referencia a su posición mediante la palabra `_root`, que le sirve a Flash para saber que ese coche se encuentra en el primer nivel de la película, es decir, en la línea de tiempo principal.

Detener los sonidos

En este apartado veremos un ejemplo clásico de Flash, el control de sonidos.

Insertar un botón para detener el sonido

La acción `stopAllSounds` se utiliza habitualmente para hacer que el usuario disponga de un botón con el que detener el sonido en la película. La figura 14.12 muestra una película que contiene una serie de elementos.

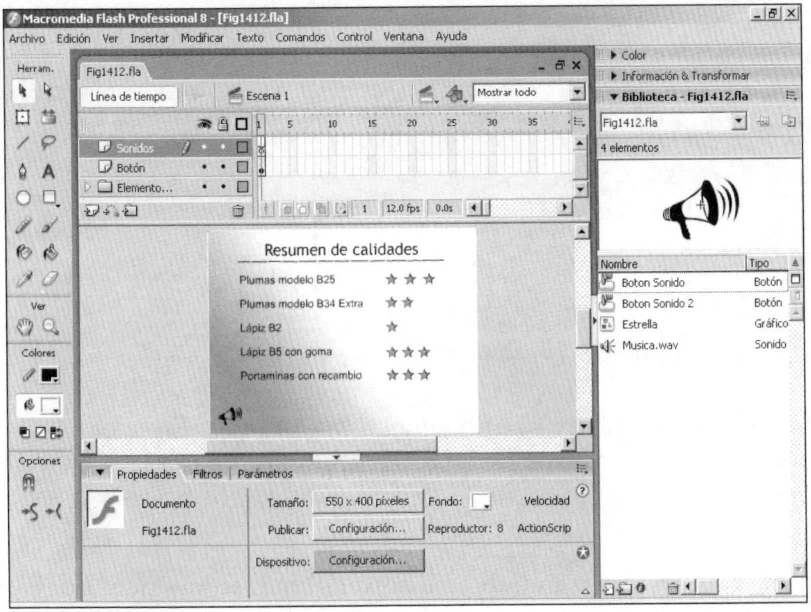

Figura 14.12. En la línea de tiempo puede ver la capa del botón y la del sonido.

Mientras se reproduce está sonando una melodía que se repetirá unas 30 veces (tal y como hemos indicado en el panel Propiedades, en la opción

Bucle). Para conseguir que el sonido se detenga hemos añadido un botón en forma de megáfono en una esquina.

El *script* asignado a ese botón es el siguiente:

```
on (release) {
   stopAllSounds ();
}
```

De este modo cuando se pulsa el botón el sonido se detiene. La película tendrá un sólo fotograma de duración.

Insertar un botón para iniciar/parar el sonido

Un caso muy común es un botón como el del punto anterior pero que al parar el sonido se convierta en otro botón que nos permita reanudarlo de nuevo. Esto se consigue, por ejemplo, utilizando dos fotogramas para intercambiar las imágenes. Siga estos pasos para conseguirlo:

- Tome el ejemplo anterior. Necesita crear un segundo botón como el de la figura 14.13. En la librería de símbolos duplique el que ya tiene y en una segunda capa dibuja el símbolo de prohibido sobre el megáfono.

Figura 14.13. El símbolo para detener el sonido.

- Alargue la película para que tenga 5 fotogramas. En la capa Acciones del fotograma 1 inserte la siguiente acción para que la película se detenga al comenzar y se quede ahí reproduciendo la música:

```
stop();
```

- En ese primer fotograma debe insertar el megáfono tachado. Éste tendrá la siguiente acción para conseguir que cuando se pulse la película se desplace al fotograma 5:

```
on (release) {
   gotoAndPlay (5);
}
```

- En el fotograma 5 inserte el siguiente *script* en la capa Acciones:

```
stop ();
stopAllSounds ();
```

- La película se detendrá al llegar a este fotograma y los sonidos se dejarán de escuchar.
- En el fotograma 5 intercambie el símbolo del megáfono por el que no esta tachado mediante el botón **Intercambiar** del panel Propiedades. El nuevo símbolo aparecerá en lugar del antiguo y en su misma posición. Asígnele el siguiente *script*:

```
on (release) {
  gotoAndPlay(1);
}
```

La acción transcurre de la siguiente manera: la película comienza en el primer fotograma y se detiene ahí. Si se pulsa el botón de detener sonidos, saltará al fotograma 5. Al llegar a ese fotograma se ejecuta el *script* insertado en la capa Acciones, que le dice que detenga los sonidos. Si se pulsa ahora el botón de reproducir sonidos, la película saltará nuevamente al fotograma 1, donde se encontrará otra vez el fotograma clave que indica el comienzo del sonido, por lo que volverá a escucharse.

Nota:

Otro sistema para realizar este tipo de botones que cambian consiste en insertarlos dentro de un clip de película: un botón en un fotograma y el otro botón en otro fotograma. Dentro del clip podemos hacer que uno se cambie por el otro saltando dentro de su propia línea de tiempo, aunque es un poco más complejo.

Navegación interactiva

Las películas de Flash se visualizan habitualmente dentro de la ventana de un navegador de páginas Web como el excelente Mozilla Firefox o Internet Explorer. Mediante la acción `getURL` conseguimos que la película acceda a una página Web, a otra película o en general a cualquier recurso de Internet. Entre los parámetros debemos indicar al menos la dirección del recurso al que vamos a acceder. Por ejemplo:

```
on(press) {
  getURL("http://www.anayamultimedia.es")
}
```

Aplicando ese *script* a un botón, al pulsar sobre él accederíamos al sitio Web indicado.

Para ello hemos usado la dirección URL completa del sitio Web, con su correspondiente indicador de tipo de recurso (`http://`).

En este otro *script*, que podríamos insertar en un determinado fotograma, conseguimos que se abra una nueva ventana del navegador mostrando la dirección indicada:

```
getURL("anuncios/banner45.html", _blank);
```

En este caso no hemos introducido una dirección absoluta, sino una relativa, ya que sólo estamos indicando que se debe abrir un archivo HTML que estará contenido en una carpeta llamada anuncios.

Esta carpeta debe estar situada en el mismo lugar que nuestra película. Además hemos añadido un parámetro nuevo. El comando `getURL` tiene tres posibles parámetros:

- URL: Se indica la dirección de la página o el recurso de Internet, ya que también se puede enlazar con imágenes, ficheros de sonido, etc. Esta dirección puede ser absoluta o relativa.
- Ventana: Se utiliza para especificar la forma en que se debe abrir el recurso. Existen cuatro valores predefinidos: `_blank` indica una nueva ventana, `_self` (es el predeterminado) para la ventana actual del navegador, `_parent` para el marco que contenga a la actual y `_top` para el nivel superior de la página de marcos, es decir, si la página está atrapada en algún marco, éste desaparecerá. Los tres últimos valores sólo tienen sentido cuando trabajamos en una página con marcos. Además de estos valores podemos indicar el nombre de cualquier otro marco que exista en nuestro sitio Web. Consulte un manual de creación de páginas Web sin necesita aclarar estos conceptos.
- Método: Si tiene que enviar alguna instrucción a la página que se va a abrir se escribirá aquí.

Controlar el reproductor de película

Mediante la acción `fscommand` puede hacer que la película se comunique con el programa que la está reproduciendo.

Aunque en nuestras pruebas revisemos las películas en el reproductor de Flash, más adelante las llevaremos al navegador de páginas Web e incluso a otros medios. Los valores que podemos utilizar con `fscommand` son muy variados.

Introduzca el siguiente ejemplo en un botón para aclarar el funcionamiento de esta acción:

```
on (release) {
   fscommand ("fullscreen", "true");
}
```

En otro botón introduzca:

```
on (release) {
   fscommand("quit");
}
```

El primer *script* hace que al pulsar el botón la película se maximice, ocupando toda la pantalla.

El segundo consigue que la película se cierre.

Advertencia:

Para probar estas acciones debe guardar la película y después pulsar ***Control-Intro*** *para probarla. A continuación cierre la película y acceda al directorio donde la ha guardado. Allí encontrará un fichero con el mismo nombre pero con extensión SWF. Ejecútelo haciendo doble clic. Ahora puede probar los botones.*

Encontrará una lista de los comandos que puede utilizar para controlar el reproductor de Flash en la ayuda del comando, haciendo clic en el pequeño libro situado sobre la lista de acciones, como se muestra en la figura 14.14.

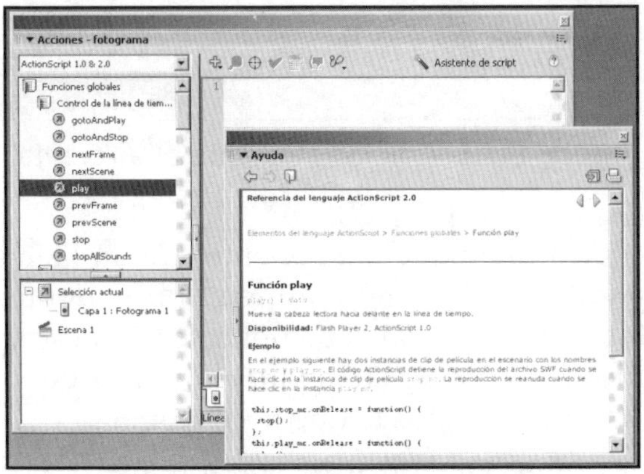

Figura 14.14. Ayuda de un comando.

Nota:

Otra de las ventajas fundamentales de la instrucción `fscommand` *es que le permite ejecutar funciones creadas en otros lenguajes, como Javascript. En la página Web que contendrá la película escribiremos la función, y mediante* `fscommand` *llamaremos a esa función. Las posibilidades que se abren mediante esta técnica son enormes, aunque debe estar familiarizado con los lenguajes de* script *utilizados para la creación de páginas Web.*

El asistente de script

En la versión actual de Flash se ha recuperado el asistente de *script* que ya se encontraba disponible en sus primeras versiones, pero que posteriormente fue suprimido. Este módulo que se despliega mediante el botón **Asistente de script** del panel Acciones, se utiliza para crear *script* de una forma más cerrada, evitando así los posibles errores al escribir el *script*. Al activar este modo de edición, desaparecerá el espacio en el que habitualmente escribimos los *script* para ser reemplazado por los controles de la figura 14.15.

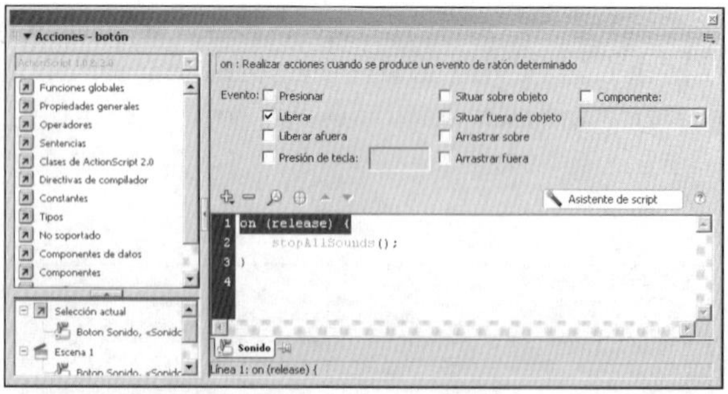

Figura 14.15. Edición mediante el asistente.

- En la parte inferior del panel disponemos de un listado completo del *script* que estamos modificando, aunque no podemos editarlo. Para cambiar cualquier instrucción debemos seleccionarlo y sus opciones se mostrarán automáticamente en la parte superior del panel, donde activaremos o seleccionaremos la que necesitemos.
- Para incorporar una nueva instrucción a nuestro *script* sólo hay que seleccionar una línea y utilizar los métodos que hemos visto a lo largo

del capítulo para añadir una acción. Automáticamente se situará a continuación de la línea seleccionada.

- El botón **Insertar una ruta de destino**, en forma de punto de mira, nos resultará muy útil en este modo. Con el podremos seleccionar cualquiera de los elementos que tengamos insertados en la película, una opción que se necesita con frecuencia en aquellas acciones que afectan a otros objetos de la misma.

En cualquier momento podremos cambiar entre uno u otro modo de edición, aunque para poder pasar a este modelo previamente todos los *script* creados en el modo normal deben ser sintácticamente correctos. De otro modo, Flash nos pedirá que los corrijamos antes de pasar al asistente.

Este método de edición puede resultarle muy útil en sus comienzos, aunque descubrirá que a medida que adquiere experiencia, resulta más ágil trabajar en el modo normal.

El panel Comportamientos

Junto al asistente de *script*, Flash dispone de otro método para agilizar la creación de *script* mediante el panel llamado Comportamientos. En este panel encontraremos algunas de las acciones más comunes para insertarlas rápidamente en un objeto o en un fotograma.

Para mostrar este panel seleccione la opción Ventanas>Comportamientos. Aparecerá el panel de la figura 14.16.

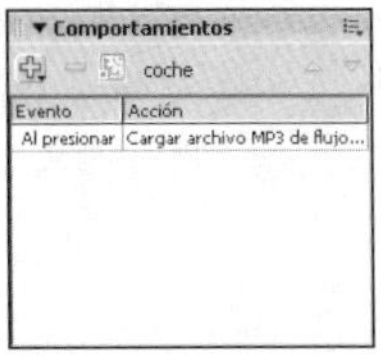

Figura 14.16. Panel Comportamientos.

Haciendo clic en el botón **Añadir comportamiento** (con forma de +) accederemos a un pequeño listado de comportamientos que se aplicarán al elemento seleccionado, ya sea un fotograma o una instancia. En la parte derecha del panel podemos ver qué elemento tenemos seleccionado.

Por ejemplo, para detener los sonidos como hicimos en el ejemplo anterior bastaría con seguir esta secuencia:

Ejemplo:

Crear un comportamiento.

1. Cree una película e inserte un botón.
2. Seleccione el botón y haga clic en **Añadir comportamiento** en el panel Comportamientos.
3. En la lista desplegable que aparece seleccione Sonido> Detener todos los sonidos.
4. Aparecerá una línea con el comportamiento introducido. En la columna Evento seleccione la opción que más le convenga. La opción Al liberar es la equivalente a `on(release)`.
5. Pruebe la película.

Como se puede observar este método es bastante más sencillo, aunque no tan versátil.

Si selecciona nuevamente el botón y pulsa **F9** podrá ver el *script* que se ha insertado. Es similar al que creamos manualmente.

Para borrar un comportamiento haremos clic en el botón **Suprimir comportamiento**.

Nota:

Mediante este panel se pueden asignar varios comportamientos a un mismo elemento, basta con repetir el proceso para realizar las acciones que necesitemos.

Resumen

A medida que vamos avanzando en el manejo de Flash comienza a resultar imprescindible disponer de la posibilidad de mejorar nuestros proyectos mediante la asignación de instrucciones, las llamadas acciones del lenguaje Actionscript.

El centro de control de nuestras secuencias de instrucciones se encuentra en el panel Acciones. En él encontramos numerosas ayudas, formas de trabajo y opciones de personalización para que la escritura de*script* sea lo más productiva posible.

Las acciones de los *script* se insertan sobre la línea de tiempo, en un botón o en un clip de película, consiguiendo resultados diferentes en cada caso.

A lo largo del capítulo hemos revisado las acciones más comunes y realizando ejemplos con algunas de ellas. En los próximos capítulos iremos añadiendo complejidad a esas acciones para explotar al máximo la potencia del lenguaje.

Para terminar, hemos visto dos métodos diferentes para insertar acciones de una forma sencilla: el **Asistente de script** y el panel Comportamientos. Podremos utilizar estos métodos para insertar alguna acción ocasional sin necesidad de complicarnos en exceso.

Capítulo 15

Crear proyectos complejos

En este capítulo aprenderá a:

- Crear bibliotecas compartidas.
- Optimizar un proyecto mediante las bibliotecas.
- Vincular símbolos.
- Insertar nuevas escenas.
- Cambiar entre escenas mediante acciones.
- Insertar clips de película dentro de una película.
- Añadir imágenes externas.
- Manejar el explorador de películas.
- Crear sistemas de precarga.
- Utilizar el depurador de películas.

Bibliotecas compartidas

Al adquirir una cierta experiencia en la creación de películas con Flash nos encontraremos con que para un nuevo proyecto podemos reutilizar algunos símbolos utilizados en películas anteriores. Hay determinados botones y animaciones que se pueden reutilizar con cambios mínimos. Pensemos en un sitio Web que contenga diez o quince películas todas relacionadas. Lo normal es que todas esas películas utilicen elementos comunes, como el mismo fondo, una melodía similar, un logotipo corporativo que aparezca en todas ellas, etc. También podemos crear, por ejemplo, una biblioteca con los sonidos, fuentes e imágenes que utilicemos habitualmente. Para simplificar estas tareas Flash nos ofrece las bibliotecas compartidas.

Las bibliotecas compartidas son archivos de Flash, a modo de películas, que contienen una serie de elementos que utilizaremos en varios proyectos o en varias películas, de modo que los elementos comunes se encuentren centralizados en un único lugar.

Supongamos que utilizamos un botón en un proyecto que se compone de tres películas. Tenemos dos posibilidades:

- Insertar el botón en cada una de las tres películas.
- Insertar el botón en una biblioteca compartida y vincularlo a las tres películas.

Ahora supongamos que necesitamos modificar ese botón. En el primer caso tendríamos que acceder a cada una de las películas y modificar el botón. En el segundo caso, en cambio, basta con abrir la biblioteca compartida y modificar el botón una sola vez, automáticamente se actualizará en las tres películas.

Otra de las ventajas del uso de bibliotecas compartidas estriba en que al utilizar la película desde Internet, el botón se descargará sólo una vez, mientras que de otro modo se realizará la descarga tres veces, una por cada copia. Este motivo es suficiente para insertar en bibliotecas compartidas cualquier elemento que se repita más de una vez.

Crear una biblioteca compartida

Las bibliotecas compartidas son películas normales de Flash, que se almacenan con extensión `.fla`, igual que el resto de los archivos, aunque lo normal es que esa película no contenga ningún elemento en la escena.

Insertar símbolos

Para crear una biblioteca debemos comenzar insertando en una nueva película los elementos que se van a compartir, como imágenes, fuentes, sonidos, botones y clips de película. En la figura 15.1 puede ver una biblioteca en la que hemos insertado varios elementos. Algunos han sido creados desde cero y otros han sido insertados mediante la opción Importar a biblioteca del menú Archivo.

Figura 15.1. Biblioteca de símbolos.

Si ya dispone de una película y lo que quiere es llevar los símbolos de esa película a la biblioteca compartida, puede abrir ambas bibliotecas y arrastrar los elementos de una a otra.

Vincular símbolos

Después de insertar algunos elementos en la biblioteca, debemos definirlos como elementos compartidos. Esto se consigue definiendo su vinculación. Siga esta secuencia de pasos para conseguirlo.

Ejemplo:

Vincular un símbolo.

1. Haga clic con el botón derecho sobre un símbolo de la biblioteca.
2. En el menú contextual seleccione la opción Vinculación.
3. Se muestra el cuadro de diálogo Propiedades de vinculación, como el de la figura 15.2.

4. Active la casilla Exportar para compartir tiempo de ejecución y en el cuadro Identificador introduzca un nombre para el símbolo.
5. Ahora añadiremos el URL con la dirección donde se va a situar el fichero `.swf` con la biblioteca compartida. Si lo va a colocar todo en la misma carpeta escriba el nombre de la biblioteca.
6. Haga clic en el botón **Aceptar**.

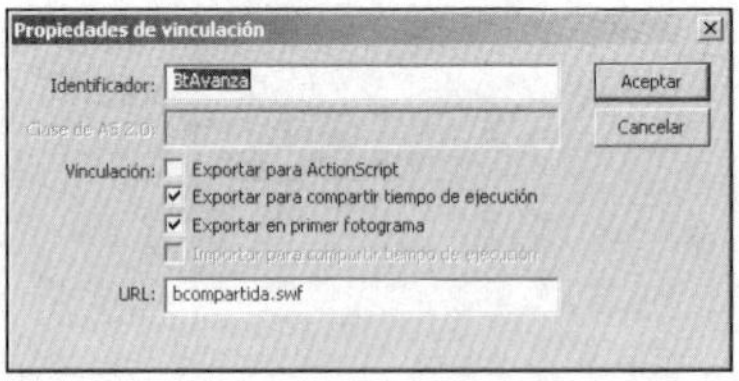

Figura 15.2. Cuadro de diálogo Propiedades de vinculación.

Advertencia:

El identificador no puede contener espacios en blanco en su nombre.

Los identificadores que hemos añadido nos servirán más tarde para poder utilizar los símbolos en las otras películas. Repetiremos esta secuencia de pasos para cada símbolo que vayamos a compartir.

Generar la biblioteca compartida

La biblioteca se utilizará como una película más, así que cuando tenga todos los elementos preparados y vinculados, debe generar el fichero `.swf` al que accederán el resto de las películas para tomar de ahí sus símbolos.

Advertencia:

El reproductor de Flash aparecerá con una escena en blanco, ya que aunque hemos creado algunos símbolos, no hemos insertado nada en la escena. Piense que si lo necesita, puede crear bibliotecas compartidas a partir de películas normales.

Para crear el fichero `.swf` pulse **Control-Intro**. Esto hace que aparezca el reproductor de Flash.

A continuación cierre el reproductor y la biblioteca, guardando los cambios de ésta. No olvide que al publicar el proyecto en Internet también tendrá que llevar el fichero `.swf` que acaba de generar, ya que será de aquí de donde se tomen los símbolos compartidos. Trataremos la publicación de películas en capítulos posteriores.

Utilizar una biblioteca compartida

Ahora ha llegado el momento de utilizar la biblioteca compartida.

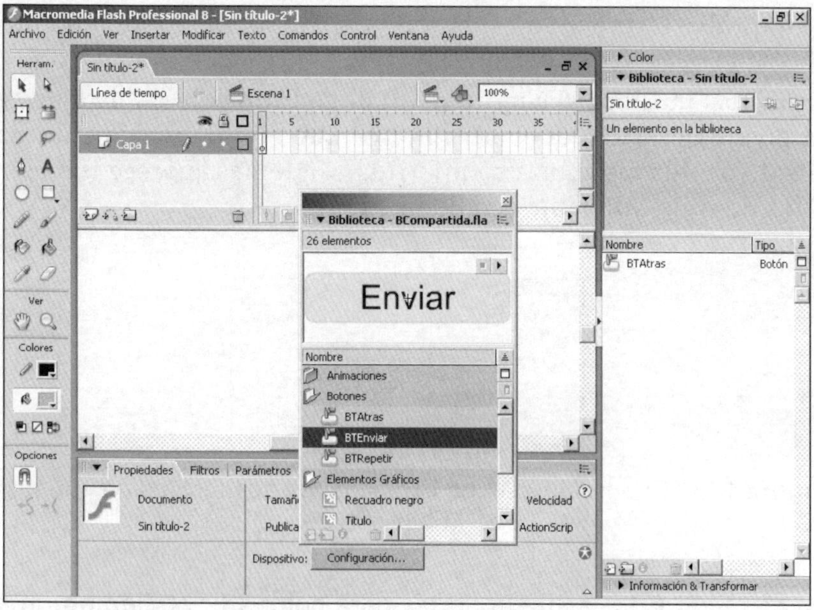

Figura 15.3. La biblioteca compartida lista para insertar elementos.

Para insertar en una película normal elementos de una biblioteca compartida siga esta secuencia de pasos:

Ejemplo:

Utilizar la biblioteca compartida.

1. Cree una nueva película.
2. Seleccione la opción Archivo>Importar>Abrir biblioteca externa y localice la biblioteca externa.

3. La nueva biblioteca aparecerá con el fondo gris, indicando que es una biblioteca compartida.
4. Para insertar algún símbolo arrástrelo hasta la escena o hasta la biblioteca de la nueva película.

Es decir, una vez abierta la biblioteca compartida, cada vez que arrastramos un elemento en el interior de la película pasará a formar parte de la biblioteca interna de esa película, pero lo hará con una pequeña diferencia: los símbolos que insertamos de este modo son simples vínculos a la biblioteca compartida.

Para comprobarlo, pulse con el botón derecho sobre el símbolo que ha insertado en la biblioteca interna y seleccione la opción Vinculación.

La figura 15.4 muestra el cuadro de diálogo Propiedades de vinculación. Como puede observar, el cuadro indica que el nuevo elemento ha sido importado de una biblioteca compartida, y además aparece con el mismo identificador que utilizamos en dicha biblioteca.

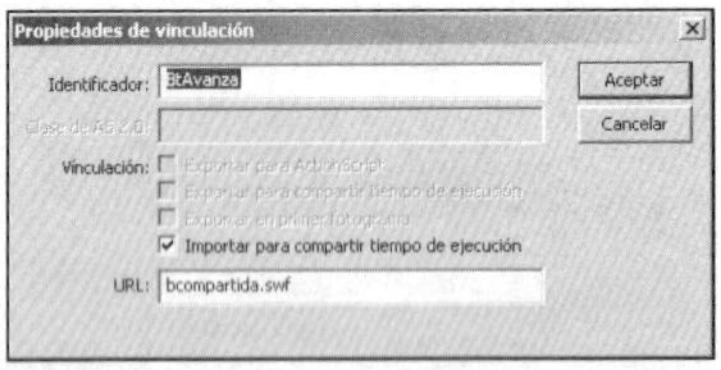

Figura 15.4. Cuadro de diálogo Propiedades de vínculos de símbolos de la biblioteca.

Si desactivásemos la casilla Importar para compartir en tiempo de ejecución, el símbolo pasaría a formar parte de la propia película como un elemento más.

En este caso se crea una copia, por lo que no sería necesario publicar también la biblioteca compartida, pero perderíamos la ventaja del ahorro de espacio.

Las opciones de importación y exportación se pueden aplicar también desde el cuadro de diálogo Propiedades de símbolo.

Si pulsamos en el botón **Avanzado** la ventana se ampliará mostrando los controles de la figura 15.5. Con estas opciones, además de controlar la vinculación, podemos hacer que el símbolo se actualice antes de ejecutar la película.

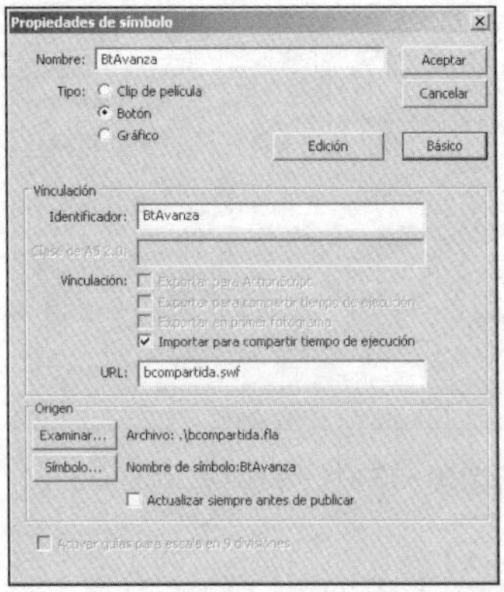

Figura 15.5. Propiedades avanzadas de símbolo.

Tamaños de ficheros finales

Una de las ventaja más notables del uso de las bibliotecas compartidas es que permite reducir el tamaño de las películas.

Si genera una película (pulsando **Control-Intro**) que sólo incluya símbolos tomados de una biblioteca compartida, observará que el tamaño del fichero SWF que se genera es mínimo por muchos elementos que tenga insertados.

Realicemos una prueba con una biblioteca compartida de ejemplo. En nuestro caso hemos insertado varias animaciones, botones, fotografías, fuentes, etc. en una biblioteca y hemos preparado cada símbolo para su vinculación posterior, asignando a cada uno de ellos su propio identificador.

En total, el fichero final (con extensión `.swf`), ocupa unos 400 Kb. En un módem tradicional podría tardar en descargarse desde Internet entre 2 y 4 minutos, aproximadamente.

El siguiente paso que podemos dar es crear dos o tres películas con esos elementos.

Para ello iremos arrastrando los símbolos necesarios a la escena de cada película y las iremos generando.

Las películas que hemos creado son muy sencillas: en alguna hemos variado los elementos, insertado música, creando alguna animación, etc. Finalmente, si observa la figura 15.6 puede ver que los ficheros `.swf` (que son los únicos que colocaremos en Internet) de las tres películas no ocupan prácticamente nada, ya que la biblioteca es la que contiene todos los elementos.

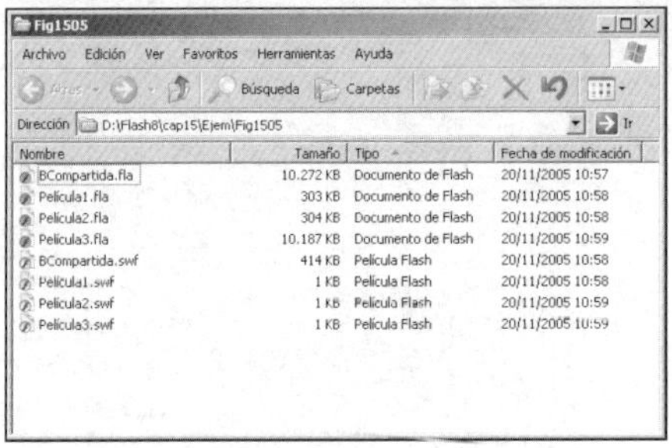

Figura 15.6. Los tamaños de las películas son inferiores a 1 Kb.

Al utilizar este proyecto en Internet ocurriría lo siguiente:

- Al cargarse la primera película, se buscan los elementos necesarios de la biblioteca, por lo que ésta se descarga también.
- Al comenzar la segunda película, nos encontramos con que la biblioteca ya ha sido descargada y se encuentra en el caché del navegador de Internet, por lo que no se volvería a coger. La segunda película comenzaría inmediatamente. Lo mismo ocurriría con la tercera.

En total, la información descargada en nuestro ejemplo sería de aproximadamente 500 Kb.

Sin utilizar la biblioteca compartida y duplicando los elementos, las películas habrían ocupado el triple.

Bibliotecas comunes

Las bibliotecas comunes son unos elementos similares al anterior pero con ciertos matices. Su función es la de mantener en su interior elementos que utilicemos con frecuencia para poder insertarlos rápidamente en nuestras películas.

La diferencia principal es que no contienen elementos vinculados, sino que generan en nuestra película un duplicado del objeto. Estas bibliotecas contienen elementos predefinidos de Flash, como botones y otros objetos. En definitiva son un método cómodo para reutilizar objetos.

Para utilizarlas seleccionaremos la opción Bibliotecas comunes del menú Ventana. Allí encontraremos una lista con las bibliotecas disponibles. Al seleccionar una de las opciones aparecerá el panel Bibliotecas externas, recogido en la figura 15.7.

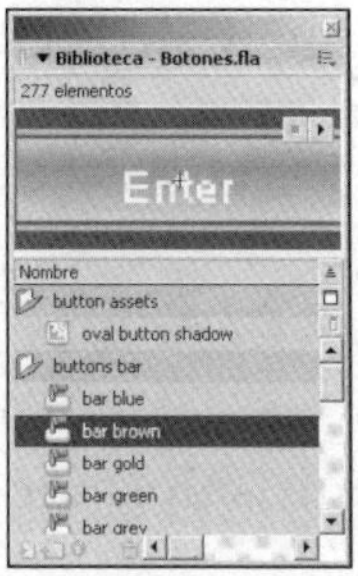

Figura 15.7. Bibliotecas comunes.

Estas bibliotecas no pueden ser modificadas, por eso se muestran en color gris. Al incorporar a nuestra película cualquier elemento de ellas, se creará un duplicado en la biblioteca de nuestro proyecto.

La lista de bibliotecas comunes se puede incrementar con nuestras propias aportaciones.

Para conseguirlo debemos copiar el archivo `.fla` con nuestros objetos en la carpeta `Configuration/Libraries` del programa. Generalmente la encontraremos en `C:\Archivos de programa\Macromedia\Flash 8\es`.

Las escenas

Las películas de ejemplo que hemos creado hasta ahora han tenido una extensión relativamente pequeña en la línea de tiempo. Se basaban en el uso de una única escena con una serie de fotogramas. Flash nos permite crear varias escenas dentro de una misma película. Si no utilizamos ningún *script* para modificar el flujo de la película, al terminar la primera escena comenzará a reproducirse la segunda, etc.

El uso de escenas nos permite estructurar la película en bloques independientes y evitar líneas de tiempo demasiado largas y difíciles de controlar.

Por el contrario, desde el punto de vista interno de Flash, la utilización de escenas no es del todo recomendable, ya que estamos obligando al usuario a descargar una película generalmente larga. Existen otros métodos para conseguir este objetivo como crear varias películas independientes que posteriormente se llaman unas a otras mediante *script*.

En la versión profesional de Flash contamos también con el uso de las Pantallas, mediante las cuales podemos tener un bloque de contenido asociado a cada pantalla. En resumen, disponemos de dos alternativas más eficientes al uso de las escenas.

El panel Escena

La figura 15.8 muestra el panel que gestiona las escenas de una película. Para mostrar el panel Escena seleccione la opción Ventana>Otros paneles>Escena.

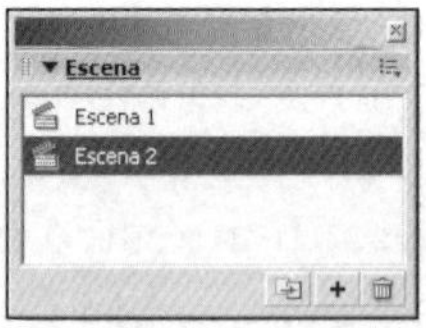

Figura 15.8. El panel Escena.

A continuación revisaremos las acciones que podemos realizar con este panel.

Trabajar con escenas

Tenemos varias opciones a nuestra disposición para trabajar con las escenas, como veremos a continuación.

Para insertar una nueva escena en una película utilice uno de estos dos métodos:

- Seleccione la opción Escena del menú Insertar. Al hacerlo la zona de trabajo se quedará vacía, y en la barra de control de escenas (sobre la línea de tiempo) aparecerá el texto Escena 2.
- Haga clic en el botón **Añadir escena** del panel Escena.

Al realizar este paso, habremos obtenido una nueva línea de tiempo vacía en la que continuar nuestra película.

Para editar una escena distinta a la actual, haga clic en el botón **Editar Escena** en la barra de control de escenas. Se despliega un menú con todas las escenas disponibles, tal y como se ve en la figura 15.9. También puede utilizar la categoría Ir a del menú Ver. Para cambiar el nombre a una escena haga doble clic sobre ella dentro del panel Escena e introduzca el nuevo nombre.

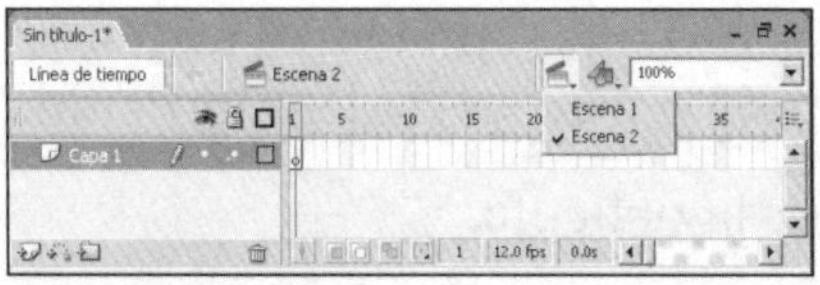

Figura 15.9. El botón Editar Escena.

Truco:

Los nombres de las escenas son muy importantes ya que se utilizan a la hora de controlar la película mediante el lenguaje Actionscript. Por tanto, es recomendable que introduzca nombres sencillos pero lo suficientemente descriptivos como para que sea capaz de identificar cada escena correctamente. No resultan demasiado útiles los nombres de tipo Parte 1, Parte 2, etc.

Para eliminar una escena selecciónela en el panel Escena y haga clic el botón **Eliminar escena** (representado por un cubo de basura).

Advertencia:

Utilice esta opción con sumo cuidado, ya que todos los elementos insertados en la escena desaparecerán también, aunque siempre podrá deshacer la última operación. Otra posibilidad es guardar los cambios de la película antes de hacer este tipo de operaciones. Si nos equivocamos siempre podremos volver a abrir la película.

Podemos hacer que una escena se sitúe antes o después de otra arrastrándola arriba o abajo dentro del panel Escena. Recuerde que las escenas que se encuentran en la parte superior de la lista son las que se ejecutan primero al reproducir la película.

Una opción muy útil consiste en crear una copia exacta de una escena. Se consigue seleccionándola en el panel Escena y haciendo clic en el botón **Duplicar escena** (el primero de la parte inferior). La nueva escena aparece con el mismo nombre de la anterior más la palabra copia. Ahora puede asignar un nuevo nombre a la escena.

Manejando escenas mediante Actionscript

En el capítulo anterior utilizamos algunas acciones que sirven para alterar el flujo natural de la película. Como hemos comentado, la película va reproduciendo las escenas una a una en el orden en que estén colocadas. Para alterar ese orden disponemos de las siguientes acciones:

- `stop`: Para detener la película.
- `play`: Para continuarla.
- `gotoAndPlay`: Para acceder a un fotograma determinado de la escena indicada y continuar la reproducción.
- `gotoAndStop`: Para acceder a un fotograma y detener la reproducción.

En las acciones `gotoAndPlay` y `gotoAndStop` podemos realizar saltos entre diferentes escenas. Por ejemplo, si desde un punto concreto de una escena llamada Entrada queremos saltar al fotograma 25 de otra escena llamada Créditos, insertaríamos el siguiente *script*:

```
gotoAndPlay("Créditos",25);
```

Otra posibilidad es realizar saltos de escena relativos. Para ello disponemos de dos acciones, en este ejemplo la primera línea saltar a la escena anterior y la segunda a la siguiente:

```
prevScene();
nextScene();
```

Cargar películas y otros elementos

Continuando con la utilización de los *script* podremos resolver otro problema: al crear proyectos grandes, como puede ser el diseño de un sitio Web completo, se hace necesaria la división del proyecto en varias películas. Habitualmente, el paso de una película a otra lo realizaremos mediante la acción `getURL`, pero ahora nos centraremos en otro concepto importante de Flash: su modularidad. Cuando creamos películas independientes podemos hacer que se llamen unas a otras mediante el uso de la acción `loadMovie` o `MovieClipLoader.loadClip`.

Cargar una película

El comando `loadMovie` carga una película o clip de película y lo sitúa en la línea de tiempo de la película que ha ejecutado esta acción. Este comando utiliza varios parámetros:

- URL: Se utiliza para indicar el nombre de la película o clip de película que se va a cargar. La película debe ser un archivo con extensión SWF.

Si está almacenada en un lugar distinto al de la película principal debemos indicar su posición, ya sea de forma relativa o absoluta.

- Destino: Indica el nivel que tomará la película o el clip de película que se debe sustituir dentro de los existentes en la película actual. Más tarde aclararemos este concepto de los niveles.
- Método: Se usa para enviar instrucciones a la película que se va a cargar.

Por ejemplo, la siguiente instrucción cargaría la película `nosotros.swf` en el nivel 1:

```
loadMovie ("nosotros.swf", 1);
```

Cargar una imagen

El comando `loadMovie` tiene una aplicación adicional. Podemos utilizarlo para cargar una imagen, como por ejemplo, una fotografía. Para ello es necesario que la imagen esté almacenada en formato JPEG. El uso del comando es igual que en el caso anterior salvo que en el parámetro URL indicaremos la dirección de la imagen.

La ventaja que obtenemos al insertar una imagen con este método en vez de añadirla directamente en la biblioteca de símbolos es que podremos cambiar la imagen sin necesidad de modificar la película.

Por ejemplo, imagine que está creando un sitio Web en el que a diario introduce una nueva foto mostrando el estado del cielo para que sus visitantes puedan ver como está el clima ese día. El método más simple sería utilizar este sistema.

Otra forma de cargar un clip

En la versión actual de Actionscript se ofrece una nueva forma de cargar un clip o una imagen. Ésta consiste en utilizar el objeto `MovieClipLoader`. Con la utilización de este objeto obtenemos un mayor control del proceso de carga, sobre todo cuando los clips se encuentran en Internet. Este sistema puede parecer más complejo, ya que previamente debemos generar un objeto. En capítulos posteriores trataremos esta cuestión, aunque si dispone de ciertos conocimientos de Actionscript, baste decir que el proceso se podría realizar mediante las dos líneas siguientes:

```
var miContenedor = new MovieClipLoader();
miContenedor.loadClip("nosotros.swf",1);
```

Este ejemplo cobrará sentido cuando analicemos la manipulación de objetos de Actionscript. La ventaja se encuentra en que este objeto dispone de una serie de métodos para saber cuándo se ha terminado de cargar el clip, si no se ha podido cargar, etc.

Descargar una película

El comando `unloadMovie` se utiliza para descargar una película, es decir, para que deje de estar visible. El parámetro que llevará este comando es la ubicación de la película, ya sea en un determinado nivel o en un destino concreto.

Como sucedía en el apartado anterior, contamos con el método `MovieClipLoader.unloadClip`, más completo que el primero.

Los niveles de una película

Los niveles son utilizados por Flash para colocar los elementos en la escena. Toda película tiene una línea de tiempo principal, en la que insertamos los objetos. Esa línea principal se toma como la línea básica y se le asigna el primer nivel, el nivel cero.

Cada vez que cargamos una nueva película le podemos asignar un nuevo nivel, por encima de cero, de modo que esa película se situé sobre la anterior y mantenga además su línea de tiempo independiente. Es decir, trataremos las líneas de tiempo como si fuesen capas, colocándolas a nuestro antojo.

Nota:

El valor `_level` seguido de un número nos permite indicar un nivel de película. En el capítulo que dedicaremos a explicar la estructura del lenguaje Actionscript encontrarás más información sobre cómo referirnos a los elementos de una película.

Los clips de película también tienen asignado su nivel dentro de la línea de tiempo de la película a la que pertenecen.

Si, por ejemplo, cargamos una película en el nivel cero de otra película, la primera pasará a tomar la posición de la segunda, por lo que la segunda se descargaría y desaparecería.

Los niveles son también el eje del funcionamiento del comando `unloadMovie`. Por ejemplo:

```
unloadMovie(_level4);
```

Descargaría la película ubicada en el nivel cuatro.

Un ejemplo práctico

En la figura 15.10 hay un proyecto que aclarará la carga de películas. Consiste en una escena con una serie de botones. Al pulsar sobre cada uno de los botones se procede a cargar una actividad en el nivel 1 de la escena. La película principal, situada en el nivel cero se mantendrá intacta, pero cuando pulsamos un segundo botón, la nueva actividad se cargará sobre la anterior.

La acción que habría que asignar a cada botón es la siguiente:

```
on (release) {
   loadMovieNum ("actividad1.swf", 1);
}
```

Donde iríamos cambiando para cada botón el nombre del fichero a cargar. El último botón hará que se descargue la actividad, dejando la escena en su estado inicial.

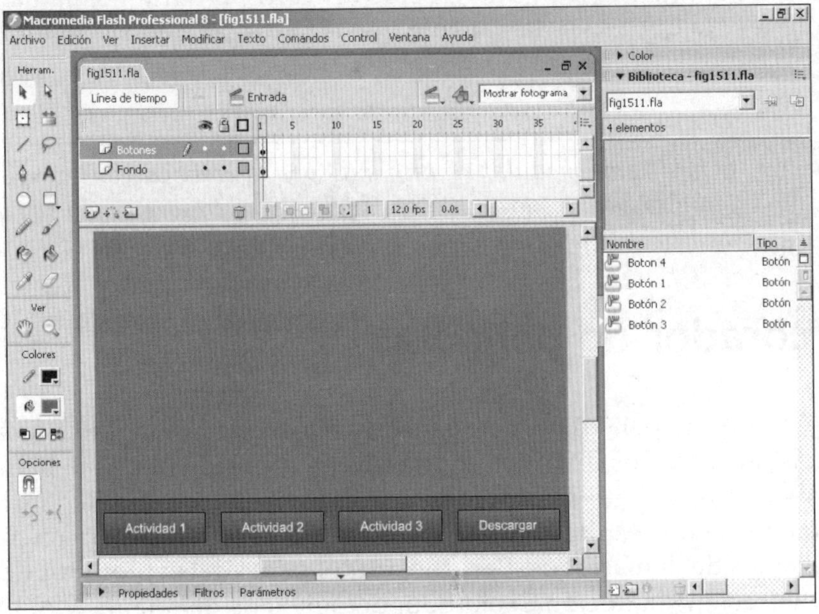

Figura 15.10. Película principal, cargada en el nivel cero.

El resultado es muy parecido al que se consigue cuando se utilizan marcos en una página Web, con la ventaja de que las transiciones serán muy suaves. En la figura 15.11 puede ver el resultado después de pulsar un botón.

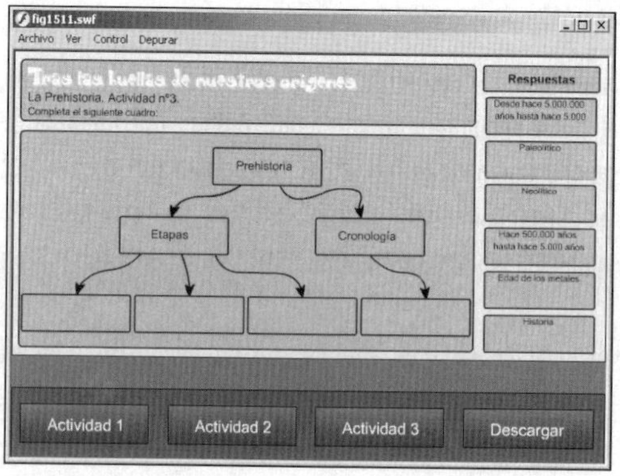

Figura 15.11. Se ha cargado una película sobre la principal.

Todas las películas se cargarán en el nivel 1, ya que si cargásemos alguna en un nivel superior se situaría sobre las otras, sin hacerlas desaparecer primero. Si cargásemos alguna en el nivel cero perderíamos la barra de los botones, ya que ésa es la película que está cargada en ese nivel.

Truco:

Este sistema modular resulta muy útil al trabajar con proyectos grandes, ya que para realizar cambios en el proyecto sólo hay que modificar la película afectada, evitando así posibles errores.

Explorador de películas

El explorador de películas es un panel de Flash que nos ayuda a localizar con más facilidad los distintos elementos de una película. Este panel aumenta su valor cuanto más grande sea la película, ya que llega un momento en que no resulta sencillo localizar un objeto o *script* concreto si disponemos de demasiados. Para mostrar el panel del explorador de películas, seleccione la opción Explorador de películas del menú Ventana. Se desplegará el panel de la figura 15.12.

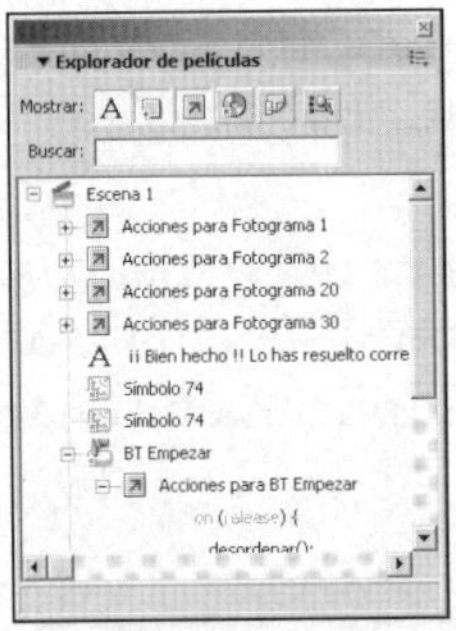

Figura 15.12. Panel Explorador de películas.

Explorar objetos

En la zona de trabajo del panel podrá ver un icono que representa la escena que está editando y todos los elementos insertados en ella. En la figura 15.12, por ejemplo, puede ver que dentro de la escena hay varios clips de película, botones y algunos *script*.

Utilice estos controles para manejarse por el panel:

- Pulse en el signo de suma para expandir una rama o en el signo de resta para contraerla. De esta forma puede ver los elementos que dependen de la escena u objeto seleccionado.
- En la zona superior de la pantalla encontramos una serie de botones que se utilizan para mostrar determinados elementos. Actívelos o desactívelos según sus necesidades. Si detiene el ratón sobre ellos aparecerá un rótulo indicando su utilidad. El último botón despliega un cuadro de diálogo en el que podemos configurar el panel.
- Para que en la zona de trabajo sólo se muestre la escena, o sólo la biblioteca, o todas las escenas de la película, etc. haga clic en el menú de opciones del panel (esquina superior derecha) y active o desactive las opciones Mostrar elementos de película, Mostrar definiciones de símbolo y Mostrar todas las escenas.
- También en el menú de la esquina superior derecha dispone de opciones para expandir o contraer completamente alguna rama. Utilice las últimas opciones de dicho menú.
- La opción Imprimir del menú de opciones del panel crea una copia en papel de la jerarquía de su película.
- Para copiar todos los elementos de texto en otro programa, como por ejemplo, el bloc de notas, seleccione la opción Copiar todo el texto en

el portapapeles. A continuación debe pegar ese texto en otro programa. Esta opción le permitirá obtener un listado con todas las acciones insertadas en la película.

- Mediante el menú opciones del panel o con el menú contextual puede realizar algunas operaciones sencillas sobre los objetos de la película, como cambiar nombre, duplicar, eliminar, etc.

Truco:

Todas las posibilidades del menú de control del panel se encuentran también disponibles desde el menú contextual que aparece al pulsar con el botón derecho sobre algún elemento de la zona de trabajo del panel.

Creación de precargas

Un problema que surge cuando colocamos una película en Internet es el conseguir que ésta se ejecute correctamente, intentando que no se produzcan grandes paradas porque algún elemento no se haya descargado aún y no se pueda mostrar. El gran inconveniente que tiene la creación de páginas Web o películas largas es que corremos el riesgo de que el usuario se encuentre mirando una película que nunca acaba de cargarse del todo y decida irse a buscar a otro sitio.

Por este motivo es muy importante controlar el tamaño de un proyecto, dividiéndolo en módulos siempre que sea posible y teniendo informado en todo momento al usuario de cuánto falta para que pueda visualizar la película siguiente.

La técnica más usual para proporcionar esa información al usuario es la creación de escenas de precarga. Estas escenas se colocan antes de comenzar la escena principal y comprueban periódicamente si se ha descargado la película completa mientras que muestran cuánto falta o entretienen al usuario de alguna manera.

Las precargas se basan fundamentalmente en el uso de una propiedad de la película (`_framesloaded`), que nos indican el número de fotogramas que se han cargado. Comparando esa propiedad con otra que nos indica el total de fotogramas de la película (`_totalframes`) podemos saber en todo momento cuanto tiempo queda aproximadamente para que la película pueda comenzar.

Entreteniendo al usuario

El primer modelo de precarga consiste en hacer una animación cíclica que se reproduzca constantemente hasta que se haya cargado la película completa.

Por ejemplo, en la figura 15.13 puede ver un clip de película que muestra una pequeña pantalla en la que se va desplazando la palabra "Cargando" cíclicamente.

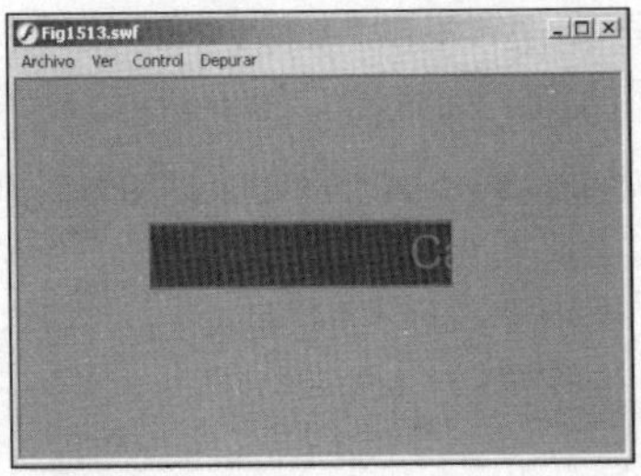

Figura 15.13. Película con precarga.

En la escena, insertaremos una instancia de ese símbolo y además un par de *script* para conseguir que la película se mantenga y reproduzca ese clip hasta que toda la película esté cargada. Siga esta secuencia de pasos para crear el clip de película.

Ejemplo:

Componer un clip de película para una precarga.

1. Inserte un nuevo símbolo llamado Texto pulsando **Control-F8**.
2. Cree un bloque de texto con el mensaje "Cargando" y cambie sus propiedades de tamaño, color y fuente.
3. Inserte un nuevo símbolo llamado Pantalla pulsando de nuevo **Control-F8**.
4. En la capa 1 inserte un rectángulo con un color oscuro, similar al de la figura 15.14. Asígnele una duración de 20 fotogramas.
5. Añada una nueva capa e inserte en el fotograma 1 el símbolo Texto arrastrándolo desde la biblioteca de símbolos. Sitúelo a la derecha del cuadro, fuera de él.

6. Acceda al fotograma 20 de esa capa e inserte un fotograma clave.
7. Desplace la instancia del símbolo Texto desde la derecha hasta la izquierda del cuadro, dejándolo completamente fuera.
8. Seleccione la casilla 1 de esa capa y cree una interpolación de movimiento mediante el panel Propiedades.
9. Las casillas que hay entre la 1 y la 20 se vuelven azules, atravesadas por una flecha.
10. Para conseguir que el texto sólo se vea cuando esté situado sobre el cuadro, inserte una nueva capa.
11. En la nueva capa cree un cuadro sin borde y del mismo color que el fondo en la parte derecha, para que tape el texto. Añada otro similar en la parte izquierda tapando también el texto.

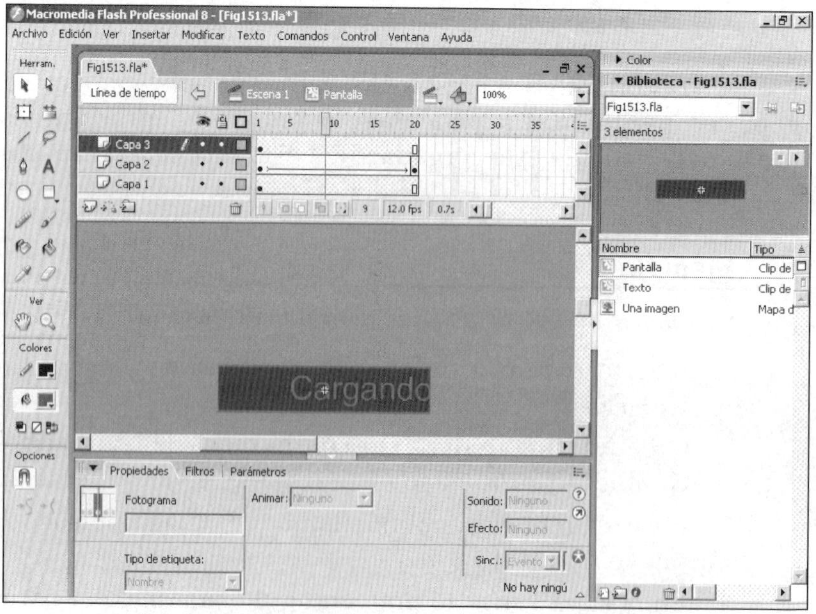

Figura 15.14. Clip de película para una precarga.

Los recuadros del mismo color que el fondo sirven para que parezca que el texto está dentro del cuadro de la capa 1. Pulse **Intro** para ver el efecto.

Ahora llega el momento de preparar la escena.

Estos son los pasos principales que debe realizar:

- Inserte el clip de película en la capa 1. Inserte un segundo fotograma. Con esto hacemos que el clip de película utilice dos fotogramas. Como su línea de tiempo se reproduce independientemente, será suficiente.
- Añada una segunda capa y llámela Acciones. La utilizaremos para insertar las acciones necesarias para realizar la precarga.
- Inserte una tercera capa o tantas como necesite para contener la película real. Alárguelas hasta el fotograma 25, seleccionando dicho fotograma y pulsando **F5**.
- Haremos que la película comience realmente en el fotograma 5. Para ello, seleccione esa casilla y pulse **F6** para insertar un fotograma clave. Introduzca algún objeto. En nuestro caso hemos insertado un texto y una imagen que hemos deformado.

Ahora vamos a crear los *script* necesarios para que la precarga funcione. Acceda a la casilla 1 de la capa Acciones y pulse **F9**. Se despliega el panel Acciones, donde debe introducir el siguiente *script*:

```
if (_framesloaded >= 25) {
  gotoAndPlay(5);
}
```

Nota:

Para introducir este script *debe utilizar la acción* `if`*, que se encuentra en la categoría* Sentencias>Condiciones/Bucles*, o si se anima, puede introducir todo el código manualmente.*

El *script* comprueba si se han cargado 25 fotogramas (primera línea), en cuyo caso saltará al fotograma 5 (segunda línea), que es donde comienza realmente la película. En el caso de que no se haya cargado aún, la película continuará su ejecución normal, mostrando el fotograma 2, donde sigue estando situado el símbolo de precarga. El comando `if`, como veremos más adelante, se utiliza para hacer una comprobación de una condición.

Ahora necesitamos que desde el fotograma 2 se regrese al 1, para que la comprobación se siga haciendo hasta que se cargue el fotograma 25. Introduzca esta acción en el fotograma 2:

```
gotoAndPlay(1);
```

De esta forma se crea un ciclo infinito que sólo termina al cargase el fotograma 25. Antes de probar la película lea el apartado dedicado al depurador de películas, en este mismo capítulo, ya que si prueba normalmente la película se cargará tan rápidamente que no podrá ver la precarga.

Nota:

En este caso, por la sencillez del ejemplo no hemos usado dos escenas distintas, aunque en un proyecto más complejo sería lo más razonable.

Informando al usuario

El sistema de precarga anterior resulta útil para películas que no sean excesivamente largas, pero sigue sin resolver el problema del todo, ya que el usuario no puede saber si faltan 30 segundos para que comience la película o si falta una hora y media. Si la precarga dura demasiado es muy probable que el usuario decida no esperar a ver qué pasa.

Una solución alternativa consiste en informar al usuario del porcentaje de película que se ha descargado. Esto se puede conseguir mediante un sencillo *script*.

Veamos un par de ejemplos:

Información mediante porcentajes

Podemos crear una barra de progreso utilizando un clip de película, dos fotogramas y un *script*:

- Creamos dos escenas, una llamada Precarga y otra llamada Presentación.
- Insertamos un clip en forma de recuadro pequeño en la primera escena, le asignamos el nombre Barra a esa instancia desde el panel Propiedades y alargamos su duración hasta el fotograma 2.
- En una capa de acciones insertamos la siguiente acción en el fotograma 1:

```
if (_framesloaded >= _totalframes) {
  gotoAndPlay("Presentación", 1);
} else {
  _root.Barra._xscale = (_framesloaded/_totalframes)*100;
}
```

Revisemos el *script*: en la primera línea comprueba dos propiedades de la película. `_framesloaded` indica la cantidad de fotogramas que se han descargado, mientras que `_totalframes` indica el número total de fotogramas de la película. La sentencia `if` se utiliza para comparar dos valores, por lo que si se cumple la condición se ejecutará la sentencia `gotoAndPlay` (que llevará la película hasta la segunda escena). En el caso de que no se cumpla la condición se modificará la propiedad `_xscale` de la instancia Barra, tomando un valor porcentual relativo al número de fotogramas cargados (los fotogramas cargados divididos entre los fotogramas totales y multiplicados por algún valor, en nuestro ejemplo 100).

La instancia Barra está precedida del objeto `_root`, lo que indica que éste es un objeto perteneciente al primer nivel, que depende directamente de la raíz de la película. Analizaremos la estructura de objetos en próximos capítulos.

De esta forma, a medida que se vayan cargando los fotogramas la línea de progreso irá creciendo.

Para conseguir que se ejecute constantemente el *script*, debemos insertar una segunda acción en el fotograma 2:

```
gotoAndPlay(1);
```

En la figura 15.15 puede ver esta película. Para probarla consulte el apartado dedicado al depurador de películas.

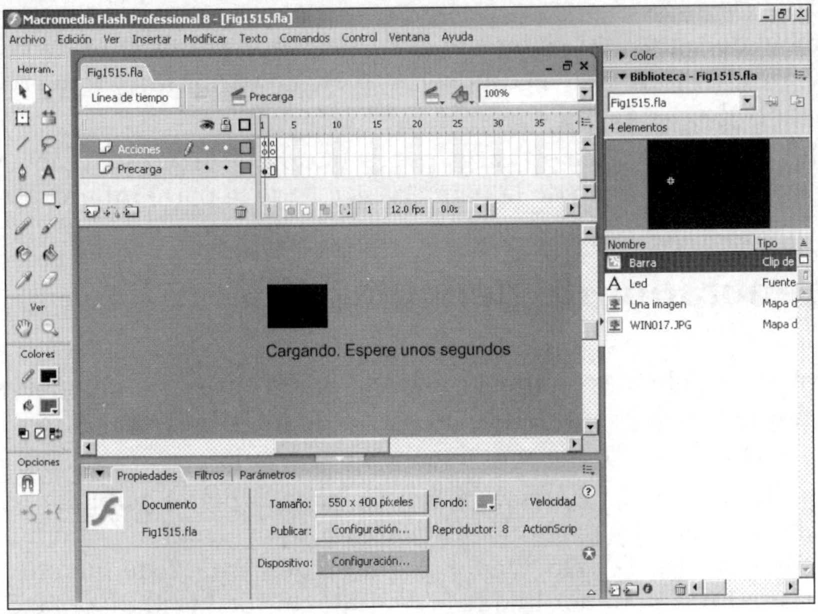

Figura 15.15. Precarga mediante porcentajes.

Información mediante imágenes

Un segundo sistema, más visual, que también utiliza las propiedades `_framesloaded` y `_totalframes` consiste en crear una imagen que va cambiando a medida que se cargan los fotogramas. Por ejemplo, podríamos tener un clip de película de un reloj que cambia cuando la película cargue determinados fotogramas. Si tuviese 100 fotogramas podríamos hacer que el reloj cambiase en el fotograma 25, el 50 y el 75, avanzando su hora.

En el siguiente ejemplo, recogido en la figura 15.16, tenemos una pecera con una pequeña grieta. A medida que se van cargando los fotogramas haremos que el nivel del agua vaya bajando, hasta vaciarse para indicar que la descarga ha terminado.

Figura 15.16. Precarga mediante animaciones.

El cambio del agua lo podemos realizar cargando varios clips de película uno sobre otro, o creando el dibujo completo en varios fotogramas clave y dibujando el agua de nuevo.

Para hacer más amena la precarga puede hacer que el pez se mueva por la pecera y que brote agua de la pequeña grieta de la parte inferior.

El depurador de películas

Al probar las películas en nuestro ordenador las precargas apenas se verán, ya que la velocidad de transferencia de nuestro disco duro es muy alta. Así, la película se carga casi instantáneamente.

Para poder probar una precarga necesitaríamos poder publicar nuestra película en Internet y probarla desde distintos ordenadores con módems distintos, para ver la velocidad a la que se descarga. Este método no es demasiado funcional, por lo que el reproductor de Flash dispone de una serie de opciones que nos permitirán realizar simulaciones.

Para poder utilizar esas opciones accede a la ventana de prueba seleccionando la opción Control>Probar película o pulsando **Control-Intro**. La película comenzará a ejecutarse en el reproductor de Flash. Observe que la barra de menús ha cambiado. Ha aparecido un nuevo menú llamado Depurar y además en el menú Ver las opciones son distintas a las habituales.

En la figura 15.17 se muestran algunas de las opciones del menú Ver.

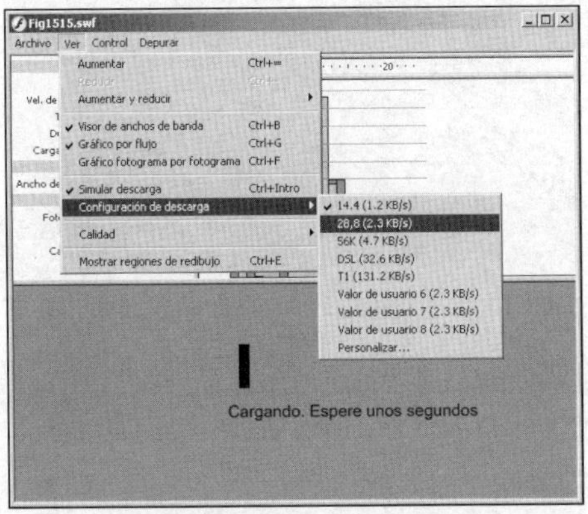

Figura 15.17. Menú Ver.

Visor de anchos de banda

Pulsando en el menú Ver puede activar la opción Visor de anchos de banda. Esto hará que sobre el reproductor aparezca una ventana similar a la de la figura 15.18, que contiene información sobre cómo se reproducirá la película en Internet.

Truco:

Puede hacer más o menos grande el reproductor arrastrando cualquiera de sus bordes con el ratón. También puede cambiar la distribución de sus paneles interiores arrastrando las líneas que los separan. Si la película se ve demasiado pequeña puede acercarla mediante la opción Aumentar *del menú* Ver. *Las opciones* Reducir *y la categoría* Aumentar y reducir *ofrecen otras posibilidad similares.*

En la parte derecha encontramos unas barras que nos indican la cantidad de kilobytes que ocupa cada elemento, por lo que podremos deducir cuánto tiempo se necesitará para cargar esos símbolos.

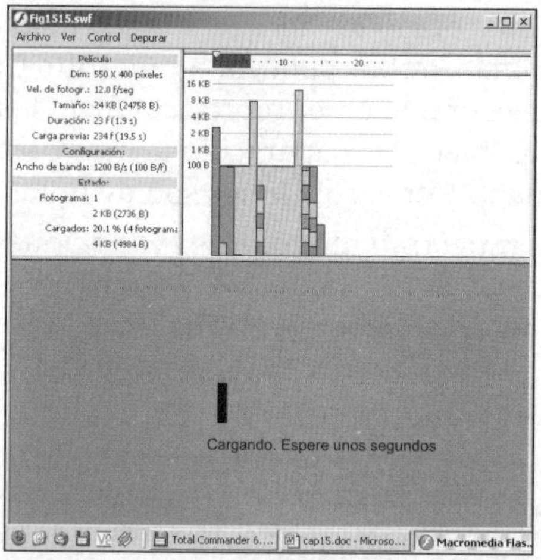

Figura 15.18. Sobre la película aparece el Visor de anchos de banda.

En la parte izquierda se muestra cuánto ocupa la película, sus dimensiones, duración, el tiempo que tardará en cargarse, etc.

Definir la velocidad de descarga

Para poder probar la descarga de una película a distintas velocidades, seleccione alguna de las opciones del menú Ver>Configuración de descarga. Estas opciones harán que la película se ejecute a una velocidad determinada, definida por el número de kilobytes por segundo que se copian desde Internet al ordenador. En la lista están representados los tipos de acceso más habituales (módem, RDSI, ADSL, etc.). Para definir un valor escoja la opción Personalizar de ese mismo menú. Aparecerá un cuadro de diálogo en el que puede modificar tanto los nombres de las opciones como las velocidades que simulan.

Resumen

A medida que la complejidad de nuestros proyectos crece vamos necesitando nuevas estrategias para gestionar correctamente nuestras películas. En este capítulo hemos aprendido a controlar correctamente películas extensas mediante varias herramientas:

- El uso de bibliotecas compartidas nos permite crear varias películas utilizando elementos repetidos sin incrementar el espacio final.

- Las bibliotecas comunes aportan rapidez y sencillez para incorporar elementos a nuestro proyecto.
- Las escenas simplifican notablemente las líneas de tiempo de cada película, al tiempo que nos permite crear divisiones que podremos controlar mediante el lenguaje Actionscript.
- La acción `loadMovie` es una potente herramienta para crear un diseño por módulos para un proyecto complejo, de modo que las películas se puedan llamar unas a otras mostrándose y ocultándose a voluntad.
- El explorador de películas nos será de ayuda a la hora de buscar y organizar los elementos insertados en una determinada escena.
- La creación de sistemas de precarga nos ayudará a mantener al usuario entretenido mientras espera a que una película larga se haya descargado completamente en su ordenador.
- El depurador de películas nos ofrece la posibilidad de probar nuestra película bajo condiciones diferentes.

Utilizando todas estas opciones cuando sea necesario, le resultará más sencillo modificar sus proyectos y conseguirá un resultado mejor de cara al usuario.

Capítulo 16

El lenguaje Actionscript

En este capítulo aprenderá a:

- Conocer la sintaxis del lenguaje de programación de Flash.
- Utilizar acciones de control en sus *script*.
- Utilizar objetos.
- Utilizar la ayuda de Actionscript.

Actionscript

Actionscript es un lenguaje de programación de creación de secuencias de acciones, al estilo de otros muy extendidos en Internet, como Javascript, aunque con bastantes diferencias respecto a éste. El lenguaje Actionscript es una de las grandes mejoras de las últimas versiones de Flash, ya que supera en potencia y versatilidad a los *script* que se podían realizar con las primeras versiones del programa.

Mediante este lenguaje se pueden realizar acciones sencillas sin necesidad de ser un experto en programación. Además, si está familiarizado en el uso de algún lenguaje de programación podrá sacarle mucho más partido a Flash. A lo largo de este capítulo nos acercaremos a la estructura básica de Actionscript. Si no ha utilizado previamente ningún lenguaje de programación, este capítulo le puede resultar un tanto complejo, pero es necesario para sentar las bases de una mejor comprensión de la creación de *script* con Flash y en general del uso de los lenguajes de programación.

Edición de script

La creación de *script* se realiza desde el panel Acciones que hemos venido utilizado en capítulos anteriores. Este panel se recoge en la figura 16.1.

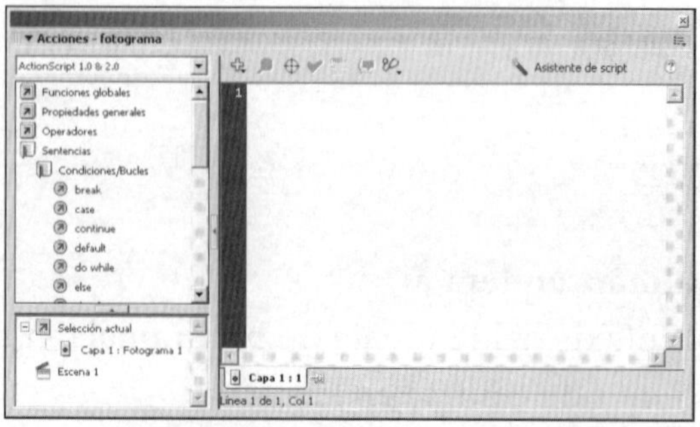

Figura 16.1. Panel Acciones.

Estructura del lenguaje

En este apartado vamos a ver las claves principales del lenguaje.

Sintaxis de acciones

Flash utiliza una serie de símbolos para delimitar y separar instrucciones:

- Punto (.): El símbolo de punto se utiliza para indicar las propiedades y métodos de los objetos, como veremos en el apartado dedicado a la programación orientada a objeto.
- Punto y coma (;): Las acciones de Actionscript deben terminar con este símbolo. Es el indicador de fin de instrucción.
- Igual (=): Utilice este símbolo para asignar valores a variables o propiedades. Ésta es la asignación más básica que existe, ya que Flash permite realizar otras más complejas. Por ejemplo, la línea siguiente hace que en la variable `Nombre` se almacene el valor `Martínez`.

```
Nombre = "Martínez";
```

- Llaves ({ }): Las llaves se utilizan para agrupar acciones que se ejecutarán todas juntas, una detrás de otra. Por ejemplo:

```
on(release) {
   loadMovie("quinta.swf",2);
   gotoAndPlay("Escena 3","Final");
}
```

- Paréntesis (( )): Se utilizan para indicar los parámetros de las funciones o métodos. El siguiente ejemplo ejecuta una función llamada `Mover`, que hace que un clip se desplace hasta la posición indicada en sus parámetros, que en este caso son 56 y 120:

```
Mover(56,120);
```

Mayúsculas y minúsculas

En esta última versión de Flash se distingue entre mayúsculas y minúsculas. A la hora de crear variables o utilizar funciones nos es lo mismo escribir `miCoche` que `MICoche`.

Por ejemplo, si creamos variables usando mayúsculas es necesario seguir usándolas en toda la película.

Comentarios

Para proporcionar mayor claridad a los *script* es conveniente incluir comentarios que expliquen su funcionamiento.

Al seleccionar la acción Comment en la lista de acciones del panel Acciones, aparece una barra doble (//). Todo lo que se escriba a continuación será tomado como una anotación del autor y no tendrá efecto en el *script*. Por ejemplo:

```
on(release) {
// Salta a la tercera escena y allí terminará
gotoAndPlay("Escena 3","Final");
}
```

Los comentarios aparecen en la lista de acciones en color gris, tal y como se muestra en la figura 16.2.

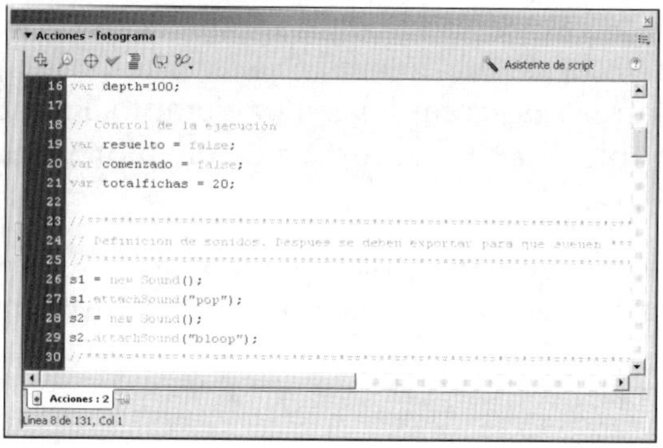

Figura 16.2. Comentarios en un script.

Variables

Las variables son elementos que se crean en Flash para introducir en ellos algún valor. Cada variable tiene asignado su propio nombre. Por ejemplo:

```
var Apellido = "Mesa";
var miTexto:String = "Inicio";
```

La primera línea crea una variable que se llama Apellido y le asigna una cadena de texto, con el valor Mesa. La segunda línea realiza la misma función que la anterior, pero al indicar `:String` estamos obligando a que en esa variable sólo se puedan introducir textos. Es una novedad en la versión 2.0 de Actionscript. En la primera línea podríamos insertar un número o cualquier otro valor.

Nota:

El signo "=" se utiliza para realizar asignaciones. El término de la parte derecha se introducirá en el elemento de la parte izquierda.

El nombre de la variable tiene algunas limitaciones; no puede ser el nombre de una función, constante o cualquier otra palabra reservada de Flash.

Truco:

Use siempre nombres descriptivos para las variables e intente que no sean demasiado complicados de recordar ni de escribir. Piense que si crea diez variables y les asigna el nombre variable1, variable2, etc. cuando hayan pasado un par de días será incapaz de recordar qué es lo que iba a contener cada una de ellas.

Variables globales y locales

Las variables en Flash se crean de modo que se puedan utilizar durante toda la película (globales) o sólo dentro de un bloque o función determinado (locales).

Todas las variables son locales mientras no se indique lo contrario. Para definir una variable como local debe preceder la declaración de la palabra `var` dentro de la función o bloque donde queremos que actúe.

Por otro lado, dentro de las variables globales encontramos dos modalidades:

- Variables de línea de tiempo: Que están accesibles desde cualquier punto de la película, pero indicando previamente la línea de tiempo en la que se crearon. Son las más habituales. Se crean mediante la palabra reservada `var` pero en un fotograma de la línea de tiempo y siempre antes de ser utilizadas.
- Variables globales: Se puede acceder a ellas desde cualquier lugar de la película sin indicar el lugar donde se definieron. Para crear una de estas variables, debe preceder la definición del termino `_global`. Por ejemplo:

```
_global.Nombre = "Carlitos";
```

Crearía una variable que podría ser consultada desde cualquier *script* de la película.

Tipos de datos

Al definir una nueva variable, ésta se crea para contener algún tipo de dato. Los tipos de datos definen el rango de valores que puede tomar una variable. Existen varios tipos de datos: numéricos, boléanos, cadenas, objetos, clips de película, nulo e indefinido.

El tipo de dato que se asigna a cada variable dependerá del valor que se introduzca en ella.

Por ejemplo, la instrucción:

```
Nombre ="Página siguiente";
```

Hace que la variable Nombre tome el tipo de datos cadena, ya que se ha introducido una cadena de texto dentro de ella.

Nota:

Los tipos de datos numéricos contienen números, los de cadena contienen texto y los boléanos, pueden contener un único valor, que puede ser verdadero o falso (en inglés true *o* false*). Se utilizan para crear condiciones. El tipo clip de película contiene precisamente un clip de película. Los tipos nulo e indefinido se usan generalmente para indicar que dentro de una variable no hay ningún valor. Del tipo de datos objeto hablaremos en profundidad más adelante.*

Constantes

Las constantes son valores predefinidos en Flash y que no se pueden variar durante la película, al contrario de lo que ocurre con las variables.

Las constantes en Flash se suelen escribir con mayúsculas. Por ejemplo, el objeto `Math` tiene definida una constante llamada `PI`, que contiene el número Pi, muy utilizado en matemáticas.

Palabras reservadas

Flash dispone de una lista de palabras reservadas que no se pueden utilizar para asignar nombres a variables, constantes o funciones. Éstas son las palabras propias del lenguaje, utilizadas en su estructura.

Junto a ellas existen algunas más que se utilizarán en versiones futuras y otro grupo que se utiliza para dar nombre a las clases incorporadas al lenguaje. De todos modos, ésta es una cuestión que no resulta dramática para los hispano parlantes, ya que no tendemos a utilizar nombres ingleses para asignarlos a este tipo de elementos.

Tabla 16.1. Lista de palabras reservadas de Actionscript.

add	and	break	case
class	continue	default	delete
dynamic	else	eq	extends
for	function	ge	get
if	ifFrameloaded	implements	import
instanceof	interface	intrinsic	le
ne	new	not	on
or	private	public	return

Expresiones

Una expresión es una instrucción que Flash debe evaluar para obtener algún resultado. Por ejemplo, la siguiente línea:

```
SumadeValores = 175-150;
```

Introduciría el valor 25 en la variable `SumadeValores`, ya que se evalúa la expresión antes de introducir el resultado en la variable.

Nota:

Todo lo que se muestra entre comillas es interpretado por Flash como una cadena de texto. Por ejemplo, la siguiente línea `SumadeValores = "125+150";` *no sería una expresión para Flash, sino una simple cadena de texto.*

Veamos otro ejemplo de expresión.

La línea:

```
var total=5;
respuestas = "Has obtenido" + total + " respuestas acertadas";
```

Insertaría el texto "Has obtenido 5 respuestas acertadas" dentro de la variable respuestas. Se utiliza el operador + para unir las cadenas de texto y la variable `total`.

Operadores numéricos

Al asignar un valor numérico a una variable podemos utilizar varios operadores para realizar cálculos.

Los principales son los siguientes:

- +: Suma.
- -: Resta.
- *: Producto.
- /: División.
- ++: Incremento. Suma 1 a la variable en cuestión.
- --: Decremento. Resta 1 a la variable.

Advertencia:

Los operadores numéricos tienen distintas prioridades; en una instrucción con varios operadores se realizan primero los productos y divisiones, y después las sumas y restas. Para modificar este orden se pueden utilizar paréntesis, tal y como se hace habitualmente al realizar cálculos matemáticos.

Acciones de control

Puede utilizar determinadas acciones para conseguir modificar el flujo normal del programa mediante la toma de decisiones y la repetición un número determinado de veces de una o varias instrucciones.

En este apartado conoceremos las principales estructuras de control de Actionscript, que son similares a las del resto de los lenguajes de programación.

La acción if

La acción `if` (que en español equivale al si condicional) se utiliza para comprobar una condición y realizar una acción u otra según el resultado.

Supongamos que queremos mostrar un mensaje en la película dependiendo de la edad que nos haya proporcionado el usuario. El *script* que crearíamos sería similar a este:

```
if (Edad>65) {
Mensaje = "Usted ya debe estar jubilado";
} else {
Mensaje = "Aún está hecho un chaval";
}
```

Revisemos el *script*:

- La primera línea revisa una condición comparando dos valores, el incluido previamente en la variable Edad y el valor 65. Según sus conclusiones devolverá el valor verdadero o falso.
- Si el resultado de la comparación es verdadero se ejecuta la acción o acciones incluidas entre las primeras llaves.
- Si es falso, se ejecutan las acciones incluidas en la segunda llave, la precedida de la palabra `else` (en español si no).

Truco:

A veces leer este tipo de instrucciones ayuda a comprenderlas mejor. En este caso podríamos leerlo así: Si la Edad es mayor que 65, escribe el mensaje "Usted ya debe estar jubilado". Si no, escribe el mensaje "Aún estás hecho un chaval".

Esta acción tiene una limitación importante si disponemos de muchos casos posibles.

Para estos casos es mejor utilizar la acción `switch`, que permite decidir fácilmente entre diversos casos posibles.

Operadores de comparación

Para realizar las comparaciones en este tipo de acciones podemos usar varias opciones:

- ==: Dos iguales para ver si los dos valores son iguales.
- !=: Para comprobar si son distintos.
- >=: El valor de la izquierda es mayor o igual al de la derecha.
- <=: Menor o igual.
- >: Mayor que.
- <: Menor que.

Creación de repeticiones

Para repetir varias veces una acción o grupo de acciones disponemos de tres estructuras distintas.

La acción for

Utilice `for` para repetir un número determinado de veces una acción. Debe conocer el número de repeticiones que necesitamos de antemano. Por ejemplo:

```
for (i=1; i<500; i++) {
   setProperty (ObjetoCoche, _x, i);
}
```

Veámoslo paso a paso:

- La acción `for` utiliza tres parámetros. El primero indica a partir de dónde se va a contar, en este caso i que será el contador, comienza valiendo 1. La segunda parte indica cuándo parar. Se terminará de ejecutar el bucle cuando se llegue a 500. Por último, el tercer valor se encarga de modificar el contador, incrementando el valor de la variable `i`.
- En el interior se encuentra la acción que se va a repetir. En este caso conseguimos que un objeto coche se desplace horizontalmente en función del valor del contador.

La acción se repetirá 499 veces, y en cada paso, el coche se desplazará un píxel hacia la derecha.

La acción while

Esta acción se utiliza para repetir instrucciones cuando no se sabe cuántas repeticiones se van a realizar:

```
SumaTotal = ValorIntroducidoporUsuario;
while (SumaTotal < 100){
   SumaTotal = SumaTotal + 5;
}
```

En este caso, la repetición se realizará más o menos veces dependiendo del valor de la variable `ValorIntroducidoporUsuario`.

Nota:

Al utilizar la sentencia `while` *siempre debemos introducir en el bloque alguna acción que modifique el valor de la condición de salida, ya que de otro modo entraríamos en un bucle infinito del que no podríamos salir.*

La acción do

Esta acción se utiliza de forma que las instrucciones incluidas en el bucle se ejecuten al menos una vez, ya que en la anterior se puede dar el caso de que no se ejecute nunca (en nuestro ejemplo, si el valor introducido fuese mayor que 100). Quedaría de la siguiente manera:

```
do {
   SumaTotal = SumaTotal + 5;
} while (SumaTotal < 100);
```

Como la condición se comprueba después, la primera vez al menos siempre se realizará la suma.

Programación orientada a objetos

Las últimas versiones de Flash incorporaron la posibilidad de crear *script* siguiendo una filosofía de programación muy popular en estos últimos años, la programación orientada a objetos. Este uso de objetos se ha perfeccionado notablemente en la versión 2.0 de Actionscript, permitiendo la utilización de las características que han hecho de este tipo de programación una de las más utilizadas hoy en día.

Simplificando, esta forma de programación se basa en la creación de unos elementos llamados clases, que se componen de una serie de propiedades y métodos. Por ejemplo, imaginemos que creamos una clase llamada Pez. Esta clase tendría una serie de propiedades y métodos:

- Las propiedades son las características propias de la clase. En la clase Pez, las propiedades podrían indicar su color, tamaño, tipo de agua en la que vive, etc.
- Los métodos son las acciones propias de la clase. Por ejemplo, podríamos crear un método sobre nuestro pez que le hiciese moverse, otro para comer, etc.

Cuando tenemos definida una clase completa, podemos crear distintas instancias de esa clase. Estas instancias (o ejemplos) se conocen con el nombre de objetos.

Así podríamos utilizar un objeto llamado Pez azul, que tendría una serie de valores para sus propiedades, como color azul, tamaño mediano y agua dulce. Si quisiésemos que ese pez se moviese utilizaríamos el método Mover que habíamos creado para la clase.

De esta forma podemos crear tantos objetos peces como necesitemos, aplicándole a cada uno de ellos una serie de características. Todos provendrán de la misma raíz, que es la clase Pez.

Nota:

Este sistema de creación de objetos es similar al utilizado por Flash para crear clips de película y botones, utilizando símbolos a partir de los cuales definimos instancias a las que les podemos cambiar sus características o aplicar acciones.

Trabajar con objetos

Para referirnos a las propiedades y métodos de un objeto utilizamos su nombre seguido de la propiedad o método adecuada. El ejemplo:

```
Pez1.Color = "Verde";
```

Haría que nuestro pez tomase el valor verde como su propiedad `Color`.

Esta sintaxis basada en puntos se utilizará con mucha frecuencia en Flash, ya que muchos elementos de Flash funcionan como objetos. Por ejemplo:

```
_root.flecha._x = 45;
```

Hace que el objeto Flecha, que está en la línea de tiempo actual (lo sabemos porque va precedido del término `_root`) cambie su posición horizontal (propiedad _x) a la posición 45.

Otro ejemplo:

```
coche.ocultar();
```

Esta acción hace que el objeto coche (que será un clip de película) se oculte, ya que hemos llamado a su método `ocultar`, que contendrá las instrucciones necesarias para ocultarlo.

Nota:

Todas las acciones de Flash acaban con un punto y coma. Además, los métodos llevan después de su nombre dos paréntesis. Entre esos paréntesis se ponen los parámetros de la acción, aunque si no tiene ningún parámetro se dejan los paréntesis vacíos.

Funciones

Los métodos de los objetos son simplemente grupos de instrucciones que nosotros mismos definiremos. Estos grupos de acciones se conocen con el nombre de funciones, y se crean mediante la palabra reservada `function`. Las funciones también se pueden crear sin tener relación con la programación orientada a objeto. Con las funciones conseguimos evitar repetir acciones, ya que si tenemos un grupo de acciones que vamos a utilizar en más de una ocasión lo correcto es agruparlas en una sola función y cuando sea necesario hacer una llamada a esa función.

Objetos predefinidos de Flash

Crear objetos personalizados excede los objetivos de este libro. No obstante, puede utilizar los objetos predefinidos que incorpora Flash. Son unas clases que contienen una serie de métodos y propiedades que sin duda le serán muy útiles. Aquí tenemos algunos ejemplos:

- Objeto `MovieClip` (clip de película): Encargado de manipular los clips de película. Cada vez que insertemos un clip de película tendremos disponibles varios métodos y propiedades para ese clip.
- Objeto `Mouse` (ratón): Define algunos métodos para manejar el ratón.
- Objeto `Sound` (sonido): Contiene varios métodos para modificar el volumen del sonido, detenerlo, etc.
- Objeto `Math` (matemático): Con propiedades y métodos para realizar cálculos matemáticos.
- Objeto `Date` (fecha): Este objeto contiene la fecha actual y funciones para realizar mediciones de tiempo en una película.
- Objeto `String` (cadenas de texto): Le permite manipular textos.
- Objeto `Key` (teclado): Contiene métodos orientados a controlar la pulsación de teclas.

Clases incorporadas

La utilización de los objetos incorporados en Flash es bastante sencilla. Basta con crear un objeto a partir de una clase existente para poder aprovechar todas sus ventajas. Veamos un ejemplo.

Para asignar a una variable un número aleatorio del 0 al 50 bastaría con escribir el siguiente *script*:

```
numAleatorio = Math.round(Math.random()*50);
```

Lo que estamos haciendo es utilizar el método `random` del objeto `Math`, que genera un número entre 0,0 y 1,0 y a continuación lo multiplicamos por cincuenta. Esta sentencia utiliza además el método `round` para convertir el número devuelto en un valor entero, sin decimales.

Para completar el ejemplo anterior podemos utilizar la función `trace`, que se encarga de presentar en una ventana el valor obtenido.

Añada la línea siguiente al *script* anterior:

```
trace(numAleatorio);
```

A continuación ejecute la película. Podrá ver el número obtenido en una pequeña ventana, tal y como se muestra en la figura 16.3.

La función `trace` es muy útil para realizar pruebas, aunque en las películas finales no tiene sentido utilizarla.

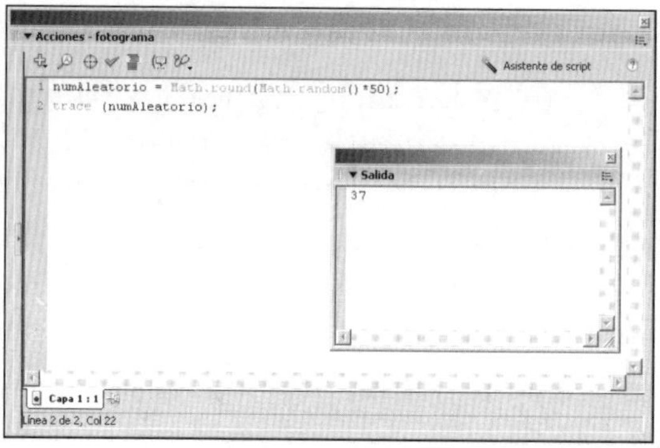

Figura 16.3. La función trace muestra una variable en pantalla.

Ayuda de Actionscript

La cantidad de acciones disponibles en el lenguaje Actionscript hace que resulte complicado conocerlas todas. Flash dispone de un completo sistema de ayuda para cada acción del lenguaje.

Puede obtener información sobre alguna acción siguiendo esta secuencia de pasos.

Ejemplo:

Utilizar la ayuda de Actionscript.

1. Abra el panel Acciones.
2. En la lista de acciones, despliegue alguna categoría (haciendo clic con el ratón) y seleccione el elemento sobre el que quiere obtener información.

3. Pulse la tecla **F1** o haga clic con el botón derecho sobre ese elemento y seleccione la opción Ver ayuda.
4. Se abre el panel Ayuda mostrando información sobre ese elemento, como se ve en la figura 16.4.

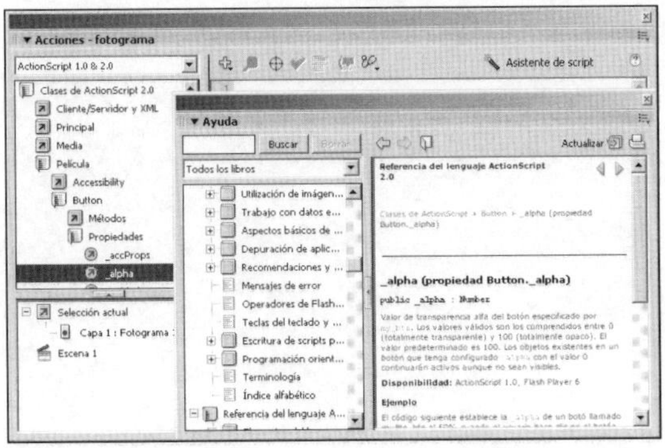

Figura 16.4. El panel de ayuda de Flash.

El panel que hemos abierto, además del resto de la ayuda de Flash, contiene un diccionario de Actionscript, un sistema cómodo y sencillo para aprender a manejar cualquier acción, conocer las propiedades y métodos de un objeto, etc.

En la parte izquierda tiene acceso a las distintas secciones alfabéticas del diccionario. En la parte final de esta lista encontramos también un índice alfabético de acciones.

Otra posibilidad es seleccionar un comando que ya hayamos insertado en un *script* y pulsar la tecla **F1**. Se mostrará la ayuda existente para esa instrucción.

Resumen

El lenguaje Actionscript amplia las posibilidades de control de los objetos de una película. A lo largo de este capítulo hemos intentado sentar las bases teóricas de este lenguaje para poder aplicar estos conceptos en los capítulos siguientes. La sintaxis propia del lenguaje, las estructuras de control y el uso de objetos son algunas de las herramientas básicas que necesitamos para sacar partido a las acciones de Flash.

Capítulo 17

Formularios con Actionscript

En este capítulo aprenderá a:

- Trabajar con variables y cuadros de texto.
- Utilizar el objeto `Date`.
- Crear un formulario.
- Enviar datos por correo electrónico.
- Utilizar propiedades y métodos de las cadenas de texto.
- Comprobar errores en un formulario.

Formularios y cuadros de texto

Mediante el uso del lenguaje Actionscript podemos trabajar con cuadros de texto para crear formularios en los que el usuario introduce datos que posteriormente puedan ser enviados.

El control de textos mediante *script* abre muchas posibilidades para nuestras películas.

En este capítulo trabajaremos con esos conceptos que, de paso, nos ayudarán a familiarizarnos un poco más con el lenguaje de programación de Flash.

Tipos de cuadros de texto

En el capítulo dedicado al tratamiento de cuadros de texto vimos que al crear uno de estos elementos podemos decidir qué tipo de cuadro vamos a realizar entre tres opciones:

- Texto Estático: Para introducir un texto que no cambiará durante de la película.
- Texto Dinámico: Su contenido puede cambiar durante la reproducción.
- Introducción de texto: Son los cuadros que usaremos para que el usuario introduzca algún valor.

Variables

En los dos últimos tipos de cuadros de texto, podemos modificar el contenido utilizando unos elementos del lenguaje Actionscript llamados variables.

Una variable es un contenedor de información que nos servirá para almacenar en ella texto, números, etc. Cada variable se define mediante un identificador, es decir, un nombre que utilizaremos para referirnos a ella desde los *script*.

En la figura 17.1 puede ver el panel Propiedades de un cuadro de texto. Al seleccionar en este panel el tipo Texto dinámico o Introducción de texto, observará que en la zona inferior se activa un cuadro llamado Variable. En ese cuadro debemos introducir el nombre de la variable siguiendo las normas que explicamos en el capítulo anterior. Intente utilizar nombres sencillos para evitar errores.

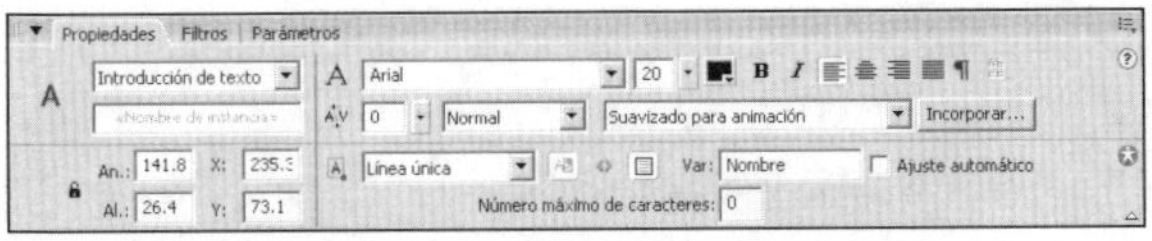

Figura 17.1. El panel Propiedades.

Insertar un valor en un cuadro de texto

Veamos a través de un ejemplo sencillo lo que se puede hacer mediante el uso de variables en cuadros de texto: crearemos una película que nos pida algunos datos para después mostrarlo dentro de una frase. En la película que vamos a crear definiremos dos fotogramas. El primero se encargará de pedirnos los datos mientras que el segundo será el que componga la frase a partir de los valores introducidos.

La primera parte utilizará textos de entrada para la recogida de datos. Siga esta secuencia de pasos:

Ejemplo:

Crear un cuadro de introducción de texto.

1. En la capa 1 de una película inserte un cuadro de texto. En su interior escriba un mensaje similar al de la primera línea de la figura 17.2.
2. A su derecha inserte un nuevo cuadro de texto vacío.
3. En el panel Propiedades seleccione la opción Introducción de texto, en el cuadro Variable introduzca la palabra `Nombre` y active la casilla Borde/fondo.
4. Si los cuadros no están bien colocados, alinéelos con el panel Alinear.
5. Inserte dos cuadros más, uno estático con el segundo mensaje de la figura 17.2 y otro con Introducción de texto, pero con el valor `Edad` en el campo Variable.
6. Inserte un símbolo de tipo Botón, parecido al de la figura 17.2: en una capa un rectángulo y en otra el texto "Continuar".
7. Arrastre el botón desde la librería hasta la escena.
8. Seleccione el botón y pulse **F9** para desplegar el panel Acciones.

9. Introduzca una acción `on (release)` y a continuación un `gotoAndPlay(5);`.
10. Cierre el panel **Acciones**.
11. Inserte una nueva capa llamada Acciones, seleccione el primer fotograma y pulse **F9**.
12. Introduzca una acción `stop` para que la película se detenga en ese fotograma y cierre el panel **Acciones**.

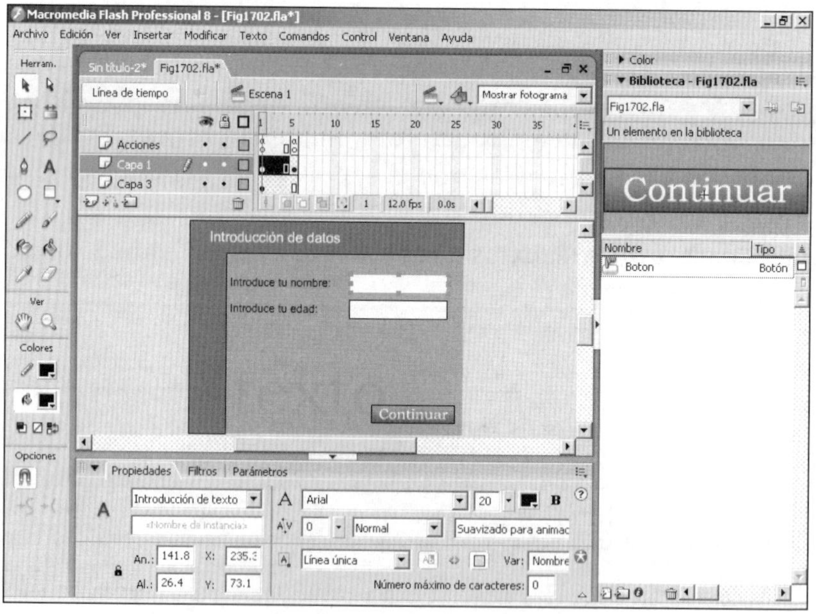

Figura 17.2. Fotograma de introducción de datos.

Nota:

Para mejorar la estética del ejemplo hemos añadido un par de cuadros y una palabra difuminada en el fondo. Esto último se puede conseguir modificando el valor `_alfa` de su color de relleno.

Recapitulando hemos creado dos cuadros de texto estáticos y dos de introducción de texto que utilizaremos para insertar nuestros datos. También tenemos un botón "Continuar" que contiene el siguiente *script*:

```
on (release) {
   gotoAndPlay (5);
}
```

Este *script* hace que al pulsar el botón la película salte al fotograma 5. Además, la película se detiene en el fotograma 1, ya que hemos insertado la siguiente acción en dicho fotograma:

```
stop();
```

Sólo queda crear el contenido del fotograma 5. En este fotograma se mostrará un mensaje de texto como el de la figura 17.3, en el que cambiarán los valores de nombre y edad en función de los datos introducidos en el fotograma 1. Siga esta secuencia para conseguirlo.

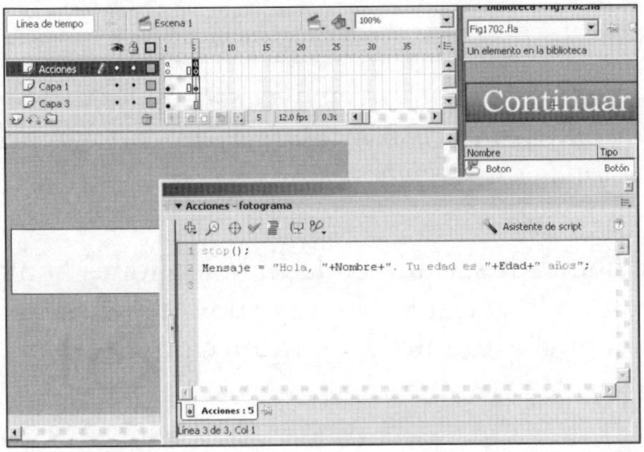

Figura 17.3. Mostrar información mediante un texto dinámico.

Ejemplo:

Crear un cuadro de texto dinámico.

1. En la capa 1 y en la de Acciones inserte un nuevo fotograma clave en la casilla 5.
2. En la capa 1, seleccione la casilla 5 y borre el contenido de la escena.
3. Inserte un cuadro de texto lo bastante amplio como para contener el texto que puede ver en la casilla 17.3.
4. En el panel Propiedades seleccione Texto dinámico. En el cuadro Variable escriba `Mensaje`. Por último, active la casilla Multilínea.
5. Seleccione la casilla 5 de la capa Acciones y pulse **F9**.
6. En la lista del cuadro de acciones seleccione la opción `stop` dentro de la categoría Funciones globales>Control de la línea de tiempo.

7. En la línea siguiente del *script* introduzca la siguiente expresión:
   ```
   Mensaje = "Hola "+Nombre+". Tu edad es "+Edad+" años";
   ```
8. Cierre el panel Acciones.

Hemos concluido la acción del primer cuadro dinámico. En esta ocasión hemos creado un cuadro de texto dinámico llamado Mensaje al que le asignaremos su contenido durante la reproducción de la película.

Nota:

Los espacios entre las comillas son importantes. Después del "Hola" introduciremos un espacio para evitar que el nombre aparezca unido a esa palabra.

En el *script* que hemos insertado en la capa Acciones hemos asignado un determinado valor a la variable Mensaje, por lo que ese texto se mostrará en el cuadro dinámico durante la reproducción. El *script* habrá quedado de esta manera:

```
stop ();
Mensaje = "Hola, "+Nombre+". Tu edad es "+edad+" años";
```

La cadena de texto que hemos compuesto tiene varias partes. Las partes entre comillas es texto fijo, que no variará, mientras que la parte que no va entre comillas son las variables que habíamos creado en el fotograma 1. El signo de suma se utiliza para unir varias cadenas en una sola.

Al ejecutar la película pulsando **Control-Intro** comenzaremos introduciendo unos datos en las primeras casillas, pulsaremos en el botón **Continuar**, y aparecerá la frase del fotograma 5 con la cadena formada por el texto fijo y los valores introducidos, mostrando una frase compuesta por los valores introducidos.

Manipular fechas con objeto Date

Las variables tienen la ventaja de que pueden ser evaluadas y utilizadas para obtener nuevos resultados. Supongamos que nuestro ejemplo quiere mostrar un cuadro más que indique en qué año nació esa persona. Para calcular la edad si estuviésemos en el año 1960 lo haríamos utilizando la siguiente formula. Almacenaremos el resultado en una variable llamada `Nacimiento`:

```
Nacimiento = 1960 - Edad;
```

Utilizamos `Edad` ya que es ahí donde tenemos almacenado los años que tiene esa persona.

El año en el que estamos podemos introducirlo manualmente, pero eso nos puede causar algún problema, ya que al cambiar de año no funcionará correctamente. Flash dispone de un objeto llamado `Date` que es capaz de proporcionarnos el año en el que nos encontramos (así como la hora, día, etc.). De este modo, la línea que deberíamos añadir a nuestro *script* del fotograma 5 es la siguiente:

```
Ahora = new Date();
Nacimiento = (Ahora.getYear()+1900)- Edad;
```

La explicación del *script* es sencilla:

- Para poder utilizar el objeto `Date` debemos crear primero una instancia. En nuestro caso la instancia se llama `Ahora`. La primera línea se encarga de hacerlo mediante el comando `new`, que se utiliza para crear instancias de objetos.
- Desde este momento, podemos utilizar cualquiera de los métodos o propiedades de la clase `Date`. En concreto nos interesa el que nos devuelve el año actual. Éste es el método `getYear`, que devuelve el año actual expresado como un valor a partir del año 1900. Por ejemplo, si estuviésemos en el año 1992, nos devolvería el valor 92. Para corregir el resultado le sumamos 1900.
- A ese año le restamos la edad de la persona y el resultado lo almacenamos en la variable `Nacimiento`, que será la que se muestre en el campo dinámico correspondiente.

Nota:

El objeto `Date` *resulta muy útil para contar tiempo, obtener fechas, etc. En el capítulo anterior se explicó cómo consultar el diccionario de Actionscript para ver los métodos y propiedades de este objeto.*

Intente probar el ejemplo anterior añadiendo esas dos líneas al *script* del fotograma 5 y creando un nuevo campo de texto dinámico que contenga la variable `Nacimiento`.

Texto mediante objetos

El control de las cadenas de texto que hemos realizado hasta ahora lo hemos hecho asociando cada cuadro de texto a una variable. Este método no es siempre el más recomendable, sobre todo porque no está orientado a objetos.

Un método más racional sería el de utilizar la clase `TextField`, que nos permite controlar de una forma más completa nuestras cadenas de texto. Para utilizar este modo de trabajo, no rellenaremos el cuadro **Variable** en el panel **Propiedades**, como hicimos en ejemplos anteriores, sino que asignaremos un nombre a nuestro objeto texto mediante el cuadro **Nombre de instancia**, situado a la izquierda del panel.

A la hora de trabajar con el texto emplearemos la sintaxis propia de la programación orientada a objetos. La línea siguiente nos permitiría modificar el texto insertado en la escena:

```
miTexto.text = "Éste será el nuevo texto";
```

Siendo `miTexto` el nombre que hemos indicado en **Nombre de instancia**. Lo que estamos haciendo es modificar la propiedad `text` del objeto con un nuevo valor.

Observe el ejemplo de la figura 17.4. Hemos insertado un cuadro de texto y hemos creado tres botones. Los dos primeros permiten cambiar el texto del cuadro mediante la instrucción `miTexto.text` pero en el tercero hemos hecho algo más. En vez de modificar el texto hemos modificado la estructura del cuadro de texto. Gracias a la utilización de la clase `TextField` hemos invocado otras de sus propiedades para variar el aspecto del cuadro de texto. En concreto, el *script* insertado es el siguiente:

```
on (release) {
   miTexto.backgroundColor = 0x55bbaa;
   miTexto.border = true;
   miTexto.textColor = 0xaa2222;
   miTexto._width = 260;
}
```

Por orden, hemos modificado el color de fondo del cuadro, hemos hecho visible un borde alrededor del texto, modificado el color de fondo y ampliado la anchura del cuadro. Éstas son sólo algunas de las posibilidades del uso de objetos de texto. De hecho, gracias a Actionscript, ni siquiera es necesario crear un cuadro de texto mediante el editor. Lo podríamos crear con un *script* utilizando el método `createTextField` de la clase `MovieClip`. Aunque esta cuestión excede los objetivos del libro.

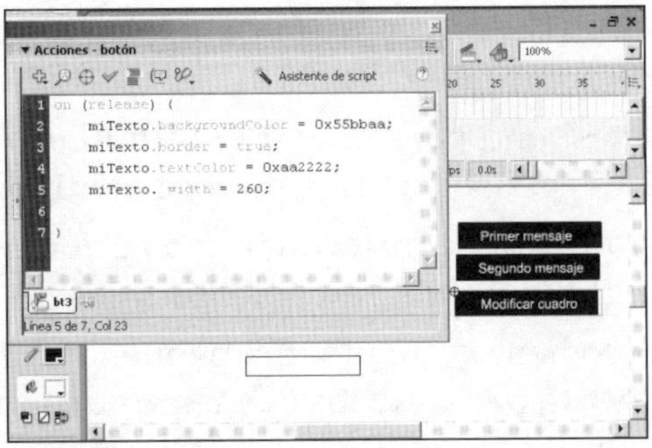

Figura 17.4. Modificar un cuadro mediante un script.

Crear un formulario

Utilizando los distintos tipos de texto que hemos visto vamos a crear un formulario con algunos campos que nos permitan recopilar información del usuario para después enviarla a una dirección de correo electrónico.

Prepare una escena similar a la de la figura 17.5, sobre la que iremos insertando los distintos campos del formulario mediante cuadros de texto. Debe tener en cuenta lo siguiente:

- Los cuadros de la izquierda son estáticos. Modifique su apariencia mediante el panel Propiedades.

Truco:

Para acelerar la creación de los cuadros de entrada puede crear el primero y después copiarlo en el portapapeles (mediante la opción Copiar *del menú* Edición *o pulsando* ***Control-C****) y pegarlo en la escena (con* Pegar *del menú* Edición *o* ***Control-V****). A medida que va creando las copias las debe colocar en su posición. Cuando estén creadas todas proceda a asignarles el nombre de variable en el panel* Propiedades.

- Los cuadros de la derecha son cuadros de introducción de texto. Seleccione este tipo en el panel Propiedades. Active la casilla **Borde/Fondo** para conseguir que su fondo tome el color blanco. Cada cuadro debe tener asociado el nombre de una variable. Introduzca un identificador a cada uno de los cuadros en su casilla Variable. En este ejemplo, las variables que hemos creado se llaman `nombre`, `direccion`, `tele-`

fono, ciudad, profesion y correo. Observe que hemos omitido los acentos en los nombres.

- Inserte dos botones, uno para enviar el formulario y otro para borrar su contenido, por si el usuario se equivoca al introducir algún dato.
- En la línea de tiempo, debe introducir una acción `stop()` para que la película se detenga en el fotograma del formulario.
- En nuestro ejemplo hemos creado una pequeña animación de interpolación de movimiento para que los elementos de fondo aparezcan suavemente.

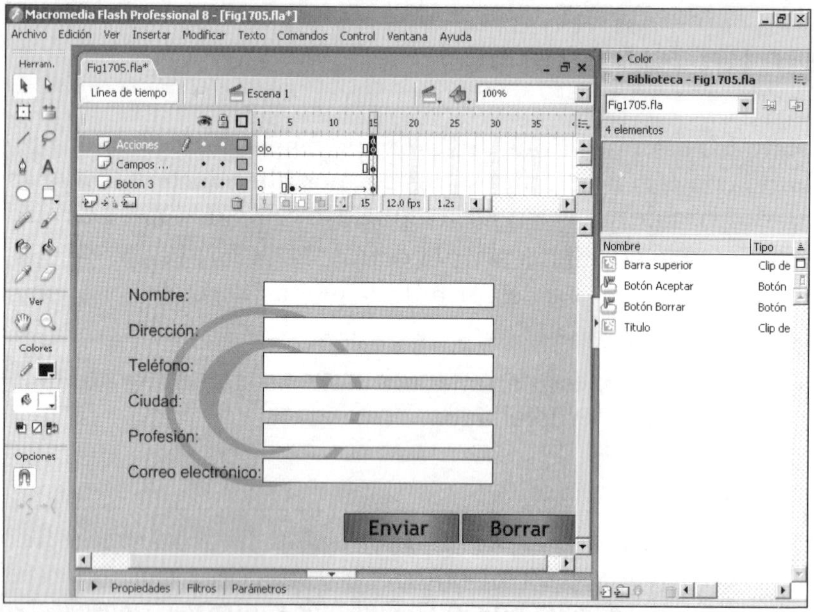

Figura 17.5. Aspecto final de la escena.

Creación de los script del formulario

En este ejemplo, debe insertar dos *script*, uno en el botón "Enviar" y otro en el botón "Borrar".

Enviar los datos de un formulario

Para enviar los datos al pulsar el botón "Enviar", debe introducir la dirección del CGI que se encargará de recoger los datos mediante la acción `getURL`. Un CGI es un programa que se ejecuta en el servidor en el que colocará tu página y que permite realizar operaciones como coger los datos de un formulario e insertarlos en una base de datos o remitirlos por correo electrónico a una dirección determinada.

El uso de CGI o de elementos externos a Flash requiere que el administrador de nuestro servidor nos proporcione la información necesaria para acceder a dicho elemento. Una vez que tengamos los datos necesarios podemos acceder a él mediante la acción indicada.

También podemos optar por averiguar si nuestro servidor es capaz de trabajar con PHP y utilizar sus funciones para transmitir la información.

Envío por correo electrónico

Lo más normal es que no dispongamos fácilmente de acceso a una de estas alternativas, así que existe otro método más sencillo: puede enviar un formulario directamente por correo utilizando un *script* similar a éste, que utiliza el programa de correo electrónico instalado en el ordenador del usuario.

```
on (release) {
   DatosdeEnvio = "mailto:midireccion@miservidor.es?subject=
   "+nombre+"&body="+nombre+" - "+direccion+" - "+telefono+" -
   "+ciudad+" - "+profesion+" - "+correo;
   getURL(DatosdeEnvio, "", "GET");
}
```

Advertencia:

Preste mucha atención al introducir el script*: un acento de más o un espacio de menos puede hacer que el* script *no funcione.*

Revisemos la secuencia de acciones poco a poco, desglosando sus partes:

- La acción se ha dividido en dos líneas para darle mayor claridad. En la primera se crea una cadena de texto llamada `DatosdeEnvio`, que será enviada al programa de correo utilizando la acción `getURL`.
- Para enviar un mensaje de correo con un navegador se debe indicar el protocolo `mailto:` (de la misma manera que para ver una página se utiliza el protocolo `http://`). Por eso nuestra cadena comienza con ese dato.
- A continuación vemos una dirección de correo, que debe sustituir por la dirección a la que quiera enviar los datos que se rellenen en el formulario, habitualmente su propia dirección. La interrogación que sigue se utiliza para separar esta parte del resto de los valores.

- La palabra `subject` (asunto en español) va seguida de la variable nombre, que contiene el nombre que el usuario ha introducido. Al colocarlo de esta manera conseguimos que el mensaje que se recibirá tenga el nombre de la persona en el campo Asunto del mensaje.
- El resto de los campos siguen a la palabra `body`, por lo que éstos se situarán en el cuerpo del mensaje, en la parte destinada al contenido. Para separar los campos enviados de este modo se utiliza el identificador `&`.
- Por último, para dar más claridad al texto que se reciba, hemos añadido unos guiones para separar cada campo, por eso aparece un guión entre comillas.
- En lo que se refiere a la segunda línea, lo que hace es enviar la cadena que hemos compuesto y pasársela al sistema operativo, que será el encargado de abrir el programa de correo instalado.

Puede probar el resultado enviando a su propia dirección de correo algunos mensajes.

Advertencia:

Los mensajes enviados con este método tienen un pequeño inconveniente. Al pulsar en el botón "Enviar", se abrirá el programa de correo del usuario y se compondrá el mensaje, pero será el usuario el que tenga que pulsar el botón de envío en algunos programas de correo, por lo que será necesaria su intervención.

La constante newline

Utilizando la constante `newline` de Actionscript, que se encarga de insertar una nueva línea en mitad de una cadena, podemos mejorar notablemente el formato de un mensaje de correo. Pruebe a introducir el siguiente *script* en lugar del anterior:

```
on (release) {
   DatosdeEnvio = "mailto:prueba@servidor.es?subject=
   "+nombre+"&body=Nombre:  "+nombre+newline+"Dirección:
   </b>"+direccion+newline+"Teléfono:  "+telefono+newline+
   "Localidad:  "+ciudad+newline+"Ocupación:  "+profesion+newline+
   "Correo electrónico: "+correo;
   getURL(DatosdeEnvio);
}
```

Como se puede observar la segunda línea es significativamente más larga. Está preparada para mostrar un nombre antes de cada dato introducido por el usuario al tiempo que mantiene cada dato en una línea independiente. El resultado que obtendríamos al enviar este mensaje sería similar al de la figura 17.6.

Nombre: Juan Nadie
Dirección: </b>C/ Sol, 15
Teléfono: 92334244
Localidad: Toledo
Ocupación: Indeterminada
Correo electrónico: este@aqui.es

Figura 17.6. Composición de líneas avanzada.

Advertencia:

Este tipo de acciones puede no funcionar con algunos programas de correo.

Borrar los datos del formulario

El sistema más simple para limpiar un formulario es hacer que las variables de los cuadros de entrada tomen un valor vacío. Introduzca el siguiente *script* en el panel de acciones del botón "Borrar".

```
on (release) {
   nombre = "";
   direccion = "";
   telefono = "";
   ciudad = "";
   profesion = "";
   correo = "";
}
```

Cada línea del *script* introduce una cadena vacía (se consigue mediante dos comillas juntas) en una de las variables que representan a los cuadros de texto. Al pulsar sobre el botón los cuadros de entrada quedarán en blanco.

Controlar los datos del formulario

Al crear un formulario podemos utilizar sentencias de Actionscript para controlar la información que introduce el usuario. De este modo podremos prevenir errores en las fechas, teléfonos, etc. Veamos un par de ejemplos.

Comprobar longitud de una cadena

Supongamos que el número de teléfono que va a introducir el usuario debe tener como máximo nueve dígitos. Podemos utilizar la propiedad `lenght` (longitud) del objeto `String` (una cadena de texto) para verificar la longitud del dato. Observe como el uso de objetos simplifica notablemente la creación de secuencias de acciones. De este modo, el siguiente *script* comprobaría ese valor:

```
on (release) {
   var error = false;
   if (telefono.length<>9) {
        error = true;
   }
   if (error==false) {
   DatosdeEnvio = "mailto:prueba@servidor.es?subject= "+nombre+
   "&body="+nombre+" - "+direccion+" - "+telefono+" - "+ciudad+"
   - "+ profesion+" - "+correo;
   getURL(DatosdeEnvio);
}
```

Revisemos el *script* paso a paso:

- Comenzamos utilizando una variable llamada `error`, en la que introducimos el valor `false` para indicar que no hay ningún error por el momento.

Nota:

Esta variable, al tomar el valor `false` *pasa a ser una variable boléana, es decir, que tomará el valor verdadero o falso, en inglés* true *o* false.

- Después comparamos la cantidad de caracteres introducidos en el cuadro teléfono (mediante `telefono.length`) y lo comparamos con 9. Si ambos valores son distintos (expresado como <>), la variable error tomara el valor `true` (verdadero) para indicar que se ha cometido un error.
- A continuación se enviará el formulario utilizando el habitual sistema basado en correo electrónico, pero sólo se hará si la variable error sigue teniendo el valor `false`. De este modo, si se ha producido un error no se enviará.

Buscar caracteres en una cadena

Comprobemos ahora que la dirección de correo introducida es correcta. Si bien no podemos saber fácilmente si la dirección electrónica existe, sí podemos hacer algunas comprobaciones, como ver si el usuario ha introducido la arroba que separa el nombre del servidor y el punto que separa el nombre del servidor del dominio.

Para realizar esta comprobación utilizaremos un método de los objetos `string`, llamado `indexOf`, que nos dice la posición en la que se encuentra una determinada letra o grupo de letras. Si no la encuentra devuelve el valor `-1`.

Las líneas necesarias para realizar esta comprobación son las siguientes:

```
if ( (correo.indexOf( "@") == -1 || correo.indexOf(".") == -1)
) {
   error = true;
}
```

- La condición comprueba primero que no exista una arroba (si no existe obtenemos el valor -1) y después comprueba la existencia de un punto.
- Después de comprobarlo juntará las dos comprobaciones mediante el operador `||`, por lo que se ejecutará la línea de error en el caso de que no exista una arroba o no exista un punto. Los modificadores || y `&&` se utilizan para unir varias condiciones. El primero dará `true` si se cumple una condición o la otra. El segundo dará `true` si se cumple una condición y la otra.

Nota:

Estos script *pueden ser mejorados notablemente para conseguir que sean más cortos, pero perderían en legibilidad, que es lo que se busca en este libro. Cuando adquiera cierta soltura con Actionscript aprenderá que ciertas líneas se pueden fusionar en una sola y que las condiciones de las sentencias* `if` *se pueden agrupar, anidar, etc.*

Uniendo esto último al *script* del apartado anterior obtenemos la secuencia de acciones de la figura 17.7. Puede añadir tantas comprobaciones como necesite. Cada una de ellas actuará como un filtro modificando el valor error. Si al final de las comprobaciones el valor de error sigue siendo `false`, se enviará el correo, en caso contrario no se enviará.

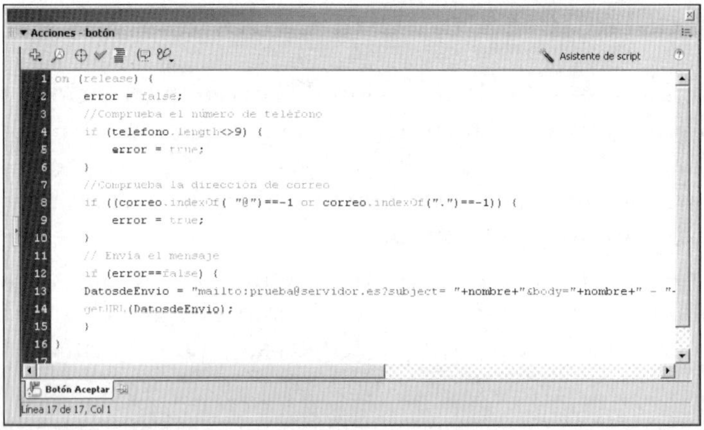

Figura 17.7. Script de control de errores.

Mostrar información al usuario

Utilizando el *script* de control del ejemplo anterior podemos desconcertar al usuario, ya que no le informamos de por qué no funciona el botón "Enviar". Este sistema no es funcional: debemos mostrarle de alguna manera un mensaje para que vea el error y lo corrija.

Existen multitud de sistemas para informar al usuario. Mencionaremos dos métodos entre los varios existentes.

Salto de fotograma

Puede hacer saltar el puntero de reproducción de película a otro fotograma que contenga un mensaje de error, en el que el usuario pueda ver su fallo y pulsar en un botón para regresar al fotograma del formulario. Es el más sencillo, ya que bastará con un par de acciones `gotoAndPlay` y un botón.

Carga de clips de película

Puede crear en la biblioteca de símbolos un clip de película que contenga el mensaje de error y en el momento de producirse el error mostrarlo utilizando su propiedad `_visible`. Hasta ese momento el clip permanecerá oculto en alguna capa.

Habrá que insertar un botón en el clip para volver a ocultarlo. En la figura 17.8 puede ver un clip de ejemplo.

Figura 17.8. Inserción de un cuadro semitransparente para mostrar un error.

Resumen

Los cuadros de texto dinámicos y de introducción de texto son la base para la creación de interactividad con el usuario mediante mensajes. Podemos recoger información mediante los cuadros de introducción de texto y almacenarla en variables.

Las acciones de comprobación y de asignación nos permiten modificar y evaluar las variables para generar resultados que mostraremos al usuario mediante los cuadros de texto dinámicos.

Los formularios son una herramienta muy útil para recoger información de usuario, creación de ejercicios de *e-learning* (enseñanza asistida por ordenador), etc. A propósito de la creación de un formulario hemos dado un repaso a varios objetos de Actionscript y determinadas funciones avanzadas, profundizando en la creación de *script*.

Capítulo 18

Un ejemplo práctico

En este capítulo aprenderá a:

- Integrar elementos para crear una película extensa.
- Reutilizar símbolos de la biblioteca.
- Crear *script* avanzados.
- Desplazarse entre fotogramas mediante Actionscript.
- Crear matrices numéricas.
- Utilizar variables.

El juego de los colores

En este capítulo vamos a crear un juego que consiste en pulsar sobre cuatro botones siguiendo los modelos de color y sonido que marca el ordenador.

La película reproduce un sonido y presiona un botón. A continuación el usuario debe pulsar ese mismo botón para que suene el mismo sonido. Si el usuario lo hace correctamente se reproducirá ese sonido y a continuación se añadirá otro más.

Se irá aumentando la secuencia mientras el usuario la vaya completando correctamente.

En la creación de esta película utilizaremos casi todos los contenidos de este libro, al tiempo que profundizaremos un poco más en el uso de objetos y acciones avanzadas de Actionscript.

De alguna manera, los pasos que se siguen en este capítulo para el diseño de la película pueden ayudar al lector a encontrar una forma de trabajo equilibrada a la hora de crear sus propios proyectos.

Primeros pasos

Para empezar modifique la apariencia de nuestro proyecto mediante la opción Documento del menú Modificar.

En nuestro ejemplo usaremos 550 píxeles de ancho por 400 píxeles de alto, y color negro para el fondo.

Velocidad de fotogramas

El cuadro Velocidad de fotogramas determina la cantidad de fotogramas que se mostrarán por segundo. Rebaje esta velocidad hasta los 6 fotogramas. Este cambio hace que la película se reproduzca más lentamente, lo cual es interesante en este caso, ya que así daremos más tiempo al usuario para memorizar las secuencias de colores que debe reproducir después. Para completar la información introduciremos algunos datos para describir nuestra película.

La figura 18.1 muestra el cuadro de diálogo Propiedades del documento tras realizar los cambios.

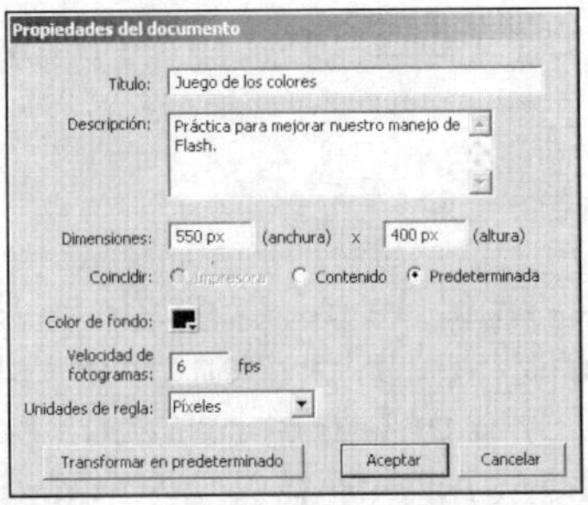

Figura 18.1. Cuadro de diálogo Propiedades del documento.

La biblioteca de símbolos

El primer paso tras definir las propiedades del proyecto será crear los elementos necesarios en la biblioteca de símbolos. Los símbolos serán utilizados más tarde para llevarlos a la escena.

Sonidos

Necesitamos insertar cuatro archivos de sonido que contengan una nota musical cualquiera. Puede encontrarlos en Internet o grabarlos si dispone de algún programa de edición de sonido.

Para insertar los archivos de sonido haga clic sobre la opción Importar a biblioteca del menú Archivo. Inserte una carpeta dentro de la biblioteca para mantenerlos agrupados. Para crear una carpeta pulse en el icono **Nueva carpeta** de la biblioteca de símbolos.

Nota:

Los archivos de sonido deben ser muy cortos. Medio segundo será más que suficiente. Recuerde que puede modificar la duración de un sonido mediante el panel Propiedades *una vez que los inserte en la escena. No obstante, lo ideal es importarlos ya con la longitud adecuada.*

Botones

Para el funcionamiento del juego necesitamos cuatro botones, cada uno de un color: azul, amarillo, rojo y verde.

Los cuatro botones deben ser creados como elementos de la biblioteca de símbolos.

Estados de los botones

Para mejorar el resultado final, hemos creado ocho clips de película, dos para cada botón, cada uno para representar el estado reposo y el estado presionado. De este modo, al pulsar sobre cada botón podemos producir algún efecto e incluso crear una pequeña animación, que hará más vistosa nuestra película.

Para crear los dos estados de cada botón hemos optado por añadir el color como un degradado lineal que varía para cada estado. En la figura 18.2 puede ver los dos estados. Observe que el cambio es muy sutil, un simple desplazamiento del degradado mediante la herramienta **Transformación de relleno**, en la barra de herramientas.

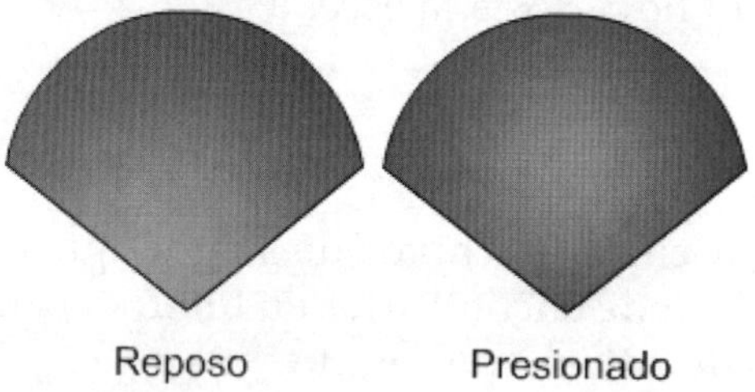

Figura 18.2. El botón en reposo y presionado.

Truco:

Para asegurarnos de que todos los clips de película tienen el mismo tamaño crearemos el primero y generaremos los demás a partir de copias mediante la opción Duplicar *de la biblioteca de símbolos.*

Composición de los botones

Para crear los botones inserte un símbolo con comportamiento de Botón y añada cada uno de los clips en su casilla correspondiente (Reposo y Presionado, en este caso).

- En el fotograma Presionado inserte una nueva capa con el sonido que le corresponda para conseguir que se emita el sonido cuando el botón sea pulsado.

- El estado Sobre lo dejaremos como está, mostrando el clip de reposo. Si lo desea puede añadir alguna animación para ese estado, pero en la práctica puede llegar a confundir al usuario.

En la figura 18.3 se muestra la línea de tiempo del primer botón, con sus dos capas y los correspondientes estados. Los otros tres botones son idénticos, utilizando los clips de sus colores correspondientes y un sonido diferente para cada uno.

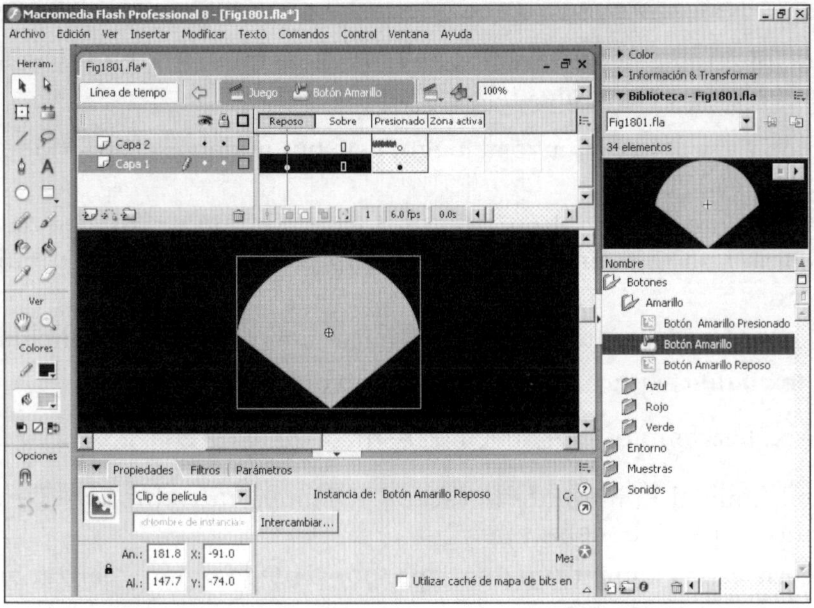

Figura 18.3. Composición de uno de los botones.

Nota:

En la biblioteca hemos agrupado todo lo referente a los botones dentro de una carpeta llamada Botón y a su vez dentro de ella hemos creado cuatro subcarpetas más. Es útil tener los elementos de la biblioteca bien organizados para encontrar las cosas rápidamente.

Otros elementos de la biblioteca

A medida que avancemos en la realización de la película iremos necesitando insertar nuevos componentes gráficos y botones en la biblioteca. Indicaremos cuáles son en el momento de añadirlos.

La escena de introducción

En este apartado vamos a preparar los distintos elementos que necesitamos en la escena de entrada.

Para comenzar añadiremos un fotograma en el que aparezca un texto explicativo del juego.

Todo esto lo insertaremos en el fotograma 10. Así podremos utilizar los fotogramas anteriores para crear una pequeña animación de los componentes.

En este fotograma necesitaremos nuevos elementos. Algunos de ellos los insertaremos previamente en la biblioteca:

- Botón para dar comienzo al juego. Este botón debe ser insertado en la biblioteca.
- Rótulo con el título. Lo podemos insertar como un cuadro de texto o como una imagen creada con algún otro programa de dibujo externo.
- Algún otro elemento gráfico para hacer más atractiva la película.
- El texto que explica el funcionamiento del juego.

Estos son los cambios que debemos realizar en la escena:

- Modifique el nombre de la escena y llámela Introducción. Para ello utilice el panel Escena.
- Inserte cada elemento en una capa, por si luego quiere realizar animaciones de estos elementos.
- Añada una capa llamada Acciones para insertar en ella los *script* necesarios.
- Inserte otra capa llamada Etiquetas. La utilizaremos para añadir nombres a determinados fotogramas, para que resulte más sencillo saltar de un punto a otro de la película. Puede crear una etiqueta mediante el panel Propiedades del fotograma en cuestión, en el cuadro Fotograma.

Tras añadir los elementos necesarios la escena de introducción quedará como la de la imagen 18.4.

Las imágenes que se ven de fondo son los clips que creamos para los botones con un efecto alfa aplicado para hacerlos semitransparentes, al igual que para el cuadro que contiene el texto.

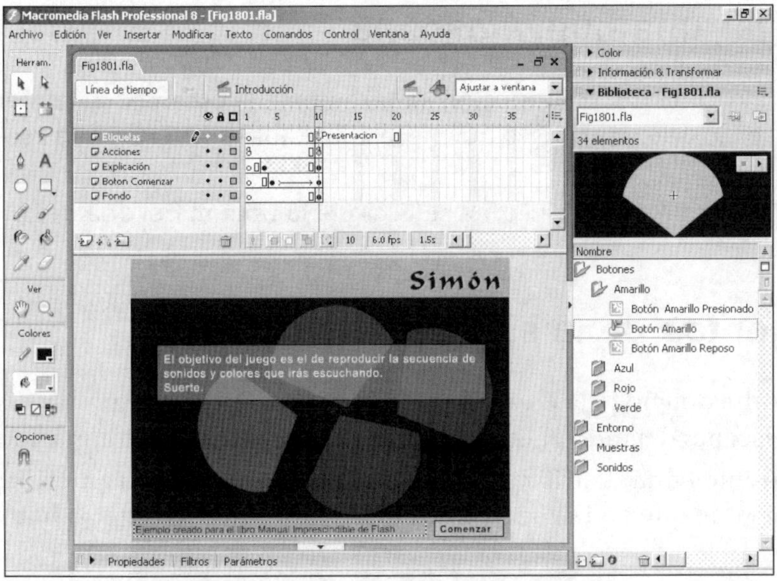

Figura 18.4. La escena de introducción.

Acciones para la presentación

Para controlar el funcionamiento de la escena necesitamos insertar un *script* en el fotograma 10, en su capa Acciones, con el siguiente contenido:

```
stop();
```

de este modo la película se detendrá en ese fotograma a la espera de que el usuario pulse el botón "Comenzar". Para insertar el *script* seleccione el fotograma 10 de la capa acciones, inserte un fotograma clave y acceda al panel Acciones. En el botón "Comenzar" inserte el siguiente *script*, seleccionándolo y pulsando **F9**:

```
on (release) {
  gotoAndPlay ("Juego", "Inicio");
}
```

En este caso en vez de referirnos al número de fotograma al que debe saltar la película vamos a introducir el nombre de la escena (Juego) y la etiqueta del fotograma (Inicio).

El juego

Una vez que tenemos preparada la escena de introducción comenzaremos con la segunda escena.

Insertar una nueva escena

Desde la escena de introducción saltaremos a la escena que contendrá el juego, por lo que lo primero que necesitaremos es insertar una escena llamada Juego.

Para insertar una nueva escena seleccione la opción Escena del menú Insertar.

Elementos de la escena

La pantalla del juego la crearemos nuevamente en el fotograma 10 de esta nueva escena, dejando el espacio anterior para posibles animaciones.

Realizaremos una distribución de la pantalla similar a la anterior, con la diferencia de que en la zona central dispondremos los cuatro botones.

Truco:

Para acelerar el proceso puede copiar las capas de la escena de introducción y pegarlas en la nueva escena. Seleccione los fotogramas clave que quiere copiar y pulse sobre la opción Copiar fotogramas *del menú* Edición>Línea de tiempo. *Para pegarlos seleccione la opción* Edición>Línea de tiempo>Pegar fotogramas, *pero esta vez en el fotograma 10 de la escena Juego.*

La escena debe tener la apariencia que se muestra en la figura 18.5.

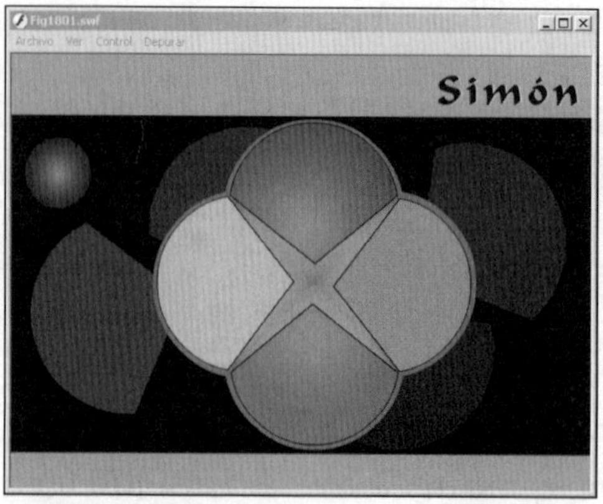

Figura 18.5. Escena principal del juego.

En la escena puede ver los siguientes elementos:

- El fondo con los elementos estáticos que insertamos en la escena de introducción.
- El fondo gris de los botones. Lo hemos creado insertando un símbolo como el de la figura 18.6.
- Los cuatro botones de colores.
- Una bola de color rojo o verde que servirá para indicar al usuario cuándo debe pulsar los botones.

Además, aunque no estén visibles, hay algunos elementos más que veremos a continuación.

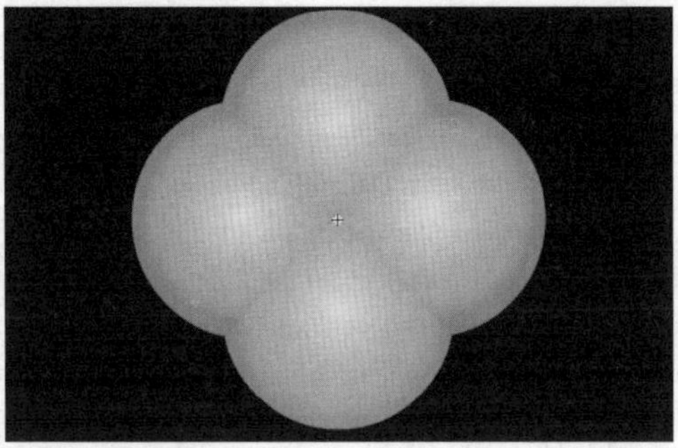

Figura 18.6. Fondo para los botones.

La línea de tiempo

La línea de tiempo de la película puede parecer algo complicada en comparación con las que hemos visto hasta ahora. Es necesario, ya que la creación de una película de estas características requiere algo de programación. La distribución de los fotogramas es muy importante, como veremos más tarde. La línea de tiempo de la escena ha de quedar como la de la figura 18.7.

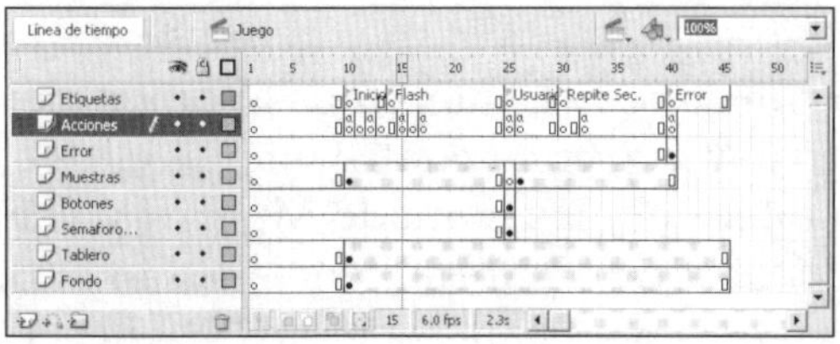

Figura 18.7. Línea de tiempo de la escena.

Las capas

Éstas son las capas de la figura anterior con una descripción de su contenido:

- Fondo: Contiene los elementos estáticos y la bola de color rojo.
- Tablero: Contiene el fondo gris de los botones. Se puede unir a la anterior si se quiere, ya que ni se mueve ni se realiza ninguna operación con esta capa.
- Semáforo Verde: Bola verde para indicar que se puede pulsar algún botón.
- Botones: Los cuatro botones que el usuario debe pulsar para reproducir la secuencia.

Nota:

Observe que estas dos últimas capas sólo están activas en un fotograma. De este modo se consigue que el usuario sólo pueda pulsar los botones cuando deba, ya que si los botones estuviesen activos todo el tiempo el usuario podría pulsarlos mientras el ordenador está reproduciendo su secuencia.

- Muestras: Contiene cuatro clips de película nuevos, creados para que el ordenador pueda realizar la secuencia activando uno u otro.
- Error: Una imagen y un texto para indicar que la partida ha terminado. Lo veremos al final del capítulo.
- Acciones: Capa con las acciones que hacen que el juego funcione.
- Etiquetas: Para dar más claridad a la película hemos añadido algunas etiquetas, con el fin distinguir las distintas partes del juego.

Clips de película adicionales

Para que el juego funcione necesitaremos algunos elementos extra en la escena. En concreto hay que crear cuatro nuevos clips con los cuatro botones, que en la biblioteca hemos llamado Muestras. Estos clips estarán situados en la capa Muestras, de forma que cuando la película lo requiera pueda activar uno u otro para componer la secuencia de sonidos que luego debe reproducir el usuario.

El contenido de estos clips se compone de una animación que muestra el botón en reposo, después presionado y termina con el botón nuevamente en reposo. Cuando muestra el estado presionado reproduce un sonido. Puede verlo en la figura 18.8, además de la biblioteca con los cuatro símbolos nuevos.

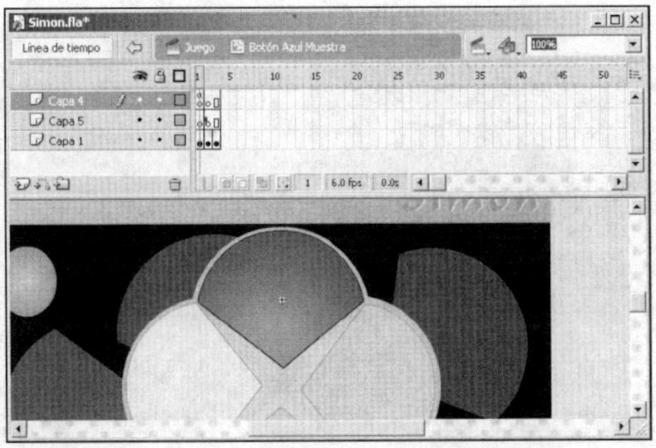

Figura 18.8. Línea de tiempo de los clips de muestra.

Los botones de muestra disponen de tres capas:

- La primera contiene la imagen en reposo (fotogramas 1 y 3) y presionada (fotograma 2). Basta con arrastrarlas desde la biblioteca, ya que son las mismas que hemos utilizado para el botón.

Truco:

Si quiere que la secuencia se vea más clara puede hacer un poco más grande el botón del fotograma 2, con lo que se consigue que parezca que el botón se infla al activarse.

- La segunda contiene el fichero de sonido, que se reproducirá en el segundo fotograma, cuando el clip simule estar presionado.
- La tercera contiene una acción de parada al principio para evitar que se reproduzca sólo o que lo haga más de una vez al activarse. La acción para realizar la parada es:

```
stop();
```

Como veremos más tarde, las muestras están siempre activas excepto en el momento en que el usuario debe pulsar los botones, en ese caso se mostrarán los botones verdaderos.

Otro aspecto a tener muy en cuenta es que es fundamental que la posición de los botones y las muestras sea exactamente la misma. Para asegurarnos, podemos utilizar el panel Información, similar al de la figura 18.9, que nos permite indicar la posición de cada elemento de forma numérica. Otra posibilidad es usar las opciones de la parte izquierda del panel Propiedades.

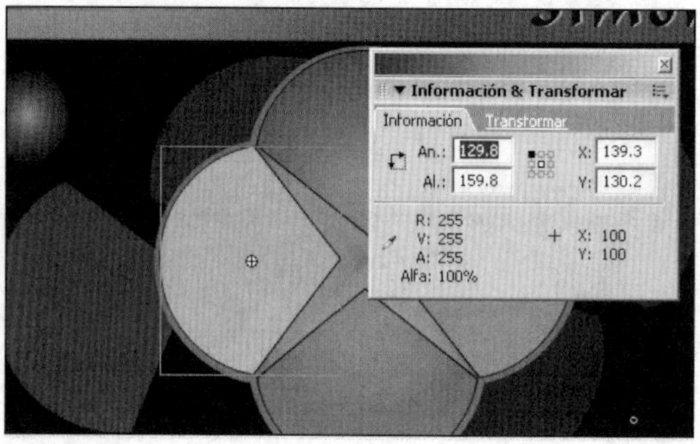

Figura 18.9. Introduzca en cada casilla la posición exacta de las muestras y los botones.

Asignar nombres a instancias

Una vez creadas las instancias de las muestras en la escena hay que asignarle un nombre a cada una, para podernos referir a estos clips desde las acciones.

Asigne a cada uno los siguientes nombres: `Clip1` para el botón amarillo, `Clip2` para el azul, `Clip3` para el rojo y `Clip4` para el verde.

Estos nombres se insertan desde el panel Propiedades.

Funcionamiento del juego

La realización del juego se puede llevar a cabo de varias maneras. La que vamos a ver a continuación es sólo una de ellas. A continuación veremos los eventos principales de la acción en la línea de tiempo.

Iniciar variables

El juego comienza en el fotograma 10 con la preparación de la partida. En este paso, asignaremos un valor a los contadores que necesitaremos durante el juego y crearemos una lista de valores aleatorios, del 1 al 4, que usaremos para decidir qué botón reproduce la película en cada momento.

En la escena se sitúan los clips de muestra, que permanecerán detenidos gracias a la parada que les insertamos al principio de su propia línea de tiempo. De otro modo, al insertarlos comenzarían a sonar y a cambiar su estado.

En la capa de Acciones insertaremos el *script* de la figura 18.10, que se encargará de preparar las distintas variables.

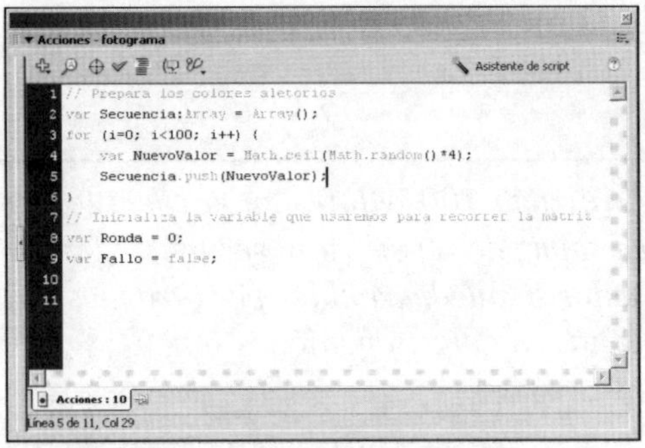

Figura 18.10. Script de inicio.

Advertencia:

Recuerde que las líneas precedidas del identificador / / son simples comentarios que no afectan a la acción.

Para crear la lista de valores que debe reproducir el ordenador hemos utilizado un objeto de Flash llamado `Array`. Una matriz (*array* en ingles) es un elemento encargado de contener series de datos. Para crear la matriz Secuencia se utiliza la línea:

```
var Secuencia = new Array();
```

A continuación hemos insertado 100 valores aleatorios del uno al cuatro. Mediante la acción:

```
for (i=1; i<100; i++) {
  var NuevoValor = Math.ceil(Math.random()*4);
  Secuencia.push(Nuevovalor);
}
```

Las dos acciones interiores se repetirán 100 veces gracias a la instrucción `for`, que se encarga de generar un bucle según sus condiciones.

La primera línea de la acción calcula un número del uno al cuatro (mediante el método `random` del objeto `Math`) y después lo redondea al número entero superior más cercano (mediante el método `ceil` del mismo objeto). El redondeo es necesario, ya que el método `random` devuelve un número con decimales.

La segunda línea utiliza el método `push` del objeto `Array` (matriz) para insertar el nuevo valor en la última posición vacía de la matriz Secuencia. Con cada pasada se irá acumulando un número sobre otro, como si los estuviésemos apilando. Al final del proceso tendremos una lista de 100 números dentro de la matriz Secuencia.

Nota:

Hemos utilizado 100 valores en el ejemplo porque es difícil que nadie sea capaz de repetir una secuencia tan larga. De todos modos ese valor se puede cambiar por otro más alto, por si acaso nos encontramos con algún genio.

La segunda parte del *script* define los valores iniciales de algunas de las variables que utilizaremos durante la película:

- `Ronda`: Se usa para almacenar el número de botones que debe reproducir. Comienza valiendo cero, pero más adelante se irá incrementando cada vez que el usuario responde correctamente, para añadir un nuevo botón a la serie.
- `Fallo`: Esta variable de tipo *boolean* (boléana), puede tomar dos valores: `false` (falso) o `true` (verdadero). Cuando el usuario se equivoque, haremos que la variable valga `true`, para avisarnos del error y actuar en consecuencia.

Reproducir la secuencia

La parte en la que el ordenador se encarga de interpretar los valores de la matriz convirtiéndolos en pulsaciones de los botones comienza en el fotograma 12 y termina en el 17.

Incremento de contadores

El fotograma 12 contiene un *script* que modifica los valores de algunas variables.

A este fotograma se puede llegar de dos maneras:

- La primera vez que se ejecuta la película.
- Cada vez que el usuario reproduce correctamente la secuencia de botones se le envía de nuevo aquí, para que la secuencia se incremente en un valor.

Éste es el *script* que debemos insertar:

```
// Incrementa variables
NumPulsados = 1;
i = 1;
Ronda++;
```

Las variables que se modifican son las siguientes:

- `NumPulsados`: Pasará a valer 1. Esta variable lleva la cuenta de las veces que se ha pulsado sobre algún botón. Se utiliza más adelante para saber si se ha completado una secuencia o si queda alguna pulsación.
- `i`: La variable `i` contendrá el número de elementos de la matriz que se deben reproducir. Se irá incrementando hasta que se llegue al máximo de la secuencia (al valor de `Ronda`). Empieza valiendo 1.
- `Ronda`: El número de botones que hay que reproducir. En el paso anterior se le asignó el valor cero, así que se incrementa en uno para que se reproduzca un primer botón. Si el usuario reproduce correctamente ese primer botón, la película volverá a este fotograma. `Ronda` pasará a valer dos para que se reproduzcan dos botones y así sucesivamente.

La única novedad del *script* es la forma en que se incrementa una de las variables. El comando `Ronda++;` hace que dicha variable se incremente en uno, gracias al operador de incremento "++". Esta línea sería equivalente a escribir: `Ronda = Ronda + 1;`

Nota:

Los fotogramas 13 y 14 se han dejado vacíos para que la película haga una pequeña pausa desde que el usuario termina de pulsar botones y se comienza a reproducir una nueva secuencia.

Activar clips de película

El *script* de la figura 18.11 se encarga de tomar el elemento `i` de la matriz `Secuencia` y activar uno de los cuatro clips de película de la escena.

Esos clips son los que insertamos anteriormente en la capa Muestras.

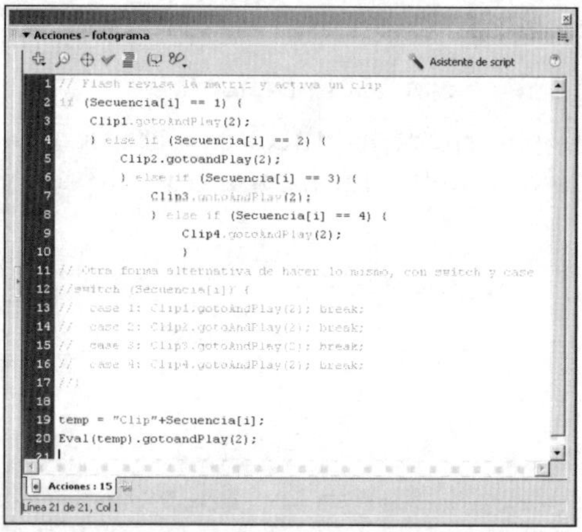

Figura 18.11. Script que activa los distintos clips de película.

Las distintas sentencias `if` comparan el número almacenado en la matriz `Secuencia` con el asignado a cada uno de los botones.

Para referirnos a los números almacenados en la matriz se utiliza la estructura: `Secuencia[numero]`. Cuando encuentra aquel con el que coincide se activa el clip de película correspondiente mediante la acción:

```
ClipX.gotoAndPlay (2);
```

Ese clip se reproduce a partir de su fotograma 2, para saltarse la acción `stop();` que insertamos al principio de cada clip de muestra.

Es también por ese motivo por el que en el fotograma 16 de la línea principal no hay nada; para dar tiempo al clip a que se reproduzca sin que se solape con la animación de otro botón.

Nota:

En la figura 18.11 hemos dejado una segunda forma de realizar esta operación. Mediante los comandos `switch` *y* `case` *la acción queda más sencilla. Observe que en el* script *se muestra como comentarios, por lo que no se ejecutaría. Es sólo un ejemplo.*

Aún se podría realizar esta operación de una forma más corta:

```
eval("Clip"+Secuencia[i]).gotoandPlay (2);
```

Podría sustituir por completo al script *anterior. Se basa en utilizar el comando* `eval` *para averiguar qué clip se debe mover. Si quiere puede intentar probarlo. La idea es que siempre podemos encontrar formas alternativas para realizar una operación.*

Repetir reproducción

Después de reproducir un botón se llega al fotograma 17, donde está la última toma de decisión de este bloque. Ésta se realiza mediante el *script* de la figura 18.12.

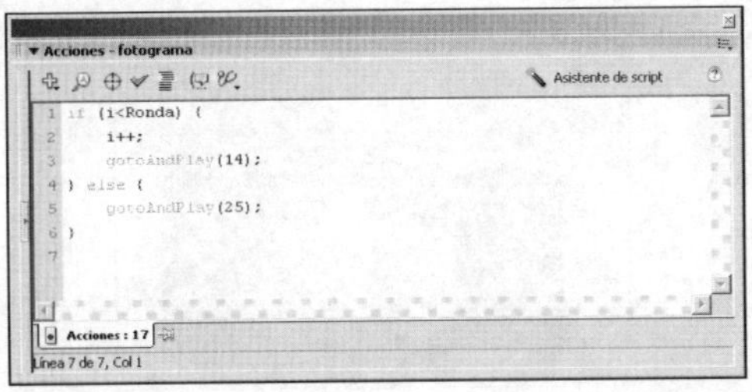

Figura 18.12. Script para decidir si seguir con la secuencia o dar paso al usuario.

En este caso se comprueba si la variable `i` es menor que la variable `Ronda`. La variable `Ronda` contiene el número de botones que se deben reproducir, mientras que `i` comienza valiendo 1 cada secuencia y se va incrementado cada vez que pasa por aquí. Si se cumple la condición, la variable `i` se incrementa y se regresa al fotograma 14 para reproducir un nuevo botón:

```
i++;
gotoAndPlay (14);
```

Si la variable `i` es igual a `Ronda` significa que ya se han mostrado todos los botones que se tenían que mostrar, así que hay que dar paso al usuario para que los reproduzca, por lo que se ejecuta la otra opción, la que sigue al parámetro `else` (si no, en español).

```
gotoAndPlay (25);
```

Así que se saltaría al fotograma 25, que es donde el usuario debe comenzar a pulsar los botones para repetir la secuencia que acaba de escuchar.

Comienza a trabajar el usuario

En el fotograma 25 se detiene nuevamente la película a la espera de que el usuario pulse los distintos botones. En este fotograma no se ven los clips de muestra, ya que se ocultan para dejar paso a los verdaderos botones. Observe la línea de tiempo de la figura 18.13, donde se ve que la capa Muestras no contiene nada en el fotograma 25. Además, la capa Semáforo Verde contiene una bola verde que se sitúa sobre la que está presente habitualmente (la bola roja). Esta bola verde indicará al usuario que puede pulsar los botones.

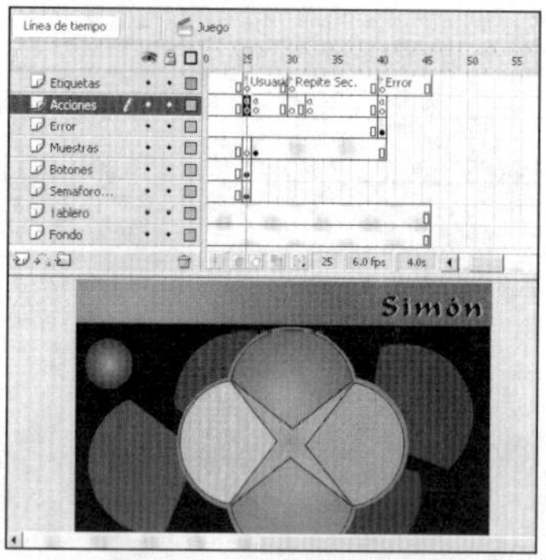

Figura 18.13. La línea de tiempo alcanza un punto de inflexión en el fotograma 25.

Pulsación de botones

El *script* del fotograma 25 sólo contiene una parada de la línea de tiempo mediante la acción `stop();` para que la película se detenga.

Los que sí tienen un *script* son los botones. Para insertar un *script* en un botón ha de seleccionarlo y pulsar **F9**. En el panel Acciones debe insertar un *script* como el de la figura 18.14.

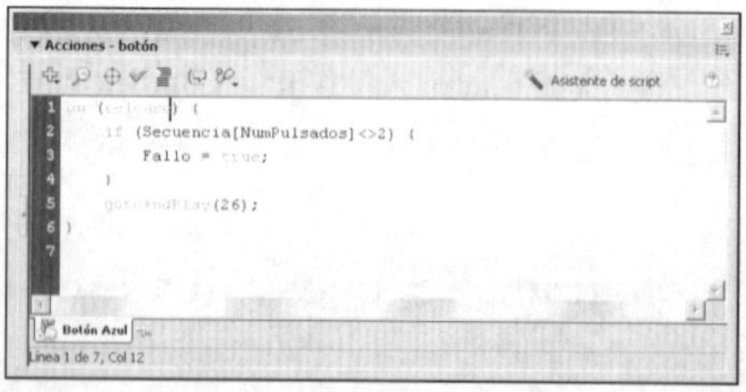

Figura 18.14. Script asociado al segundo botón (azul).

El *script* intenta que al ser pulsado el botón se compruebe si el número insertado en la matriz coincide con el del botón pulsado, que en el caso del botón azul sería el 2.

```
if (Secuencia[NumPulsados] <> 2)
```

Si no coinciden se habrá producido un error, así que lo reflejaremos cambiando el valor de la variable Fallo.

```
Fallo = True;
```

Si coinciden pasaremos al fotograma siguiente, para seguir operando.

```
gotoAndPlay (26);
```

Nota:

La variable `Numpulsados` *contiene la cuenta de las veces que hemos pulsado sobre algún botón. Comienza valiendo uno y se incrementa en el fotograma siguiente.*

Comprobación

Al fotograma 26 se llega porque se ha pulsado algún botón en el fotograma 25. Al llegar a este fotograma comprobamos si ha habido un error revisando la variable del mismo nombre mediante la línea:

```
if (Fallo == true)
```

En caso afirmativo se salta al fotograma 40, donde hemos situado un mensaje de error para informar al usuario.

```
gotoAndPlay (40);
```

Si no hubo ningún error, comprobaremos si ya se ha pulsado el mismo número de botones que reprodujo el ordenador mediante la siguiente línea:

```
else if (NumPulsados == Ronda)
```

En ese caso se envía el control de la película unos fotogramas hacia delante, para realizar algunas operaciones más. Para ello se utiliza la instrucción `gotoAndPlay`. Si no, se contabiliza la pulsación que nos ha traído hasta este fotograma y se accede de nuevo al fotograma anterior para que el usuario pulse el siguiente botón:

```
NumPulsados++;
gotoAndPlay (25);
```

La figura 18.15 muestra el *script* completo:

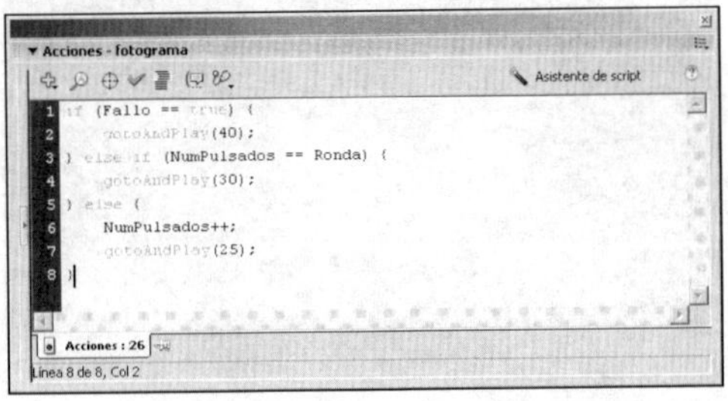

Figura 18.15. Script de comprobación.

Reproducir una nueva secuencia

Si se han pulsado correctamente todos los botones de la secuencia la película saltará al fotograma 30, donde no hay nada.

En realidad, al llegar a ese fotograma la película continuará hasta el 32, donde se encontrará la acción:

```
gotoAndPlay (12);
```

Que hace que se vuelva a reproducir una nueva secuencia con un valor más. Estos dos fotogramas en blanco se dejan para que se produzca una pequeña pausa entre el momento en que el usuario completa la secuencia y se empieza a reproducir la siguiente.

Terminar la película

Cuando el usuario se equivoca, la película se envía al fotograma 40. En ese fotograma hemos utilizado una capa llamada Error para insertar tres nuevos elementos:

- Un símbolo en forma de cruz.
- Un cuadro de texto dinámico que mostrará un mensaje. En el panel Propiedades del texto hemos insertado el nombre Mensaje en el cuadro Variable.
- Un botón para comenzar una nueva partida.

La figura 18.16 muestra la pantalla al llegar a ese punto.

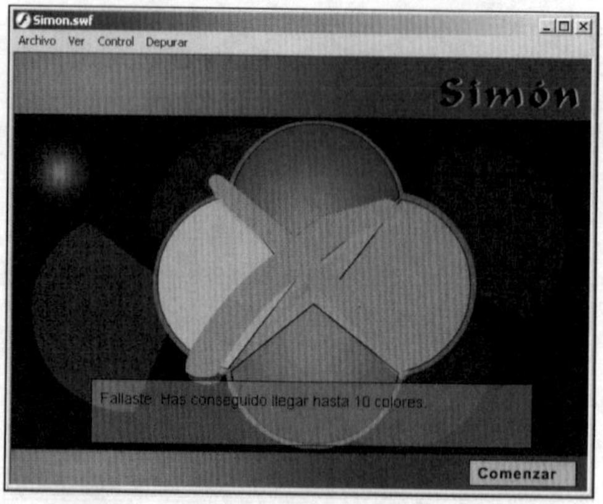

Figura 18.16. Mensaje de error.

El *script* de este fotograma se encarga de realizar una parada y de mostrar un texto en el cuadro de texto dinámico:

```
Mensaje = "Fallaste. Has conseguido llegar hasta "+Ronda+"
colores.";
stop ();
```

Al introducir la variable `Ronda` dentro del mensaje conseguimos que se indique el número de secuencia por el que iba la película en el momento de producirse el error.

El *script* del botón de la parte inferior se encarga de realizar un salto al comienzo de la escena:

```
on (release) {
  gotoAndPlay (1);
}
```

Conclusión

Y así termina el ejemplo. Aunque pueda parecer una explicación muy larga, a la hora de hacerlo comprobará que es más sencillo de lo que parece.

Como ha podido ver, es muy importante distribuir correctamente cada parte en la línea de tiempo para que todo funcione a la perfección, aprovechando todos los tiempos que se producen al pasar de un fotograma a otro.

Si lo desea puede mejorar el juego con lo aprendido en los capítulos anteriores del libro.

Algunas posibles mejoras:

- Añadir las animaciones de los distintos elementos de la pantalla.
- Agregar un contador de tiempo mediante las propiedades del objeto `Date`.
- Añadir más botones con nuevos colores.
- Hacer que los botones respondan a pulsaciones de teclas para que, si lo desea el usuario, pueda usar el teclado en vez del ratón.
- Añadir una sección de opciones al principio, para indicar el valor máximo de la secuencia, velocidad de reproducción (que puede modificar dejando más o menos fotogramas en blanco), etc.

Resumen

La creación de un proyecto requiere planificación y seguir una serie de pasos. A lo largo del capítulo hemos intentado marcar esos pasos con el objetivo de desarrollar un método de trabajo que pueda ser aplicado a otros proyectos.

También se pone de manifiesto la necesidad de conocer el funcionamiento básico de las acciones de Actionscript si pretendemos realizar una película interactiva.

Capítulo 19

Publicación

En este capítulo aprenderá a:

- Publicar una película en distintos medios
- Configurar las opciones de publicación de una película.
- Exportar partes de una película.
- Imprimir un proyecto.
- Optimizar una película.

Publicar un proyecto

El paso final cuando terminamos de crear una película es el de publicarla. Este término se refiere a la preparación de la película para colocarla en Internet, distribuirla en un CD o cualquier otro medio posible. A partir del archivo de película original podremos generar varios tipos de archivos, cada uno orientado a un medio distinto. A través de este capítulo conoceremos la mejor forma de realizar la publicación en función de nuestras necesidades.

Publicar una película en Internet

El medio natural y más habitual para la difusión de las películas de Flash es Internet. Para poder colocar una película en Internet necesitamos generar al menos dos archivos distintos:

- Archivo `.swf`: Es el archivo que contiene la película. Ocupa menos que los archivos `.fla` normales, ya que en los `.swf` sólo se almacena aquello que es imprescindible, además de utilizar ciertos algoritmos de compresión para reducir su tamaño. Los archivos `.swf` no se pueden modificar; para poder realizar cambios sobre una película es necesario tener el archivo `.fla` original.
- Archivo `.html`: Cada película en Internet se podrá visualizar gracias a la existencia de una página Web que será la encargada de contenerla. En ella se definen algunas características de la película, como el tamaño en pantalla, posición, etc.

Para preparar una película para Internet siga esta secuencia de pasos.

Ejemplo:

Publicar una película.

1. Abra el archivo `.fla` que contenga la película que quiere publicar. Cualquiera de los ejemplos realizados a lo largo del libro valdrá.
2. En el menú Archivo seleccione la opción Publicar.

Si accede a la carpeta en la que tenía almacenado el archivo `.fla`, fíjese en que han aparecido dos nuevos archivos con el mismo nombre de la película: una página Web `.html` y una película `.swf`. Lo puede ver en la figura 19.1.

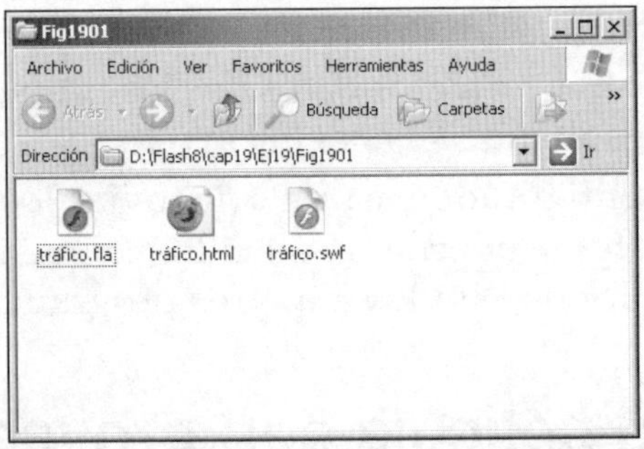

Figura 19.1. Al publicar una película aparecerán dos nuevos archivos.

Enviar una película a un servidor

Después de utilizar la opción Publicar obtenemos los dos archivos necesarios para que cualquier persona pueda visualizar la película pero aún debemos hacer algo más.

No basta con tener los archivos almacenados en nuestro ordenador, hay que llevarlos a algún servidor de Internet.

Habitualmente, la empresa que nos proporciona el acceso a Internet suele ofrecer la posibilidad de insertar algunas páginas Web en sus servidores.

En caso de que no exista esa posibilidad siempre puede recurrir a la utilización de servidores gratuitos, que realizan la misma función.

En ambos casos la idea es que ellos nos permiten almacenar las páginas en sus ordenadores y asignarle una dirección de Internet (URL), de forma que cualquier persona pueda acceder a ellas en cualquier momento.

El procedimiento más habitual para enviar las páginas a ese servidor es el de utilizar un programa de transferencia de archivos (conocidos genéricamente como programas de FTP).

Para configurar uno de estos programas necesitamos tener algunos datos:

- Nombre del servidor: Nombre de la máquina en la que colocaremos los archivos.
- Nombre de usuario y contraseña: El nombre de usuario que le han asignado y la correspondiente contraseña.

- Directorio remoto: La carpeta del servidor en la que almacenará los archivos.
- Directorio local: La carpeta de nuestro ordenador en la que están guardados los archivos.

Lo normal es que los tres primeros datos nos los proporcione el servidor o los averigüemos consultando sus páginas Web.

Cuando todo esté configurado bastará con enviar los archivos mediante el programa FTP. Éste es un proceso sencillo, ya que funcionan de forma parecida al Explorador de Windows u otros programas similares.

Publicar una película con proyector

Otro de los sistemas de transmisión de información que ha tenido un gran auge en los últimos tiempos es la utilización de CD-ROM multimedia. Flash permite generar archivos ejecutables que se pueden copiar en disquetes, CD-ROM o cualquier otro método de almacenamiento similar. Al usar esta modalidad de publicación, Flash genera un archivo con extensión `.exe` que contiene la película junto a un módulo que permite su reproducción.

Este método tiene la ventaja de que no hace falta que el ordenador donde se vaya a visualizar la película tenga conexión a Internet ni tampoco el programa reproductor de Flash. El proyector se encarga de todo.

Nota:

Si su proyecto contiene varias películas o bibliotecas compartidas, debe incluir también los archivos `.swf` *necesarios. Esto también es válido para la publicación en Internet.*

Siga esta secuencia de pasos para generar un proyector ejecutable con una película.

Ejemplo:

Publicar una película con proyector.

1. Abra la película que va a publicar.
2. En el menú Archivo seleccione la opción Configuración de la publicación. Se despliega el cuadro de diálogo Configuración de la publicación, similar al de la figura 19.2.

3. En la ficha Formatos desactive todas las casillas y active Proyector Windows (.exe).
4. Pulse en el botón **Publicar** y después **Aceptar** para cerrar el cuadro de diálogo.

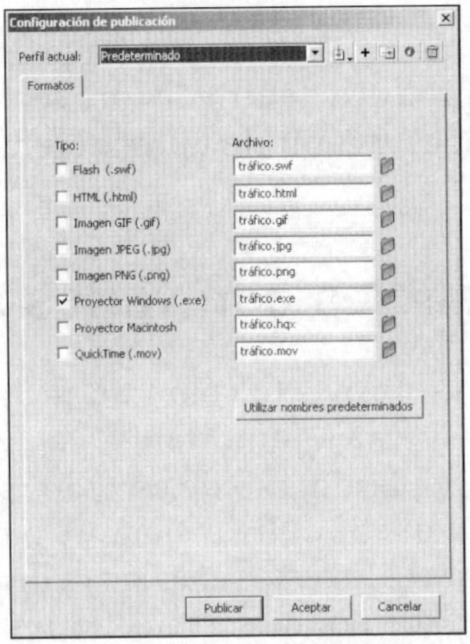

Figura 19.2. Cuadro de diálogo Configuración de la publicación.

Si accede a la carpeta donde tenía la película original observará que ha aparecido un archivo con extensión `.exe` y un icono como el de la figura 19.3.

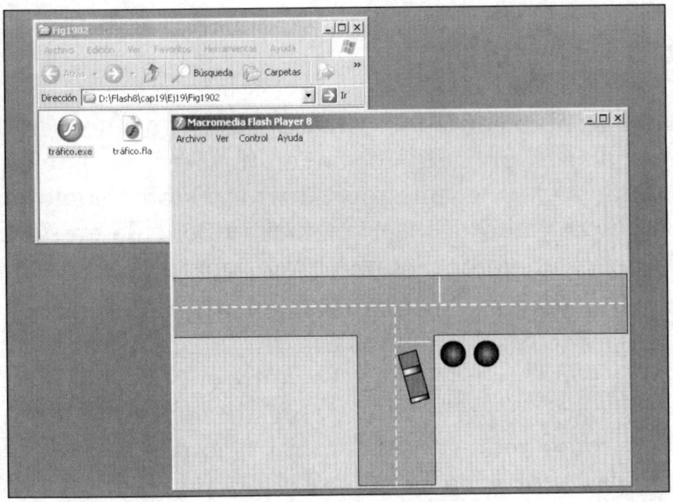

Figura 19.3. La carpeta del proyecto y el proyector de Flash para Windows.

Nota:

Para generar un archivo ejecutable para sistemas Macintosh seleccione la opción Proyector Macintosh, *que se encuentra a continuación de la que hemos utilizado.*

Para visualizar la película en el proyector haga doble clic sobre el nuevo archivo, verá que se reproduce dentro del proyector, una ventana similar a la de la figura 19.3. En este capítulo aprenderemos también a modificar el aspecto del proyector.

CD-ROM compatibles con varios sistemas

El método de publicar un proyecto como un proyector para Windows o Macintosh tiene una desventaja importante, ya que estamos obligando a nuestros usuarios a disponer de uno de esos dos sistemas operativos. En realidad es mucho más versátil utilizar siempre para la publicación el formato Flash (`.swf`) o HTML. En este caso, las películas sólo necesitan contar con un navegador para poder ser mostradas. Si optamos por estos modos, nuestros proyectos podrán ser visualizados en ordenadores con casi cualquier sistema operativo.

Las películas publicadas en formato de Internet también pueden ser utilizadas dentro de un CD-ROM, haciendo que se habrá la página Web que contiene nuestra película.

Internet o CD-ROM

Observe que el archivo generado con la opción Proyector Windows ocupa bastante más que una película normal en formato `.swf`, ya que además de la película lleva el programa reproductor. Esto no suele ser un inconveniente, ya que si vamos a insertar nuestra película en un CD-ROM el tamaño deja de ser un valor de tanta importancia.

Esa es la principal ventaja de crear una película para Internet o para CD-ROM. En el segundo caso podemos utilizar imágenes, archivos de audio con voz, banda sonora, video, etc. Para Internet también podemos hacerlo, pero casi nadie esperará a ver el resultado por la lentitud de descarga. En el apartado dedicado a la optimización de películas hablaremos de algunas reglas a tener en cuenta a la hora de crear una película para Internet.

Publicar en otros formatos

Puede publicar una película en otros formatos diferentes a los dos vistos hasta ahora. La publicación en estos otros formatos tiene una utilidad más limitada, pero puede resolver algún problema en casos concretos. Estos formatos son los siguientes:

- Imagen GIF: Con este formato se pueden publicar imágenes estáticas o crear una imagen que contenga una animación. Este tipo de archivos `.gif` se conocen como GIF animados y se utilizan con frecuencia en Internet.
- Imagen JPEG: Este formato es adecuado para escenas complejas, con muchos colores o fotografías. Al seleccionar la opción `.jpg` se exportará el fotograma seleccionado, ya que al ser un formato estático sólo se puede enviar una imagen.
- Imagen PNG: La ventaja de publicar una imagen en formato PNG es que permite almacenar transparencias, ya que es capaz de contener el canal alfa de una imagen. Es el sistema ideal para llevar una imagen a programas como Macromedia Fireworks, el programa de manipulación de imágenes de la empresa creadora de Flash.
- QuickTime: El formato `.mov` está orientado a la creación de vídeos. Para poder exportar y visualizar estas películas es necesario tener instalado el reproductor QuickTime de Apple. Estos vídeos son interactivos, por lo que si hemos insertado algún botón éste seguirá funcionando.

Opciones avanzadas de publicación

Cada formato de publicación que se active en el cuadro de diálogo Configuración de publicación dispone de su propia pestaña para acceder a su ficha de opciones relacionadas. Al activar una nueva opción de publicación (hay que tener en cuenta que puede activar todas las que quiera a la vez) aparecerá una nueva pestaña para ese formato.

Nota:

Al activar la casilla Proyector Windows *o* Proyector Macintosh *no aparece ninguna ficha, ya que estos dos formatos no tienen ninguna opción de configuración específica, las toman del propio archivo* `.fla`.

Seleccionar distintos nombres de publicación

Si no se indica lo contrario los archivos que se generan al publicar una película utilizan el mismo nombre que ésta. Para asignar un nombre distinto modifique el nombre en la casilla que aparece junto a la opción de publicación.

En la figura 19.4 hemos modificado el nombre de la página Web, llamándola `index.html`. Para volver a los nombres originales haga clic en el botón **Utilizar nombres predeterminados**.

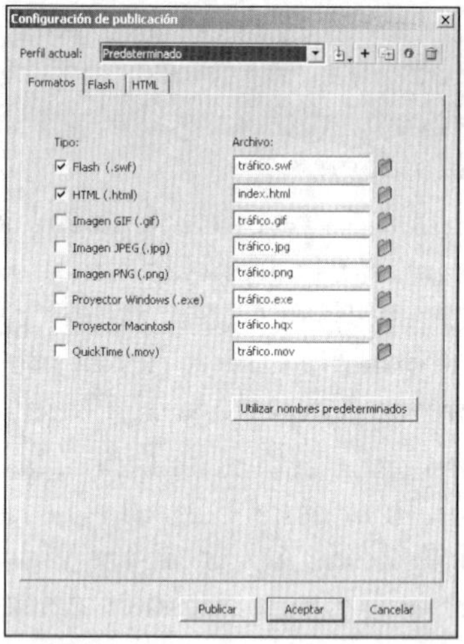

Figura 19.4. Distintos nombres para una publicación.

Truco:

A la página principal de un sitio Web en Internet se le suele asignar siempre el nombre `index.html`. *Es una convención mediante la cual los navegadores de Internet suelen tomar siempre esa página como la principal del sitio Web y por tanto es la primera que buscan al acceder a la carpeta que contiene las páginas.*

Opciones de publicación de películas

A las opciones de publicación de una película en el formato nativo de Flash (`.swf`) se accede haciendo clic en la pestaña Flash, dentro del cuadro de diálogo Configuración de publicación, que puede ver en la figura 19.5.

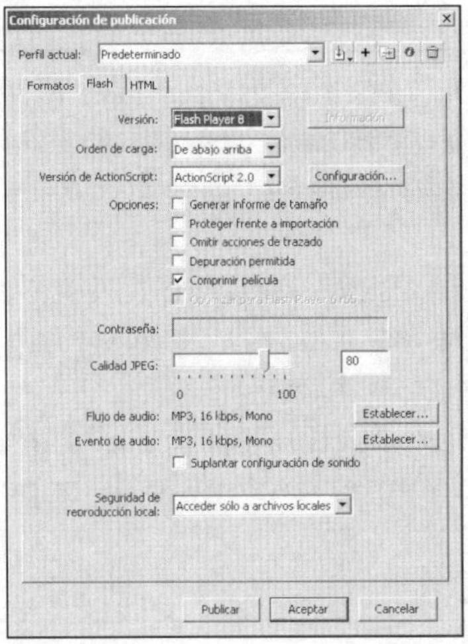

Figura 19.5. Configuración de una película Flash.

Opciones de película

Estas son las opciones que puede encontrar en la parte superior del cuadro de diálogo Configuración de Publicación:

- Versión: Por motivos de compatibilidad con versiones anteriores del programa disponemos de la posibilidad de hacer que nuestra película se genere utilizando las reglas de los formatos antiguos. Piense que puede haber ordenadores que aún tengan versiones antiguas del reproductor. En la práctica es conveniente mantener siempre la opción Flash Player 8.
- Orden de carga: Indica si debe dibujar primero el contenido de las capas inferiores y después las superiores (opción De abajo arriba) o al contrario (opción De arriba abajo). Este cuadro tiene sentido cuando alguien descargue nuestra película desde una conexión lenta.
- Versión de Actionscript: Se decide si se va a utilizar la versión 1 o 2 de Actionscript. Utilice la opción Actionscript 2.0 si ha utilizado alguna característica propia de la nueva versión, como las clases específicas.
- Generar informe de tamaño: Al activar esta casilla se crea un documento de texto con información sobre la velocidad de conexión que se requiere para ver cada fotograma y de lo que ocupa cada símbolo de la película.
- Proteger frente a importación: Evita que los usuarios pueda importar el archivo `.swf` en otra película, creando así una nueva película con los contenidos de la nuestra.

Nota:

Esta información es muy útil para ver lo que ocupan algunos elementos en nuestra película y sacar conclusiones de si es conveniente mantenerlos, reducir su calidad o eliminarlos en casos críticos.

- Omitir acciones de trazado: Activando esta casilla evitamos que se adjunten a la película las acciones `trace()` que se utilizan para revisar errores en los *script* de Flash.
- Depuración permitida: Si activa esta casilla permitirá que otros usuarios puedan inspeccionar el contenido de la película.

Nota:

Algunas de estas últimas opciones pueden protegerse mediante una contraseña, con lo que conseguimos que sólo las puedan utilizar aquellas personas que conozcan la clave. Para introducir la contraseña active alguna de las opciones e introduzca la clave en el cuadro de texto Contraseña.

- Comprimir película: Aplica algunos algoritmos de compresión a la película para que ocupe menos. En concreto funciona muy bien con películas con mucho texto. Esta opción está activada de forma predeterminada.
- Optimizar para Flash Player 6 r65: Se activa al seleccionar la versión Flash Player 6 y permite utilizar las mejoras que se incorporaron en la versión 6.5 de este reproductor.

Opciones de imagen

Mediante el deslizador Calidad JPEG puede hacer que la película ocupe menos sacrificando algo de calidad en las imágenes. El valor 100 indica la mayor calidad posible. Un valor entre 65 y 80 dará una calidad aceptable con una buena compresión. Como siempre, definiremos este parámetro según el destino que vaya a tener nuestra película. El único caso en el que nos deberíamos acercar a la calidad máxima sería si vamos a crear una distribución de nuestro proyecto en CD-ROM.

Opciones de sonido

Disponemos de tres elementos para configurar las opciones de sonido. La opción Flujo de audio hace referencia a los sonidos que se han especificado como Flujo dentro del panel Propiedades. Son aquellos que se deben empezar a reproducir en cuanto sea posible. Por el contrario, la categoría Eventos de audio se refiere a los sonidos que se ejecutan completamente al producirse algún evento.

Para establecer la configuración de alguno de los dos tipos de sonidos, pulse en el botón **Establecer** y modifique cualquiera de los valores en el cuadro de diálogo Configuración de sonido, similar al de la figura 19.6.

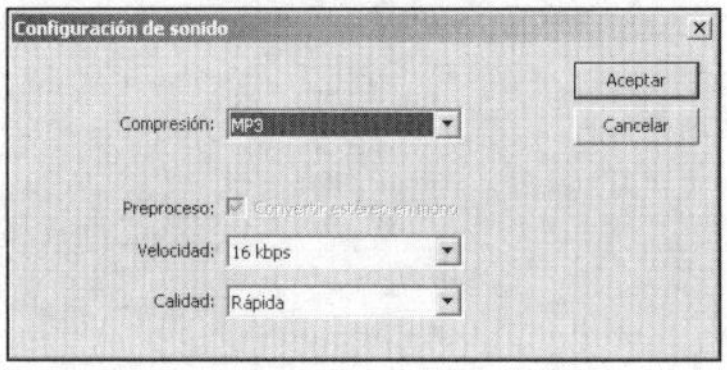

Figura 19.6. Cuadro de diálogo Configuración de sonido.

Los valores de configuración que se apliquen en estas casillas tendrán efecto sobre todos los sonidos de la película, excepto en aquellos casos en los que se haya indicado explícitamente lo contrario, como vimos en el capítulo dedicado al sonido.

La opción Suplantar configuración de sonido se utiliza para que Flash ignore los valores de configuración introducidos individualmente a cada sonido y utilice los que se han indicado en este cuadro de diálogo.

Seguridad

En esta nueva versión Flash permite controlar el acceso que tendrán sus películas para leer archivos. De este modo podemos hacer que una película sólo pueda leer archivos dentro del propio sistema en el que se encuentre mediante la opción Acceder sólo a archivos locales en el cuadro Seguridad de reproducción local. Por el contrario, si necesitamos que la película pueda acceder a archivos situados en otros sistemas seleccionaremos la opción Acceder sólo a la red.

Opciones de publicación de páginas Web

Desde Flash puede modificar las características de la página Web que se encargará de contener la película. Para acceder a estas opciones de configuración pulse sobre la pestaña HTML dentro del cuadro de diálogo Configuración de publicación. Aparecerán las opciones de la figura 19.7.

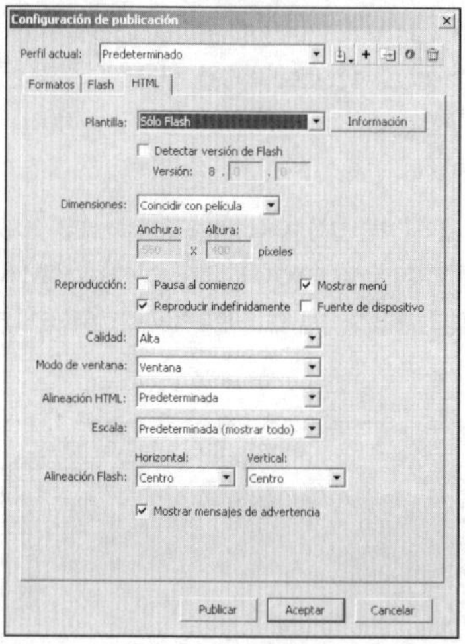

Figura 19.7. Configuración de la página Web.

Las propiedades que indiquemos se colocarán como parámetros de la etiquetas `OBJECT` y `EMBED`, que se utilizan para indicar a un navegador que tiene que mostrar una película creada con Flash.

Nota:

Son dos etiquetas porque cada una se utiliza para distintos tipos de navegadores. Estas etiquetas forman parte del conjunto de códigos del lenguaje HTML.

Veamos las opciones de configuración disponibles para las páginas Web.

Plantilla

Establece el tipo de archivo HTML que se generará. Flash incluye una serie de plantillas que se pueden utilizar para cambiar el comportamiento de la página Web. Por ejemplo, si seleccionamos la plantilla Flash con Anclaje con nombres se creará una página con la que podremos desplazarnos entre las etiquetas insertadas en la película mediante los botones **Atrás** y **Adelante** del navegador.

Para obtener más información sobre cada una de las plantillas haga clic en el botón **Información**, aparecerá un cuadro de diálogo con una explicación y los requisitos necesarios para poderla utilizar. Las facilidades de personalización de Flash hacen que sea posible crear nuevas plantillas y añadirlas a la lista. Estas plantillas también se pueden buscar en Internet.

La casilla Detectar versión de Flash hace que se inserte en la página el código necesario para que, si un usuario no tiene instalado el reproductor de Flash, se tomen las acciones oportunas. Además permite especificar qué versión debe detectar.

Dimensiones

Este cuadro especifica el tamaño que tendrá la película. Puede utilizar el tamaño indicado en el cuadro de diálogo Propiedades de la película (mediante la opción Coincidir con película), indicar un valor absoluto (con la opción Píxeles) o un valor relativo (con la opción Porcentaje). En los dos últimos casos debe añadir además las dimensiones que quiere dar a la película.

Truco:

Para que una película ocupe toda la ventana del navegador, utilice la opción Porcentaje *y en las celdas inferiores introduzca el valor 100 para la anchura y la altura. De este modo conseguimos que la película ocupe todo el espacio disponible, sin importar el tamaño de la ventana ni la resolución de pantalla del usuario. En cambio, si quiere crear una película pequeña, como por ejemplo un anuncio, y conoce las dimensiones exactas, utilice la opción* Píxeles.

Reproducción

Existen cuatro casillas que modifican la reproducción de la película:

- Pausa al comienzo: Para que la película espere a que el usuario pulse en algún botón o elija la opción Reproducir en el menú emergente que aparece al pulsar con el botón derecho sobre la película. Puede ver este menú en la figura 19.8.
- Mostrar menú: Desactivando esta opción evitamos que al pulsar con el botón derecho del ratón sobre la película aparezca el menú contextual de la figura 19.8.
- Reproducir indefinidamente: Si está activada hace que la película se vuelva a reproducir al llegar al final. Para que no lo haga desactive esta casilla.

- Fuente de dispositivo: Hace que los textos estáticos pequeños se lean mejor, al sustituir aquellas fuentes que no estén disponibles en el ordenador del usuario.

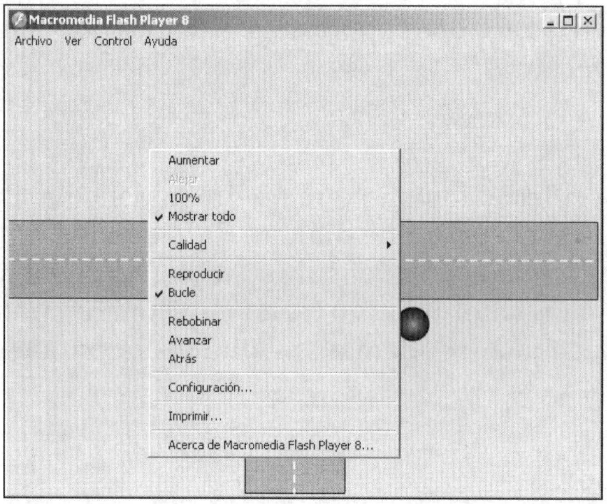

Figura 19.8. Menú contextual de una película.

Nota:

Para poder probar la mayoría de estas opciones debe abrir la página Web haciendo doble clic sobre su icono dentro de la carpeta donde se haya creado. Recuerde que estos son parámetros que se almacenan dentro de ella. También puede mostrar la publicación pulsando la tecla ***F12*** *desde Flash.*

Calidad

Modifique la calidad de visualización de la película decidiendo si debe suavizar o no los elementos de la escena.

- Para conseguir que una película muy compleja se vea correctamente en un ordenador lento seleccione Baja o Media en el cuadro Calidad. Esto hará que los objetos no se suavicen o se suavicen menos, por lo que la velocidad de reproducción se incrementa.
- La opción Alta hace que todos los elementos se muestren suavizados, excepto los mapas de bits, que no se suavizarán si están animados. Las imágenes ganan en calidad pero puede que se reproduzca más lentamente en determinados ordenadores.

- La opción Óptima suaviza toda la escena sin preocuparse de la velocidad de reproducción. Es la que mejor resultado visual ofrece pero a costa de una mayor lentitud cuando la escena está muy cargada.
- Baja automática y Alta automática dejan en manos de Flash la decisión en función de la cantidad de objetos de la escena y su tamaño.

El valor que aparece predeterminado es Alta.

Modo de ventana

Tenemos tres posibilidades.

- Ventana: Flash se reproduce en su propia ventana. Hace que la película vaya más rápido.
- Opaco sin ventanas: La película cubre cualquier otro elemento que pudiese existir en la página. Si la página tiene un fondo o utiliza marcos, no se verán.
- Transparente sin ventanas: El fondo de la película se vuelve transparente. Los objetos de la escena flotarán sobre la página. Esta opción es útil si no se conoce el color de fondo de la página. La figura 19.9 muestra la película creada en el capítulo anterior sobre un fondo claro. El fondo de la película es transparente y deja ver el fondo de la página a pesar de que el color que definimos originalmente era el negro.

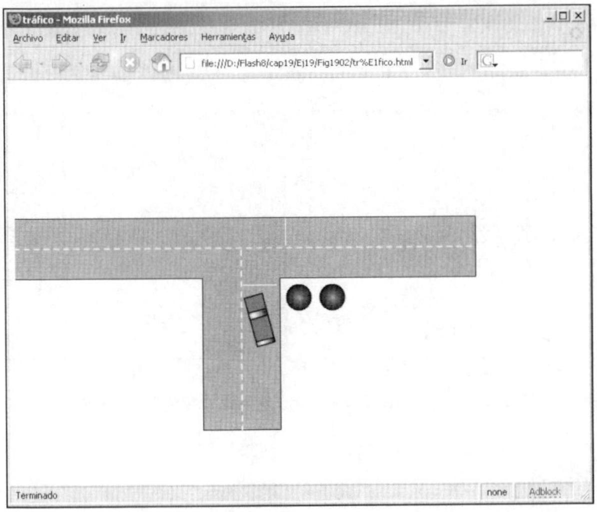

Figura 19.9. Una película con fondo oscuro sobre un fondo claro, el fondo oscuro no se ve gracias a la opción Transparente sin ventana.

Alineación HTML

Esta acción decide dónde se situará la película en la página Web:

- La opción Predeterminado hará que si la película no cabe en la ventana (porque el tamaño de ésta sea más pequeño que el de la película) se dejen de ver los bordes y aparezcan las barras de desplazamiento.
- El resto de las opciones deciden que parte se dejará de ver si la película no encaja en el espacio disponible.

Escala

Cuatro opciones más, en este caso, relacionadas con las proporciones de la película.

- Predeterminada (mostrar todo): Si hemos indicado algún valor en píxeles en la ventana dimensiones, esta opción hace que la película se muestre entera y manteniendo sus proporciones aunque para ello tenga que variar la anchura o la altura.
- Sin borde: Recorta la escena para conseguir el tamaño exacto indicado, pero no distorsiona la escena.
- Ajuste exacto: Consigue el tamaño indicado y cambia las proporciones de la película para mostrarla entera. Este modo produce deformaciones en la película.
- Sin escala: La película no cambiará de tamaño.

La figura 19.10 muestra una película antes de aplicar Escala y después de aplicar las tres primeras opciones

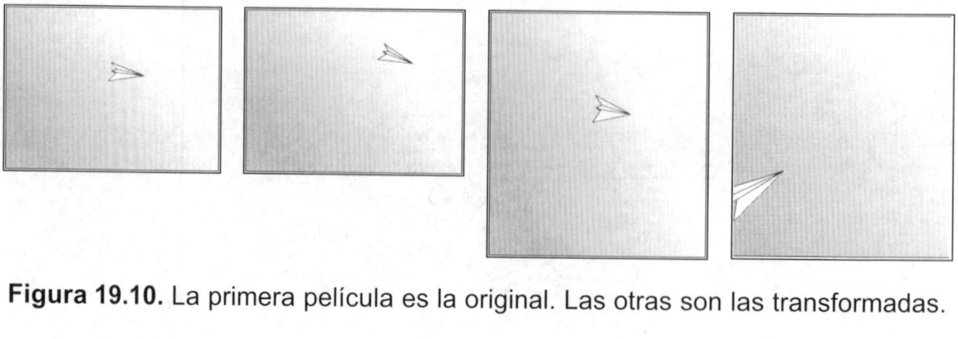

Figura 19.10. La primera película es la original. Las otras son las transformadas.

Alineación Flash

Contiene dos cuadros con los que podemos especificar la alineación que tomará la película respecto a la página, tanto horizontal como verticalmente.

Mostrar mensajes de advertencia

La última casilla decide si se deben mostrar los mensajes de error que se puedan producir durante la reproducción de la película.

Opciones de configuración de otros formatos

Como hemos comentado, cada vez que elegimos un formato podremos modificar las propiedades de publicación de ese formato mediante su ficha a la que accedemos seleccionando la pestaña correspondiente.

En la figura 19.11 se muestran las opciones del formato PNG.

Estas opciones son propias de cada formato y cambian para cada uno de ellos, dependiendo de sus características propias.

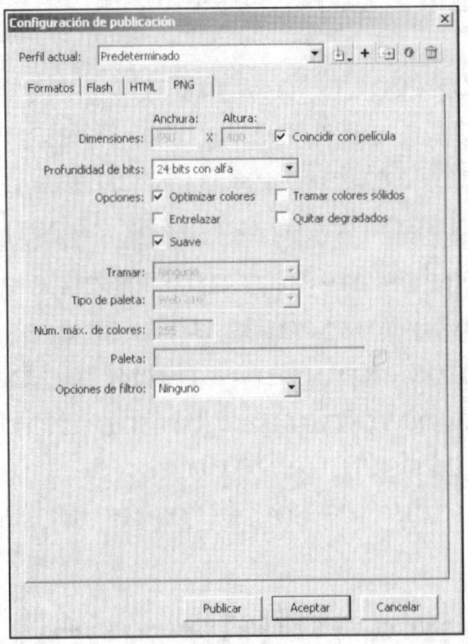

Figura 19.11. Configuración de imágenes PNG.

Perfiles de publicación

En la parte superior del cuadro de diálogo Configuración de publicación encontramos una serie de controles que nos permiten almacenar las opciones de publicación que hayamos seleccionado.

Estos controles se recogen en la figura 19.12.

Veamos mediante un ejemplo cómo se crea un perfil.

Ejemplo:

Crear un perfil personalizado.

1. Haga clic en el botón **Crear nuevo perfil**. En el cuadro de diálogo que aparece asígnele un nombre al perfil.
2. Seleccione los formatos de exportación en la ficha Formatos.
3. En las fichas de cada formato modifique las opciones de exportación que necesite.
4. Haga clic en **Aceptar** para terminar o en **Publicar** para generar los archivos.

Figura 19.12. Gestión de perfiles.

Tras realizar estos pasos tendremos creado un perfil con las características indicadas. A partir de este momento, bastará con seleccionar dicho perfil para que automáticamente aparezcan las opciones de publicación que seleccionamos en el momento de crear el perfil.

Los perfiles personalizados afectan únicamente al documento que tenemos abierto, por lo que si queremos utilizar esas mismas características con otra película debemos exportar el perfil mediante el primer botón de la zona de perfiles para posteriormente importarlo en la nueva película. Esta misma función de exportar e importar perfiles nos servirá para compartir nuestras configuraciones con otros usuarios.

Previsualizar una publicación

Para ver el resultado que se obtiene tras configurar la publicación puede utilizar dos métodos:

- Acceder a la carpeta donde se encuentra la película original y abrir el archivo generado haciendo doble clic sobre él.
- Seleccionar la categoría Vista previa de publicación dentro del menú Archivo y elegir uno de los formatos que allí aparecen.

En el segundo caso, estarán activos sólo aquellos formatos seleccionados previamente en el cuadro de diálogo Configuración de publicación.

Truco:

*Habitualmente publicaremos las películas para visualizarlas desde páginas Web. Ésta es la opción predeterminada y dispone de un método de acceso rápido mediante el teclado pulsando **F12**.*

Exportar

Exportar una película o una imagen le permitirá llevar los elementos de dicha película a otros programas o crear secuencias de imágenes a partir de los fotogramas de una película.

Exportar una película

Para exportar una película seleccione la opción Exportar>Exportar Película del menú Archivo. Aparecerá el cuadro de diálogo de la figura 19.13.

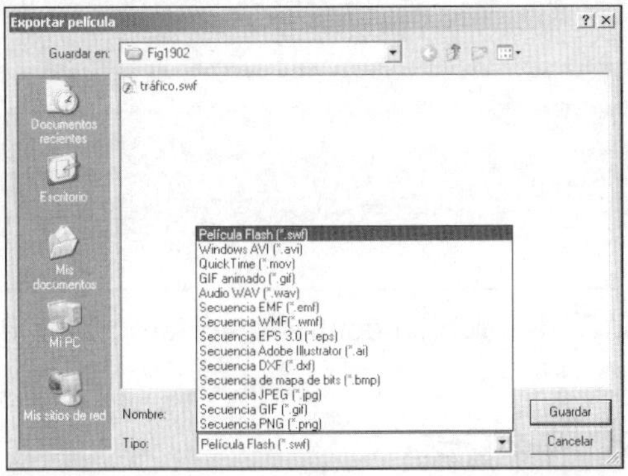

Figura 19.13. Cuadro de diálogo Exportar Película.

En la parte inferior de este cuadro de diálogo puede seleccionar el formato al que quiere exportar:

- Película Flash, el primer formato, se utiliza para exportar al propio programa.
- Windows AVI y QuickTime son formatos de vídeo. Al exportar a estos formatos generaremos un vídeo. GIF animado también entraría dentro de esta categoría, ya que genera una secuencia de imágenes incluidas en un mismo archivo.

- Audio WAV es un formato de audio, por lo que si utiliza este tipo sólo se exportará el sonido de la película.
- Secuencias: Al elegir uno de estos tipos de exportación, crearemos una serie de archivos en el formato elegido, cada uno con un fotograma de la película, formando una serie numerada. Al elegir una secuencia introduciremos un nombre en el cuadro nombre de archivo y Flash se encargará de añadir números a ese nombre. En la figura 19.14 se muestra una carpeta en la que se ha exportado una película utilizando el formato Secuencia PNG.

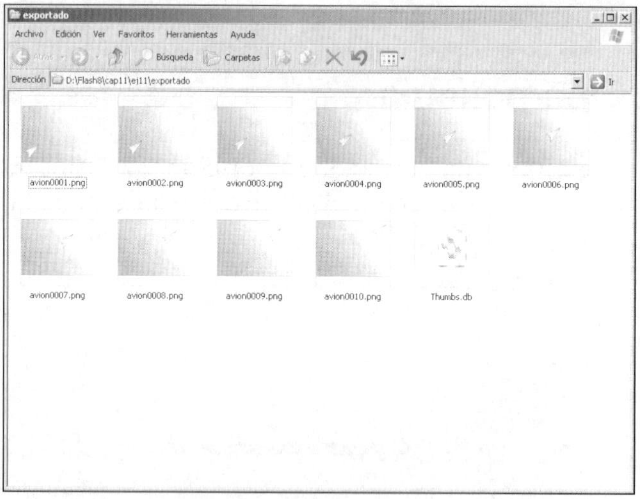

Figura 19.14. Cada archivo contiene un fotograma de la película.

Exportar una imagen

Para exportar el fotograma actual de la película a una imagen seleccione la opción Archivo>Exportar>Exportar imagen. Se desplegará el cuadro de diálogo Exportar Imagen, similar al del apartado anterior, aunque en la lista de formatos sólo aparecerán formatos de imagen.

Imprimir una película

La impresión de películas nos permitirá obtener copias en papel de su contenido. Utilice esta opción cuando necesite hacer una presentación de un determinado sitio Web o quiera elaborar algún tipo de guía o manual para alguna película.

Para imprimir el primer fotograma seleccione la opción Imprimir del menú Archivo. En el cuadro de diálogo que aparece puede seleccionar la impresora o cambiar sus opciones. Haga clic sobre el botón **Aceptar** para comenzar la impresión.

Configuración de la impresión

De nuevo en el menú Archivo encontramos la opción Configuración de publicación, mediante la que podemos modificar algunos aspectos de la impresión. El cuadro de diálogo que se despliega será similar al de la figura 19.15.

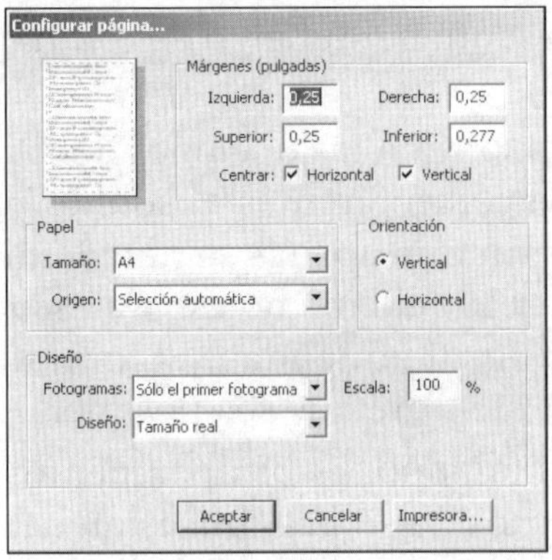

Figura 19.15. Cuadro de diálogo Configurar página.

En esta ventana puede modificar las opciones de impresión habituales, como márgenes, alineación del papel o tamaño de éste. Además, en el bloque de la parte inferior encontramos algunas opciones nuevas:

- Fotogramas: Elija la opción Sólo el primer fotograma o la opción Todos los fotogramas para decidir qué partes va a imprimir.
- Diseño: Determina el tamaño de los fotogramas en el papel. Puede elegir entre Tamaño real, Ajustar a la página (por si es más grande que el papel) o alguno de los guiones. Utilice los guiones para insertar un número concreto de diapositivas por página. Al elegir este último modo debemos especificar también en las casillas de la derecha cuántas diapositivas se mostrarán por página.

Optimizar la publicación

Como hemos comentado en distintas partes del libro, preparar correctamente las películas resulta fundamental a la hora de llevarlas a Internet. Una película con un tamaño reducido logrará que el usuario se lleve una buena impresión, ya que no tendrá que esperar demasiado tiempo. Si ha de esperar demasiado a que aparezca la película seguramente se sentirá decepcionado con el resultado o simplemente lo dejará para otro momento, con lo que nuestro trabajo no habrá valido para nada.

Aquí tiene una serie de consejos a tener en cuenta para conseguir una película optimizada:

- Compresión JPEG: Este valor, que vimos en el apartado Configuración de publicaciones reduce bastante el tamaño del archivo final. Realice varias pruebas y observe como varía el tamaño. En algunos momentos es interesante perder algo de calidad si el tamaño se reduce significativamente.
- Compresión de sonido: Con las opciones del cuadro de diálogo Configuración de publicación referentes al sonido puede conseguir que el tamaño disminuya sin que apenas se note la diferencia. Piense que la persona que va a ver la película no espera escuchar sonidos con la calidad de un equipo de alta fidelidad. El formato MP3 es el que más se comprime, utilícelo siempre que sea posible.
- Generar informe de tamaño: Estos documentos de texto le permitirán analizar qué elementos de su película están haciendo que crezca el tamaño. Haga varias pruebas y consulte este informe tantas veces como sea necesario.
- No recargar demasiado las escenas: El que la película funcione bien no depende únicamente del tamaño de ésta, también influye la velocidad con la que se reproduce. Hay que tener presente que si disponemos de un equipo de última generación la película se reproducirá siempre suavemente, pero si el usuario tiene un ordenador lento puede que la escena se reproduzca con problemas, con el sonido entrecortado o que las animaciones se realicen bruscamente. Cuanto más complicada sea una escena más cálculos deberá realizar el procesador del ordenador.
- Utilizar símbolos siempre que algo se repita más de una vez hace que se reduzca el tamaño, ya que las instancias no ocupan prácticamente nada.

- Limite el uso de fotografías. Intente crear las imágenes utilizando las herramientas de dibujo de Flash siempre que sea posible.

Si consigue seguir estas indicaciones, junto a las otras que hemos ido viendo a medida que explicábamos cada herramienta de Flash, conseguirá películas muy completas, con efectos espectaculares y un tamaño muy reducido. A veces es más interesante sorprender al usuario con pocos elementos que con una escena demasiado sobrecargada.

Por último, para completar una buena película sólo queda juntar un poco de imaginación, algo de paciencia y ponerse manos a la obra.

Resumen

Ahora que conocemos todas las herramientas fundamentales de Flash llega el momento de publicar nuestra película. El proceso de publicación consiste en generar los archivos que posteriormente distribuiremos para que otras personas puedan ver nuestras películas.

Las dos vías más comunes de distribución son Internet y los CD-ROM multimedia. En ambos casos Flash nos permite configurar diversas opciones para obtener el resultado que más nos convenga.

Además de la publicación, podemos realizar exportaciones de partes de una película con el fin de poder reutilizar el trabajo realizado con otros programas.

La posibilidad de imprimir una película está indicada en aquellos casos en los que necesitemos crear un manual del producto o realizar una presentación de un proyecto.

El capítulo concluye con una serie de recomendaciones que persiguen la obtención de películas con calidad y reducido tamaño.

Capítulo 20

Simplificar el trabajo con Flash

En este capítulo aprenderá a:

- Crear plantillas de documento.
- Utilizar los componentes predefinidos de Flash.
- Hacer accesible una película a personas con discapacidades.

Introducción

Hemos dejado para el final un grupo de opciones incorporadas en las últimas versiones de Flash que resultan muy útiles. Básicamente, las funciones incluidas en este capítulo tienen un nexo común, están orientadas de una u otra forma a simplificar el trabajo de creación de películas con Flash. En este capítulo haremos una breve introducción de estas funciones.

Plantillas de documento

La creación de proyectos complejos, compuestos por grupos de películas similares, se simplifica ante la posibilidad de crear nuevas películas a partir de unos modelos predefinidos llamados plantillas. De este modo, no necesitamos empezar desde cero cada nueva película. Estas plantillas se pueden obtener de varias maneras: podemos descargarlas de Internet, podemos usar las que acompañan al programa e incluso podemos crear nuestras propias plantillas.

Algunas plantillas no son más que definiciones del tamaño de la película, mientras que otras contienen además elementos gráficos para favorecer la creación de un nuevo proyecto en cuestión de minutos.

Crear una película a partir de una plantilla

Para crear una nueva película a partir de una plantilla seleccione la opción Nuevo del menú Archivo y en cuadro de diálogo que aparece seleccione la pestaña Plantilla. Aparecerá una lista similar a la de la figura 20.1. También puede acceder a las plantillas desde el asistente que aparece al abrir Flash.

En la lista de la parte izquierda seleccionaremos una categoría y en parte central escogeremos el modelo que más se ajuste a nuestras necesidades. Por último, la parte derecha muestra la apariencia de la plantilla y una pequeña descripción.

Tras crear la película podremos realizar todos los cambios necesarios sin afectar a la plantilla original, ya que estaremos trabajando con una copia de dicha plantilla. Entre los modelos que acompañan a Flash encontramos plantillas para realizar anuncios publicitarios, cuestionarios, presentaciones, películas para dispositivos móviles, galerías de imágenes, etc.

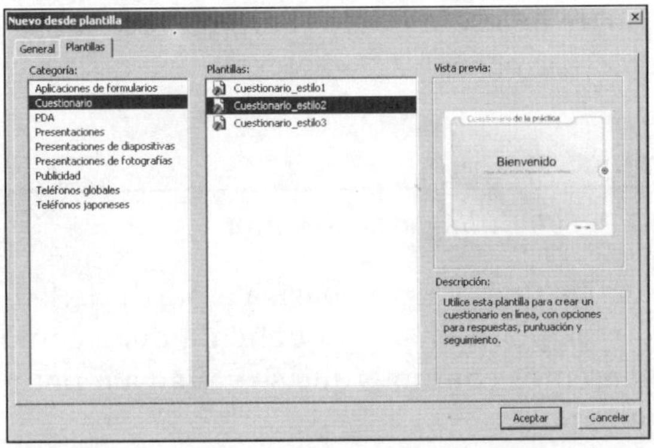

Figura 20.1. Creación de una película a partir de un modelo previo.

En la figura 20.2 se incluye el resultado de crear una película basada en una galería fotográfica. Sólo hemos tenido que añadir algunas fotografías a la biblioteca y cambiar un par de textos para tener una película completa.

Figura 20.2. Película basada en una plantilla.

Crear una nueva plantilla

La mayor ventaja del uso de plantillas se obtiene al crear nuestras propias plantillas. Supongamos que estamos trabajando en un proyecto que va a requerir el uso de varias películas con la misma apariencia en la que sólo cambia parcialmente su contenido. Si creamos un modelo y lo almacenamos como una plantilla ahorraremos bastante tiempo al crear las siguientes películas a partir de ese modelo. Para almacenar una película como una plantilla siga estos pasos.

Ejemplo:

Crear una plantilla de documento.

1. Realice una película básica a partir de la que se generarán las plantillas. Esta película debe contener todos los elementos comunes que se vayan a repetir en el resto de películas.
2. En el menú Archivo seleccione la opción Guardar como plantilla. Aparecerá el cuadro de diálogo de la figura 20.3.
3. Añada un nombre para la plantilla.
4. Asigne una categoría para la plantilla en el cuadro Categoría. Puede crear una nueva escribiendo aquí el nombre.
5. Inserte una descripción para su plantilla en la parte inferior del panel.
6. Para terminar haga clic en el botón **Aceptar**.

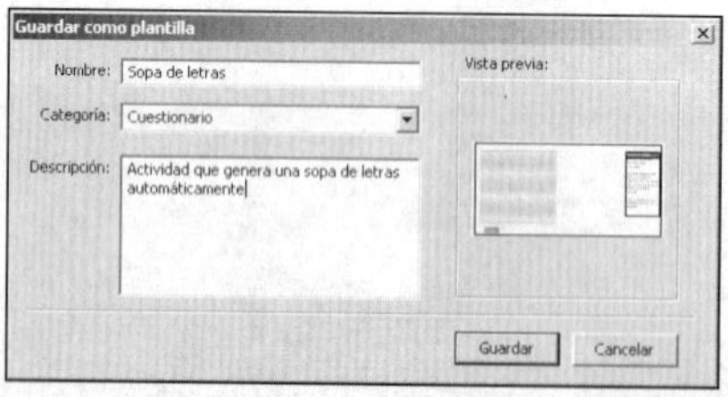

Figura 20.3. Cuadro de diálogo Guardar como plantilla.

Si accede nuevamente a la lista de plantillas podrá localizar esta nueva incorporación en la categoría que haya indicado.

Truco:

Podemos definir nuestras propias categorías de plantillas creando carpetas con el nombre de las categorías. Para ello accederemos a la carpeta `Configuration\Templates` *de Flash, que generalmente se encuentra en* `C:\Archivos de programa\Macromedia\Flash 8\es\`. *Por cada nueva carpeta que insertemos allí aparecerá una nueva categoría de plantilla.*

Componentes predefinidos

Flash incorpora una serie de elementos predefinidos llamados componentes, son clips de película con una serie de acciones y propiedades específicas. Puede ver el panel que los contiene en la figura 20.4.

En la versión básica de Flash los componentes que aparecen son elementos de interfaz de usuario como botones, barras de desplazamiento, etc. En la versión profesional, por el contrario, encontraremos varias categorías con componentes mucho más variados. De todos modos, esta lista de componentes puede verse ampliada con otros que descarguemos de Internet.

La función de este panel es aportar al usuario de Flash una serie de controles predefinidos de alta calidad, de modo que no sea necesario que nos encarguemos de tener que crearlos nosotros.

Figura 20.4. Panel Componentes.

Para insertar un componente en una película basta con arrastrarlo desde el panel Componentes hasta la escena.

Al hacerlo, se llevarán todas las partes necesarias a la biblioteca de símbolos de la película.

Propiedades de un componente

Para modificar el comportamiento de un componente y conseguir que funcione disponemos de nuevas opciones en el panel Propiedades. Al seleccionar un componente aparece una nueva pestaña llamada Parámetros dentro de dicho panel. La figura 20.5 muestra este cambio.

Truco:

También podemos configurar un componente mediante el panel Inspector de componentes. *Para mostrar este panel seleccione la opción* Ventana>Inspector de componentes.

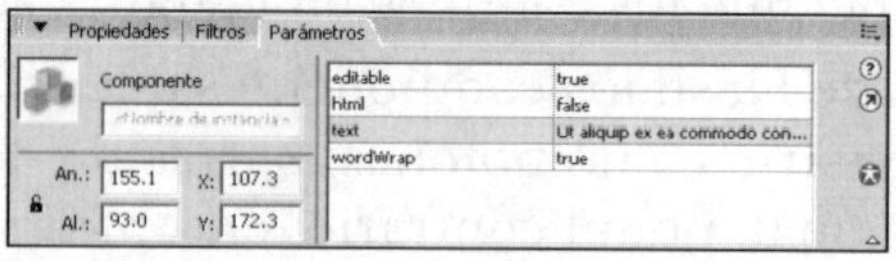

Figura 20.5. El panel Propiedades con las opciones de un componente.

Dependiendo del componente en cuestión encontraremos distintas opciones dentro del panel.

Haga clic en el icono en forma de interrogación de la parte derecha para obtener ayuda específica para cada componente. Al pulsar sobre dicho icono se desplegará la ayuda de Flash con la información necesaria.

Eliminar un componente

La eliminación de componentes de una película se realiza como con cualquier otro símbolo de la biblioteca. Si quitamos un componente de la biblioteca desaparecerán al mismo tiempo todas las instancias insertadas en la línea de tiempo.

Utilización de componentes

Para aclarar el uso de estos elementos vamos a realizar un ejemplo práctico consistente en añadir una barra de desplazamiento a un cuadro de texto. El resultado final ha de ser similar al de la figura 20.6.

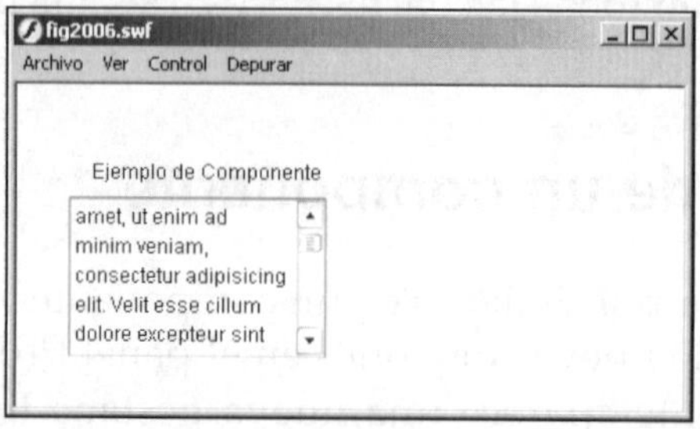

Figura 20.6. Texto con barra de desplazamiento.

Ejemplo:

Añadir un cuadro de texto con desplazamiento.

1. Cree una nueva película.
2. Inserte un cuadro de texto estático y escriba en su interior "Ejemplo de componentes".
3. Arrastre desde el panel Componentes el elemento TextArea hasta la escena.
4. Modifique el tamaño del componente mediante la herramienta **Transformación libre**.
5. En el panel Propiedades acceda a la pestaña Parámetros. En el campo Text introduzca un texto largo.
6. Pulse **Control-Intro** para probar la película.

Si todo ha salido bien podrá desplazar el texto utilizando la barra de desplazamiento del componente Text. Además, podremos variar otras opciones del componente e incluso insertar un texto diferente mediante un simple *script*.

El funcionamiento del resto de los componentes es similar, aunque varían sus parámetros y funciones. En el caso del botón (llamado Button), por ejemplo, tras insertarlo debemos escribir un *script* para que realice alguna acción.

Crear comandos personalizados

Para evitar el tener que hacer una misma operación varias veces Flash nos permite almacenar secuencias de pasos para volverlas a aplicar en cualquier momento. A estas secuencias de pasos se les denomina comandos.

Como hemos comentado en capítulos anteriores, cada operación que realizamos queda almacenada en el panel Historial. Las secuencias que realizamos pueden ser seleccionadas, por tanto, en ese panel y agrupadas haciendo clic en el botón **Guardar los pasos como un comando**, en la esquina inferior izquierda.

En la figura 20.7 hemos creado un rectángulo y una nueva capa con un texto. Haciendo clic en el botón **Guardar los pasos como un comando** conseguiremos almacenar esa secuencia íntegramente. En nuestro ejemplo le asignaremos el nombre "Crear rectángulo".

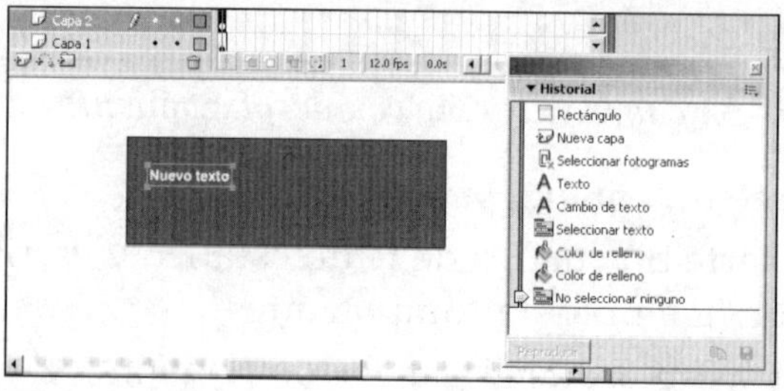

Figura 20.7. Panel historial con una secuencia.

Aplicar un comando

Una vez que hemos almacenado una serie de pasos, podremos volver a aplicarlos en esta película o en cualquier otra. Para aplicar un comando existente haremos clic en el menú Comandos y seleccionaremos la opción adecuada, tal y como se recoge en la figura 20.8.

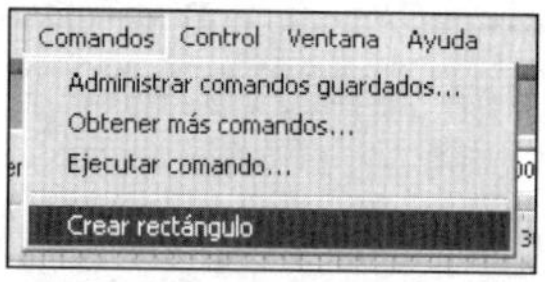

Figura 20.8. Panel Comandos.

Mediante la opción Comandos>Administrar comandos guardados podremos cambiar el nombre a nuestras secuencias o eliminarlas.

Accesibilidad

La atención a personas con discapacidades es una necesidad que está siendo implementada en Internet desde hace algún tiempo. Las páginas Web cada vez intentan ser más accesibles gracias al WAI (*Web Accessibility Initiative*) establecido por el WC3, el consorcio encargado de definir los estándares de Internet. Se marcan unas pautas a seguir para conseguir que las páginas puedan ser aprovechadas por cualquier persona.

Flash permite realizar determinadas acciones y cambios en las películas para garantizar esta accesibilidad.

La interpretación de la película se puede realizar mediante programas lectores de pantalla que, por desgracia, no vienen incluidos en Flash, por lo que no es posible realizar pruebas de accesibilidad de una película. Para poderlas realizar necesitaríamos dichos programas.

Para conseguir que una película siga los criterios necesarios de accesibilidad debemos tener en cuenta algunas cuestiones:

- Cada botón, clip de película o cuadro de texto en la película debe tener asignado un nombre mediante el panel Propiedades. Estos nombres deben ser descriptivos.
- Los fotogramas más significativos deben ser nombrados mediante etiquetas, también en el panel Propiedades.

Para añadir una descripción a cualquiera de estos elementos o incluso a la película completa haga clic en el botón **Editar configuración de acceso** del panel Propiedades, situado en su parte derecha, de color azul. Aparecerá el panel Accesibilidad, que se muestra en la figura 20.9.

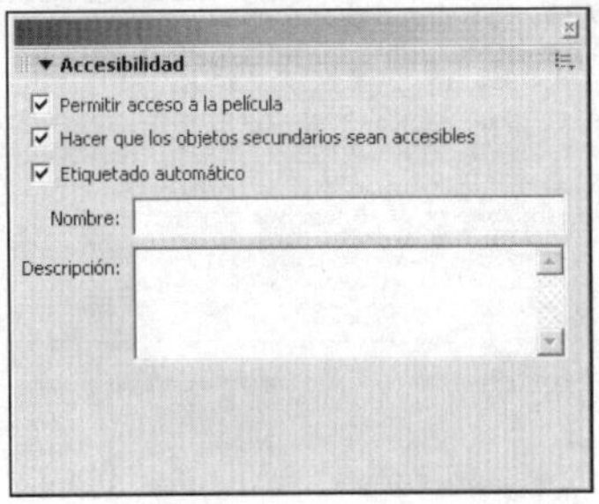

Figura 20.9. Panel Accesibilidad.

Escriba una descripción y active la casilla Permitir acceso al objeto. Activando esta casilla se indica a Flash que ese objeto debe ser interpretado por el programa lector de pantalla.

La importancia de llegar a una audiencia lo más amplia posible hace necesario tener en cuenta estas posibilidades, que si bien requieren un esfuerzo extra, ayudarán a que todo el mundo pueda utilizar nuestros proyectos.

Nota:

En el sitio Web de Macromedia (`http://www.macromedia.com/es/`) se puede encontrar información ampliada sobre todo lo referente a accesibilidad.

Ampliar los contenidos de Flash

En distintas partes del texto hemos hecho referencia a que algunas opciones de Flash pueden ser ampliadas con recursos que se descargan desde Internet. En general, además de los elementos que podamos encontrar en páginas Web personales o en sitios dedicados a Flash, Macromedia nos ofrece un sitio Web destinado a ampliar las capacidades de Flash, se llama Macromedia Exchange. Para poder utilizar los recursos de este sitio Web debemos crear una cuenta de acceso a Exchange. Este proceso de registro es gratuito y nos proporcionará un nombre de usuario y una contraseña con la que acceder a él.

Para llegar hasta el sitio de descarga de Flash seleccione la opción Flash Exchange del menú Ventana. Aparecerá un navegador Web mostrando la página de inicio, tal y como se muestra en la figura 20.10. A continuación haga clic en el enlace a Flash para acceder a los recursos que nos interesan.

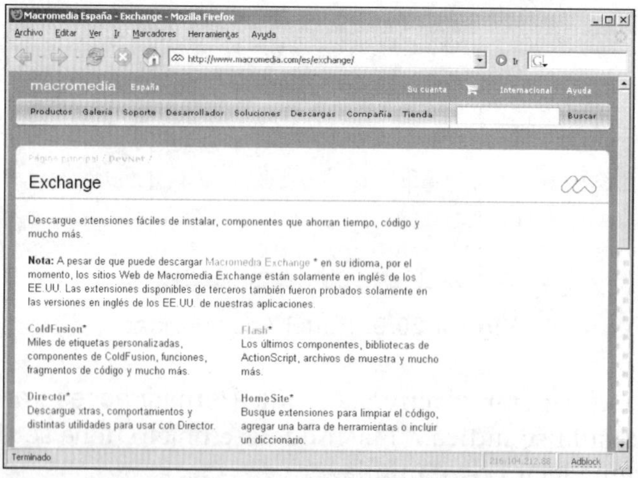

Figura 20.10. Acceso a Exchange.

Nota:

Para crear una nueva cuenta haga clic en Su cuenta *y seleccione el enlace* No, crearé una ahora.

El funcionamiento es bastante sencillo, basta con seleccionar una de las categorías de la opción Categories, recogida en la figura 20.11 y a continuación revisar la lista de elementos que aparecen. Debemos prestar especial atención a la segunda columna, ya que algunas extensiones no son gratuitas.

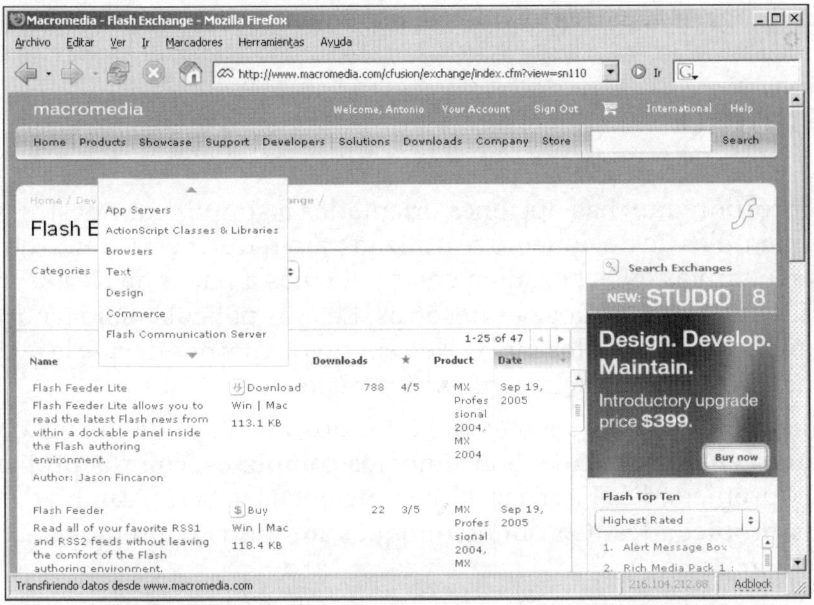

Figura 20.11. Categorías y elementos disponibles.

Si encontramos algún recurso que nos resulte interesante sólo tendremos que descargarlo haciendo clic en el enlace Download. Se guardará la extensión en nuestro ordenador como un archivo `.mxp`. Para instalar este elemento tenemos que acceder a la carpeta donde se ha guardado y hacer doble clic sobre él. Se desplegará la ventana de la figura 20.12 donde se nos informará de que el elemento se ha instalado correctamente.

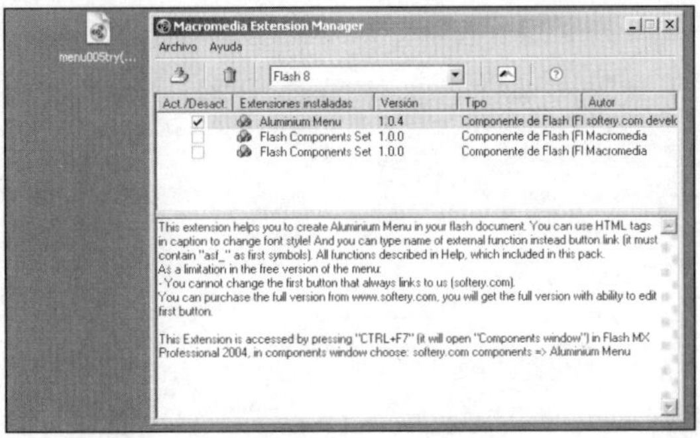

Figura 20.12. Instalación desde Macromedia Exchange.

A partir de este momento el nuevo componente, comando, opción o lo que hayamos instalado estará disponible en Flash desde su menú o panel correspondiente. De este modo podemos añadir más y más opciones a nuestro programa, consiguiendo así incrementar su versatilidad.

Resumen

Flash incorpora muchas opciones orientadas a simplificar nuestro trabajo. Las plantillas de documento se utilizan para reducir el esfuerzo de crear tareas repetitivas. Nos permiten crear películas a partir de ciertos modelos predefinidos o creados por nosotros. En esas películas sólo tendremos que cambiar los elementos que varíen sin preocuparnos de que la apariencia general coincida exactamente con el resto.

La utilización de componentes predefinidos nos permite incluir objetos avanzados en una película. Son símbolos completos, con sus propias acciones y propiedades. Para hacer que funcionen basta con cambiar alguna de esas propiedades. Con unos retoques mínimos habremos ahorrado mucho tiempo.

Los comandos son secuencias de operaciones que hemos realizado en alguna ocasión y hemos guardado con el objetivo de volverlas a aplicar en otros proyectos.

Las opciones de accesibilidad nos ayudan a garantizar que personas con algún tipo de discapacidad puedan acceder a los contenidos de una película.

Por último hemos visto que las opciones de Flash se pueden extender fácilmente gracias a Macromedia Exchange.

Apéndice A

Instalación de Flash 8

Introducción

En este apéndice revisaremos los pasos que hay que seguir para instalar Flash 8, así como los requisitos del sistema y otras opciones que encontraremos en el CD.

Requisitos del sistema

Para poder trabajar con Flash 8 en un ordenador con un sistema operativo Windows se recomienda tener un equipo con las siguientes características mínimas:

- Procesador Pentium III a 800 Mhz o equivalente.
- Windows 2000, Windows XP o superior.
- Al menos 256 Mb de memoria RAM (se recomienda 1 Gb).
- 710 Mb de espacio disponible en el disco duro.
- Tarjeta de vídeo de 16 bits de color y 1024 x 768 píxeles de resolución.
- Unidad de CD-ROM para realizar la instalación.

Estas características pueden resultar algo bajas para trabajar con grandes películas que utilicen sonido con compresión MP3, o al utilizar fotografías muy grandes, pero son sólo casos puntuales.

Instalación paso a paso

Para instalar Flash 8 introduzca el CD del programa en el lector y en unos segundos comenzará la instalación. En el caso de que tenga desactivada la opción de autoarranque de CD, deberá abrir el CD pulsando sobre él con el botón derecho del ratón y seleccionando la opción Abrir en el menú contextual que aparece. Debe buscar dentro de las carpetas el programa de instalación que se muestra en la figura A.1.

Figura A.1. Tras abrir algunas carpetas encontramos el programa de instalación de Flash 8.

Durante la instalación del programa aparecerán una serie de cuadros de diálogo. Debemos pulsar el botón **Siguiente** para avanzar. Si en algún momento queremos detener el proceso haremos clic en el botón **Cancelar** o si necesitamos regresar a la ventana anterior pulsaremos sobre **Atrás**.

Por si es la primera vez que instala un programa de este tipo, veremos los pasos uno a uno:

- Paso 1: La ventana de bienvenida de la figura A.2. No hay que hacer nada. Haga clic en el botón **Siguiente**.

Figura A.2. Mensaje de Bienvenida.

- Paso 2: Este cuadro de diálogo le muestra el contrato de licencia, que explica las limitaciones de uso del programa, garantía y demás aspectos legales. Debemos hacer clic sobre el botón de opción Acepto los términos del contrato de licencia para continuar. Este cuadro de diálogo está en la figura A.3.

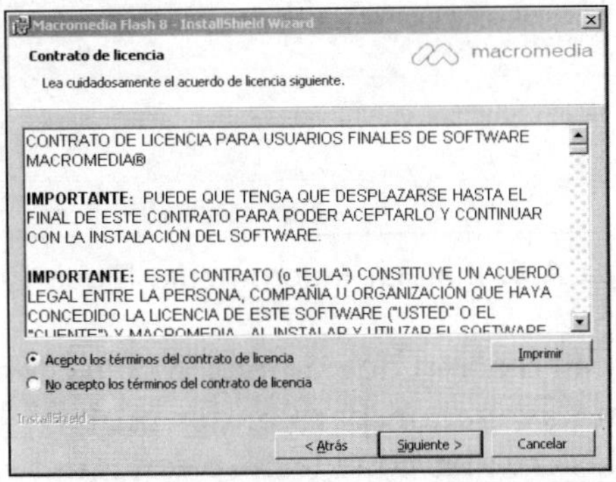

Figura A.3. Contrato de licencia.

- Paso 3: En la figura A.4 puede ver el tercer paso, en el que indicaremos la carpeta de nuestro ordenador en la que se va a instalar el programa. Lo normal es dejar la que indica el programa, aunque si lo desea puede cambiarla pulsando en el botón **Cambiar** o escribiendo directamente el nombre de la nueva carpeta.

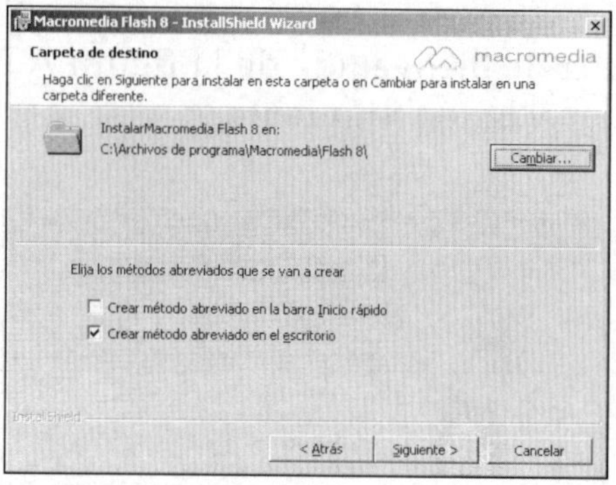

Figura A.4. Elegir ubicación de destino.

- Paso 4: Para poder visualizar las películas de Flash en un navegador de páginas Web debemos instalar también el Reproductor de películas Flash. Este paso está representado en la figura A.5. El reproductor de Flash ocupa muy poco y es conveniente tenerlo instalado, así que lo mejor es mantener todas las casillas activadas.

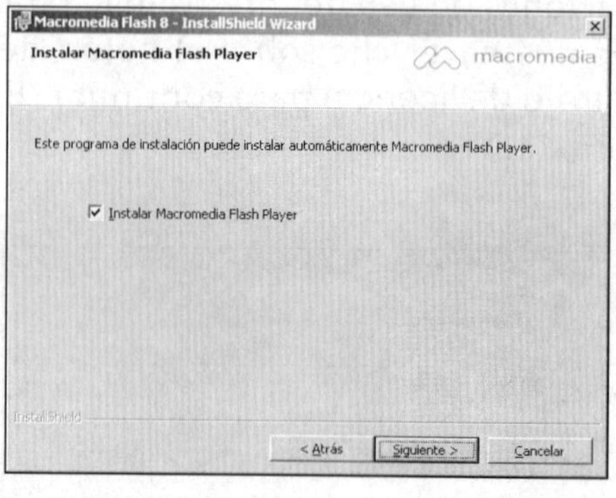

Figura A.5. Instalar Macromedia Flash Player.

Si se va a dedicar a la creación de páginas Web es conveniente que tenga instalado más de un navegador, para poder probar el producto final. No obstante, las películas creadas con Flash se ven igual en cualquier navegador, al contrario de lo que ocurre con las páginas Web tradicionales.

- Paso 5: Este paso le muestra información sobre lo que se va a copiar. Al pulsar en el botón **Siguiente** comenzará la copia de archivos en su ordenador, como se muestra en la figura A.6.

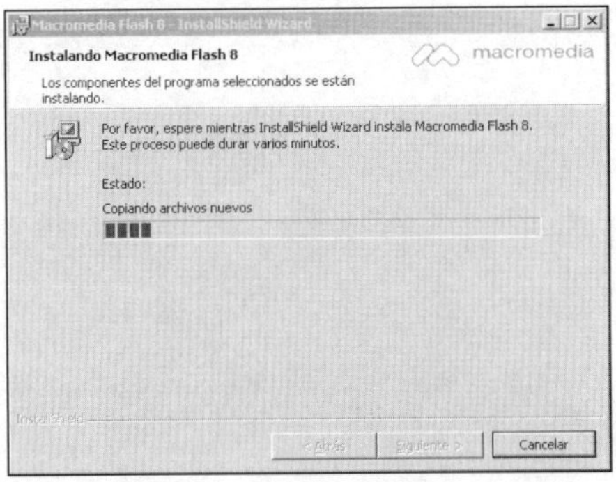

Figura A.6. Proceso de instalación.

Al completarse este último proceso aparece la ventana de la figura A.7. Pulse sobre el botón **Finalizar** para cerrar el programa de instalación. Si mantiene activada la casilla Mostrar archivo Léame se abrirá una página Web con información de última hora sobre Flash 8.

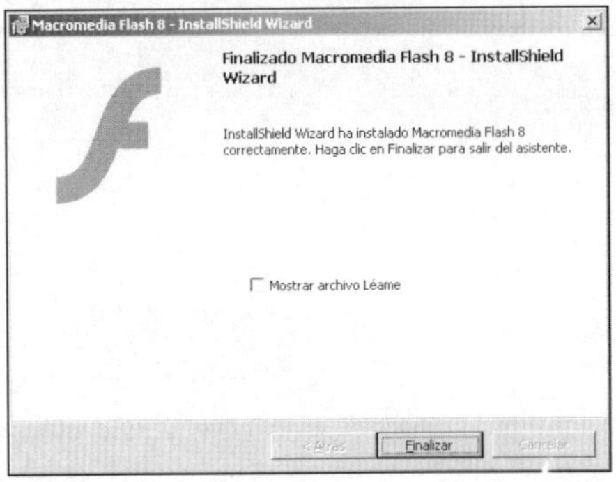

Figura A.7. Finalización de la instalación.

Y aquí termina la instalación. Ahora tendrá acceso al programa desde el menú de Inicio de Windows, seleccionando la opción Programas>Macromedia. En esa carpeta se encuentra el acceso directo al programa y el acceso directo al reproductor independiente de Flash, que le permitirá ver ficheros `.swf` sin necesidad de abrir el programa principal. El reproductor se encuentra en la carpeta Macromedia Flash Player. Eso es todo lo que hay que hacer, luego tendríamos que ejecutar el programa tal y como se explica en el Capítulo 1.

Apéndice B

Configuración de Flash

Introducción

Flash dispone de numerosas opciones para cambiar el comportamiento de algunas herramientas. En este apéndice aprenderemos a modificar la configuración predefinida del programa.

También aprenderemos a modificar los métodos abreviados de teclado para que pueda agilizar aún más su trabajo con Flash.

Configuración de Flash

Las opciones de configuración de Flash se encuentran en el menú Edición>Preferencias. Al pulsar sobre dicha opción aparecerá el cuadro de diálogo de la figura B.1.

Con cada opción de la parte izquierda podremos modificar algunos aspectos.

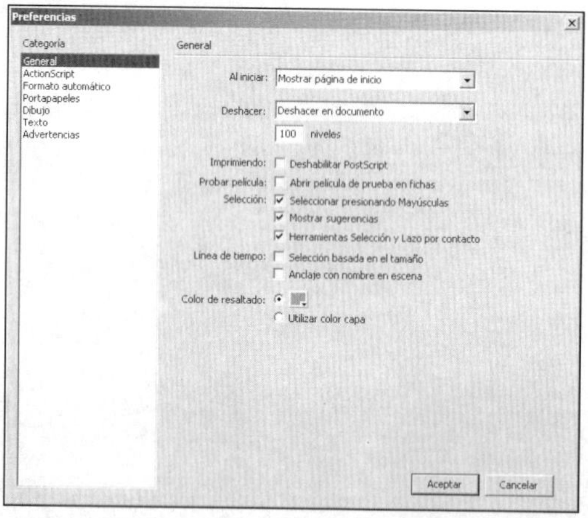

Figura B.1. Cuadro de diálogo Preferencias.

General

En la primera categoría que hemos visto en la figura B.1, disponemos de las siguientes opciones:

- Al iniciar: Decide si al comenzar el programa mostrará un cuadro para abrir los distintos tipos de archivos, el último documento abierto, etc.

- Deshacer: Permite especificar el comportamiento de la opción Deshacer, manteniendo grupos independientes para los *script* de cada objeto o un único grupo común.
- Niveles (de deshacer): Indica cuántas operaciones recordará Flash. Si el valor es 100 significa que Flash será capaz de deshacer los cien últimos pasos realizados al ir pulsando sucesivamente sobre la opción Deshacer del menú Edición. Cuanto más alto sea este valor más memoria se requiere.
- Deshabilitar PostScript: Si tiene algún problema al imprimir, active esta opción. Hará que la impresión sea más lenta, pero más segura.
- Abrir película de prueba en fichas: Al probar una película se abrirá en una nueva pestaña, en lugar de en una nueva ventana.
- Seleccionar presionando mayúsculas: Con esta opción activada, Flash seleccionará varios elementos sólo si vamos haciendo clic con el ratón mientras pulsamos la tecla **Mayús**. Si está desactivada, cada vez que pulsemos sobre un elemento se incorporará al grupo de elementos seleccionados.
- Mostrar sugerencias: Esta opción es la responsable de que aparezca un pequeño letrero sobre las herramientas de la barra de dibujo cuando detenemos el puntero del ratón sobre ellas. En ordenadores muy lentos resultar útil desactivarla.
- Herramientas Selección y Lazo por contacto: Si activamos esta opción, cuando al seleccionar cubramos una parte de una figura, ésta se seleccionará íntegramente.
- Selección basada en el tamaño: Activando esta secuencia al hacer clic sobre cualquier fotograma se selecciona la secuencia entera, como sucedía en la versión anterior de Flash. Esta opción se incluye para hacer más cómoda la adaptación de antiguos usuarios.
- Anclaje con nombres en escena: Hace que el primer fotograma de cada escena se convierta en un anclaje, cuya finalidad es hacer que el usuario pueda desplazarse por la película mediante los botones **Atrás** y **Adelante** del navegador.
- Color de resaltado: Esta opción se utiliza para cambiar el color de los cuadros que rodean los objetos seleccionados. Puede seleccionar un color para todos los objetos que seleccione mediante la opción Utilizar este color o puede hacer que cada objeto tome el color de su propia capa mediante la opción Utilizar color de capa.

Actionscript

La categoría ActionScript nos ofrece un grupo de opciones orientadas a modificar la edición de los *script* en el panel Acciones. La figura B.2 muestra las opciones de esta ventana:

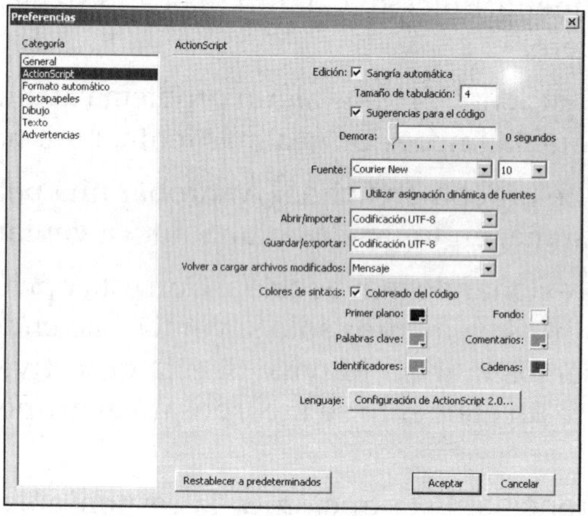

Figura B.2. Categoría Actionscript.

- Sangría automática: Desplaza automáticamente las líneas hacia la izquierda o la derecha para hacer más legible el código. Las desplaza según el número de caracteres indicados en el cuadro Tamaño de tabulación.
- Sugerencias para el código: Muestra unas pequeñas ayudas para aclarar la utilidad de las acciones. Estas ayudas estarán visibles cuando pase el tiempo indicado en el cuadro Demora. Si el valor es cero segundos aparecerán automáticamente.
- Fuente: Para especificar el tipo de letra empleado y su tamaño.
- Utilizar asignación dinámica de fuentes: Si el tipo de letra que hemos seleccionado no contiene todos los caracteres necesarios para representar los *script*, Flash se encargará de cambiarla.
- Abrir/importar y Guardar/Exportar: Especifica la codificación que se utilizará al trabajar con archivos de texto. Mantenga la opción Codificación UTF-8 para obtener compatibilidad con otros idiomas.
- Colores de sintaxis: El código se puede revisar más fácilmente indicando distintos colores para cada una de sus partes. Para desactivar todos los colores haga clic en la casilla situada junto al nombre de este

bloque. Por lo demás, podrá cambiar cualquiera de los otros colores individualmente mediante sus correspondientes casillas.

- Lenguaje: Haciendo clic en el botón **Configuración de ActionScript 2.0** podremos configurar ciertas opciones concernientes a las nuevas clases existentes en la versión 2.0 del lenguaje.
- **Restablecer a predeterminados:** Para volver a mostrar los valores originales en toda esta pestaña haga clic sobre el botón este botón.

Formato automático

Esta categoría nos ayudará a unificar la apariencia de nuestros *script* al tiempo que simplifica su escritura. Son ayudas a la edición que hacen que, por ejemplo, después de una función, Flash se encargue de añadir las llaves que necesariamente deben seguirle. La figura B.3 contiene todas las opciones disponibles.

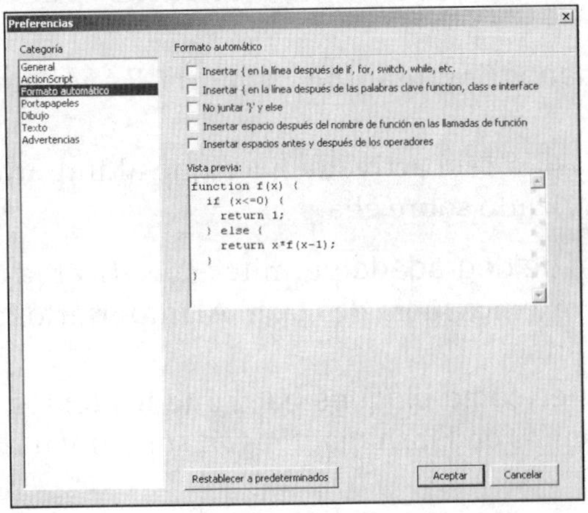

Figura B.3. Categoría Formato automático.

Portapapeles

Las opciones de portapapeles se encuentran en la figura B.4; éstas afectan a las opciones del tipo Copiar y Pegar. El grupo que se encuentra bajo la categoría Mapas de bits afecta al modo en que se copiarán las imágenes y fotografías dentro de Flash:

- Profundidad de color: Se utiliza para indicar la cantidad de colores que tendrá el mapa de bits importado.

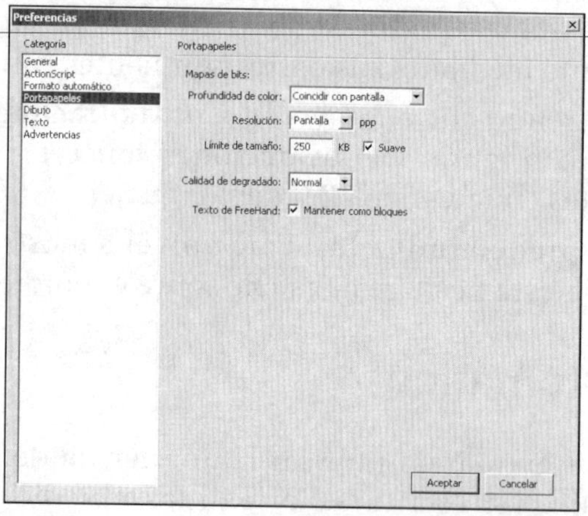

Figura B.4. Categoría Portapapeles.

- Resolución: Indica la resolución de la imagen. Sólo interesaría cambiarlo si se fuese a imprimir a gran resolución. Por ejemplo para crear carteles.
- Límite de tamaño: Cantidad de memoria RAM que se dedicará a la imagen.
- Suave: Si la casilla está activada hace que al importar una imagen se realice un suavizado sobre ella.

La opción Calidad de degradado permite especificar la calidad de los degradados que exportemos fuera de Flash. Al importarlos se mantiene siempre la máxima calidad.

La opción Mantener como bloques hace que los textos que tomemos de Freehand y peguemos en Flash mantengan sus características de edición.

Dibujo

La categoría Dibujo, incluida en la figura B.5, dispone de varias opciones divididas en varios bloques.

Herramienta Pluma

Con ella configuraremos la herramienta de trazado de líneas y curvas:

- Mostrar vista previa de la pluma: Al dibujar con la herramienta **Pluma** hace que Flash muestre los segmentos a medida que los vamos dibujando.

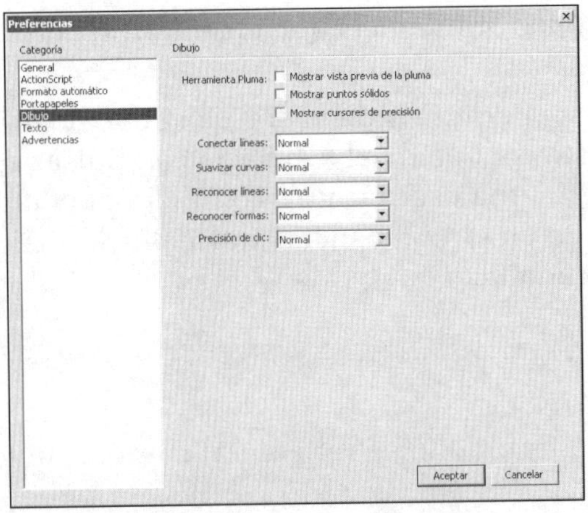

Figura B.5. Categoría Dibujo.

- Mostrar puntos sólidos: Si está activada los puntos de una figura se muestran como cuadrados rellenos y los puntos seleccionados como puntos blancos. Todo esto sucede al seleccionar una figura con la herramienta **Subseleccionar**.
- Mostrar cursores de precisión: Al dibujar figuras con la herramienta **Pluma** hace que el cursor se convierta en una cruz para poder situar los puntos de forma más precisa.

Nota:

Consulte el capítulo dedicado a las herramientas de dibujo para obtener más información sobre la herramienta ***Pluma*** *y sobre las opciones de suavizar y enderezar figuras.*

Configuración de dibujo

Más opciones relacionadas con el dibujo:

- Conectar líneas: Si dibujamos una línea cerca de otra, esta opción hará que se fusionen formando un único dibujo. También se encarga de enderezar líneas cuando son casi horizontales o casi verticales.
- Suavizar curvas: Indica el método predeterminado de suavizado de curvas.
- Reconocer líneas: Al dibujar una figura con la herramienta **Lápiz** se convertirá automáticamente en un polígono según lo indicado en el valor de ésta opción.

- Reconocer formas: Similar a la opción anterior, pero referida a los cuadrados, elipses, etc.
- Precisión de clic: Permite indicar si Flash debe seleccionar un elemento al pulsar justo encima de él o si basta con pulsar aproximadamente sobre él. Si tiene una escena muy compleja puede utilizar la opción Estricto, aunque en circunstancias normales lo mejor es dejar la opción predeterminada.

Texto

Las opciones de la figura B.6 se refieren al comportamiento del texto en Flash.

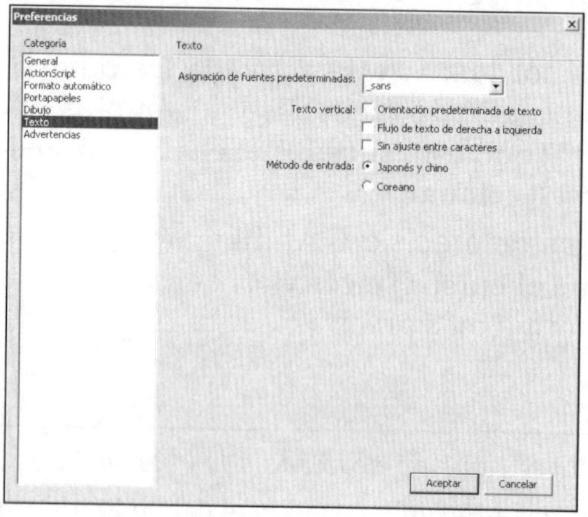

Figura B.6. Categoría Texto.

- Asignación de fuentes predeterminadas: La fuente indicada en esta opción será la que se emplee si al abrir una película no se dispone de la fuente que haya utilizado su autor.
- Orientación predeterminada de texto: Hace que la alineación vertical sea la predefinida en lugar de la horizontal. Esta opción suele tener más utilidad en los países asiáticos que en Europa o el continente americano.
- Flujo de texto de derecha a izquierda: Invierte el texto, siguiendo la dirección indicada. Esta acción afecta sólo al texto vertical.
- Sin ajuste entre caracteres: Desactiva el ajuste automático que realiza Flash entre caracteres. De nuevo sólo afecta al texto vertical.

Configuración de los idiomas de entrada

En Flash es posible introducir textos en idiomas asiáticos mediante nuestro teclado occidental. Dependiendo de la opción que activemos los introduciremos en Japonés y Chino o en Coreano.

Advertencias

Esta categoría, recogida en la figura B.7, permite activar o desactivar una serie de mensajes de aviso emitidos por Flash.

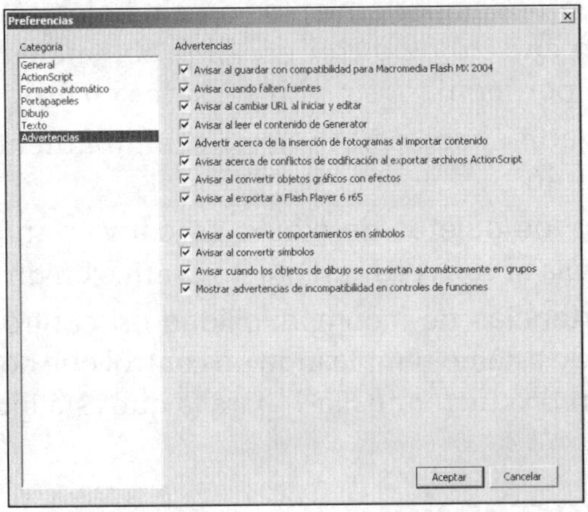

Figura B.7. Ficha Advertencias.

- Avisar al guardar con compatibilidad para Macromedia Flash MX 2004: Se muestra un aviso si intentamos almacenar contenidos exclusivos de Flash 8 dentro de un archivo en formato Flash MX 2004.
- Avisar cuando falten fuentes: Se muestra un aviso si al abrir una película nuestro sistema no tiene disponibles alguna de las fuentes con que se diseñó.
- Avisar al cambiar URL al iniciar y editar: Al editar una imagen o un sonido en un editor externo se produce un aviso.
- Avisar al leer el contenido de Generator: Muestra una X en el lugar dónde se encuentren objetos creados con Macromedia Generator, ya que este formato no es compatible con esta versión de Flash.
- Advertir acerca de la inserción de fotogramas al importar contenido: Si insertamos un archivo de sonido o de vídeo demasiado extenso Flash

puede ampliar la duración de la película para hacer espacio a esos archivos. En tal caso avisa primero mediante esta opción.

- Avisar acerca de conflictos de codificación al exportar archivos ActionScript: Avisa si al exportar o guardar un texto se pueden perder caracteres creados en otro idioma.
- Avisar al convertir objetos gráficos con efectos: Si intentamos editar un objeto que tenga aplicado algún efecto de la línea de tiempo se nos avisará.
- Avisar al exportar a Flash Player 6 r65: Da una advertencia si guardamos un proyecto en un formato anterior.
- Avisar al convertir comportamientos en símbolos: Advierte al convertir un símbolo en otro de otro tipo. El problema es que al hacer esta conversión se perderán los *script* insertados en él.
- Avisar al convertir símbolos: Advierte cuando intentemos cambiar de tipo a un símbolo.
- Avisar cuando los objetos de dibujo se conviertan automáticamente en grupos: Avisa al convertir un objeto gráfico en un grupo de objetos.
- Mostrar advertencias de incompatibilidad en controles de funciones: Advierte cuando estemos empleando un control que no es compatible con la versión del reproductor de Flash para la que está indicada la película.

Barra de herramientas

Podemos decidir qué iconos deben aparecer en la barra de herramientas mediante el cuadro de diálogo de la figura B.8.

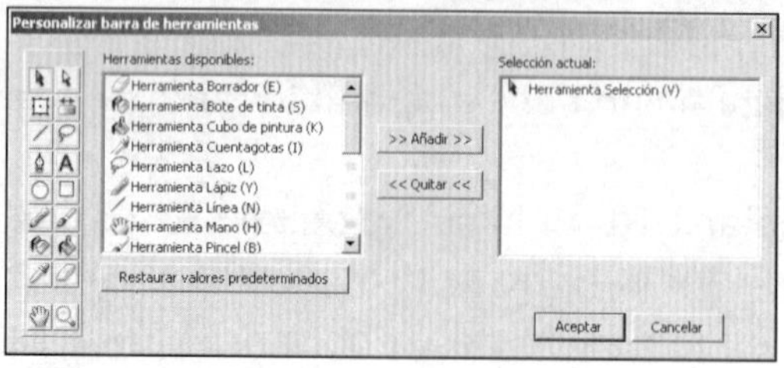

Figura B.8. Personalizar la barra de herramientas.

Dicho cuadro de diálogo aparece al seleccionar la opción Edición>Personalizar barra de herramientas. Su funcionamiento es muy simple, basta con seleccionar la herramienta que queramos y hacer clic en los botones **Añadir** o **Quitar**.

Asignación de fuentes

La opción Edición>Asignación de fuentes nos mostrará el cuadro de diálogo Asignación de fuentes. Cuando abrimos una película en la que se han utilizado fuentes que no están instaladas en nuestro sistema, podremos emplear este cuadro de diálogo para indicar a Flash con qué fuentes de las que disponemos debe reemplazar las no existentes.

Métodos abreviados de teclado

Como hemos ido viendo a lo largo de todo el libro, para casi cualquier acción u operación que realicemos con el ratón podemos encontrar una combinación de teclas equivalente. Las combinaciones de teclas pueden resultar complicadas al principio, pero cuando se trabaja mucho con un programa, los métodos abreviados de teclado son el sistema ideal para ahorrar tiempo. No obstante, no hay que esforzarse en memorizar estas combinaciones de teclas, a medida que se avanza con el programa las iremos aprendiendo de forma natural.

Flash dispone de un cuadro de diálogo desde el que podrá controlar las combinaciones de teclas de teclado del programa. Este cuadro se muestra en la figura B.9. Para desplegarlo seleccione la opción Métodos abreviados de teclado del menú Edición.

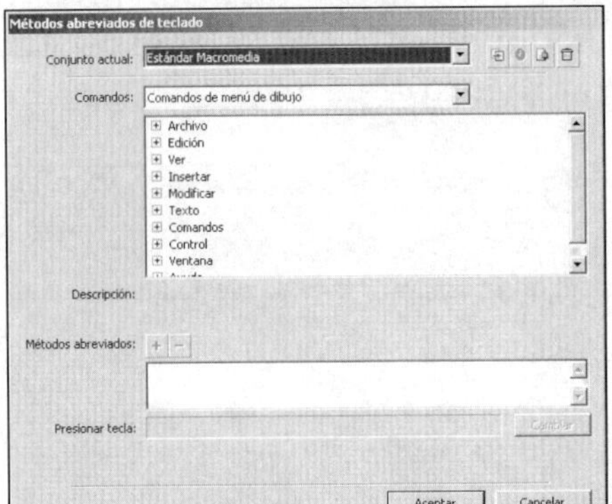

Figura B.9. Cuadro de diálogo Métodos abreviados de teclado.

En la zona superior de la ventana puede elegir el conjunto de combinaciones de teclas que más le interese. Por ejemplo, si está familiarizado con el uso de Adobe Photoshop, puede seleccionar dicho conjunto de combinaciones de teclas para que le resulte más cómodo el trabajo con Flash.

Para crear un conjunto de combinaciones personalizado, haga clic en el botón **Duplicar conjunto**. Se creará un nuevo grupo en el que podrá modificar las combinaciones que quiera.

Para modificar la combinación de teclas asignada a un comando, realice dicha combinación dentro del cuadro Métodos abreviados. Si la combinación ya está asignada a otro comando, Flash le avisará. Pulse en el botón **Cambiar** para realizar la asignación. El botón de suma (+) y el de resta (-) le servirán para añadir nuevas combinaciones o para borrar las existentes.

Archivos de configuración

Adentrándonos en un nivel más avanzado le puede resultar útil saber que toda la configuración personalizada de Flash se almacena en una carpeta concreta. De este modo, si quiere utilizar esta misma configuración en otro ordenador o quiere reinstalar su sistema operativo, sólo tendrá que copiar los archivos de esta carpeta en la nueva localización.

Dicha carpeta, que se muestra en la figura B.10 se llama `Configuration` y su localización puede variar dependiendo de algunos factores. En esta carpeta se almacenan tanto la configuración del programa como las plantillas, configuraciones de teclado, componentes, etc. Para encontrarla puede utilizar la herramienta de búsqueda de archivos de Windows, aunque su localización más habitual es `C:\Archivos de Programas\Macromedia\Flash 8\es\Configuration`.

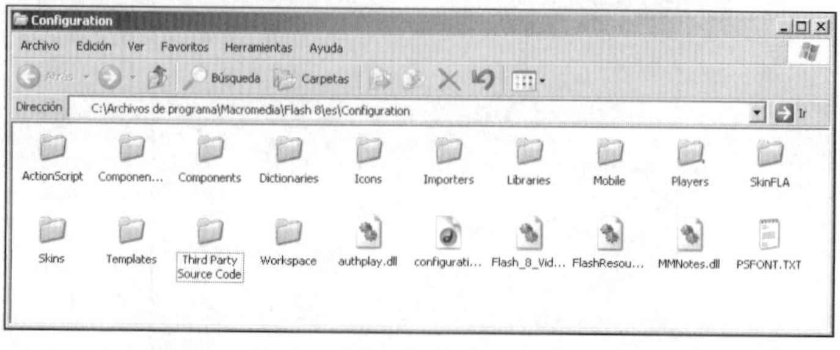

Figura B.10. Contenido de la carpeta Configuration.

Índice alfabético

A

B

C

L

M

N

O

P

R